Aprendizagem transformadora

Uma visão educacional para o século XXI

EDITORA AFILIADA

Dados Internacionais de Catalogação na Publicação (CIP)
(Câmara Brasileira do Livro, SP, Brasil)

O'Sullivan, Edmund
　Aprendizagem transformadora : uma visão educacional para o século XXI / Edmund O'Sullivan ; tradução de Dinah A. de Azevedo. — São Paulo : Cortez : Instituto Paulo Freire, 2004. — (Biblioteca freiriana ; v. 8)

　Título original: Transformative learning : educational vision for the 21st Century
　Bibliografia.
　ISBN 85-249-1008-9

　1. Aprendizagem 2. Educação – Finalidades e objetivos 3. Educação – Século 21 4. Freire, Paulo, 1921-1997 5. Pedagogia crítica I. Título. II. Série.

04-1433   CDD-370.1

Índices para catálogo sistemático:

1. Aprendizagem transformadora : Pedagogia freiriana : Educação   370.1

Biblioteca Freiriana 9

Edmund O'Sullivan

Aprendizagem transformadora

Uma visão educacional para o século XXI

INSTITUTO
PAULO FREIRE

Título original: *Transformative Learning: Educational vision for the 21st Century*
Edmund O'Sullivan

Capa: DAC
Layout de capa: Soraya Ludmilla Romão
Preparação de originais: Liege Marucci
Revisão: Maria de Lourdes de Almeida
Revisão e normalização do índice remissivo: Beth Honorato
Composição: Dany Editora Ltda.
Coordenação editorial: Danilo A. Q. Morales

Nenhuma parte desta obra pode ser reproduzida ou duplicada sem autorização expressa do autor e dos editores.

© Edmund O'Sullivan, 1999

Direitos para esta edição
CORTEZ EDITORA
Rua Bartira, 317 — Perdizes
05009-000 — São Paulo-SP
Tel.: (11) 3864-0111   Fax: (11) 3864-4290
e-mail: cortez@cortezeditora.com.br
www.cortezeditora.com.br

Instituto Paulo Freire
Rua Cerro Corá, 550 — cj. 22 — 2º andar
05061-100 — São Paulo-SP — Brasil
Tel.: (5511) 3021-5536   Fax: (5511) 3021-5589
E-mail: ipf@paulofreire.org
Home Page: www.paulofreire.org

Impresso no Brasil — abril de 2004

INSTITUTO PAULO FREIRE

Biblioteca Freiriana

Conselho editorial: Adriana Puiggrós (Argentina), Antonio Teodoro (Portugal), Arturo Ornelas (México), Azril Bacal (Suécia), Carlos Alberto Torres (coord.), Celio da Cunha (Brasil), Daniel Schugurensky (Canadá), Fausto Telleri (Itália), Francisco Gutiérrez (coord.), José Rivero (Peru), José Eustáquio Romão (coord.), Frank Youngman (Botswana), Hiromi Ehara (Japão), Ilse Schrimpf Herken (Alemanha), Ira Shor (USA), Jason Chang (Taiwan), João Francisco de Souza (Brasil), Julie Thompson (Angola), Liam Kane (Escócia), Lilians M. Lopes (Argentina), Luíza Cortesão (Portugal), Maureen Silos (Suriname), Moacir Gadotti (coord.), Moacyr de Goes (Brasil), Octavio Augusto Pescador Hernández (Mexico), Paul Taylor (França), Pep Aparício (Espanha), Peter Mayo (Malta), Pilar O'Cadiz (USA), Raymond Morrow (Canada), Reinaldo Matias Fleuri (Brasil), Ricardo Cetrulo (Uruguai), Roger Dale (Nova Zelândia), Steve Stoer (Portugal), Sylvia Schmelkes (Mexico), Walter Esteves Garcia (coord.), Zelda Groener (África do Sul).

Conselho Internacional de Assessores
(Fórum Paulo Freire — Los Angeles, setembro de 2002)

Presidente: Budd Hall (Canadá), *Vice-presidentes*: Akira Kusuhara (Ásia), Carlos Rodrigues Brandão (América Latina), Frank Youngman (África) e Jürgen Zimmer (Europa). Membros: Adriana Puiggrós (Argentina), Adriano Nogueira (Brasil), Ahmet Duman (Turquia), Alfredo Ghiso (Colômbia), Antônio Faúndez (Suíça), Antônio João Mânfio (Brasil), Antônio Monclús Estella (Espanha), Antônio Teodoro (Portugal), Afonso Celso Scocuglia (Brasil), Arturo Ornelas (México), Azril Bacal (Suécia), Barbara Freitag Rouanet (República Tcheca), Bartolomeo Bellanova (Itália), Benno Sander (Brasil), Bernardino Mata Garcia (México), Birgit Wingenroth (Alemanha), Carlo Nanni (Itália), Carlos Lagoeiro (Holanda), Célia Linhares (Brasil), Célio da Cunha (Brasil), Celso de Rui Beisiegel (Brasil), Daniel Schugurensky (Canadá), Danilo Streck (Brasil), Edna Serafim de Oliveira (Brasil), Elizabeth Protacio-Marcelino (Filipinas), Fátima Freire (Brasil), Fausto Telleri (Itália), Francisco Vio Grossi (Chile), Gaston Pineau (França), Genoino Bordignon (Brasil), Guilhermo Willianson (Chile), Heinz Schulze (Alemanha), Henry Giroux (Estados Unidos), Hiroyuki Nomoto (Japão), Ilse Schrimpf Herken (Alemanha), Ira Shor (Estados Unidos), Isabel Hernández (Argentina), Isolina Centeno Ubeda (Nicarágua), Ivor Baatjes (África do Sul), Jacques Chonchol (Chile), João Francisco de Souza (Brasil), Jorge Werthein (Brasil), José Angel Pescador Osuna (México), José Miguel Rodriguez Matos (Porto Rico), José Rivero (Peru), Ladislau Dowbor (Brasil), Liam Kane (Escócia), Licínio C. Lima (Portugal), Lilians M. Lopes (Argentina), Luis Eduardo Wanderley (Brasil), Luiza Cortesão (Portugal), Marcela Gajardo (Chile), Marcos Guerra (Brasil), Madalena Freire (Brasil), Maria da Glória Gohn (Brasil), María Teresa Sirvent (Argentina), Martin Carnoy

(Estados Unidos), Miguel Escobar Guerrero (México), Moema Viezzer (Brasil), Nestor Alfredo Fuentes (Argentina), Orlando Fals Borda (Colômbia), Osmar Fávero (Brasil), Pedro Demo (Brasil), Pep Aparício Guadas (Espanha), Peter Lownds (EUA), Peter Mayo (Malta), Peter McLaren (Estados Unidos), Peter Park (Estados Unidos), Pierre Furter (Suíça), Pierre Marc (Suíça), Pilar O'Cadiz (EUA), Ramon Moncada (Colômbia), Raymond Morrow (Canada), Reinaldo Matias Fleuri (Brasil), Roberto Orozco Canelo (Chile), Roger Dale (Nova Zelândia), Rosa Maria Perez de Santos (Venezuela), Sergio Guimarães (Guiné-Bissau), Sergio Martinic (Chile), Steve Stoer (Portugal), Sylvia Schmelkes (México), Teresa Penna Firme (Brasil), Torbjön Stockfelt (Suécia), Zelda Groener (África do Sul).

Conselho Internacional Diretivo: Carlos Alberto Torres, Francisco Gutiérrez, José Eustáquio Romão, Moacir Gadotti e Walter Esteves Garcia.

Coordenação da Sede Central: Patrono: Paulo Freire. Diretor Geral: Moacir Gadotti. Secretário Geral: José Eustáquio Romão. Diretoria Técnico-Pedagógica: Ângela Antunes e Paulo Roberto Padilha. Coordenação de Relações Institucionais: Salete Valesan Camba. Coordenação de Movimentos: Ângela Antunes, Jason F. Mafra, Luiz Carlos de Oliveira, Maria Alice de Paula Santos, Paulo Roberto Padilha.

Equipe Técnico-Pedagógica do IPF

Adriano Nogueira, Alexandro Fernando da Silva, Alice Akemi Yamasaki, Ana Maria do Vale Gomes, Afonso Celso Scocuglia, Antônio João Mânfio, Bianco Zalmora Garcia, Custódio Gouvea da Motta, Débora Mazza, Delma Lúcia de Mesquita, Deucélia Nunes, Dulce Ferreira, Edgar Pereira Coelho, Edilson Fernandes, Eliseu Cintra, Elisa Gracioli Frigoli, Eliseu Muniz dos Santos, Fábio Cascino, Fernando J. M. de Araújo, Flávio Boleiz Junior, Gabriel Guimard, Genoíno Bordignon, Gildean Silva Pereira, Gustavo Bélic Cherubine, Ilca Vianna, Jacira da Silva Paiva, Jason F. Mafra, João R. Alves dos Santos, José Rubens Lima Jardilino, Júlio Wainer, Lourdes Milão Fernandez, Leda Leoni, Lúcia Helena Couto, Luciano Carvalho Barbosa, Luiz Carlos de Oliveira, Luiz Marine José do Nascimento, Luiza Christov, Lutgardes Costa Freire, Marcia Moraes, Márcia Trezza, Maria Alice de P. Santos, Maria de Lourdes M. Prais, Maria do Socorro da Silva, Maria Aparecida Soares, Maria Isabel Orofino Schaefer, Maria José Pereira, Maria José Vale, Maria Leila Alves, Maria Lizeth Acquist, Maria Luiza Peixoto Ferreira, Maria Rita Avanzi, Maria Stela Reis, Marisa Fortunato, Margarita Victoria Gomez, Martha Carvalho, Misael Geraldo Souza Camargo, Mônica Braga, Paulina Christov, Paulo Silveira, Regina Elena Pinto Ribeiro, Raiane Patrícia S. Assumpção, Reinaldo Matias Fleuri, Reginaldo Oliveira Nogueira, Salete Valesan Camba, Sidney Nilton de Oliveira, Solange Lima, Sônia Couto Souza Feitosa, Thaís Regianni, Valdete A. Melo.

Para Eimear
e em memória de minha irmã, Frances,
com amor.

Sumário

Agradecimentos 13

Apresentação à edição brasileira
  José Eustáquio Romão 15

Prefácio de Thomas Berry 19

Prólogo — O Sonho é o combustível da ação 25

PARTE I — *Sobreviver*

1. A educação numa época de decadência histórica 39
   A busca de nosso lugar na história na virada do milênio 39
   A transição entre o cenozóico terminal e o surgimento dos
     períodos ecozóicos 44
   A educação pós-moderna 60
   A práxis educacional para a modalidade sobrevivência 65
   Tragédia não é nosso negócio 73

PARTE II — *Criticar*

2. A educação e os dilemas do modernismo: rumo a uma visão
   ecozóica 79
   A necessidade de escolher entre visões 82
   O contexto cosmológico 83
   Avaliação das forças: a tensão cenozóico/ecozóico 85
   A visão tecnozóica progressista 86

A visão conservadora 96
A visão ecozóica transformadora 105
3. Modernismo: o eclipse da cosmologia e a perda da visão
   do todo 123
   Introdução 123
   Cosmologias pré-modernas 125
   Sistemas cosmológicos modernos 128
   Perspectivas históricas e evolutivas 141
   A visão educacional: o reencantamento com o mundo natural   148
4. Sons que ressoam em nossos ouvidos e que invadem nossa
   alma: reflexão sobre a estrutura do sonhos de nossos mantras
   culturais do Ocidente 159
   Progresso 161
   Crescimento e desenvolvimento 164
   Globalização 176
   Competição 182
   Consumismo 184
   A educação de resistência crítica nos contextos do
      privilégio e da marginalidade: o contexto mundial de
      maioria-minoria 193
   A educação de resistência crítica para sobrevivência e
      emancipação do privilégio 195
   Centro e periferia no contexto do privilégio: a educação de
      resistência crítica enquanto pedagogia de fronteira 198
5. As dimensões do poder: educação para a paz, para a justiça
   social e para a diversidade 201
   Posição de privilégio 201
   Ecologia, guerra, patriarcado e a institucionalização da
      violência 203
   A violência no contexto cultural do ser humano 204
   O patriarcado e a ecologia da violência dos homens 216
   Racismo 221

Classe 231
A rede integrada de gênero, raça e classe 238
Educação, eqüidade e diferença 239
Educação e classe no contexto da globalização 245
Educação para a paz: como lidar com o conflito e a violência 250

PARTE III — *Criar*

6. O contexto planetário da criatividade: a visão educacional
   num contexto cosmológico 265
   Introdução 265
   Consciência planetária: a necessidade de um contexto
     cosmológico 268
   A história do universo 271
   Os doze princípios 273
   A visão educacional num contexto planetário 285
   Resumo 304

7. Educação para o desenvolvimento integral 305
   Desenvolvimento integral e criatividade 307
   O desenvolvimento integral e a dinâmica auto-reguladora
     do sistema terrestre 310
   O surgimento do ser humano e o desenvolvimento integral .. 314
   O desenvolvimento humano integral 325
   A matriz primordial: o mundo pessoal enquanto totalidade
     relacional 328
   Trauma e violação: a desintegração da matriz primordial 332
   Educar para a consciência planetária: o desenvolvimento
     de um eu ecológico 333
   O Conselho de Todos os Seres: um ritual educativo que
     promove a identidade ecológica 339

8. Educação para a qualidade de vida: a visão ecozóica
   transformadora 341
   As necessidades humanas: uma concepção geradora do
     direito natural 345

O desenvolvimento em escala humana: um modelo gerador
de necessidades humanas naturais 348
Educação para a comunidade e sensação de ter um lugar no
mundo 353
Educação para as comunidades da diversidade 356
Educação e necessidade de cultura cívica 365
Educação e diversidade biocêntrica: a necessidade humana
de diversidade no mundo natural 371

EPÍLOGO — Acender o fogo da alma: a educação do espírito
humano em nosso tempo 375
A diversidade da expressão espiritual 381
Reverência e mistério 389
Eros 397
Santuário e silêncio 403
Celebração 404

Bibliografia 407

Índice remissivo 423

Agradecimentos

Gostaria de agradecer aos que me apoiaram e que me ajudaram na redação deste texto. O livro foi escrito ao longo de oito anos e, por isso, tive inúmeras oportunidades de usar versões anteriores à publicação deste volume em meus seminários nos cursos de graduação. Quero agradecer aos muitos alunos que, nestes anos, dividiram suas idéias comigo a respeito dessas questões.

Também gostaria de agradecer a meu colega, Budd Hall, que usou meu manuscrito em um de seus seminários e deu-me uma valiosa avaliação do material e o incentivo inicial. Agradeço-lhe por me colocar em contato com Robert Molteno, da Zed Books, meu editor, um homem de conteúdo. A meu amigo Tom Lyons, ex-diretor do Projeto de Ensino sob uma Perspectiva Global, da Federação dos Professores de Ontário, minha gratidão por seu trabalho inicial comigo sobre questões a respeito da "globalização".

A Dorothy Golden Rosenberg, por sua leitura do manuscrito e pelo encorajamento no sentido de atacar de frente as questões do gênero segundo uma perspectiva global. A Lisa Lipsett, pela ajuda maravilhosa na reorganização dos últimos capítulos e pela clareza do que era necessário ao Prólogo. Finalmente, a Luciana Ricciutelli: sua edição final deste texto foi magnífica.

E, por fim, a Thomas Berry, conselheiro, mentor e amigo íntimo. Tivemos inúmeras conversas sobre este trabalho e ele colocou generosamente à minha disposição seus manuscritos de *The Universe Story*, obra em que divide a autoria com Brian Swimme e que ainda não tinha sido publicada. Suas idéias aparecem de forma proeminente nos capítulos finais deste livro. Além de inacreditavelmente generoso, Thomas também escreveu o Prefácio.

Também gostaria de compartilhar a grande tristeza que se abateu sobre minha vida no início da redação deste trabalho. No dia 22 de agosto de 1993, uma segunda-feira, Thomas Berry esteve no leito de morte de minha mulher, Pat, e proferiu com ela suas últimas orações. Ela morreu na terça-feira, dia 23 de agosto de 1993. Durante os anos de sua doença, descobri que a vida é incrivelmente preciosa e que Pat era preciosa demais para mim e para meus filhos, Jeremy, Meara e Damian.

Finalmente, gostaria de dizer que a alegria voltou à minha vida. Dedico este livro a Eimear O'Neill. Sua consciência feminista e seus costumes celtas influenciaram profundamente este livro.

Edmund O'Sullivan
Toronto

Apresentação à edição brasileira

*J. E. Romão**

Publicado pela primeira vez nos Estados Unidos (Zed Books Ltd, 1999) e, quase simultaneamente, no Canadá, pela Universidade de Toronto, este livro foi recebido magnificamente pela comunidade científica de língua inglesa, como se pode observar na *Critical reception of this book*[1] que consta em sua edição original. Finalmente, traduzida em Português, esta obra vem enriquecer a "Biblioteca Freiriana", coleção na qual o Instituto Paulo Freire, em parceria com a Cortez Editora, vem publicando e divulgando importantes textos de autores brasileiros e estrangeiros inscritos no campo da pedagogia referenciada no legado de Paulo Freire.

Fugindo à praxe das apresentações, aqui não há como deixar de dizer algumas palavras a respeito da instituição a que se liga o autor, o *Transformative Learning Centre* (TCL), criado em setembro de 1993 e vinculado ao *Department of Adult Education and Counselling Psychology*[2] do *Ontario Institute of Studies in Education* (OISE), da Universidade de Toronto (UT). Como explicam seus próprios fundadores, o TLC nasceu da aglutinação de membros do OISE, de estudantes e de pessoas

---

* Diretor do Instituto Paulo Freire, Coordenador Geral do Programa de Pós-Graduação do Centro de Ensino Superior de Juiz de Fora (MG) e Professor do Programa de Mestrado em Educação do Centro Universitário Nove de Julho (SP).

1. "Recepção crítica deste livro" (trad. do apresentador da edição brasileira).

2. Departamento de Educação de Adultos e Aconselhamento Psicológico do Instituto de Estudos sobre Educação de Ontário (IEEO).

da sociedade canadense que buscavam o fortalecimento do sentido comunitário e a construção coletiva de práticas e teorias em amplas áreas, como meio ambiente, feminismo, anti-racismo, pós-colonialismo e educação aborígine e popular.

Em 1970, Paulo Freire lecionou no OISE, deixando marcas profundas de seu pensamento nos membros daquela instituição, especialmente pela conexão que então enfatizou entre educação e práxis democrática.

A partir de sua criação, em setembro de 1992, o Instituto Paulo Freire (IPF) vem mantendo uma frutuosa colaboração com as instituições universitárias canadenses e, mais especificamente, com a Universidade de Toronto, o OISE e o TLC.

Celebrando seus dez anos de existência, o TLC promoveu, de 17 a 19 de outubro de 2003, a Conferência Internacional *"Lifelong Citizenship Learning, Participatory Democracy and Social Change"*[3], com intensa colaboração do IPF e participação de alguns de seus membros.

Ambas as instituições apresentam-se com inúmeras convergências, dentre as quais merecem destaque o profundo compromisso com a causa dos oprimidos do mundo, o esforço no sentido da reaproximação da Universidade com a comunidade, especialmente pela articulação de pesquisadores, educadores e militantes das causas populares, sempre numa perspectiva pluralista.

Edmund O'Sullivan tem sido professor e pesquisador no OISE, por cerca de vinte e três anos, e tem desenvolvido cursos sobre desenvolvimento infantil, psicologia educacional, estudos críticos de *mass media*, pedagogia crítica e estudos sobre cultura. É autor de quase uma dezena de livros e de cerca de cem artigos e capítulos de livros. Dentre suas obras, merece destaque *Critical Psychology and Critical Pedagogy* (Greenwood Press, 1990). Recentemente, Ed, como é chamado pelos amigos, recebeu um prêmio pela "Excelência no ensino no nível universitário".

---

3. Aprendizagem Cidadã ao Longo da Vida, Democracia Participativa e Mudança Social (trad. Apresentador).

Conhecemos o Professor O'Sullivan em Porto Alegre, na primeira edição do Fórum Social Mundial, e tivemos a grata surpresa de passar a lidar com mais um amigo cuja profundidade teórica e firmeza de compromisso não dispensa uma humanidade que se exprime por uma afetividade que explode em sua musicalidade e em sua descontração que não consegue esconder o *gentleman*. Os que tivemos o privilégio de sua convivência nos dias de realização do Fórum Social Mundial, dele ouvimos uma história que demonstra bem o perfil e a essência de sua personalidade amorosa, freiriana. Lembrando, saudoso, da falecida esposa, contou-nos emocionado que tentava seguir o último conselho que ela lhe dera no leito de morte: que não a esquecesse, mas que não ficasse pensando muito nela... que tocasse a vida. Aprendemos com ele que, muitas vezes, a fidelidade à memória de entes queridos não significa desenvolver relação obsessiva com uma ausência/presente que sufoca, mas uma serena lembrança que nos alimenta para o enfrentamento do dia-a-dia sem a outra.

O'Sullivan e seus companheiros de OISE têm insistido na afirmação da *learning* (aprendizagem), que lembra muito o princípio freiriano da precedência do aprender sobre o ensinar e, no limite, de a aprendizagem ser o princípio fundante do ensino:

> Aprender precedeu ensinar ou, em outras palavras, ensinar se diluía na experiência realmente fundante de aprender. Não resisto em dizer que inexiste validade no ensino de que não resulta um aprendizado em que o aprendiz não se tornou capaz de recriar ou de refazer o ensinado, em que o ensinado que não foi aprendido não pode ser realmente aprendido pelo aprendiz. (FREIRE, Paulo. *Pedagogia da autonomia*. 27. ed. Rio de Janeiro: Paz e Terra, 2003: 24).

Por isso, não faz sentido considerar a *learning* como "ensino", mas, efetivamente, como aprendizagem. Daí a tradução do título deste livro.

Na obra, o Dr. O'Sullivan, ou Ed, como preferimos chamá-lo, analisa a necessidade da transformação da matriz educativa e pedagógica nessa virada de século e de milênio, no sentido da substituição de uma instrumentalização dos educandos para a dominação e a apropriação — da natureza e, disfarçadamente, de outros seres humanos

— por uma cultura que leve à construção de uma comunidade humana comum, na mesma linha da "planetarização" desenvolvida por Moacir Gadotti em *Pedagogia da terra* (São Paulo, Peirópolis, 2000). Propõe, explicitamente, como também o faz o Diretor do IPF, uma "educação planetária" como única alternativa para a sobrevivência da espécie sobre o Planeta.

Não se pode deixar de destacar que a linha axial do livro se constrói na transformação, ou seja, na ação transformadora. Com muita felicidade, o autor adjetiva vários componentes do processo pedagógico com o qualificativo *"transformative"* — que traduzimos como "transformador/a" — como, por exemplo, *"transformative moment"*, (momento transformador), *"transformative school"* (escola transformadora) etc.

Esta é uma obra que recomendamos a todos quantos tenham compromisso com um projeto de transformação do processo "civilizatório" até agora desenvolvido pelas formações sociais, porque insatisfeitos com a "cultura da apropriação" e, por conseguinte, contrários à cultura da guerra e da morte, e desejosos de uma cultura da socialização e, conseqüentemente, da paz e da vida.

Prefácio

Thomas Berry

Uma visão significativa para a educação do século XXI. Esse é o desafio para os educadores nos anos de transição que temos pela frente. O livro de Edmund O'Sullivan é uma resposta a essa questão. É o resultado de uma vida inteira dedicada a apresentar uma visão significativa para a educação do século XXI. Dei aulas de ciências, história, literatura, filosofia, artes, religião, economia, direito e política e também busquei transmitir ideais sociais e aspectos técnicos da vida contemporânea, mas sempre parecia que algo estava faltando.

O elemento que faltava é a relação dos seres humanos com outros componentes não humanos do mundo no qual vivemos. Algo não está funcionando direito, pois a miríade de seres vivos a nossa volta parece estar morrendo. Se estamos educando para um mundo que leva à extinção tantos seres vivos, precisamos repensar as forças mais profundas em ação em nossos programas educacionais. Ninguém é capaz de viver apenas consigo. Nosso mundo interior é uma resposta ao mundo exterior. Sem a maravilha, a majestade e a beleza do mundo exterior, não temos condições de desenvolver um mundo interior. À medida que todos os seres vivos a nossa volta morrem, morreremos com eles. De certo modo, perdemos a alma. Perdemos a imaginação, a amplitude emocional e até a capacidade de desenvolvimento intelectual. Não temos condições de sobreviver em nossa ordem humana sem todo o leque de fenômenos naturais que nos cercam. Uma das frases mais tolas que já foram inventadas é aquela que nos instiga a "subjugar" a natureza. Um dos objetivos mais perversos da educação é ensinar os alunos a "subjugar" o mundo a sua volta.

A proposta do dr. O'Sullivan é que o principal objetivo de nossa civilização ocidental destes tempos deve ser afastar-nos de nosso ideal de "sujeição" da Terra e dirigirmo-nos ao ideal de "comunidade" com a Terra. De certo modo, subjugamos a Terra. Mas estamos de posse de um planeta mutilado. Diminuímos a fonte de nosso bem-estar. Este é um momento crítico, não apenas para a civilização ocidental e para a comunidade humana global, mas também para a história geobiológica do próprio planeta. Na visão de biólogos competentes, nada de parecido com a atual escala de extinção de biossistemas do planeta aconteceu nos últimos 65 milhões de anos da história da Terra.

Nessas circunstâncias, temos de considerar a forma e os objetivos da educação em sua totalidade, desde o jardim-de-infância até os estudos profissionalizantes. Se, no período medieval, a teologia — com suas preocupações com o céu — era o centro unificador da educação e se nos séculos posteriores as humanidades, as ciências e a economia, todas centralizadas no desenvolvimento humano, constituíram a educação que nos trouxe à situação atual, então a cosmologia, o bem-estar da Terra e o bem-estar do ser humano no seio da comunidade terrestre têm de ser o centro unificador da educação do futuro.

Precisamos compreender, finalmente, que é apenas no mundo exterior da natureza, com sua magnificência e beleza e com todas as suas qualidades numinosas, que o mundo interior do ser humano pode atingir sua plenitude. Chegamos a existir em meio a todo esse esplendor; só com esse esplendor é que tanto nossa alma quanto nosso corpo podem verdadeiramente se alimentar. A educação tem de tornar-se uma maneira de fomentar essa grandeza, não de acabar com ela.

Edmund O'Sullivan vê com muita clareza que, embora todos nós necessitemos de uma nova forma de viver, precisamos mais urgentemente ainda de uma nova forma de pensar. É preciso tanto conviver com as energias e a beleza do mundo natural quanto desfrutar delas. É preciso conhecer a história do universo, como o universo formou-se a partir de sua explosão inicial até o presente. É preciso conhecer a história da formação da Terra e dos continentes e a nossa própria história de seres humanos. É preciso conviver tanto com a energia e esplendor do Sol e do vento, dos rios e das ondas, quanto com o número imenso de plantas que brotam do chão; e também com todos aqueles belos e assustadores animais que perambulam pelas florestas. É preciso restaurar a dignidade e a grandeza de um mundo natural em desintegração. Nunca isso foi tão urgente. Um novo século, um novo milênio abre-se diante de nós e de nossos filhos. Será, assim espero, um tempo em que os seres humanos estarão presentes no planeta de forma que promovam o engrandecimento mútuo.

Este é o objetivo deste livro. Ele se preocupa com a determinação da visão básica e imensamente significativa que deve nos conduzir ao futuro, pois quando nos defrontamos com mudanças nessa ordem de magnitude, os processos comuns de raciocínio são insuficientes. Embora pensar seja indispensável, ter visão é mais urgente ainda; e a visão não nasce do raciocínio. O choque da situação obriga-nos a sair de um contexto de pensamento e a entrar em outro. Essa intuição, ou aquilo que é designado aqui como "sonho" ou "visão", também pode ser compreendida como algo que chega a nós procedente das profundezas inconscientes do humano, do reino que nos é revelado em nossos sonhos, pois embora esse contexto de educação aqui proposto seja compatível com nossas tradições ocidentais, obriga essas mesmas tradições a entrarem em um novo contexto de compreensão, o contexto primordial que existia entre os povos indígenas do mundo, no qual experienciavam a si próprios como membros da grande família do universo com todos os seus componentes. Ao se referir a esse contexto abrangente, os povos indígenas usavam a expressão íntima "todos os meus parentes".

Há motivos para acreditar que o mundo a nossa volta é, em última instância, um universo com qualidades de sentimento. Como sugere Henri Frankfort, o arqueólogo do Oriente Médio, em seu livro *Before Philosophy [Antes da filosofia]*: "A diferença fundamental entre as atitudes do homem moderno e do homem antigo em relação ao mundo que o cerca é essa: para o homem moderno, científico, o mundo fenomenal é basicamente uma 'coisa inerte'; para o homem antigo — e também para o primitivo — o homem é um 'Vós'". Essa atitude, claro está, foi posta de lado pelo mundo científico moderno. No momento presente, deparamo-nos de novo com a questão de saber o que foi ganho e o que foi perdido quando essa intimidade entre o ser humano e o mundo que o cerca foi esquecida.

Quando perdemos o respeito pelo mundo natural, a Terra passa a correr riscos em toda sorte de manifestações. Torna-se uma mercadoria, uma série de artigos a ser comprados e vendidos. Sua nobreza, sua dimensão sublime e sagrada foram perdidas. O respeito à comunidade humana desapareceu. A reverência sentida pelos atributos assombrosos da natureza dissolveu-se num mundo mecanicista. Só a medida crassa do valor comercial determina o valor de qualquer coisa.

Esse é o mundo em que vivemos. Depois que o dinheiro tornou-se a medida básica de valorização de tudo, o planeta tornou-se vulnerável aos maus-tratos, não apenas em seus fenômenos naturais, mas também em suas montanhas e rios, suas terras litorâneas e seus mares, e em todos os sistemas vivos; pois a vida, até mesmo no âmbito das plantas e dos vários animais, é uma função da alma. A vida requer algo além do mecanismo e do valor comercial; ela requer inspiração, presença, beleza, carinho, comunidade. Isso deveria ser óbvio até para a mais simplória das cabeças.

Mas há, por assim dizer, uma nova consciência tomando forma no mundo todo, a consciência de uma nova era em que os seres humanos estarão presentes na Terra de forma cada vez melhor para todos. Participar dessa consciência é, ao que parece, a única maneira de efetivamente tomar parte em um futuro digno das crianças que virão depois de nós. Se tivermos apenas um planeta mutilado para lhes dar, ao menos seremos capazes de lhes deixar um planeta que está recuperando sua alma. Podemos dar-lhes uma visão na qual vão descobrir seu eu individual em comunhão íntima com seu Grande Eu na beleza, no esplendor, na presença numinosa do Universo a sua volta. Podemos apresentar as linhas gerais de um programa educacional que guiará nossos filhos e os filhos de nossos filhos a uma era em que vão renovar a celebração humana com celebrações ao amanhecer e ao anoitecer, ao aparecimento das estrelas no céu à noite, as celebrações sazonais, quando as flores da primavera abrem-se mais uma vez nas campinas ao redor de nossas casas.

Aqui, o autor, como poucas pessoas que conheço, identificou a universidade como o local em que o pensamento e a visão encontram-se, pois "sem visão as pessoas morrem". Nesse caso, a visão deve, pela primeira vez na moderna civilização ocidental, ser a visão de um universo integrado a si mesmo em toda a sua vasta extensão no espaço e em toda a sua longa seqüência de transformações no tempo. Todo ser dentro do universo tem o universo como referência no que diz respeito à sua realidade e valor. O universo é a universidade primordial. A universidade humana é aquele contexto em que o universo reflete-se e comunica-se com a comunidade humana maior. A Terra também, dentro do universo, está integrada a si mesma e é a referência imediata no que diz respeito à realidade e ao valor de todo modo de ser aqui.

Toda profissão e toda ocupação dos seres humanos têm de estabelecer-se dentro do funcionamento integral do planeta. A Terra é o professor primordial de economia, de medicina, de direito, de religião. A Terra é o educador primordial. A ecologia não faz parte da economia. A economia é uma extensão da ecologia. A economia humana é um subsistema da economia terrestre. Assim como com todas as outras profissões e ocupações, a ecologia não faz parte do direito. O direito é uma extensão da ecologia. E a religião também. A religião é uma expressão da ecologia. A ecologia não é primariamente um ensinamento da religião. O mesmo se dá no caso da medicina. A ecologia não está dentro da medicina, mas a medicina, sim, fundamenta-se na ecologia. Impossível haver seres humanos sadios num planeta doente. A ecologia é menos uma disciplina da educação do que um contexto da educação. Quando começamos a afirmar a supremacia humana sobre o mundo natural, esquecemos de onde viemos; esquecemos que nós e todas as nossas instituições educacionais estão primordialmente numa posição de aprendizagem em relação ao mundo mais amplo a nossa volta.

Essa globalização é diferente e contrária à globalização alimentada pelas potências industriais, comerciais e financeiras do mundo contemporâneo. A globalização econômica, a culminação dos séculos passados de desenvolvimento econômico, está entrando em sua fase predatória final, pois as demandas feitas ao planeta estão muito além daquilo que ele é capaz de proporcionar. Essa globalização que se manifesta numa economia de pilhagem é, obviamente, uma façanha momentânea que vai entrar em colapso nos próximos anos. Uma economia desse tipo é organizada de acordo com uma demanda humana arbitrária, não de acordo com as possibilidades da Terra. Muitos acreditam que o saber e a engenhosidade operacionalizados nos departamentos das universidades e dos institutos de pesquisa podem aumentar ilimitadamente as possibilidades do planeta. Só de maneira vaga se reconhece que os rios, o solo e as sementes, as florestas e os mares, têm limites que nem a mais competente das ciências é capaz de estender indefinidamente.

O que se propõe, aqui, é outra globalização, que reconheça as biorregiões locais e também o valor inerente de cada componente da comunidade terrestre. Essa globalização expressa a relação íntima entre os vários componentes da comunidade terrestre. O valor inerente de cada ser e biorregião é reconhecido, defendido e promovido por outros componentes da comunidade. Todo o esplendor do universo expressa-se nos indivíduos e também em suas associações mútuas. Embora os seres humanos tenham papel distinto dentro dessa comunidade maior, o bem-estar humano só pode surgir em meio ao bem-estar da comunidade maior. O humano realiza-se no terrestre. O terrestre expressa-se no humano, pois os seres humanos progredirem às expensas da comunidade significa arruinar a ambos.

Assim que a universidade encontrar-se dentro desse contexto de significado, recobrará sua visão do que deve ser no século XXI. As várias faculdades e departamentos vão remodelar-se espontaneamente dentro desse mundo fantástico e farão uma celebração grandiosa da existência, esquecida desde o tempo em que as universidades da civilização ocidental surgiram: celebração que se expressa nas roupas coloridas e na música magistral de nossas procissões anuais de começo de um novo ano.

Prólogo

O sonho é o combustível da ação

Nós, todos os seres humanos deste planeta, que temos o privilégio de testemunhar um novo século, somos descendentes de uma história magnífica. Para o bem ou para o mal, somos os herdeiros do legado da "modernidade". Em nosso tempo, os povos da Terra estão indo ou sendo levados para algo chamado de "pós-modernidade". Uma transformação acontece, ao mesmo tempo emocionante e assustadora. Mas o que é modernidade e o que significa transformação em pós-modernidade? Em seu livro maravilhosamente provocador, *A Brief History of Everything* [Uma breve história de tudo], Ken Wilber apresenta uma definição prática que tem ecos em minha própria forma de compreender a modernidade e a pós-modernidade:

> O surgimento da modernidade — e com "modernidade" refiro-me especificamente à visão de mundo racional-industrial e, mais ou menos, à visão iluminista em geral — serviu para muitos objetivos úteis e extraordinários. Poderíamos citar o surgimento da democracia, a abolição da escravatura, o nascimento do feminismo liberal, a diferenciação da arte, da ciência e da moralidade, o surgimento e a disseminação das ciências empíricas — dentre as quais as ciências de sistemas e as ciências ecológicas —, um aumento de quase três décadas na expectativa de vida, a introdução da relatividade e do perspectivismo nas artes, na moral e na ciência, a passagem do etnocentrismo para o mundocentrismo e, em geral, a desintegração das hierarquias sociais de dominação de formas numerosas e significativas. (Wilber, 1996: 69)

Reconhecendo esse lado da modernidade, também temos de reconhecer o lado sombrio de sua trajetória histórica. Uma das principais teses deste livro é que a modernidade, com todas as suas excelências e maravilhas, chegou à plena fruição de suas limitações. Acredito que estamos vivendo os estágios terminais da história moderna e que sentimos toda a força das limitações do modo racional-industrial que agora se autodestrói. Não deveríamos sequer pensar que seria desejável negar as forças históricas do modernismo. Precisamos de uma transformação evolutiva que transcenda as forças do modernismo e, ao mesmo tempo, que seja capaz de incluí-las. Wilber capta o significado desse momento transformador:

> Mas, de certa forma, a racionalidade e a indústria, deixadas por conta própria, transformaram-se em cânceres no corpo político, excrescências desenfreadas que têm efeitos malignos. Vão além de seus limites, excedem suas funções e levam a várias hierarquias de dominação de um tipo ou de outro. Transcender a modernidade é negar ou limitar essas facetas avassaladoras, ao mesmo tempo que são mantidos seus aspectos benignos e benéficos. A transformação que virá vai transcender e incluir essas características da modernidade incorporando seus traços essenciais e limitando seu poder. (Wilber, 1996: 70)

Gostaria de dramatizar a minha posição em meio às forças correntes da globalização econômica transnacional bem no início deste livro. Acredito que, em sua forma atual, constituem as forças mais destrutivas e malignas do modernismo. São hierarquias de dominação enlouquecidas, com cabeça de hidra. A tese central por trás do livro que você está prestes a ler é que a tarefa educacional essencial de nosso tempo é fazer a opção em favor de um *hábitat* planetário sustentável para seres vivos interdependentes, além e contra o apelo disfuncional do mercado competitivo global. Este livro tem o mesmo ponto de vista que é defendido por povos e comunidades de todo este planeta com uma convicção cada vez maior (Mander e Goldsmith, 1996). Essa nova visão de mundo questiona de modo profundo a globalização econômica que age como um monstro destruidor em nosso mundo, à medida que nos aproximamos do novo século. Nos termos de Anthony Giddens (1990), o monstro esmaga aqueles que resistem a ele, tanto ao seguir por uma rota fixa quanto ao perambular aleatoriamente para direções não previstas. Ao avaliar o mundo moderno em seu livro *Our Ecological Footprint* [Nossas Pegadas Ecológicas], Wackernagel e Reeds fazem a seguinte observação sobre as forças da globalização:

> Parece que, no mundo de hoje, a urbanização, a globalização e o comércio combinam-se no sentido de reduzir o *feedback* corretivo das populações locais. Com acesso a recursos globais, as populações urbanas de todos os lugares parecem imunes às conseqüências de práticas insustentáveis de gestão de recursos e de terras em nível local — ao menos durante algumas décadas. Na verdade, a modernização aliena-nos, espacial e psicologicamente, da terra. Os cidadãos do mundo industrial sofrem de uma cegueira ecológica coletiva que reduz seu senso coletivo de "ligação" com os ecossistemas que os mantêm. (Wackernagel e Rees, 1996: 132)

Essa opção por aquilo que chamo de visão ecozóica também pode ser denominada perspectiva *transformadora*, pois implica uma reestruturação radical de todas as coordenadas educacionais de nossos dias. Para chegarmos a uma educação planetária, é preciso dispor de uma cosmologia funcional em conformidade com a visão do lugar para onde essa educação nos levará. Vivenciamos outra grande virada e temos necessidade de uma história cosmológica que suporte o peso de uma consciência planetária do lugar para o qual sabemos que temos de nos dirigir. Vivemos um período de divisão de águas, comparável às grandes mudanças que transformaram o mundo medieval no mundo moderno. Inspirado na obra de Thomas Berry (1988), chamo esse período pós-moderno de período ecozóico. O quadro de referências educacional apropriado para esse movimento tem de ser visionário e transformador e deve ir claramente além das perspectivas educacionais convencionais que cultivamos durante os últimos séculos.

Uma consciência planetária plena deixa-nos abertos à visão assombrosa de um mundo que energiza nossa imaginação para muito além de uma visão de mercado. Nosso planeta é uma experiência onírica partilhada por muitos. Esse é um aspecto decisivo de nossas idéias sobre imperativos éticos. Há muita discussão sobre o processo evolutivo e sobre a direção de seus desdobramentos. Durante esse processo, há um elemento de busca do caminho tateando às apalpadelas, mas que não é aleatório nem direcionado: é criativo. Uma das formas mais apropriadas de descrever esse processo parece ser a de realização de um sonho. Refletindo sobre seu assombro diante do universo, ocorreu a Thomas Berry (1988) o que parece ser a realização de algo tão extremamente imaginativo e avassalador que ele se atreveu a comparar a um sonho que se tornou realidade. Aconselho o leitor, desde o início, a não considerar o uso que faço da palavra *sonho* um sinônimo de "irreal", de "simbólico" ou apenas de um processo do "inconsciente". Durante as muitas conversas que tivemos, Thomas Berry estava desenvolvendo a noção de que não somos motivados nem energizados pelo plano das idéias, e sim pelos recessos mais profundos das estruturas oníricas. Usava uma frase que atribuía a Jung: *o sonho é o combustível da ação*. No universo humano, poucas coisas são realizadas sem estar sob o encantamento associado à experiência do sonho. O sonho cristão criou nossa civilização ocidental no período medieval. As grandes culturas do mundo não nascem de processos racionais, mas sim de experiências de revelação, que acontecem nos sonhos, ou que têm muitos dos atributos da experiência onírica. Ao que parece, só com essa condição as mais profundas espontaneidades de nosso código genético pré-consciente vêm de fato à tona com todo o seu poder e esplendor.

Se o sonho é criativo, também temos de reconhecer que poucas coisas são tão destrutivas quanto um sonho ou um encanto que perdeu a integridade de seu significado e assumiu uma forma de manifestação exagerada e destrutiva. Isso já aconteceu muitas vezes com ideologias políticas e com visionários religiosos, mas nenhum sonho ou encantamento, na história da Terra, jamais levou à destruição que está acontecendo agora nesta fase de encantamento com a civilização industrial. Esse feitiço deve ser considerado uma patologia cultural profunda. Só pode ser enfrentado com uma terapia cultural igualmente profunda.

A educação contemporânea não tem uma cosmologia abrangente. Essa é uma das idéias centrais que desenvolverei neste livro. Quando a educação desligou-se das ciências, sua atenção foi dirigida para as ciências sociais, em contraposição às ciências naturais. Na maioria dos casos, a teoria e a prática da educação formaram empréstimos às ciências da psicologia, da sociologia e, em menor medida, da antropologia. O que realmente falta na teoria educacional moderna é uma perspectiva abrangente e integrada que, no passado, foi identificada como cosmologia. Desse modo, a teoria e a prática educacionais modernas continuam com os mesmos antolhos que limitaram a especialização científica moderna nascida no período pós-newtoniano. É claro que o pensamento educacional do Ocidente moderno tentou identificar-se com o humanismo, mas sem apresentar a renovação de uma cosmologia aceitável. O que procuro fazer neste livro é articular e defender uma cosmologia que pode ser funcionalmente efetiva no sentido de constituir a base de um programa educacional que geraria uma visão ecologicamente sustentável da sociedade nos termos mais amplos possíveis: aquilo que poderia ser chamado de visão planetária. É uma visão que faz uma falta enorme nas atuais circunstâncias. Em sua obra incrível, intitulada *The Spell of the Sensuous* [O feitiço do sensual], David Abram chama nossa atenção para esse vácuo em termos de visão:

> É muito claro que algo faz uma falta terrível, um ingrediente essencial foi negligenciado, um aspecto necessário à vida foi perigosamente desprezado, posto de lado ou simplesmente esquecido na pressa por um mundo comum. Para chegar à imagem admirável e unificadora da Terra girando na escuridão do espaço, os seres humanos, ao que parece, tiveram de renunciar a algo igualmente valioso: a humildade e o estado de graça de ser plenamente parte desse mundo que gira. Esquecemos o veneno produzido por viver numa relação e numa reciprocidade inventadas com miríades de coisas, miríades de *seres* que nos rodeiam de modo perceptivo... Se não nos lembrarmos logo do sensual que nos cerca, se não reclamarmos nossa solidariedade com outras sensibilidades que habitam e que constituem esse ambiente a nosso redor, o custo de nossa humanidade comum pode ser a extinção. (Abram, 1996: 270-71)

O leitor deve saber, desde o início, de que forma compreendo a noção de aprendizagem transformadora que aparece no título deste livro. Vou começar com a noção de transformação num contexto cultural amplo.

Quando qualquer manifestação cultural está em seu ápice, as tarefas de ensino e de aprendizagem são incontestáveis, e a cultura é unânime em relação ao que é realmente importante. Durante esses períodos, há uma espécie de otimismo e de entusiasmo por acharmos que o nosso é o melhor dos mundos possíveis e que devemos continuar a realizar o que estamos fazendo. Também é freqüente haver um claro senso de propósito em relação ao que o ensino e a aprendizagem devem ser. Predomina, também, um sentimento de que devemos continuar na mesma direção que nos levou até esse ponto. Aqui se pode dizer que a cultura está em "plena forma" e que a forma da cultura justifica a "continuidade". Poderíamos dizer que um contexto que tem esse claro senso de propósito ou de direção é "adequado formativamente". Uma cultura é "adequada formativamente" quando procura reproduzir-se nesse contexto, e as instituições de ensino e aprendizagem estão em sincronia com os temas culturais dominantes.

Mesmo quando uma cultura é "adequada formativamente", há momentos em que parece haver uma perda de sentido ou das qualidades e características particulares a essa cultura. Parte do discurso público, durante épocas como essas, é de "crítica reformista". A "crítica reformista" é uma linguagem que pede a uma cultura para assumir a tarefa de compensar sua perda de sentido e de propósito. É uma crítica que aceita a herança cultural e tenta, por assim dizer, fazer com que ela "volte ao bom caminho". Quando a crítica reformista é dirigida às instituições educacionais, nós a chamamos de "reforma educacional".

Há outro tipo de crítica radicalmente diferente da reformista, que questiona os mitos fundamentais da forma cultural dominante e indica que a cultura não mantém mais sua visão e continuidade de maneira viável. Essa crítica afirma que a cultura deixou de ser "adequada formativamente" e, em sua aplicação, há o questionamento de todas as visões educacionais de continuidade da cultura dominante. Referimo-nos a esse tipo de crítica como "crítica transformadora". Em contraste com a "crítica reformista", a "crítica transformadora" sugere uma reestruturação radical da cultura dominante e uma ruptura fundamental com o passado.

Eu diria que a crítica transformadora tem três momentos simultâneos. Já descrevi o primeiro momento como o de crítica à "adequação formativa" da cultura dominante. O segundo é uma visão do que seria uma alternativa à forma dominante. O terceiro momento é constituído por algumas propostas concretas das maneiras pelas quais uma cultura poderia abandonar aqueles aspectos de suas formas presentes, "funcionalmente inadequados", ao mesmo tempo que aponta algumas direções segundo as quais pode fazer parte de um processo de mudança que criará uma nova forma cultural mais "adequada funcionalmente".

Eu diria que todos os momentos que acabo de citar podem, em conjunto, ser chamados de "momento transformador". É um momento histórico de transição entre visões. Não que os momentos históricos e os nomes que lhes são dados não sofram contestação. Muitos diriam que não estamos num momento de transição em nossa presente situação histórica como afirmo. Na verdade, parece que vivemos uma época de fermentação. Um exemplo: há uma hiperatividade cultural incrível levando-nos em direção ao "mercado competitivo global". Tanto no Canadá quanto nos Estados Unidos, presenciamos esse tipo de coisa na década de 1980. Atualmente, na década de 1990, os sistemas educacionais de nosso hemisfério norte têm sido objeto de reformas educacionais que são, em essência, um esforço maciçamente conservador. Aronowitz e Giroux (1993: 1) apresentam um resumo eloqüente desse momento em sua descrição da educação no contexto norte-americano: "Durante esses anos, o significado e o propósito da escolaridade, em todos os níveis da educação, foram remodelados em torno dos princípios do mercado e da lógica do individualismo desenfreado. Ideologicamente, isso significa abstrair as escolas da linguagem da democracia e da eqüidade, ao mesmo tempo que a reforma educacional é organizada em torno do discurso da opção, da reprivatização e da competição individual".

Em sua versão mais recente da "reforma conservadora", há pouco questionamento da "adequação funcional" da visão dominante do mercado global a praticamente nenhum de seus aspectos. Quando há crítica nesse sentido, ela fica inteiramente à vontade com a forma cultural dominante que anseia por uma ampliação do que já vem acontecendo desde o início do século XX — o predomínio do mercado. As reformas educacionais sugeridas nesse sentido continuam incentivando a instrumentalizar nossas instituições educacionais a sair do mercado nacional e a entrar no mercado transnacional.

Para embarcar na discussão de uma visão transformadora da educação, é preciso ter muito claro que ela envolverá grande diversidade de elementos e de movimentos da educação contemporânea. A esta altura de nosso trabalho, vou tentar apontar algumas correntes educacionais contemporâneas que precisam fazer parte da visão educacional ecozóica e transformadora que ora surge. De certo modo, essas tendências operam de forma um tanto distinta e independente umas das outras. Como nos encontramos num período de transição, no qual há muitos pontos de vista conflitantes, é importante dar nome a alguns elementos potencialmente orientados para aquilo que chamo de visão transformadora mais integral. Em seguida, gostaria de dispor esses elementos dentro de um amplo quadro de referências cosmológico, o que, a meu ver, será minha principal contribuição para o esforço de criar uma alternativa a nossas atuais convenções na área de educação.

O uso que faço do termo "transformação" é rigoroso e complexo. Como estou adotando uma perspectiva cosmológica ambiciosa, gostaria de deixar bem claro que meu uso do termo "transformação" não é utópico, nem da Nova Era, da qual faço tudo para me distanciar. Todo nosso planeta parece ansiar por mudanças profundas e extremamente necessárias, que parecem ter uma magnitude que nunca presenciamos até agora. Essas mudanças vão oferecer possibilidades novas e maravilhosas, mas temos de compreender que essas mudanças vão trazer consigo seus problemas específicos e, quer gostemos, quer não, limitações brutais. Nas palavras de Ken Wilber (1996: 70), "[Essas mudanças] vão minimizar alguns problemas da industrialização racional, o que é maravilhoso, mas vão criar e desencadear outras dificuldades graves... E, nesse caso, se *isso* é o que chamamos especificamente de transformação futura — em contraposição a uma Nova Era utópica e extravagante —, aí sim acredito que essa transformação está realmente em curso".

Começamos a entender que estamos vivendo um período da história da Terra incrivelmente turbulento, uma época em que há violentos processos de mudanças que nos desafiam em todos os planos imagináveis. A responsabilidade dos seres humanos, hoje em dia, é a de estar totalmente envolvidos por essa transformação incrível e ter influência importantíssima na direção que ela vai tomar. O aterrorizador, aqui, é o fato de termos em nosso poder a extinção da vida neste planeta. Por causa dessa enorme responsabilidade, todos os empreendimentos educacionais devem ser julgados, em última instância, de acordo com a magnitude dessa tarefa. Trata-se de um desafio para todas as áreas da educação. Compreender isso é fundamental. O que quero dizer, aqui, com *fundamental*? Para mim, fundamental é que toda atividade educacional tenha em mente a magnitude de nosso momento presente ao estabelecer prioridades educacionais. Isso requer um tipo de atenção à situação atual do planeta, uma atenção que não descambe para a inatividade nem para a negação, mas implica grandes desafios para os educadores em áreas nunca imaginadas antes. A educação, no contexto da "visão transformadora", sempre se preocupa com o planeta em primeiro lugar.

A sabedoria de todos os atuais empreendimentos educacionais do final do século XX atende as necessidades de nosso sistema industrial disfuncional. As instituições educacionais de nossos dias que estão de acordo e que alimentam o industrialismo, o nacionalismo, o transnacionalismo competitivo, o individualismo e o patriarcado têm de ser questionadas em seus fundamentos. Todos esses elementos aglutinam-se numa cosmovisão que exacerba a crise que ora enfrentamos. Não há criatividade porque não há um ponto de vista ou consciência que veja a necessidade de tomar novos rumos. Talvez não seja exagero dizer que nossas instituições educacionais convencionais estão mortas e carecem de compreensão para responder à crise planetária de hoje. Além disso, poderíamos muito bem dizer que o saber educacional que recebemos sofre do que identifico como a "perda do sentido cosmológico". De uma forma ou de outra, isso se perdeu ou degradou-se em nosso discurso educacional. Na verdade, houve ganhos e estamos apenas começando a entender agora as perdas. Não estamos falando de mudanças superficiais aqui, que estão em moda, mas sim de uma grande revolução em nossa visão de mundo, que surgiu com o paradigma do modernismo.

Um segundo ponto para o qual gostaria de chamar a atenção do leitor é uma certa preocupação relativa à minha posição de escritor. Segundo os parâmetros mundanos, estou numa "situação privilegiada". Minha perspectiva terá as limitações necessárias que o autor impõe à interpretação, isto é, o fato de eu ser branco, ocidental, do sexo masculino e, ultimamente, membro da classe média norte-americana em movimento descendente. Esses são os meus horizontes históricos de interpretação, mas minha posição dentro deles tem sido autocrítica e consciente de si. Apesar disso, *caveat emptor*. Meu estudo também vai interpretar essas estruturas de raça, classe e gênero no contexto das preocupações ecológicas. Uma citação relevante de Susan Griffin dará ao leitor uma idéia do sentido geral dessa situação privilegiada:

> É cada vez maior a consciência de que há algo de muito errado nas práticas da cultura européia que levaram ao sofrimento humano e ao desastre ambiental. Formas de destruição não aleatórias nem acidentais surgiram de uma consciência que fragmenta a vida. O problema é filosófico. Não a disciplina árida, aparentemente irrelevante, obscura ou acadêmica conhecida pelo nome de filosofia. Mas filosofia enquanto estrutura mental que molda nossos dias e nossas percepções. Nessa cultura em particular, na qual nasci, uma cultura européia transplantada para a América do Norte e que se desenvolveu até transformar-se numa espécie estranhamente efêmera de gigante, um monstro eletrônico, alimentando-se diligentemente do mundo, o hábito predominante, há mais de dois mil anos, é considerar a existência humana, sobretudo a consciência e o espírito humanos, independentes da natureza e acima dela; isso ainda domina a imaginação pública, mesmo agora que faz secar a própria fonte de nosso sustento. E apesar da forma dos sistemas sociais, ou dos moldes do gênero, do medo da homossexualidade e das controvérsias em torno do aborto, ou o que Edward Said chama de hierarquias de raça, do predomínio da violência, a idéia de progresso tecnológico, o problema de economias falidas, cada um desses fatores seja pensado à parte das questões ecológicas; todos pertencem à mesma atitude filosófica que atualmente ameaça a sobrevivência da vida na Terra (Griffin, 1995: 29).

O que o leitor pode esperar desse texto? Eu espero que ele convide o leitor a fazer uma profunda reflexão cultural e pessoal sobre os paradigmas educacionais que atuam nos níveis mais íntimos da consciência, à medida que adentramos o século XXI. Quando uso o termo "paradigma", ele não deve ser entendido como um quadro de referências estritamente intelectual. Neste livro, paradigma traz consigo a idéia de "visão de mundo", que deve ser apreendida nos níveis intelectual, emocional, moral e espiritual. Este livro examinará os recessos mais profundos da consciência que impulsionam a vida atual, em todos os níveis de nossas instituições sociais, e com atenção específica para as instituições educacionais.

O livro divide-se em três seções inter-relacionadas, que não devem ser vistas como uma seqüência preferencial, mesmo que sejam apresentadas em determinada ordem. Essas seções me foram sugeridas pelo historiador cultural Thomas Berry em nossas discussões pessoais ao longo dos últimos sete anos. Em uma de nossas conversas, ele disse que temos de educar para sobreviver, para criticar e para criar. Ao discutir esses termos, percebi que eram enquadramentos importantes para o trabalho que estava prestes a começar sobre uma visão educacional planetária. O significado desses termos se tornará claro à medida que o leitor avançar na leitura do texto.

Finalmente, gostaria que o leitor desta obra compreendesse, de antemão, o que ela não vai fazer: não apresentará prescrições ou práticas específicas para a educação. Embora o leitor encontre numerosos exemplos de diretrizes educacionais em todos os capítulos deste livro, eles são apenas meus exemplos específicos. Não tive, nem por um momento, a pretensão de ter o alcance e a amplitude de todas as particularidades de meus leitores. A práxis educacional particular apropriada a você, caro leitor, pode ser uma verdadeira revelação para mim. Acredito que a especificidade dos contextos exigem a criatividade particular dos membros da comunidade que vivem, trabalham e educam nesses contextos. Espero deixá-lo com uma visão construtiva, que desafie sua criatividade na situação educacional específica de seu trabalho.

Uma sugestão final que talvez seja útil ao leitor: quando estava escrevendo o Epílogo, ficou claro que o que eu dizia ali era a força motriz implícita do livro todo. Ler o Epílogo logo depois do Prólogo talvez o ajude a compreender o espírito que orientou este livro.

Parte I
Sobreviver

Capítulo 1
A educação numa época de decadência histórica

As dimensões básicas da perspectiva humana são sobrevivência e transformação ou, numa linguagem mais convencional, paz e desenvolvimento, e as duas dimensões estão inextricavelmente interligadas. A condição humana contemporânea caracteriza-se por recessão em ambas as dimensões, e a visão de um futuro humano unificado e integrado, com base nos laços de solidariedade e de destino comum, está mais apagada do que nunca. (Kothari, 1988: 20)

À medida que o século XX aproxima-se do final, temos de escrever um obituário para o grande deus Progresso. Vivendo os últimos dias do mito do crescimento ilimitado e da tecnoutopia, e da religião do shopping center... É compreensível a nossa relutância em abrir mão de nossos hábitos de consumo exagerado e de otimismo cego. Chegou a hora da morte do ego e da longa jornada da transformação. (Keen, 1994: 13-4)

A busca de nosso lugar na história na virada do milênio

Estamos na década terminal do século XX e aguardamos, ansiosos, a virada do milênio ao século XXI. Há grandes expectativas e, igualmente, grandes premonições, pois este é um livro que trata, em última instância, do amplo tópico da educação. Eu diria que a tarefa inicial do educador contemporâneo é "encontrar nosso lugar na história" antes de definirmos o que a educação vai ser. Se houve alguma época na história recente em que a compreensão do contexto histórico foi necessária para a educação, certamente é o momento que estamos vivendo. Tudo isso precisa ser explicado e elaborado, o que é uma das tarefas iniciais de nosso trabalho introdutório. As idéias sobre educação desenvolvidas neste livro dependem muito do momento que vivemos. Por isso, a questão é: que momento é esse?

Minha primeira tentativa de responder a essa pergunta é indicar a importância da última década deste século XX. Logo seremos criaturas do século XXI. O simples fato de ser a década terminal do século XX torna esses anos finais importantes para a posteridade, assim como a década terminal do século XIX o foi para os que adentravam o século XX. Há um ditado chinês que tanto pode ser considerado uma maldição como uma bênção: "Que você viva em tempos interessantes". Na última década do século, certamente estamos vivendo tempos interessantes e turbulentos. Nesta década, não pudemos mais nos dar ao luxo de ter o otimismo da década anterior. Vivenciamos um período que parece ser o fim de algo cuja magnitude ainda não compreendemos inteiramente.

Minha primeira forma de determinar a importância de nossa década de final de século é voltar à última década do século XIX, tomando-a como ponto de referência e de comparação. O foco vai ser a América do Norte, especificamente as reflexões do historiador cultural norte-americano Henry Adams. Na obra intitulada The *Education of Henry Adams* [A educação de Henry Adams] (1931 [1918]), há uma série de ensaios reflexivos. Vamos nos ocupar aqui de um ensaio intitulado O Dínamo e a Virgem. Nele, Adams reflete sobre a entrada de nossa cultura no século XX fazendo algumas comparações com realizações do período medieval. Ele está interessado na energia e no dinamismo que inspira a criatividade de uma cultura. Adams usa a figura da Virgem Maria como o centro da criatividade na visão de mundo medieval. Essa energia inspirou monumentos do período, como o Le Mont St. Michel e a catedral de Chartres. Henry Adams, um nostálgico apreciador da Idade Média, compara esses monumentos a um dos símbolos que ocupariam o século que estava começando — o "Dínamo", em exposição na Feira Mundial daquela época. O "Dínamo" representava a máquina do movimento perpétuo, um engenho de que se esperava que operasse sem entropia nem interrupção. Refletia o desejo de ter produção industrial o tempo todo. Adams também reflete sobre o etos cultural do início do século XX e observa que era extremamente otimista; havia uma fé inacreditável na capacidade humana, que não existia na visão de mundo medieval. No início do século XX, existia uma fé profunda e inabalável no intelecto humano, na tecnologia e no poder da ciência moderna. Assim sendo, no que diz respeito à cultura ocidental, havia uma fé e um otimismo incríveis no movimento progressivo da história. A idéia de progresso tornou-se proeminente, e o aperfeiçoamento humano parecia praticamente assegurado pela capacidade do intelecto aliada à tecnologia da máquina. Havia um sentimento de grande expectativa.

Agora, vamos examinar de novo a década terminal do século XX. Em contraste com o grande otimismo da década final do século XIX, vivemos um tempo de vozes e de visões conflitantes. Há otimistas e pessimistas. Esta está sendo chamada a era da "nova ordem econômica global". Há as vozes das companhias transnacionais fazendo-se ouvir (Barnes e Cavanagh, 1994). Por meio delas, ficamos conhecendo a necessidade de competir no mercado desse novo mundo global. Somos encorajados a entrar nesse mundo em alta velocidade e competitivamente. Não há dúvida de que existe uma nova ordem econômica global criada pelas multinacionais.

Em contraste com esse otimismo, vozes do mais sombrio pessimismo também se fazem ouvir neste momento. Robert D. Kaplan (1994), num artigo muito controvertido, publicado pela *Atlantic Monthly*, olha para nossa década e vê a "chegada da anarquia". Usa o termo anarquia de forma extremamente pejorativa. Procura demonstrar em seu artigo de que maneira a escassez, o crime, o excesso de população, o tribalismo e a doença rapidamente destroem o tecido social do planeta. Um tipo semelhante de pessimismo é expresso por Bill McKibben (1989), cuja obra gira mais em torno do desastre ecológico. O título de seu livro é *The End of Nature* [O fim da natureza]. Depois de lê-lo, você não vai se surpreender com seu título sinistro.

Ao examinar essas possibilidades conflitantes, Paul Kennedy, em seu livro *Preparing for the Twenty-First Century* [Como se preparar para o século XXI], faz um levantamento da situação:

Muitas tentativas anteriores de adivinhar o futuro foram concluídas com um tom de otimismo irrestrito, ou com presságios sombrios, ou (no caso de Toynbee) com apelos por renovação espiritual. Talvez este livro devesse terminar nesse mesmo tom. Mas persiste o fato de que, por não conhecermos o futuro, é impossível dizer com certeza se as tendências globais vão levar a desastres terríveis ou se serão desviadas por avanços espantosos na adaptação humana. O que está claro é que, à medida que a Guerra Fria se desvanece, não nos deparamos com uma "nova ordem mundial", e sim com um planeta fraturado, em sérias dificuldades, cujos problemas merecem muita atenção, tanto de políticos quanto do público em geral. (Kennedy, 1991: 349)

Assim, uma avaliação sóbria de nossa década terminal leva a conclusões nada tranqüilizadoras sobre o futuro. O ideograma chinês correspondente a *ji* é símbolo tanto de perigo quanto de oportunidade. Vivemos um momento de ambigüidade desafiadora.

Lester R. Brown, diretor do Worldwatch Institute, sediado em Washington, em seu Prefácio ao *Relatório de 1990 do Worldwatch Institute*, refere-se à última década do século XX como a "década da reviravolta". A reviravolta diz respeito a uma reorientação radical de todos os aspectos de nossas relações com o meio ambiente que tem de ocorrer nesta década, se quisermos evitar danos irreversíveis às capacidades que a Terra tem de manter-se enquanto matriz de toda vida vegetal e animal.

Enquanto educador, eu diria que é importante avaliar a precisão e veracidade dessas vozes conflitantes e descobrir nosso lugar na história nesse ponto da linha temporal. O pensamento ocidental implicou tradicionalmente a separação entre história natural e história cultural humana. Nossas grandes tradições históricas são antropocêntricas ao extremo. Vivemos uma história humana fora do contexto da história da Terra. Culturalmente, temos uma percepção cosmológica muito limitada (Berman, 1981; Toulmin, 1985). Pior ainda: quando olhamos para a percepção de tempo de nossa cultura popular contemporânea, vislumbramos um mundo que põe a história na lata de lixo em questão de dias ou semanas. O mundo da "obsolescência planejada" faz com que a história fique sem sentido e seja trivial. O computador no qual escrevo este texto foi considerado obsoleto algumas semanas depois que o comprei. Isso diz muito mais sobre minha cultura do que sobre meu computador, pois mostra que uma percepção limitada do tempo histórico não vai nos ajudar em nada nos momentos que estamos vivendo.

Na verdade, vivemos uma época muito marcante de luta pela sobrevivência e precisamos desesperadamente de um amplo sistema cultural de interpretação para compreender nossa situação presente. Embora não tenhamos condições de prever o futuro, devemos, mesmo assim, procurar chegar a conclusões bem fundamentadas sobre a direção para a qual o presente estado de coisas está nos levando. Um ponto de referência a ser considerado é o importante historiador cultural e ecologista Thomas Berry. Em uma conversa, ele se referiu a nosso momento atual na história como um "estado terminal" e, ao mesmo tempo, como um "estado de graça". Em momentos de estado de graça, assumimos o perigo e o transformamos em oportunidade. Em momentos de estado de graça, assumimos a decadência e a transformamos em criatividade. Berry (1988) fala de nosso momento histórico atual como em um contexto ficcional. No momento presente, vivemos um período internarrativas. Ele sugere que, para sobreviver a esse momento, temos de estar preparados para fazer uma viagem até outra história criativa. Berry afirma que nossa história cultural presente, exemplificada pelos valores tecnoindustriais da cultura ocidental eurocêntrica, é agora disfuncional em suas dimensões sociais mais amplas, mesmo se continuarmos acreditando nela firmemente e agindo de acordo com suas diretrizes. Ele insiste em dizer que temos a necessidade premente de uma reavaliação radical de nossa situação presente, em particular no que diz respeito àqueles valores básicos que dão à vida significado satisfatório. Necessitamos de uma história integral que nos eduque, uma narrativa que nos cure, oriente e discipline. A transição entre as narrativas será designada no texto como o movimento que parte do "cenozóico terminal" para o "ecozóico". Esse será o principal desdobramento de idéias deste livro e vai oferecer a base para uma visão da educação à qual me refiro como "a educação transformadora do ecozóico".

A transição entre o cenozóico terminal e o surgimento dos períodos ecozóicos

O dicionário Webster da língua inglesa dá uma idéia da ambigüidade do verbo *survive* [sobreviver]. Basicamente, a palavra inglesa *survive* tem uma etimologia francesa, do verbo *vivre* [viver]. Sobreviver transmite a idéia de escapar a uma época de morte, desastre ou fim dos tempos. Quando pensamos em sobrevivência, temos de estar agudamente conscientes do alcance e da magnitude do contexto em que as estratégias de sobrevivência estão sendo postas em prática. Usei o verbo "sobreviver" em lugar do substantivo ou do adjetivo porque meu tratamento vai ser dinâmico e voltado para a ação, mesmo quando for descritivo. As dinâmicas de sobrevivência desenvolvidas neste capítulo foram elaboradas dentro da interpretação histórica do cenozóico terminal, ao qual já aludi em minhas observações introdutórias sobre uma fase terminal da história. Os pressupostos em operação em nosso estudo do momento histórico atual são os de que vivemos uma fase de transição profunda da história, que se estende da escala planetária à escala humana (o período cenozóico terminal). Vou dividir meu estudo em três categorias inter-relacionadas, mesmo que agora as esteja tratando como categorias distintas. As três categorias da sobrevivência são a planetária, a comunitária e a pessoal.

A sobrevivência planetária. Na década terminal do século XX, há numerosas interpretações relativas a nosso momento histórico. Provavelmente, a interpretação mais importante e glamourizada seja a de que estamos adentrando um mercado global que transcende todas as constelações anteriores de poder, sendo a mais proeminente delas o Estado-nação. O processo de globalização, visão planetária baseada no comércio e no *marketing*, é um movimento rumo a uma visão de mundo transnacional baseada exclusivamente no comércio. O mundo que é proposto pela visão globalizante movimenta-se de maneira contínua e parece totalmente cego ao que está fazendo às infra-estruturas da Terra, à medida que esse comércio se concretiza. Essa é uma visão que será constantemente questionada ao longo de todo este livro. Minha interpretação coincide com a visão de que nossa presente direção histórica, de acordo com a visão da globalização planetária, é um processo patológico tóxico para a Terra e para todos os seus habitantes. A educação que tiver suas premissas baseadas nessa visão de mundo será disfuncional segundo a perspectiva adotada por este livro.

Estamos adquirindo uma consciência planetária global mediante processos que envolvem o terror, bem como a atração (Swimme e Berry, 1992). É o que Swimme e Berry chamam de período de transição, que leva ao fim um longo termo da história da Terra que chamam de "cenozóico" e dá início a um novo período de sua história, que eles denominam "ecozóico".

Os sinais do terror cercam-nos hoje em escala global. O aquecimento global, o esgotamento do ozônio, o lixo tóxico e vários outros processos de patologia ecológica impedem-nos de voltar a adotar posturas nacionalistas que alimentam o movimento de globalização. Nossas atividades no âmbito da educação certamente terão de ser estruturadas no sentido de negar o terror ou de enfrentar os perigos inacreditáveis com que estamos nos deparando neste planeta. Numa publicação recente do Worldwatch Institute, de 1992, Sandra Postel apresenta, na Introdução, uma idéia de sua magnitude:

> Antes de agosto de 1991, poucos imaginariam que mudanças tão monumentais pudessem acontecer praticamente da noite para o dia. Numa série impressionante de eventos, o ramo soviético do comunismo desintegrou-se irreparavelmente, relegando a Guerra Fria à história. Por mais impressionantes e rápidas que tenham sido essas mudanças, o resto desta década vai vivenciar transformações ainda mais profundas e amplas, se quisermos nos agarrar a esperanças realistas de um mundo melhor. Está em jogo a relação terrivelmente deteriorada da humanidade com seu lar terrestre, e sua reparação é urgente, antes que danos mais duradouros e mais trágicos se tornem realidade. (Postel, 1992: 3)

Para o bem ou para o mal, a década de 1990 será decisiva para o planeta e para seus habitantes. Diante da magnitude dessa mudança, parecemos tender à negação, disfarçando a gravidade do terror de nosso momento histórico. O terror também pode gerar a necessidade de questionar o "mundo devastado" da consciência de um Estado-nação indo em direção à globalização e sua ordem mundial baseada na mercadoria e na devastação ecológica. Há muitas tensões no terror de nosso momento histórico. Enquanto cidadãos e enquanto educadores, vivemos essas tensões nos bastidores.

Apesar das diversidades regionais em todo o planeta que indicariam a existência de diferenças na responsabilidade assumida por nossas preocupações planetárias atuais, sabemos que há problemas enormes que terão de ser enfrentados pelo planeta como um todo. Durante a última década, Lester R. Brown (1988; 1996) e seus colaboradores do Worldwatch Institute catalogaram, anualmente, os sinais vitais da saúde de nosso planeta. Os sinais vitais catalogados no *Relatório de 1988 do Worldwatch Institute* são, ao mesmo tempo, reveladores e sinistros. Se tomamos como indicador a área coberta por florestas, vemos que as florestas tropicais se reduzem em 15 milhões de hectares por ano; 31 milhões de hectares de países industriais se deterioram devido à chuva ácida e à poluição do ar. Tomando a camada superior do solo em terras cultivávcis como indicador, a estimativa é de uma perda de 26 bilhões de toneladas anuais, sem considerar a formação de novos solos. Usando a área desértica como indicador, chegamos a uma estimativa de 6 milhões de hectares de novos desertos formados anualmente pela má administração da terra. Nossos lagos contam mais uma história de profanação. Em virtude da promiscuidade do uso industrial, milhares de lagos do Norte industrializado estão agora biologicamente mortos, e milhares de outros estão morrendo. A água potável é outro indicador planetário importante da vitalidade de nossa Terra. Os lençóis freáticos secam em partes da África, da China, da Índia e da América do Norte, à medida que a demanda por água aumenta acima da velocidade de reposição. O indicador vital da diversidade de espécies conta uma história espantosa. A avaliação da extinção de espécies vegetais e animais, em conjunto, é estimada em vários milhares por ano. Um quinto de todas as espécies pode desaparecer nos próximos 20 anos. A qualidade da água é um importante indicador de vitalidade do globo, afetando diferencialmente as populações humanas nas várias regiões da Terra. Hoje, com exceção da China, bem mais da metade de todos os cidadãos do mundo majoritário* não tem acesso a reservas abundantes de água potável. O custo para a saúde humana é enorme. De uma forma ou de outra, a água está envolvida em múltiplos problemas de saúde: cegueira por tracoma (conjuntivite granulosa), malária, esquistossomose, elefantíase, febre tifóide, cólera, hepatite infecciosa, lepra, febre amarela e o pior de todos: diarréia. Acredita-se que a água suja seja o principal agente transmissor de pelo menos 80% das doenças que afligem a maior parte do mundo. Embora a parcela majoritária do planeta, ao Norte, tenha muito mais reservatórios de água potável, cerca de 50 pesticidas contaminam os lençóis freáticos de trinta e duas cidades norte-americanas. Cerca de 2.500 depósitos de lixo tóxico nos Estados Unidos aguardam uma solução. O clima também é um dos indicadores de vitalidade. Há uma projeção de que a temperatura média vai subir entre 1,5°C e 4,5°C de agora a 2050. Aqui nos deparamos com aquilo que os especialistas chamam de "efeito estufa". O dióxido de carbono é um dos gases mais importantes da atmosfera. Quando a energia do Sol atinge a atmosfera da Terra, grande parte dela é refletida, voltando para o espaço, mas uma parcela é absorvida pelo dióxido de carbono aquecendo a superfície do globo constituindo que é conhecido como efeito estufa. Os níveis de dióxido de carbono na atmosfera aumentaram em cerca de 30% de 1850 a 1980 e estão projetados para saltar para 75% em 2060. Tudo isso parece implicar que essas mudanças e elevações de temperatura provavelmente vão se fazer acompanhar de uma transformação dramática na produtividade agrícola — mudanças para pior —, e a elevação do nível do mar vai acabar provocando uma inundação global. As projeções de elevação dos níveis do mar estão entre 1,4 m e 2,2 m em 2100. Descobertas recentes (de 1995) mostram que a temperatura global chegou a 15,39°C, ultrapassando a marca anterior de 15,38°C de 1990. Finalmente, a camada superior da atmosfera da Terra indica buracos numerosos e cada vez

---

* Neste livro, ignoro as convenções de Primeiro, Segundo e Terceiro Mundo usando os termos mundo majoritário e mundo minoritário. O mundo minoritário é aquele constituído antigamente pelo Primeiro Mundo e recebeu esse nome no presente contexto devido ao número muito menor de seus povos e população. O mundo majoritário é aquele chamado antes de Terceiro Mundo e foi denominado assim por causa do grande número de povos que vivem nele, bem como do tamanho de sua população.

maiores na camada de ozônio, sugerindo que um esgotamento global e gradual pode estar começando e aumentando os riscos de câncer de pele numa escala nunca vista (L. Brown, 1988; 1996).

Todos esses fatos e cifras foram catalogados durante a última década. O desafio educacional é saber como atingir um nível constante de conscientização em relação a esses problemas e mantê-lo em primeiro plano em nossa percepção cultural. Esse é um empreendimento difícil, porque somos continuamente bombardeados por informações que não contribuem para uma consciência apaziguada. Também temos de reconhecer que não fomos educados para ter consciência planetária. Ao longo do século XX, a educação conformou-se com uma consciência de Estado-nação. Agora, percebe-se um movimento que vai além do Estado-nação, mas que não se dirige a uma consciência planetária. O que vemos é, ao contrário, uma nova constelação de compromissos com o mercado transnacional, que leva o nome de globalização. Esse movimento rumo a um mercado de consumo global acontece mediante uma negação completa dos perigos planetários que estamos correndo. Em 1995, a economia global cresceu aproximadamente 3,7%, o que os padrões econômicos convencionais consideram uma expansão impressionante. O que não é levado em conta nesse aumento de mercadorias e de serviços em escala global é que ele também elevou as demandas insustentáveis em relação aos sistemas e recursos naturais: terras cultiváveis, reservas de água, locais de pesca, cordilheiras e florestas (L. Brown, 1988; 1996). Vou discutir, em muitos lugares ao longo deste livro, a questão de que vivemos num período de visões conflitantes. Também vou procurar mostrar que é nossa tarefa educacional fazer uma opção consciente pela visão que adotamos. A visão e o sonho que mostrarei são de uma educação planetária transformadora. Vamos precisar de um grau de alfabetização muito mais amplo, cujo melhor nome seria "alfabetização terrestre" ou "alfabetização ecológica" (Orr, 1992). Esse vai ser o maior desafio dos educadores.

Precisamos inserir a tarefa da alfabetização da Terra em muitos contextos. Embora nosso planeta seja uma totalidade integrada que existe dentro da maravilha de um universo maior, também tem o colorido de comunidades diferenciadas. Uma delas é a comunidade humana. Esse é o segundo contexto que temos de considerar.

A sobrevivência humana. O que acontece, em âmbito planetário, na comunidade terrestre tem implicações profundas para a comunidade humana. Também faz sentido dizer que o que acontece no plano da comunidade humana tem implicações igualmente profundas para a comunidade terrestre. Considerando todas as outras espécies dessa Terra, é essencial compreender que a comunidade humana desempenha, sem sombra de dúvida, um papel crucial tanto para nossa própria sobrevivência quanto para a sobrevivência e integridade da comunidade terrestre como um todo. Brian Swimme e Thomas Berry deixam muito claro a forma segundo a qual nossa presença humana atua na Terra no momento presente:

> Já está claro que, no futuro, a Terra vai funcionar de maneira diferente da que funcionou no passado. No futuro, todo o complexo de sistemas de vida do planeta será influenciado pelos seres humanos de forma abrangente. Se o surgimento do cenozóico, com todo seu esplendor, aconteceu independentemente de qualquer influência humana, quase todas as fases do ecozóico vão envolver o ser humano. Embora o ser humano não consiga fabricar uma só folha de grama, é possível que não exista mais nenhuma, a menos que seja aceita, protegida e alimentada pelo ser humano. (Swimme e Berry, 1992)

Depois de compreender a importância da presença humana em termos de sobrevivência planetária, é absolutamente necessário entender e avaliar a responsabilidade diferencial de certos segmentos da comunidade terrestre em relação à nossa situação atual. Isso nos leva a considerar a importância de examinar toda a questão da marginalidade no contexto do privilégio do hemisfério norte. Estamos nos tornando cada vez mais conscientes da presença de uma crescente subclasse marginal no hemisfério norte. Sabemos que moradores de rua tornam-se uma verdadeira epidemia em algumas grandes áreas urbanas do Norte. Também podemos concluir que a marginalidade tem especificações de classe, raça e gênero. Em quase toda pesquisa sobre pobreza e subclasses no contexto norte-americano, vemos que a pobreza e a marginalidade predominam entre as camadas de classes sociais mais baixas, entre grupos rotulados de "pessoas de cor" e entre as mulheres. Assim sendo, mesmo no hemisfério norte, pode-se afirmar que existe um "Terceiro Mundo no meio do Primeiro Mundo" (Mitter, 1986). Não há dúvida de que as condições estruturais da economia global emergente gera marginalidade numa escala global. Swasti Mitter (1986) apresenta um quadro específico das ironias do mercado global. Ela observa que, dadas as rápidas mudanças da tecnologia e da demanda de mercado em muitas indústrias, pode ser mais fácil e mais lucrativo para as grandes empresas ter fábricas em áreas não muito distantes dos centros de consumo e de uso final. Isso acontece particularmente agora que uma reserva suficiente de mão-de-obra barata, entre os desempregados do Ocidente, pode assegurar a suspensão efetiva dos aumentos potenciais de salários.

Todas as considerações anteriores demandam compreensão de certas nuances na maneira de examinar a idéia do privilégio hemisférico. Apesar disso, ainda ficamos com estatísticas incrivelmente negativas sobre o papel do Norte em sua contribuição para nossa crise ecológica global. Mesmo levando em conta essa ressalva, uma reavaliação radical do modo de vida consumista que ora predomina em nosso mundo minoritário ainda é plenamente justificável.

Também precisamos fazer uma avaliação diferencial do impacto da globalização sobre diferentes povos e lugares. Há disparidades incríveis entre os impactos negativos sobre os diversos povos de nosso mundo contemporâneo. Serge Latouche (1993) apresenta uma crítica abrangente do que chama de "grande sociedade". Define "grande sociedade" como o ideal de modernidade e consumo do Ocidente voltado para o mercado apresentado como o estágio mais elevado da civilização humana. Afirma que agora estamos vivendo o que chamo de modalidade de sobrevivência, o naufrágio tanto da idéia quanto das práticas da grande sociedade. Sua posição é que esse naufrágio produz grupos cada vez maiores de náufragos ou de párias. Nos países afluentes do Norte, o desenvolvimento econômico não só acarreta números cada vez maiores de pessoas desajustadas, como também contribui para o surgimento de novos pobres, aqueles expulsos das escolas, os moradores de rua, os cronicamente desempregados, os desinstitucionalizados e assim por diante. Há estimativas de bem mais de 100 milhões desses "párias" nos países ricos (Latouche, 1993).

Os impactos mais devastadores da globalização sobre as economias do mundo são aqueles que assolam os povos indígenas. Há diversos grupos, em todas as partes do globo, cujo número gira em torno de 250 milhões no presente momento (Burger, 1990), tipicamente descendentes dos habitantes originais de uma área tomada por estrangeiros mais poderosos. Estes são distintos do grupo dominante de seu país no plano da língua, da cultura e da religião. A maioria deles tem uma noção de ser guardiães da terra e de outros recursos, definindo-se, parcialmente, em relação ao *hábitat* do qual tiram o sustento. Em geral, vivem numa economia de subsistência ou mantêm laços estreitos com ela. Muitos deles, ou seus descendentes, são caçadores-coletores, pescadores, pastores nômades ou sazonais, agricultores que trabalham em áreas diferentes da floresta ou camponeses que praticam uma agricultura de subsistência (Durning, 1991; 1992). Com o avanço das grandes companhias transnacionais durante as duas últimas décadas, os povos indígenas sofreram as conseqüências de alguns dos aspectos mais destrutivos de nossas idéias ocidentais de desenvolvimento e de crescimento. Esses povos foram separados de suas terras e modos de vida, privados de seus meios de subsistência e obrigados a inserir-se em sociedades que lhes são desconhecidas. A história das Américas em relação aos povos indígenas repercute em quase todas as regiões do mundo. Os povos indígenas estão assumindo a liderança no questionamento da noção de que o Estado-nação é o fundamento da paz ou da segurança ambiental. Jason Clay (1993) observa que o que está em jogo em nosso mundo atual não é a legitimidade ou a sobrevivência de nações, e sim a sobrevivência de povos. Clay afirma que nenhuma questão considerada isoladamente afeta tanto a sobrevivência dos povos indígenas quanto a apropriação estatal de recursos, principalmente de terras, de que os povos indígenas precisam para sobreviver como sociedades reconhecidas. É o apetite global por recursos que alimenta a ameaça aos povos indígenas.

Julian Burger (1993) refere-se ao tratamento histórico dos povos indígenas como o flagelo do colonialismo europeu. Agora, vemos esse legado aparecer no presente. O colonialismo contemporâneo, que atua nas atividades da globalização, devasta a vida cotidiana dos povos indígenas. Burger traça um quadro vívido de sua situação:

Na busca de recursos e de terras, as grandes áreas virgens tornaram-se um eldorado e válvulas de escape. Poucos dos 50 milhões de habitantes indígenas das florestas tropicais úmidas do mundo, que delas dependem para obter alimento, remédio, teto e renda, escaparam dos assaltos dos empregados das madeireiras, dos colonos, dos mineiros e dos construtores de represas. Na Amazônia e em vários países asiáticos, agricultores pobres, expulsos de suas terras pela agroindústria, migraram em números maciços para o território dos povos indígenas. Hoje, os povos indígenas da Amazônia estão numa proporção de 1 para 16 não-indígenas. No começo do próximo século, a Indonésia planeja retirar até 10 milhões de pessoas de Java, levando-as para as terras indígenas das ilhas exteriores. (Burger, 1993: 4-5)

Também poderíamos observar que uma proporção muito grande das principais questões em torno do uso da terra e da reforma agrária relaciona-se à sobrevivência de povos indígenas do mundo inteiro. Projetos do Banco Mundial relativos a hidrelétricas ou mineração realizadas por transnacionais ameaçam desalojar, ou já desalojaram, centenas de milhares de povos indígenas e tribais. Um exemplo é apresentado por Julian Burger em *State of Peoples: A Global Human Rights Report on Societies in Danger* [A situação dos povos: um relatório sobre direitos humanos globais em sociedades em perigo de extinção] (1993). O projeto específico envolve uma série de represas que estão sendo construídas no rio Sardar Sarovar, na Índia, as quais põem em risco a vida de quase 100 mil pessoas, a maioria membros de tribos. Esses projetos envolvem remoção maciça de populações tribais de suas terras sem lhes dar nenhuma compensação, seja em terras, seja em dinheiro. O resultado final de todo esse movimento é que esses povos provavelmente acabarão inchando as populações, já enormes, de desempregados e de marginalizados, que habitam as favelas das cidades.

A questão aqui, no que diz respeito à sobrevivência, trata do plano físico, cultural e espiritual. Isso levou ativistas de povos indígenas a fazer campanhas de direitos humanos em fóruns internacionais. Várias centenas de povos indígenas das Américas, da Ásia, África, Europa e Oceania têm estado em atividade nas conferências das Nações Unidas que discutem questões relativas aos povos indígenas. O que vemos aqui é um choque de culturas e de interesses, catalisado pelo neocolonialismo, que se apresenta sob o título de globalização. No plano mundial, os povos indígenas usaram o fórum das Nações Unidas com resultados ambíguos e suspeitas consideráveis. Desde 1982, existe um grupo de trabalho nas Nações Unidas que trata das populações indígenas. Esse órgão, em particular, é o único espaço da ONU que garante aos povos indígenas o direito incontestável de falar como povos, nações e organizações indígenas. Um Esboço de Declaração dos Direitos Humanos e dos Povos Indígenas foi produzido por esse órgão para a Assembléia Geral. A Declaração reconhece especificamente os direitos dos povos indígenas contra o genocídio cultural, definido como qualquer forma de assimilação ou de privação de suas características culturais distintas. Há também, paralelo a isso, um esboço de declaração que inclui o direito à proteção de locais sagrados, a restituição de propriedade cultural e a repatriação de restos humanos. Também foram incorporados princípios de maior acesso e controle sobre serviços públicos, reconhecendo que os povos indígenas sofreram mais que qualquer outro grupo do mundo contemporâneo, de acordo com praticamente todos os indicadores sócio-econômicos (Burger, 1993).

O resultado final de tudo isso que acabo de dizer ainda está por ser visto. Nas profundezas estruturais de nossa herança colonial ocidental, que opera atualmente sob a rubrica de economia e comércio globais, deve haver uma clara consciência de que podemos destruir culturas inteiras, em âmbito global, à medida que marchamos rumo ao mercado mundial global. É compreensível que os povos indígenas alimentem suspeitas em relação a nossos motivos. Nossa história colonial ocidental justifica essa suspeita, e é bom estarmos cônscios disso.

O continente africano é, agora, receptáculo dos temores do mundo à superpopulação e anarquia. Hoje em dia, nós, ocidentais, descrevemos os povos e as terras da África como elementos em crise gravíssima, no que Serge Latouche (1993) chamou de "afropessimismo". Um pouco antes, neste mesmo capítulo, vimos que, hoje, os africanos são considerados em termos malthusianos. Um exemplo: o norte-americano Robert Kaplan, em seu artigo A Chegada da Anarquia (1994), pinta um quadro apocalíptico da África Ocidental. Kaplan discerne nessa região forças que estariam se espalhando e que podem muito bem tornar o mundo inteiro inabitável. A África é vista por meio de uma interpretação que sugere que suas agruras atuais são responsabilidade inteiramente sua, resultado do animismo e do comunalismo desses povos; daí advêm as pragas aparentadas do desmatamento (ligado, de maneira simplista, à superpopulação), a tuberculose, a malária, o HIV e, sobretudo, o "numeroso" povo negro. Alexandre Cockburn (1994: 405) faz uma pergunta a respeito da interpretação de Kaplan: "Onde é que ele reconhece o papel do Ocidente nas economias flageladas por essas pragas?". A verdade é que, na África Ocidental, a derrubada das árvores é feita, principalmente, pelas companhias internacionais com subornos generosos às elites locais, parte integrante do desenvolvimento voltado para as exportações, o que é considerado adequado pelos banqueiros do Primeiro Mundo.

É preciso compreender que a África — e, aliás, qualquer outra parte de nosso globo, hoje em dia — sofre no interior de uma economia mundial administrada predominantemente sob os auspícios da hegemonia ocidental. Dito isso, podemos considerar a África no contexto da sobrevivência. Hoje, a África está sendo abandonada pelo mundo que a colonizou originalmente. O continente sofre sob o peso de muitos flagelos. Por causa do uso da terra, tem havido uma desertificação maciça e, com a desertificação, vêm as questões dificílimas da fome que atormenta essa parte de nosso globo. O continente está enfrentando uma miséria constante e, como diz Serge Latouche (1993), é o pária do desenvolvimento ocidental. Dentro das comunidades africanas diferenciadas, há uma variedade incrível de povos responsáveis tanto pela cor da diversidade quanto pela arena de conflito. Por meio de seu legado colonial, a África foi talhada em Estados-nação que imitam o modelo de seus colonizadores, ao mesmo tempo que disfarçam as vastas diferenças entre os povos. A Nigéria é um desses casos. É um Estado-nação que abriga uma diversidade inacreditável de povos e onde os conflitos entre esses povos são, às vezes, muito graves e intensificados pela venda de armas ocidentais. Também vemos nesses conflitos a hipocrisia impressionante dos Estados-nação ocidentais. Enviamos forças para manter a paz nessas regiões com uma das mãos e, com a outra, fornecemo-lhes armas. Há uma ironia atroz no fato de que as forças de paz da ONU morrem em conseqüência das armas produzidas no Ocidente. Nos países africanos, como em outros, a distribuição de armas solapa governos democráticos, promove violações de direitos humanos, destrói a sociedade civil e está ligada ao tráfico de drogas e a outras formas de criminalidade. Com o fácil acesso às armas, os conflitos internos são militarizados; quando as guerras explodem, são prolongadas, e quando finalmente terminam, as operações para manter a paz são postas em risco. A carga da pacificação após o conflito é aumentado pela necessidade de recolher milhões de armas de pequeno porte que foram distribuídas pela indústria armamentista ocidental, em meio à desordem social e política que predominou até então (Regehr, 1996).

O que está acontecendo na África ecoa em outras partes do Terceiro Mundo. A maioria das regiões do Sul das Américas enfrenta questões de sobrevivência em torno de reforma agrária, comida, saúde e esgotamento de recursos. Grande parte dos países do extremo Sul das Américas está oprimida por dívidas impossíveis de pagar. O pagamento da dívida provocou guerras para assegurar recursos mais escassos e desembocou em guerra civil (Argentina, Uruguai, Bolívia, Peru, Guatemala, El Salvador, México), resultando em conflitos civis e étnicos (Peru, Equador), bem como na criminalização da atividade econômica (Colômbia, Bolívia, Peru) (Isla, 1996). Ana Isla afirma que a administração da dívida é outra forma de administrar o mundo como um mercado, fragmentando os direitos dos povos e usando forças do Estado como administradores de crises, polarizando o conflito; assim é que são criadas condições para violações maciças dos direitos humanos. A maioria desses países da América Latina é obrigada pelo Banco Mundial a passar por um processo chamado de "ajuste estrutural", que os obriga a "reduzir seus programas previdenciários e educacionais e a enfatizar gastos internos na produção de exportações para o Primeiro Mundo. Esse processo aumentou vertiginosamente os níveis de pobreza desses países e resultou no esgotamento de recursos naturais. Além do ajuste estrutural, um programa pernicioso, chamado "substituição da dívida" ou "troca da dívida pela natureza", foi instituído pelos bancos e nações credoras. A troca da dívida pela natureza consiste em trocar um tipo de instrumento de dívida de posse de um credor por certos recursos naturais do país devedor. Há muitas conseqüências relacionadas a esse processo, mas provavelmente uma das mais importantes é a extensão da transformação em mercadoria e da apropriação privada de recursos naturais antes considerados herança comum do país devedor. Em última análise, a troca da dívida pela natureza desvia a atenção das principais áreas de conflito, em que o atual modelo de riqueza global leva à acumulação dos credores já ricos e favorece a extração e a transferência de uma parte significativa do trabalho, dos recursos naturais e da riqueza da nação devedora.

Quando examinamos o mundo minoritário do Norte, percebemos uma redistribuição de riquezas semelhante: a maior parte vai para um pequeno grupo de pessoas e de instituições de elite, aumentando o abismo entre ricos e pobres. Na década de 1990, vivemos um aumento progressivo da pobreza em todos os setores da sociedade, com exceção dos super-ricos. Todos os ganhos que a classe média conseguiu desde meados do século parecem, agora, sofrer rápida erosão. Vemos uma forma de ajuste estrutural no Norte na erosão de todos os grandes programas sociais relacionados à saúde, à previdência e à educação. Testemunhamos, agora, em quase todas as grandes cidades do Norte, tal número de moradores de rua e tal pobreza devastadora nunca vistos. Essa parte do espectro da pobreza é similar às grandes cidades do mundo majoritário ou Terceiro Mundo. Todos esses fatores combinam-se à desintegração da vida comunitária, a formas de alienação e de anomia jamais vistos. O crime, o uso de drogas e outras atividades que ameaçam o tecido comunitário aumentam de maneira vertiginosa diariamente.

Ao discutir as questões de sobrevivência, não podemos ignorar as grandes dificuldades enfrentadas pelas mulheres e pelas crianças. A violência será tratada no Capítulo 5. Por enquanto, só gostaria de chamar a atenção para algumas das descobertas mais importantes nessa área. A violência contra as mulheres — com base nas questões de gênero — atravessa todas as fronteiras culturais, religiosas e regionais. Ao que tudo indica, sua forma mais disseminada são os maus-tratos por parte do marido ou companheiro (*Progress of Nations*, 1997). Tomando um exemplo específico, no Canadá, em 1987, 62% das mulheres assassinadas foram mortas pelo companheiro do sexo masculino com quem viviam. As formas de violência específicas ao gênero ocorrem onde a dominância masculina está institucionalizada em sistemas sociais, políticos e econômicos. Uma das coisas que discriminam violentamente a mulher é a prática notória da mutilação genital feminina. Estima-se que seja realizada em 85-114 milhões de mulheres no mundo inteiro. O Banco Mundial identificou a violência como o maior fator de risco em termos de enfermidade e de doença entre as mulheres em idade reprodutiva. O resultado de sua análise geral diz que 19% do total de doenças que atingem as mulheres entre os 15 e os 44 anos de idade nas economias avançadas está ligado à violência doméstica e ao estupro. A violência constitui uma ameaça comparável às mulheres do mundo majoritário, mas, devido ao número relativamente maior de doenças nessas regiões, a violência representa uma porcentagem muito pequena em relação à quantidade total de doenças. Como discutiremos mais tarde, numa análise mais extensa da violência social, a violência contra as crianças segue uma tendência semelhante no mundo inteiro.

A sobrevivência pessoal. Provavelmente, um dos fatores mais importantes na desintegração do mundo pessoal é a degradação da profunda dimensão relacional não só da vida humana, mas também de todos os seres vivos (O'Sullivan, 1990). Vivenciamos agora, no final do que está sendo chamado de modernidade, um fraturamento profundo da vida pessoal, que se separa da vida comunitária em todos os níveis de envolvimento. Inventamos uma forma de atividade econômica que agora atende pelo nome de capitalismo transnacional e que não respeita nenhum limite comunitário e é mais chocante ainda em relação aos limites do mundo natural em sua totalidade. O fundamental de toda essa atividade econômica é a criação de riqueza e a acumulação de dinheiro. No dicionário do capitalismo transnacional, parece não haver lugar para a criação e manutenção da vida comunitária. Com a desintegração da vida comunitária, há também a desintegração do mundo pessoal. Com o desmoronamento do mundo pessoal, há também um declínio na vida pública (O'Sullivan, 1990). Agora é uma realidade no mundo inteiro que uma parte significativa de nossa vida seja mediada por um instrumento destinado a propagandear e a vender mercadorias, ou seja, a tecnologia dos meios de comunicação de massa chamada televisão. Com o advento da televisão comercial, houve um declínio constante da vida pública. Aqui o paradoxo é que o declínio da presença pública é sinônimo de avanço constante das tecnologias de comunicação. Na história posterior à Segunda Guerra Mundial, a mediação indireta de eventos importantes pelas novas tecnologias que se fazem presentes em instrumentos como jornais, rádio, televisão — bem como de invenção mais recente, como o computador, o fax e a Internet — só fez aumentar. É preciso compreender que, no âmbito da cultura popular, a televisão ainda predomina. A dependência de conexão com eventos culturais por meio da televisão marca um ritual de privatização. O meio de comunicação chamado televisão é um ritual privatizado, porque sem a presença de eventos reais personificados, dependemos desse meio de comunicação como forma de nos relacionarmos com o mundo lá fora. Estima-se que, numa família norte-americana típica, cada membro relaciona-se mais intimamente com as personagens da televisão do que uns com os outros (O'Sullivan, 1990). É importante notar, aqui, quais são os objetivos das produções televisivas *vis-à-vis* o telespectador. Os interesses comerciais que patrocinam a programação atuam com base no pressuposto de que existe uma população de espectadores a ser formada e conformada (isto é, um público passivo) aos valores do comércio e do consumo. Essa ligação não promove um senso de vida pública.

É preciso admitir que nossos meios de comunicação de massa propiciam maior acesso a eventos do mundo que nos cerca; ao mesmo tempo, podemos ver que não nos resta nenhum acesso público para expressar a importância desses eventos. Além disso, temos o fenômeno de saturação da mídia, que pode invocar defesas como o desligamento e a insensibilidade. Mais tarde falaremos sobre a necessidade de uma "cultura cívica" como parte de uma visão transformadora. Teremos de criar outros meios além dos recursos de comunicação de massa para descobrir o caminho de volta à vida pública.

Na virada do século, parece que estamos tendo reações conflitantes ao aumento da complexidade do mundo. Uma delas é desenvolver o que Robert Jay Lifton (1993) chama de "eu proteano". É um "eu" que serve de mediação com o mundo reconhecendo suas complexidades e ajustando-se a suas múltiplas mudanças. Lifton defende a idéia de um "eu proteano" como resposta à confusão de nosso tempo e ao sentimento geral de estarmos perdendo as âncoras. Em vez de entrar em colapso sob as ameaças e pressões, que constituem parte integrante da vida moderna, o eu consegue mostrar uma resistência surpreendente. O "eu proteano" usa pedaços e fragmentos daqui e dali e parece capaz de movimentar-se com uma flexibilidade tática, desenvolvendo um eu que tem muitas possibilidades e que alimenta uma promessa para o futuro. Nesses tempos de fragmentação e de trauma, Lifton acredita que o proteanismo pode despertar o sentimento de fazer parte de algo maior em nossa espécie, algo parecido com um eu da espécie. Portanto, somos capazes de afirmar nossa relação orgânica uns com os outros e com a natureza. Essa afirmação, para amantes dos símbolos como nós, cabe à psique, à imaginação. Podemos chegar a sentir que somos membro de uma mesma espécie. Podemos vivenciar, em meio à nossa diversidade cultural, a nossa humanidade comum. A diversidade é parte integrante do processo.

Essa resposta à complexidade e fragmentação é um ato de adaptabilidade e de resistência construtiva. Se estamos cientes da resposta proteana à complexidade, devemos levar em conta que o eu também pode fechar-se. As mesmas forças históricas que evocam o proteanismo são capazes de evocar visões mais restritas e limitadoras do eu que atendem pelo nome de fundamentalismo. Uma resposta fundamentalista às complexidades de nosso mundo fragmentado abrange todo movimento que assuma a defesa feroz do sagrado, uma interpretação literal dos textos sagrados e um processo de purificação da história que atue no sentido de evocar um passado de harmonia perfeita que nunca existiu e um futuro igualmente visionário criado por um "fim" violento da história profana e impura. Vemos a manifestação do fundamentalismo, hoje, em quase todas as práticas religiosas importantes — existe um fundamentalismo hinduísta, judaico e islâmico, assim como um fundamentalismo cristão — e, nas práticas políticas, há o fundamentalismo revolucionário ou nacionalista, ou ambos, o qual inclui o nazismo, o neonazismo e o comunismo (Lifton, 1993). Em nosso tempo, uma reação fundamentalista do eu à fragmentação e à complexidade com que se depara é uma expressão extrema de totalitarismo e de imersão do eu num sistema ideológico ou padrão de comportamento na base do tudo ou nada.

Sabemos que o fundamentalismo não tem capacidade de estabilizar a história humana. Um país criado sob o fundamentalismo em geral o abandona na geração seguinte. Isso é importante para nossos objetivos aqui, pois sabemos que a formação fundamentalista do eu não pode levar à flexibilidade e abertura que nosso período histórico exige. Precisamos do "eu proteano" de Lifton porque precisamos de complexidade, de versatilidade e de abertura diante dos desafios que nossa atual situação histórica apresenta.

Vou concluir esta seção dizendo que precisamos de uma visão educacional que leve em conta as condições de todos os três níveis que acabamos de discutir: o planetário, o humano e o pessoal. Vamos examinar uma práxis educacional que nos leve além das concepções de educação modernistas, rumo ao que eu chamaria de visão "reconstrutiva pós-moderna".

A educação pós-moderna

A essa altura de nossa discussão, acho que é necessário fazer algumas comparações e contrastes entre algumas discussões recentes sobre a "educação pós-moderna" e minha tese do "cenozóico terminal". No nível mais genérico possível, o desenvolvimento do "discurso pós-moderno" nas ciências sociais, na educação e nos estudos culturais é indício de que há um desencanto com as forças do modernismo, legado do pensamento e das instituições iluministas do Ocidente. David Griffin dá-nos uma idéia do mal-estar pós-moderno:

> A rápida disseminação do termo *pós-moderno*, nos últimos anos, é testemunha de uma grande insatisfação com a modernidade e de um sentimento cada vez maior de que a era moderna não só teve um começo, como também pode ter um fim. Enquanto o mundo moderno foi quase sempre usado — e até bem recentemente — como elogio e sinônimo de *contemporâneo*, agora se torna evidente um sentimento cada vez mais

profundo de que podemos, e devemos, deixar a modernidade para trás — na verdade, *temos* de deixá-la para trás, se quisermos evitar nossa própria destruição e da maior parte da vida em nosso planeta. (D. Griffin, 1988a: ix)

Quando centralizada no discurso educacional, a crítica cultural pós-moderna questiona uma série de premissas centrais da educação modernista, envolvendo uma suspeita em relação à confiança modernista em noções metafísicas do sujeito e à defesa da ciência, da tecnologia e da racionalidade como os fundamentos para fazer a mudança equivaler a progresso. Combinado à crítica supracitada, temos o questionamento da equação etnocêntrica de julgar a história em termos do triunfo da civilização ocidental; e sua visão globalizante de que os países industrializados do Ocidente constituem uma força superior, a única capaz de reivindicar o controle e de determinar hierarquias. Aronowitz e Giroux (1991) afirmam que, segundo a perspectiva pós-moderna, a reivindicação modernista de autoridade serve para privilegiar a cultura patriarcal do Ocidente, por um lado, ao mesmo tempo que reprime e marginaliza as vozes daqueles considerados subordinados ou sujeitos a relações de repressão por causa de sua cor, classe, etnia, raça ou capital cultural ou social.

O leitor pode, muito bem, perguntar, a essa altura, qual é a relação entre as noções de "pós-modernismo" e "cenozóico terminal". Para nossos objetivos aqui, seria bom lembrar a distinção de David Griffin (1988a; 1988b) entre o pós-modernismo "desconstrutivo ou eliminador" e "reconstrutivo ou revisionista". O pós-modernismo desconstrutivo ou eliminador procura superar a visão de mundo moderna com uma visão antimundo; desconstrói ou elimina os ingredientes necessários a uma cosmovisão. O ataque ao que é chamado de "grande narrativa" é o ponto focal da desconstrução. Aronowitz e Giroux (1991) apresentam várias características positivas da postura desconstrutiva, ao mesmo tempo que apontam alguns defeitos importantes. Na crítica pós-moderna, há o potencial de aprofundar e de ampliar nossa compreensão da pedagogia crítica na área da educação. O engajamento pós-moderno com a cultura, com a diferença e com a subjetividade fornece argumentos para questionar o ideal modernista do que constitui qualidade de vida. Ao se recusar a celebrar as narrativas de dominação da cultura moderna, a crítica pós-moderna levanta questões importantes sobre a construção dessas narrativas, sobre o que elas significam e sobre como regulam formas particulares da experiência moral e social. Embora este livro tenha alguns aspectos cruciais em comum com a crítica desconstrutiva das visões de mundo modernas, sou, como David Griffin (1988a), prudente em relação às suas tendências ao relativismo e ao niilismo. Esse aspecto tem sofrido críticas contundentes e foi rotulado de "ultramodernismo ou modernismo extremo" (D. Griffin, 1988a; Spretnak, 1991).

Aronowitz e Giroux (1991) observam as limitações educacionais do pós-modernismo, por sua suspeita extrema da noção moderna de vida pública e da luta por igualdade e liberdade, fundamento do discurso democrático liberal. O pós-modernismo de "reconstrução" ou de "revisão" certamente vai além da síntese iluminista e do desmoronamento dos pressupostos mecanicistas da modernidade, mas, em lugar da desconstrução como ponto final, há uma visão reconstrutiva que tenta superar as visões do mundo moderno, não com a eliminação da possibilidade, em si, visões de mundo, mas construindo uma revisão das premissas modernas (D. Griffin, 1988a).

Neste livro, vou inserir a obra revisionista numa orientação cosmológica em que a experiência e o conhecimento humanos são situados na manifestação do desdobramento do universo (T. Berry, 1988; Swimme e Berry, 1992). Estou fazendo o possível, aqui, para enfatizar que não se trata de uma nova "narrativa de dominação", tão combatida pelos desconstrucionistas. Ao mesmo tempo, seria um equívoco sugerir que não existe uma narrativa do ponto de vista que apresento aqui. A verdade é que, ao apresentar a história do universo como ponto de referência, estou sugerindo, de fato, uma "grande narrativa". Não se trata de uma "narrativa de dominação" de nenhuma cultura, e sim da história do próprio universo. Procuro, neste livro, apresentar uma grande visão geradora que deixe um espaço aberto para outras visões e que aceite como natural que a diversidade é um valor desejável. Espero desenvolver, para o leitor, um grande contexto visionário que insira a comunidade humana na comunidade terrestre e, em última instância, no universo, cujos fundamentos remontam à bola de fogo. Charlene Spretnak (1991), em sua tentativa de criar uma visão ecológica pós-moderna, observa que os elementos do universo estão em nosso corpo, os mesmos elementos que estão nas árvores, nas rochas, nos leões e nos rios. Temos consciência de que essas miríades de formas não são objetos estáticos, estáveis, e sim um número incomensurável de microeventos ocorrendo no interior da dinâmica da auto-organização. Mesmo em nível atômico, os átomos mostram movimentos articulados no interior de uma vasta rede de relações. Spretnak dá uma pista do lugar para onde essa visão nos leva e, também, mostra que ela pode constituir poderoso antídoto contra o niilismo desconstrutivista. Inspirando-se profundamente nas idéias de Thomas Berry, ela se arrisca a dizer que o universo, com suas atividades, produz certas manifestações em meio a um leque colossal de possibilidades e, com isso, continua criando uma narrativa cosmológica. Os seres humanos não são visões de mundo construídas e maduras para a desconstrução. Vivemos neste universo que atua dinamicamente e que forja nossa identidade de espécie humana a partir de "mais de cinco bilhões de expressões únicas do dinamismo e da comunhão profunda que enchem o universo". Depois Spretnak (1991: 18) pondera que essa narrativa cosmológica pode sofrer uma desconstrução: "Essa é apenas uma perspectiva, talvez escarneça um pós-modernista desconstrucionista. Você talvez diga, igualmente, que todos somos seres rígidos, sem relações, desconectados. Um discurso é tão bom quanto outro qualquer".

Spretnak contrapõe-se a isso com uma posição que é tanto histórica quanto antropológica. Observa que existe uma ocorrência generalizada, em todas as culturas, da percepção das inter-relações que tornam essa perspectiva cosmológica integrada mais que uma simples narrativa de idealismo projetado:

> Foi *vivenciado* por um número imenso de pessoas em circunstâncias extremamente variadas durante muitos milhares de anos. A sensação de que o mundo natural é vivo e de que estamos inerentemente conectados a ele com essa força vital é uma percepção essencial da maioria das visões de mundo dos povos nativos, desde as culturas do Alto Paleolítico até às do Quarto Mundo contemporâneo. Na Ásia, surgiu a

partir das filosofias taoísta, budista, hinduísta e confucionista de organicismo. Essa percepção, essa consciência de inter-relação vibrante, manteve-se teimosamente ao longo do tempo, apesar do questionamento de novas idéias que, partindo da Europa, disseminaram-se por todo o mundo [...].

A própria ciência contemporânea — nas áreas da biologia, da química, da física e da teoria do caos — também concluiu que a inter-relação sutil e as ligações moleculares são, de fato, a natureza do ser. (Spretnak, 1991: 18-9)

A essa altura, o(a) leitor(a) talvez esteja se perguntando por que acabou sendo levado/a para uma discussão de algumas das vicissitudes do discurso pós-moderno. De minha parte, situar este livro é uma tarefa essencial, no sentido de localizar nossa atividade em algumas das mais atraentes alternativas ao modernismo. De posse de um contexto cosmológico, o leitor é alertado de que esta obra, embora pós-moderna no plano do sentimento, não será um exercício de desconstrução propriamente dito. Isso não quer dizer que não haja elementos de desconstrução nesta obra. A Parte 2, Criticar, que logo vai ocupar a atenção do leitor, pode ser considerada um exercício de delimitação e de desconstrução. Apesar disso, a essência desta obra não é desconstrução, e sim construção e revisão. O sonho ecozóico é um exercício de reconstrução ecológica. Esse é o sonho que serve de combustível à ação desta obra.

O trabalho reconstrutivo que vai constituir a visão educacional mais criativa possível que posso montar nesta obra requer preparação. A nova visão se desenvolve no ventre das disfunções do modernismo cultural agonizante. É preciso haver uma avaliação da sobrevivência, em termos educacionais, que leva em conta o mal-estar da modernidade que apresentei nos planos planetário, humano e pessoal de nosso momento histórico atual. Renunciar a alguns apegos ao velho é um processo tão dinâmico quanto o de criar algo novo. Freqüentemente, desligar-se do velho e ligar-se ao novo são processos que são, simultaneamente, tensões criativas concretizadas. Na próxima seção deste capítulo, concentro-me nas modalidades de distanciamento da sobrevivência.

A práxis educacional para a modalidade sobrevivência

Enfrentamento da negação, do desespero e da perda. Como educadores do século XX, vivemos com a promessa constante de uma cornucópia que tem sido o otimismo ilimitado de nossos sonhos culturais. Nossas expectativas foram constantemente estimuladas e, ao mesmo tempo, frustradas. Ao entrar no século XXI, deparamo-nos com a realidade de uma cornucópia que não cumpriu suas promessas de abundância. O que vemos, agora, é a inversão e a negação totais de nossas expectativas. Como educadores, precisamos tomar consciência dos complexos fatores psíquicos operantes, enquanto negociamos conosco mesmos ao longo desse período de declínio histórico. O contexto histórico faz parte da dinâmica de mudança que vivenciamos. Rajni Kothari apresenta uma *problematique* para nossa situação atual na história do mundo. Ele identifica a *problematique* da seguinte forma:

> Sobrevivência. Sobrevivência da espécie, sobrevivência da civilização, sobrevivência do todo da criação. Sobrevivência do Estado enquanto instrumento de mudança e liberação, identidade e dignidade. A *problematique* está afetando estruturas institucionais, o comportamento das pessoas, suas reações psíquicas. Encontra-se no sentimento generalizado, hoje em dia, de incerteza e de insegurança em todos os planos, que parece eclipsar o sentimento anterior de confiança e de certeza — sobre a teoria do desenvolvimento, sobre as perspectivas de paz, sobre a continuidade do progresso humano, sobre a civilização e sua unidade subjacente. (Kothari, 1988: 6-7)

Para aceitar essa *problematique*, é preciso compreender, desde o início, que a educação formal de todas as sociedades modernas tem estado a serviço do Estado moderno e, atualmente, a serviço do Estado monolítico da empresa transnacional. Ao longo de todo o século XX, as instituições educacionais estiveram alinhadas com as necessidades e exigências dos Estados-nação. Com a chegada do século XXI, há uma mudança dramática, que nos leva para além do Estado-nação, rumo a um mundo transnacional global, que faz parte do movimento progressivo do sistema de mercado do capitalismo contemporâneo. A globalização não é recente; é inerente à lógica do capitalismo expandir continuamente os mercados. A globalização transnacional contemporânea é marcada pela expansão dos mercados e das comunicações numa escala global nunca imaginada. O movimento atual rumo à globalização leva-nos para além dos poderes do Estado-nação, a uma visão de mercado transnacional que desafia cada vez mais os poderes e a soberania do Estado-nação. O que esse movimento rumo à globalização transnacional significa para as instituições educacionais? O que parece implícito na retórica da globalização é que a educação deve atuar, agora, como a instituição formadora da globalização transnacional, em lugar de instituição formadora do Estado-nação.

Durante os últimos dez anos, vivenciamos uma retórica de globalização que se destina a criar uma direção definitiva para nosso mundo contemporâneo. A retórica é tão simples quanto repetitiva. Todas as instituições e programas devem ser concebidos, agora, no sentido de realizar o destino aparentemente manifesto do mercado global. A retórica é cercada de uma aura de inevitabilidade. O trabalho do educador, de acordo com essa visão de mundo, é preparar e "qualificar" todos nós para entrarmos no mercado global e para jurar fidelidade a seu progresso. Assim, em nossa época, não estamos mais ouvindo a retórica do Estado-nação; nosso novo ideal é o mercado global transnacional. Sua retórica recebeu o nome de globalização.

Estamos saturados da nova retórica de mercado que nos bombardeia por meio da propaganda e da mídia. Também estamos saturados dessa retórica por parte de nossos governos, que, cada vez mais, fazem as nações entrarem nos novos conglomerados globais, nas constelações de livre-comércio da América do Norte e da Europa e nas constelações da Ásia. Na Parte II deste livro, que intitulei Criticar, vou desconstruir e analisar em profundidade esse processo de globalização. Por enquanto, só é necessário que o leitor compreenda a importância que atribuo à modalidade sobrevivência. Afirmo que o movimento progressivo da globalização promovida pelo grande capital é profundamente destrutivo e o ponto final de uma síntese cultural cada vez mais patológica para a capacidade de manutenção de nosso planeta. A tarefa crucial do educador é desenvolver uma consciência que procure ver através da lógica da globalização destrutiva e combiná-la com qualificações críticas para resistir à retórica que ora nos satura. Três grandes tarefas apresentam-se ao educador na modalidade sobrevivência. A primeira é livrar-se da negação; a segunda é enfrentar o desespero; e a terceira é aceitar a perda e o luto.

Para enfrentar as tarefas educacionais de nosso tempo, temos de levar em conta a posição do educador neste momento histórico. A retórica da globalização cria uma falsa consciência nos educadores, porque a estrutura onírica da mentalidade globalizada produz, constantemente, um otimismo em relação ao futuro que afirma que tudo vai dar certo se os processos da globalização do mercado forem em frente. Para essa retórica ter êxito, é preciso um distanciamento entre o que o mercado diz que está fazendo e o que está fazendo de fato. Há um otimismo insistente na visão de mercado e uma retórica que nega, sistematicamente, os efeitos desintegradores que o mercado transnacional cria, tanto em nível local quanto global. Como as instituições da educação numa sociedade têm a função conservadora de manter seu *status quo*, não é de surpreender que as instituições educacionais sejam vistas como aliadas na visão corrente do mercado global. Hoje em dia, as instituições de educação formal estão sendo recrutadas para preparar a próxima geração para as necessidades do mercado global. Começamos a ver esse fenômeno impregnar os currículos, com a possível exceção da educação nos primeiros anos da pré-escola e do ensino fundamental. Quando examinamos os objetivos políticos da educação no ensino médio e posterior, vemos, hoje, a predominância da linguagem da globalização. A penetração profunda da mentalidade do mercado global eclipsa a linguagem mais antiga da fidelidade ao Estado-nação. O fundamental, agora, para as atividades educacionais é treinar e preparar sua clientela para a nova ordem global. Os argumentos de venda dessa visão de mundo são que a globalização é a chave para um futuro melhor, a chave para uma vida melhor e assim por diante. Embora essa linguagem antiutópica predomine, a realidade da situação apresenta-nos uma história bem menos atraente. O crescente movimento ambientalista chamou nossa atenção para o complexo impacto negativo que o mercado irrestrito está tendo sobre o mundo. A devastação das florestas tropicais úmidas, o aquecimento global, as violações dos direitos humanos, tudo isso parece acompanhar mais o mercado do que seus propalados efeitos positivos. Em termos de distribuição de riquezas, nosso mundo, hoje, está no auge das iniqüidades. Embora a retórica do mercado global ainda se vanglorie da distribuição em cascata da riqueza dos ricos aos pobres, os fatos dizem o contrário. Nossa forma atual de desenvolvimento econômico, quer se concretize dentro de um país, quer transnacionalmente, leva constantemente a riqueza para cima, na direção de um grupo de elite cada vez menor, ao mesmo tempo que deixa a vasta maioria das pessoas tanto mais pobres quanto cada vez mais carentes (Mason, 1997). Na prática, é mais um sifão puxando a água para cima do que uma cascata que se derrama. Em relação ao emprego no mercado global, o número de desempregados está aumentando. Esses são apenas alguns indicadores negativos a ser discutidos em maior profundidade na Parte II. Por enquanto, basta dizer que há uma disparidade crescente entre o que o processo de globalização diz que está fazendo e as realidades de nossa situação atual. Essas contradições deixam os educadores contemporâneos confusos em relação a sua fidelidade e a seu trabalho. É aqui que o ensino transformador torna-se relevante para a situação.

De uma perspectiva crítica e transformadora, é necessário tratar de, pelo menos, quatro níveis de consciência. O primeiro é o nível pré-consciente, sem reflexão. O segundo é o nível de consciência incipiente da necessidade de lutar pela sobrevivência. O terceiro é o nível crítico. O quarto é o nível da consciência visionária. Vou discutir os dois primeiros níveis neste capítulo. Os outros dois serão analisados na Parte II, Criticar, e na Parte III, Criar.

O estado pré-consciente sem reflexão é a norma em nossos sistemas de educação formal. Embora os educadores dos sistemas escolares estejam vivendo a contradição que citei acima, seu nível de consciência das causas dessas condições é mínimo. Dentro desse quadro de referências, os educadores assumem o projeto de "qualificar" os alunos para que se adaptem aos parâmetros do mercado. Claro que o mercado nem sempre é a linguagem predominante no discurso educacional tradicional; apesar disso, a conformidade de pensamento que se acomoda ao mercado também está imersa em outras conformidades em torno de áreas como classe, gênero, raça e orientação sexual. O que sabemos, em termos de consciência educacional é que, apesar dessa situação, não há percepção das dimensões de sobrevivência de nosso período histórico atual. Muitas vezes, os educadores, nesse estado de consciência, ignoram ou hostilizam as tentativas de questionar a direção atual do sistema.

Embora o sistema de educação formal obedeça as normas culturais predominantes que recebeu, há rachaduras nesse sistema que levantam questões sobre nossos rumos atuais. A consciência incipiente aparece quando uma pessoa ou grupo do sistema educacional atualmente em ação questiona a viabilidade dos rumos educacionais correntes. Isso acontece de muitas formas. Os educadores que começam a levar a sério as questões ambientais começam a questionar e atacar o silêncio e a cumplicidade correntes do sistema formal nessas áreas. Isso também pode acontecer quando problemas de eqüidade em termos de gênero vêm à tona. Pode acontecer quando o sistema é questionado em relação a problemas raciais. Pode acontecer quando os problemas de classe são discutidos dentro do sistema educacional. Essas são apenas algumas formas pelas quais uma consciência incipiente abre as portas para ver a letargia convencional de nosso atual sistema de ensino. Nos estágios incipientes da tomada de consciência, é importante dar início a um questionamento profundo da cornucópia da globalização. Isso acontece quando é feita uma conexão entre o *modus operandi* da economia global e a devastação ambiental e social que parece acompanhar sua presença em toda parte. Essa consciência pode ser um junco frágil no começo. É preciso cultivá-la, pela educação, numa nova visão social e política. Como grande parte dessa nova consciência vai questionar o saber convencional dentro do sistema, também será necessário preparar-se psiquicamente para a represália dos membros do sistema que ainda adotam as normas dominantes. A consciência, na modalidade incipiente da sobrevivência, revela pelo menos três fenômenos a ser enfrentados nessa modalidade: a negação, o desespero e o luto.

Livrar-se da negação. Um pouco antes, neste mesmo capítulo, falamos rapidamente do fenômeno da negação. A essa altura, gostaria de falar da negação mais especificamente no contexto da prática educacional. No estado de pré-consciência, o mecanismo da negação opera de forma tão efetiva que isola o educador convencional da natureza problemática das normas dominantes de nossa cultura. Ao haver uma ruptura na modalidade dominante da consciência, uma ou mais áreas de percepção começam a questionar as normas dominantes. A certa altura, um educador individual, ou um grupo de educadores, desencadeia um processo que questiona, fundamentalmente, a natureza destrutiva do mito dominante da globalização. Quando esse processo de questionamento tem início, começamos a percorrer o longo caminho que nos leva a sair da negação. No começo, esse processo tem um movimento de vaivém. Durante o surgimento da atitude de questionamento ao sistema, há também uma volta ao mito do sistema. Essa volta ocorre quando há perda de confiança nas próprias capacidades críticas, combinada a idéias mais antigas de que o sistema deve estar indo na direção certa. Afinal de contas, como um sistema do qual se fala tão bem pode estar errado? Quando há uma capacidade incipiente e a consciência começa a questionar o sistema, o processo de negação começa a se dissipar. Quando esse processo está em andamento, a saída da negação leva-nos para um estado inicial de desespero.

Desespero na modalidade sobrevivência. Quando os educadores começam a levar em conta os sinais de perigo, incontáveis em nosso tempo, surge uma sensação natural de esvaziamento e de desespero. Falei antes de uma cornucópia falida. Freqüentemente, o processo de negação encobre o sentimento de desespero. Segundo Joanna Macy (1989; 1991), o desespero é uma reação natural à situação histórica do presente; não pode e não deve ser banido com injeções de otimismo ou sermões sobre "pensamento positivo". Nossa batalha contra o desespero deve ser reconhecida e elaborada num nível mais profundo da psique. Há uma diferença entre desespero e luto que precisa ser entendida. Macy (1991) faz a comparação entre as duas. Afirma que a elaboração do desespero é diferente da elaboração do luto, porque seu objetivo não é aceitar a perda; na verdade, a "perda" ainda não aconteceu e não há que "aceitá-la". Mas tem uma dinâmica semelhante àquela desencadeada pela disposição de reconhecer, de sentir e de expressar o sofrimento interior.

Bem no começo desse processo de elaboração do desespero, é necessário compreender que nosso desespero não é uma preocupação patológica. A experiência natural de angústia e de ansiedade diante dos perigos de nosso tempo é uma reação sadia à situação corrente. O desespero faz parte do processo de sair da negação. É uma sensação de amanhecer, num nível profundo da consciência, reconhecendo que não podemos mais continuar numa direção que todo nosso aprendizado cultural anterior exaltava como extremamente benéfica e culturalmente meritória.

No contexto da educação, é preciso que o educador sinta um desespero autêntico em relação ao quadro de referência das instituições educacionais. Com o estabelecimento da consciência incipiente, há uma compreensão de que as instituições educacionais convencionais estão incrustadas na natureza problemática dos valores dominantes de nossa cultura. Parte da elaboração do desespero é um aprofundamento da aceitação de que as instituições educacionais nas quais trabalhamos agora são fundamentalmente disfuncionais no âmbito mais amplo dos valores da vida. Quando a lógica da globalização é aceita, há também uma aceitação correspondente da natureza necessária de suas conseqüências negativas. O desespero do educador surge quando há uma percepção irrevogável de que o sistema em que ele ou ela está trabalhando não é praticável ou louvável nem em termos de direção, nem em termos de realizações. Este livro adota a posição de que a trajetória atual da globalização e dos sistemas de educação que a semeiam tem de ser transformada e reinventada. Esse tipo de conclusão e o desespero que o acompanha derivam de uma avaliação clara daquilo que o sistema está realmente fazendo.

No momento presente, vivenciamos parte da retórica sobre *déficit* e dívida entrar nos recursos do sistema educacional do Canadá. A lógica da redução da dívida estendeu seu longo braço para os recursos de nossos sistemas de educação. Durante os últimos cinco anos, presenciamos sistemas de educação formal destituídos de seus recursos básicos, que lhes permitiam enfrentar questões de eqüidade, de diversidade e de meio ambiente. Agora, elegemos governos conservadores comprometidos com a globalização por meio de programas e de políticas, de um lado, e, de outro, fazendo cortes de orçamentos essenciais em programas sociais e educacionais. De acordo com a retórica do "deficitismo", os recursos públicos estão sendo saqueados; nosso sistema educacional é uma das vítimas. Eimear O'Neill, ao discutir o contexto canadense, faz algumas ligações evidentes entre a retórica do *déficit* e da dívida na província de Ontário:

> Dizem que o governo está cortando programas sociais e reestruturando a prestação de serviços para enfrentar crises em torno do "déficit" e da "dívida". O que está acontecendo em Ontário, e em todo o Canadá, é o que o Banco Mundial chama de "ajuste estrutural". Esse termo é usado muito freqüentemente nas reportagens da mídia dos chamados países do Terceiro Mundo, onde a dívida com o Banco Mundial é paga com o saque a programas sociais sem nenhuma expectativa de manter os direitos humanos. Em Ontário, o que está sendo atacado é uma rica rede de programas sociais que incluem manutenção do salário mínimo, creches acessíveis, educação de qualidade, programas de prevenção à violência e de eqüidade no emprego, acesso universal aos programas de saúde e à moradia; todos eles amorteceram os efeitos da globalização sentidos pela Nova Zelândia, pela Grã-Bretanha e pelos Estados Unidos. (O'Neill, 1998: 5-6)

Quanto à sensação de perda de "qualidade na educação" de que fala O'Neill, a especificidade dessa perda é evidente nas instituições educacionais. O que se perde com os cortes feitos a nossos atuais setores educacionais? Quase todos os programas progressistas que entraram no currículo durante os últimos vinte anos agora estão comprometidos ou estão sendo atacados. Isso abrange áreas de ensino que lidam com o meio ambiente, com a eqüidade e a diversidade, o combate ao racismo, questões pós-coloniais, mulheres. Em Ontário, o financiamento da educação ambiental com uso de recursos como *outdoors* sofreu cortes enormes ou foi eliminado. Questões em torno da eqüidade, da diversidade e da raça também estão sendo postas em banho-maria em discussões e documentos da política educacional corrente. Todas essas mudanças são perdas para o sistema educacional e devem ser discutidas criticamente e, ao mesmo tempo, lamentadas. Isso nos leva ao tópico da perda e do luto, sentimentos cada vez mais experimentados pelos educadores que trabalham em nossas instituições, os quais raramente são discutidos.

A perda e o luto na modalidade sobrevivência. O luto pela perda de uma parte intrincada do processo vital, assim como a perda educacional, é um fenômeno que devemos lamentar. Vivendo nesse período histórico terminal, a sensação de perda é considerada aterradora em seu alcance e magnitude. Já cataloguei a sensação de perda em âmbito pessoal, humano e planetário. A posição histórica que adotei em relação ao caráter terminal de nossa história foi envolvida por uma sensação geral de perda. Essa sensação de viver num período de declínio deixa todos os sujeitos históricos que tomaram consciência desse fato num estado de luto e de perda. Todos nós, criados no Ocidente, passamos os primeiros 75 anos do século num estado de otimismo constante em relação à viabilidade de nossas instituições. Nossas instituições educacionais também foram envolvidas no otimismo que impregnou o século XX. Embora a utopia da globalização ainda avance com base nesse otimismo, agora estamos começando a ver que essa sensação tem pouca base na realidade histórica atual. Todas as instituições, inclusive as educacionais, não expressam mais esse otimismo constante. As instituições educacionais têm sido alvo de cortes financeiros maciços, o que as exauriu e desmoralizou. Cada vez mais, diz-se a nossas instituições educacionais públicas que se sustentem com recursos do setor privado. Agora, fundos públicos são desviados de instituições educacionais para outros fins, e isso não parece mais ser um ajuste temporário. Hoje em dia, o fundamental para as instituições educacionais é que façam mais com menos.

Neste período histórico, é normal ter de enfrentar a negação, o luto e a perda. São reações humanas naturais à situação de esgotamento. Não acredito que, durante esse período da história, tenhamos de ressuscitar o otimismo. Ele não é compatível com as circunstâncias histórias presentes. O desespero também não. Isso me leva à reflexão final apropriada à modalidade sobrevivência.

Tragédia não é nosso negócio

Antes de passar para os componentes críticos deste livro, gostaria de fazer algumas reflexões finais sobre o cerne da sobrevivência. Temos de compreender muito bem os aspectos terminais de nossa condição cultural e enfrentar os desafios graves bem à nossa frente. Em momentos como este, tomamos consciência de alguns aspectos trágicos de nossa situação, à medida que tentamos aceitar a morte das formas anteriores. Mas, afinal, "tragédia não é nosso negócio". Vamos, então, refletir sobre o ensaio de Freeman Dyson (1985) que leva esse mesmo título — *"tragedy is not our business"*. Dyson observa que a civilização ocidental parece ter verdadeiro fascínio pela tragédia, e é por isso que a espiritualidade do passado era, em geral, sombria. Estamos constantemente lidando com o bem e o mal. Dyson escreveu sobre o sentimento de tragédia a propósito da viagem de Robert Scott ao pólo Sul. Scott (1868-1912) fez grandes preparativos. Em 1912, já estava usando equipamento motorizado. Roald Amundsen (1872-1928) fez a viagem na mesma época, e os dois exploradores estavam competindo para ver quem chegaria lá e voltaria primeiro. Scott fez a viagem com uma quantidade tremenda de equipamentos. Foi uma viagem tradicional. Amundsen achou que devia haver outra forma de fazer isso; ele tinha um instinto que Dyson chamou de "sagacidade". Sagacidade é um pouco de esperteza combinada com sabedoria. Sagacidade é a sabedoria aplicada. Os pais têm sagacidade com os filhos. Como lidar com as crianças? É preciso de sagacidade, isto é, compreender muito bem as coisas num nível concreto, prático. Seja como for, Amundsen pensou sobre a viagem e optou por uma rota inusitada. Também resolveu levar alguns cães. Scott usava pôneis de algumas linhagens do Norte. Scott chegou ao pólo Sul, mas, na volta, foi pego por uma tempestade de neve a cerca de 17 quilômetros do acampamento. Ficou preso ali durante cinco dias. Nesse período, ele e seus companheiros morreram. Manteve um diário, que foi publicado mais tarde. Vale a pena ler o diário desse homem, que mostrou tanto heroísmo e persistência inglesa, grande espírito de luta, de resistência e firmeza diante da dificuldade: era um homem que não desistia. É possível ver tudo isso nos registros de seu diário, esse sentimento de que ele e seus companheiros estavam totalmente envolvidos com a viagem e do quanto ela significava para eles e para o país que representavam; pretendiam ser fiéis à sua missão até o fim.

Amundsen foi lá e voltou, mas foi Scott quem se transformou em grande herói. O diário de Scott, com seu final trágico, foi publicado em 1912. Durante a Primeira Guerra Mundial, seu diário era lido pelos soldados ingleses que iam para a França travar combates heróicos. Scott ficou com toda a fama. Todos esqueceram Amundsen. Apsley Cherry-Garrard, um homem que ficara no acampamento, partiu para salvar Scott. Encontrou o diário e pegou outros objetos; depois, cobriu o lugar com neve e gelo. Ao voltar, Cherry-Garrard pensou durante muito tempo antes de escrever qualquer coisa a respeito. E, quando escreveu, refletiu profundamente sobre a questão da tragédia e do fascínio do Ocidente pelo trágico e pelo heróico.

Repito essa história, aqui, embora tenha sido muito bem contada por Freeman Dyson, porque há um sentimento de que temos de levar em frente este trágico mundo industrial e de que estamos comprometidos com ele. Não importa o custo, esse é o caminho. Mas Cherry-Garrard, refletindo sobre a expedição de Scott, analisou a viagem e, num comentário final penetrante, escreveu essa frase: "tragédia não é nosso negócio". Ele refletiu sobre o fascínio das pessoas pela morte de Scott. Percebeu que ele merecia grandes elogios, mas, em última instância, "tragédia não é nosso negócio". Scott fracassara. O papel de um explorador é ir e voltar vivo. É algo profundo. Cherry-Garrard testemunhou todo o esforço despendido com a expedição, mas, em última instância, ela foi um fracasso. Amundsen foi e voltou, e ninguém lhe prestou muita atenção. Como no caso de Scott, estamos presos ao final trágico de nosso empreendimento comercial e industrial. Mas, mesmo com a morte à nossa frente, com o colapso de nosso empreendimento colossal, recusamo-nos a alterar a direção que escolhemos.

Como Scott e Amundsen, também estamos fazendo uma viagem. É uma época de êxodo. Temos de enfrentá-lo. Precisamos de sagacidade, bem como de imensa energia para descobrir nosso caminho a uma nova síntese cultural de proporções planetárias. Dizem que não temos condições de realizar tal feito, e a resposta é que *temos* de fazer. Há sacrifícios a fazer. Há a questão da disciplina. Há a espiritualidade de nosso tempo, que nos leva a uma viagem sagrada. Se não percebermos a natureza sagrada de nossa viagem, não conseguiremos realizar a transformação mais profunda que se faz necessária. Precisamos avaliar, especialmente, as dimensões reais do que é ser membro de uma comunidade sagrada, no sentido mais amplo do termo. O que estou dizendo aqui apresenta desafios imensos a tudo aquilo que chamo de educação contemporânea. Nosso desafio é criar uma nova visão que nos ajudará a superar as agonias de nosso tempo. Uma miríade de processos criativos está em curso. A cura da Terra pode ser vista até mesmo em meio aos muitos processos devastadores ainda em ação. Muita coisa pode ser feita. Muita coisa está sendo feita. Até ao reescrever a história do passado e ao considerar as realidades do presente, já começamos a dar forma ao futuro.

Desta vez, uma de nossas tarefas fundamentais é resistir às vozes do "cenozóico terminal". Essas vozes nos fazem perder o bom senso e nos impedem de encarar a situação da forma crítica necessária à nossa precariedade. As vozes do cenozóico terminal transformam um mundo devastado num "país das maravilhas" (Thomas Berry, 1988). No país das maravilhas, as vozes da propaganda dizem que nossa exploração irresponsável da Terra é um processo criativo, que nos levará a viver num país das maravilhas. A isso chamamos de "progresso". Para resistir a essas vozes, precisaremos de uma restauração do senso comum crítico. Agora, na segunda metade do século XX, fomos eclipsados pelo lado sombrio do progresso. Nós, do hemisfério Norte, estamos saturados das vozes que nos impedem de refletir criticamente sobre o grave período que ora vivenciamos. Não se trata, apenas, de deixar de ouvi-las; trata-se, também, de nos encontrarmos saturados dessas vozes que propagam valores do consumo. No contexto da educação transformadora global, precisamos aprender a criticar essas vozes poderosas que fazem nossa atenção voltar-se a um modo de vida consumista que está destruindo o nosso planeta. Um dos componentes da educação é a restauração de um senso comum crítico. Os capítulos que se seguem, na seção intitulada Criticar, são minha tentativa de desenvolver esse senso comum num contexto educacional. A próxima seção poderia, muito bem, ter sido intitulada *educação para uma consciência crítica.*

Parte II

Criticar

Capítulo 2

A educação e os dilemas do modernismo: rumo a uma visão ecozóica

Em meu Prólogo, fiz uma avaliação preliminar do papel das instituições educacionais em nossa crise atual. Gostaria de chamar a atenção do leitor para os critérios de avaliação das instituições educacionais apresentados por Thomas Berry: "Todas as instituições, programas e atividades humanas devem, agora, ser julgados basicamente pela extensão com que inibem, ignoram ou promovem uma relação mutuamente benéfica entre os seres humanos e a Terra" (comunicado pessoal, 23 de fevereiro de 1990).

Com esses critérios em mente, podemos dizer que a proposta educacional modernista, em todas as suas formas, tem uma compreensão incrivelmente deficiente das relações entre os seres humanos e a Terra. Como as instituições de educação formal e convencional são criadas para atender as necessidades da sociedade industrial de consumo, não é de surpreender que a direção atual de nossa sociedade concorde com programas e procedimentos que ignoram e inibem as relações entre os seres humanos e a Terra. É realmente isso o que acontece e é importante considerar o papel das instituições educacionais na crise que ora vivemos. Temos de fazer isso, pois se negligenciarmos o papel histórico das instituições educacionais, ficaremos cegos a seu impacto.

Nossas instituições educacionais têm sido apologistas da sociedade industrial e fazem parte de um grande processo hegemônico das estruturas oníricas do consumo. O otimismo e a crença na sociedade industrial de consumo ainda fazem parte da educação cotidiana. Eis aqui um exemplo desse otimismo, num livro didático canadense de 1957, sobre o tópico do desenvolvimento da educação deste país: "Independentemente dos fatores mundiais além de nosso quadro de referências e de controle imediato, podemos esperar um futuro brilhante para a educação canadense. As realizações concretizadas durante o curto período de nossa história têm sido animadoras, para dizer o mínimo. Devem ser mais marcantes ainda durante o próximo estágio do desenvolvimento canadense". (Phillips, 1957: 66)

Embora o otimismo do final das décadas de 1950 e de 1960 tenha se invertido nas décadas seguintes, essa reviravolta não teve praticamente nada a ver com o questionamento da ordem econômica industrial e da patologia que a acompanha. As instituições educacionais foram censuradas por sua permissividade e desleixo ao não ensinar sequer o básico em uma ordem industrial com um *modus operandi* fluente. Com tanta freqüência quanto no passado, a educação tornou-se o bode expiatório do ciclo comercial em processo de mudança (O'Sullivan, 1980; Quarter e Matthews, 1987); passou a ser acusada de não atender às exigências da economia industrial saqueadora. Essa é a substância do movimento recente de "volta ao básico" (O'Sullivan, 1980). O básico é constituído pelas disciplinas essenciais da alfabetização — leitura, escrita e matemática —, vistas como pré-requisitos para o funcionamento da ordem industrial.

Ao adentrar o século XXI, podemos ver como o progresso obtido por meio da ciência, da tecnologia e da ordem industrial criada para a exploração e o consumo dos recursos da Terra tornou-se o principal tema da ordem econômica do século XX. Carnegie e Rockefeller conseguiram que o filósofo evolutivo William Spencer fizesse conferências por todo o território dos Estados Unidos, fazendo a ligação entre as idéias de Darwin sobre a "sobrevivência dos mais aptos" e o mundo da indústria e do comércio. O darwinismo social tornou-se parte da ideologia apologética da ordem industrial que nos levou à situação presente de patologia ambiental (Hofstadt, 1955). Os defensores da indústria, auxiliados pelos "donos da consciência" (os publicitários modernos), apresentaram ao século XX as maravilhas do consumo incessante dos produtos industriais (Ewen, 1976). As instituições educacionais mergulharam na tarefa de satisfazer as necessidades da ordem industrial. A história da educação norte-americana vai seguir o *ethos* da ciência, da tecnologia e do grande capital até os níveis mais elevados da educação (Noble, 1977).

Um dos principais apologistas e defensores desse tipo de educação foi o historiador educacional Lawrence Cremin (1964; 1976). Ele observou que, embora haja uma diversidade tremenda na educação norte-americana, seus objetivos fundamentais estão voltados para a criação de oportunidades iguais. O ensino voltado para as oportunidades iguais foi definido como oferta de uma chance justa de todos participarem da ordem industrial do capitalismo democrático. Em momento algum dessa perspectiva histórica de educação questiona-se o lado potencialmente negativo da ordem industrial ou seus pressupostos subjacentes. Mesmo quando os acadêmicos e historiadores de orientação marxista (sejam eles dos Estados Unidos, da França, da Grã-Bretanha ou da Austrália) faziam alguma crítica ao sistema educacional moderno, ela dizia que nossa ordem industrial corrente reproduz oportunidades desiguais e acesso desigual aos bens e serviços industriais (Apple, 1979; Bourdieu e Passeron, 1977; Bowles e Gintis, 1976; Connell et al. 1983; de Lone, 1979; Katz, 1968). O foco de sua crítica não trata nunca de questões como o que a ordem industrial está fazendo ao mundo natural em termos de suas próprias leis intrínsecas. Assim, podemos imediatamente perceber que todas as tradições educacionais que o Ocidente recebeu, mesmo quando diferem entre si em pontos específicos, têm em comum alguns pressupostos quanto à propriedade da exploração do mundo natural para consumo humano, levada a cabo pela ordem industrial.

Na década de 1980, a resposta a nossa atual crise educacional foi o aumento de possibilidades da nova ordem mundial da globalização. Em geral, a resposta ao problema criado pelo industrialismo tecnológico do cenozóico terminal é mais técnica industrial (Ellul, 1964). As panacéias supostamente novas são o computador e a engenharia genética (Rifkin e Perlas, 1983; O'Sullivan, 1983; 1985). Somado ao avanço da computadorização e da engenharia genética, temos o espectro mais amplo do "mercado global competitivo". O mercado global é, agora, a peça central dos empreendimentos educacionais de nossos dias, e somos requisitados a reestruturar nossas escolas a fim de ajudar os alunos a se tornarem competitivos nessa esfera global que está surgindo. Essa é a mais nova versão da reforma educacional, mas que tem um toque de coisa velha: a ligação direta das escolas com as necessidades da indústria e do comércio. A única diferença é que, hoje em dia, o padrão de comparação já atingiu proporções globais. Já vimos esse casamento do comércio com a educação. Ele contribui para a deterioração de nosso *hábitat*, o mundo natural. Parte de nossa tarefa e desafio será sair desse estado de transe industrial em que estamos desde o começo do século XX.

A necessidade de escolher entre visões

Estou defendendo aqui a tese de que a tarefa educacional fundamental de nosso tempo é optar entre um *hábitat* planetário e global sustentável, de seres vivos interdependentes, e o mercado global competitivo. Vivemos um período que é divisor de águas, comparável à grande mudança que houve na passagem do mundo medieval para o mundo moderno. Estamos em outro ponto crítico de vastas proporções e precisamos de uma história cosmológica que tenha condições de carregar o peso da consciência planetária para o lugar para o qual estamos indo agora. Para tomar a direção de uma educação planetária e global, será necessário dispor de uma cosmologia funcional de acordo com a visão do ponto para onde essa educação vai nos levar. Inspirado na obra de Thomas Berry (1988), chamo esse período pós-moderno de "ecozóico". Essa opção por uma "visão ecozóica" também poderia ser denominada perspectiva "transformadora", pois defende uma reestruturação radical de todas as coordenadas educacionais do presente. O quadro de referências educacionais apropriado para esse movimento não deve, por conseguinte, ser apenas visionário e transformador: deve ir claramente além das perspectivas educacionais convencionais que cultivamos durante os últimos séculos.

O contexto cosmológico

A educação contemporânea não tem uma cosmologia abrangente. Essa é uma das idéias centrais que vou desenvolver neste livro. Quando a educação inspirava-se nas ciências, sua atenção dirigiu-se para as ciências sociais, em contraposição às ciências naturais. Na maioria dos casos, a teoria e a prática da educação tomaram empréstimo das ciências da psicologia, da sociologia e, em menor escala, da antropologia. A teoria educacional moderna carece de uma perspectiva abrangente e integrada, no passado identificada como uma cosmologia. Assim, a teoria e a prática da educação de nossos dias continuam com os mesmos antolhos que assolaram a especialização científica moderna nascida no período newtoniano. Claro que o pensamento educacional do Ocidente moderno tentou identificar-se com o humanismo, mas fez isso sem a renovação de uma cosmologia aceitável. Neste livro, trabalho no sentido de desenvolver a apresentação de uma cosmologia que seja funcionalmente efetiva no sentido de oferecer a base para um programa educacional que gere uma visão ecologicamente sustentável da sociedade nos termos mais amplos possíveis: algo que poderia ser chamado de visão planetária. Essa nova cosmologia, em seu plano mítico e visionário, poderia iniciar e guiar a nova ordem da existência na Terra entrando na era ecozóica. Como já disse, agora estamos no fim da era cenozóica da história de 4,5 bilhões de anos do planeta. Essa era vai terminando rapidamente. Não só o aspecto humano, mas também o funcionamento do planeta inteiro está se alterando. Todos os seres vivos sofrem a mais ampla transformação já vista neste planeta nos últimos 65 milhões de anos. A dissolução dos sistemas de vida da Terra, nos últimos cem anos, foi tão extensa que a viabilidade do ser humano não é mais ponto pacífico.

A sobrevivência de nossa espécie, a longo prazo, e das outras espécies que partilham conosco esse planeta vivo depende de compreendermos a profundidade do que está acontecendo à Terra no presente. É essencial admitir que não é nada menos que biocídio. Também depende da reformulação da relação entre o mundo humano e o mundo natural, o que vai muito além das relações de exploração de nossa modalidade industrial corrente. É necessário conceber um tipo diferente de prosperidade e de progresso, que compreenda a comunidade da vida como um todo. Todas as instituições humanas, as profissões, os nossos programas e as atividades precisam funcionar, agora, nesse contexto mais amplo da vida comunitária.

Está na hora de evocar o surgimento de um novo período sobre a Terra que possa ser identificado como a era ecozóica. Mesmo agora, uma mudança começa a concretizar-se, na qual a relação de aperfeiçoamento mútuo entre os seres humanos e o mundo natural seja considerada não só possível como também essencial para a sobrevivência do planeta. Já vimos isso nas várias manifestações do movimento ecológico e, também, na coexistência dos movimentos por justiça social e direitos humanos. Como é que nós, educadores, encaixamo-nos nessa mudança tão profunda?

A questão do papel do educador diante da crise planetária assume grande importância agora. Em sua maioria, os educadores vêem-se como profissionais que ensinam os alunos a participar da ordem social. Neste momento histórico, quase todas as instituições educacionais estão voltadas para o ensino das qualificações necessárias para satisfazer as necessidades da fase de consumo industrial desse período terminal do cenozóico. Nesse contexto, podemos dizer, claramente, que a educação faz mais parte do problema que da solução. É necessária uma mudança radical de perspectiva no interior das instituições educacionais, para que fiquem à altura dos problemas que enfrentamos atualmente em nível planetário.

Os educadores não foram preparados para um empreendimento dessa importância. Realizaram suas tarefas educacionais no mundo tecnológico e industrial que, no momento presente, é nossa herança, a qual está acabando. Para estar à altura de nossos problemas atuais, os educadores precisam encarar seu trabalho segundo uma perspectiva histórica mais ampla. Como os educadores são muito incentivados a enfrentar problemas práticos imediatos, a perspectiva histórica sugerida aqui pode, inicialmente, parecer além de sua competência. Apesar dessa ressalva, acho absolutamente necessário que ponderem sobre o movimento amplo da história evolutiva que apresento em minha introdução. A história ajuda-nos a ter perspectiva e, além disso, pode ser um instrumento para mudar essa perspectiva. Já disse que, em termos biológicos, a Terra está no fim do período cenozóico. Esse período está terminando rapidamente diante do saque que os seres humanos impuseram ao planeta durante os últimos duzentos anos. Na verdade, agora temos a opção de escutar as vozes do cenozóico terminal ou de seguir outras vozes que começam a se fazer ouvir e que nos levam em direção ao ensino transformador.

Avaliação das forças: a tensão cenozóico/ecozóico

Se a última década do século XX foi um momento de transição, como sugeri no Capítulo 1, então é muito importante examinar as forças instáveis e conflitantes ocultas em nosso empreendimento educacional. Sabemos que os momentos de transição são cheios de ambigüidades e de contradições. É de se esperar. Fazer uma avaliação clara dessas forças para não nos tornarmos simples presas de suas idas e vindas e exerçamos a capacidade de escolher, ao mesmo tempo que nos lançamos às novas direções que ora surgem. Uma das formas de nos preparar para o futuro é fazer uma boa avaliação do passado e entender como as forças do passado atuam no momento presente. Fizemos parte desse trabalho no Capítulo 1, mas agora precisamos de algo mais abrangente, o que nos leva às tendências atuais com raízes históricas na educação norte-americana.

Meu foco no contexto educacional norte-americano é coerente com a estruturação deste livro naquilo que chamei de "privilégio do Norte". Vou examinar três das principais correntes atuantes nessa tensão cenozóico/ecozóico: o tecnozóico progressista, o orgânico conservador e o ecozóico transformador. Sou de opinião que tanto o orgânico conservador quanto o tecnozóico progressista, apesar de todas as diferenças, estão firmemente enraizados na "visão cenozóica terminal". Com essa ressalva, espero que o leitor chegue à conclusão de que minhas categorias mais revelam do que ocultam; mais esclarecem do que confundem. A Tabela 2.1 é um resumo do resto deste capítulo.

Tabela 2.1 Visões educacionais

Características	Tecnozóico progressista	Orgânico conservador	Ecozóico transformador
História/visão de mundo educacional	Moderna	Antimoderna	Pós-moderna
Relação com a comunidade e com o mundo natural	Exploradora	Tradicional	Reflexiva/ interativa
Visão do tempo	Evolutiva	Cíclica/estática	Desenvolvimento temporal
Visão do espaço	Pluralista	Essencialista orgânica	Orgânica/interativa
Metáfora básica	Mecanicista	Orgânica antropológica (corpo humano)	Biocêntrica (isto é, rede orgânica da vida), "o círculo da vida"
Visão do conflito	Superficial/ amenizadora	Perversão/anarquia	Criativa
Características educacionais contemporâneas	Progressista	Tradicional	Emergente

A visão tecnozóica progressista

História/visão de mundo educacional. A história da educação, na América do Norte, sofreu grande influência da economia política dos Estados Unidos. Mesmo a atividade educativa que ocorre no Canadá demonstra características da hegemonia educacional dos norte-americanos. Há um compromisso público de desenvolver a "cidadania democrática". Há, também, um compromisso permanente com a idéia de progresso e com sua respectiva relação com a sociedade tecnoindustrial. Essa é, resumidamente, a essência do tecnozóico progressista. A tese deste livro é que essa visão educacional, agora, está em fase terminal e, por isso, está sendo chamada de cenozóico terminal. É, portanto, uma visão em decadência. O maior problema com essa estrutura idealizada é que seus proponentes contemporâneos não vislumbram suas dimensões terminais. Com vistas à clareza e à possibilidade de fazer comparações, discutirei cada uma das visões-protótipos e suas características que julgo mais distintivas. É importante para o leitor compreender que meu tratamento das correntes educacionais é esquemático, não historicamente acurado e exaustivo. Em minha opinião, a visão educacional do ensino "tecnozóico progressista" está profundamente arraigada ao sonho modernista do "cenozóico terminal" e, agora, deve ser submetida a uma reavaliação crítica completa. Para fazer isso, é necessário começar com uma idéia de sua história educacional na América do Norte.

Em primeiro lugar, a percepção da tensão da corrente tecnozóica progressista é exemplificada pelo pensamento educacional de John Dewey e de Edward Thorndike. Ao ler a obra histórica de Lawrence Cremin, *The Transformation of School* [A transformação da escola] (1964), ficamos com a impressão de que, na virada deste século, Dewey, o filósofo da educação, e Thorndike, psicólogo da educação, foram as duas figuras mais importantes da reforma educacional que começava a desabrochar e que inauguraria a educação do século XX. Tanto Dewey quanto Thorndike responderam às necessidades de uma sociedade recentemente industrializada e cada vez mais urbanizada. Os comentários de Dewey à reforma foram, em geral, dirigidos àqueles envolvidos com a educação fundamental, ao passo que as sugestões de Thorndike foram dadas aos participantes do ensino médio (Cremin, 1964).

Dewey e Thorndike completavam-se e, juntos, constituíram a matriz de uma visão educacional que se aliou, em nível essencial, à marcha do progresso que servia de combustível para a visão de mundo educacional no ensino do capitalismo do século XX. Para Dewey (1963: 216), a idéia de progresso devia ser conjugada a seu irmão gêmeo, o "desenvolvimento": "O objetivo da educação é crescimento ou desenvolvimento, tanto intelectual quanto moral. Os princípios éticos e psicológicos podem ajudar a escola na maior de todas as construções: a edificação de um caráter livre e poderoso. Educar é o trabalho de oferecer condições que possibilitarão às funções psicológicas amadurecer da maneira mais livre e plena possível".

O desenvolvimentismo progressista de Dewey tem um toque contemporâneo, relacionado à psicologia cognitiva desenvolvimentista, vista na obra de teóricos como Bruner, Piaget e Kohlberg (ver O'Sullivan, 1990). Por exemplo: Kohlberg é profundamente leal às idéias de Dewey ao aplicar a teoria do estágio de desenvolvimento cognitivo à educação.

Dewey e os proponentes contemporâneos podem ser vistos como a ala liberal progressista. O interesse pelas idéias de Thorndike (Cremin, 1964) levam-nos a mergulhar mais profundamente ainda numa característica da educação chamada o básico, ou "de volta ao básico". Ao contrário de Dewey, Thorndike não era filósofo e estruturou todas as suas idéias com base em estudos empíricos. Em termos contemporâneos, seria considerado um "psicólogo da educação." Seu impacto sobre a prática e a teoria educacional foi tão profundo e de tão longo alcance quanto o de seu contemporâneo, Dewey. O empirismo vigoroso de Thorndike também lhe despertou o interesse pelo movimento de testes educacionais que crescia rapidamente na década de 1920. Como muitos outros psicometristas, envolveu-se com um programa complicado de testes e de classificação de alunos. Parece que a abordagem psicológica criada por Thorndike serviu de base para muitas práticas de ensino na América do Norte durante todo o século XX. Segundo a abordagem da "educação básica", a posição de Thorndike foi a mais coerente com os métodos de aprendizagem que enfatizavam os exercícios e a repetição.

Além do ambiente de ensino constituído pelos sistemas escolares, temos o campo da educação de adultos. Embora tenha havido pioneiros nessa área que ligaram seu trabalho à classe operária e ao que hoje é chamado de educação popular, é preciso reconhecer que a educação de adultos desenvolveu-se de uma forma que excluiu os movimentos populares, os grupos de cidadãos, os agricultores e a educação operária segundo os termos desses movimentos. Alguns desses movimentos populares receberam a influência da obra pioneira de Moses Cody, no Canadá, de Raymond Williams, na Grã-Bretanha, e de Myles Horton, da Highlander School, nos Estados Unidos (Welton, 1995). No fim da guerra, movimentos como esses não eram considerados educação de adultos. Na era do pós-guerra, surgiram educadores profissionais de classe média que assumiram como tarefa a gestão do processo de aprendizagem em ambientes formais e profissionais.

A profissionalização da educação de adultos da era do pós-guerra até a década de 1980 deu-se, quase inteiramente, sem uma perspectiva social crítica. Michael Collins, ao comentar a educação convencional de adultos como um campo à parte, vê esse campo vinculado ao "culto da eficiência" (Collins, 1991; 1995). Sob essa luz, a vocação do campo parecia preocupada com técnicas de desenvolvimento pessoal e profissional. Grande parte desse campo entra na categoria de uma pedagogia empresarial exemplificada em coisas como a educação baseada na competência e o desenvolvimento de recursos humanos. Esse campo enfatiza a "razão instrumental" como a expressão suprema da racionalidade.

Os rumos da educação de adultos no pós-guerra dependeu muito do campo da psicologia. Deriva daí sua ênfase no aluno individual. Dois dos principais arquitetos dessa ênfase são Alan Tough e Malcolm Knowles, que desenvolveram a idéia do "aluno autodirigido" com o foco no indivíduo enquanto unidade de análise (Knowles, 1986; Tough, 1981). Sua obra deriva do pressuposto de que o indivíduo é a fonte primordial de suas próprias experiências de aprendizado. Dentro desse paradigma de educação do indivíduo, desenvolveram também a idéia de "contratos de ensino". Essa formulação da educação de adultos teve uma popularidade incrível, sendo recebida nos círculos profissionais de educação de adultos. Foi implementada em muitos ambientes institucionais, inclusive hospitais, empresas, faculdades, escolas públicas e prisões. Em última instância, esse modelo está preso na armadilha de sua estrutura individualista e, por isso, cego para as dinâmicas de poder das instituições. Por isso, esse modelo, consciente ou inconscientemente, trabalha em favor do poder das instituições.

A partir desse resumo sintético, chegamos à conclusão de que, ao longo de toda a história da educação norte-americana, tem havido o entrelaçamento das forças progressistas com a tecnologia. Tem sido o *yin* e o *yang* da "reforma progressista liberal" e da reforma de "retorno ao básico"; é a espiral ascendente do ciclo comercial aliado às forças progressistas, a espiral descendente do ciclo comercial da tecnologia (Quarter e Matthews, 1987).

A década de 1960 foi provavelmente a época de maior expansão econômica do século XX. Esse período viu um renascimento do pensamento liberal-progressista, enquanto a década de 1990 mostrou uma economia combalida aliada à retórica da "educação de qualidade" e "de volta ao básico." A crítica educacional de nossos dias não faz nenhum questionamento fundamental da ordem contemporânea de consumo industrial. O objetivo do movimento "de volta ao básico" é preparar os alunos para as exigências da nova ordem econômica global tal como é representada na arena do "mercado global competitivo". A meta é criar alunos que possam competir nesse sonho de tecnosfera global.

Voltar-se para a comunidade e para o mundo natural Chegamos à conclusão de que, ao longo de todo o século XX, a visão tecnozóica progressista aliou-se à ordem tecnológica do Estado-nação contemporâneo. O novo mercado global competitivo das grandes empresas multinacionais acaba de adotar sua forma mais recente. Nesse contexto, as escolas são tidas como o local onde as pessoas são preparadas para essa nova ordem econômica e industrial. Aqui, a retórica é algo do tipo "as escolas devem preparar os alunos para ser competitivos na nova comunidade econômica global". Não se pergunta sobre a sustentabilidade do planeta caso essa seja a direção tomada. Essa posição aceita de forma acrítica as demandas do mercado global em relação à concorrência e ao consumo. A atitude em relação ao mundo natural é fundamentalmente *exploradora*. Parece que a nossa vida comunitária local e nacional tem de adaptar-se a esse mercado global. Não há profundidade de reflexão sobre se a busca para realizar esse sonho do mercado global terá impactos dramáticos e negativos sobre nosso *hábitat* natural e sobre a biosfera. Há pouca ênfase no desenvolvimento da vida comunitária local e na percepção de que essas comunidades também têm impacto profundo em nossa qualidade de vida. Historicamente, esse modelo de transformação do tecnozóico progressista tem estado em vigor desde a desintegração das sociedades "tradicionais". A idéia da comunidade de mercado originou-se no pensamento do século XIX. Os paralelos são feitos com base na seguinte observação de Holland e Henriot (1984: 24): "O ideal de uma sociedade equilibrada na Europa e na América do Norte dos séculos XIX e XX era de um ambiente de 'mercado' em que partes sem relação entre si interagiam competitivamente por meio da livre iniciativa (economia), da democracia liberal (política) e do 'livre-pensar' (cultura)".

Dada sua mistura com o "sonho do cenozóico terminal", a trajetória da visão tecnozóica progressista, ao dirigir-se para esse mercado mundial, ignora o impacto que esse movimento tem no meio ambiente e nas exigências de nosso *hábitat* natural. Em resumo, a busca do mercado competitivo deve ser vista, agora, como a antítese de um *hábitat* viável, um insulto ao mundo natural. A vida comunitária local no interior dessa comunidade econômica mundial não é um fim em si mesma, apenas um meio para um fim. É por isso que, junto com o crescimento desse mercado econômico global, tem havido a destruição concomitante da vida comunitária em âmbito local (Daly e Cobb, 1989). O "país das maravilhas" dessa comunidade competitiva global está se tornando a "terra devastada" da comunidade local.

Visão do tempo. Há uma mentalidade do tipo "destino manifesto" na visão tecnozóica progressista. Os conceitos de crescimento, desenvolvimento e competição são colocados dentro de um quadro de referências evolutivo. A linha temporal dessa visão é linear e evolutiva. É como se o destino se revelasse e se concretizasse, e a melhor coisa a fazer é aceitar as mudanças que esse destino dita. A mudança é vista como "progresso" e dá-se ao longo de um *continuum* em que as sociedades e comunidades andam, gradualmente, para a frente e para cima. Como disse Ronald Reagan há muito tempo em suas propagandas da General Electric: "o progresso é o nosso produto mais importante". Esse movimento da história para a frente e para cima freqüentemente menospreza o passado. O passado é inimigo do futuro. Essa é a noção de progresso na idéia da "forma progressista". O progresso, em sua forma contemporânea, é o movimento rumo ao mercado global competitivo.

Visão do espaço. A idéia dominante de espaço, segundo essa visão, pode ser definida como "pluralista". Aqui, pluralismo significa que não existe nenhuma idéia de um todo relacional coletivo governando as partes. Vemos, assim, um aglomerado de partes isoladas ou que operam independentemente. Estamos falando, aqui, mais de um "pluriverso" que de um universo; um "pluriverso" cuja base engendra o tema fundamental da "competição":

> As regiões funcionais são distintas e sem relações entre si (por exemplo, na economia, na política e na cultura). Esse modelo pressupõe que o "bem comum" não é o objeto direto da atividade social, mas resulta indiretamente do funcionamento independente das partes. Em termos econômicos, uma "mão invisível" guia a competição no sistema do "livre mercado" em benefício de todos. Em termos políticos, as partes atuam como grupos de interesse; em termos culturais, expressam-se mediante o "livre-pensar". Segundo essa visão, uma sociedade saudável é marcada pelo individualismo e pela inovação; floresce num mercado competitivo em expansão. (Holland e Henriot, 1984: 29)

Nesse clima de atomismo pluralista, cabe ao sistema educacional preparar o aluno para o mercado que surgiu recentemente e que está se expandindo para além do Estado-nação, rumo à esfera das grandes empresas transnacionais.

Metáfora básica. As máquinas são uma analogia para a compreensão do comportamento humano e as instituições são parte do tecido da explanação científica e social no mundo moderno. A explanação mecanicista baseia-se nos princípios da análise e do atomismo. O todo pode ser compreendido como a soma de suas partes individuais. É possível entender o mecanismo do relógio desmontando-o e reconstruindo-o com base em seus componentes. Alguns críticos ecológicos acham que a visão de mundo mecanicista foi um dos principais fatores da deterioração de nossa relação com o mundo natural (Berman, 1981; Merchant, 1980). Também podemos ver como a metáfora do mecanismo opera no nível da organização das escolas. Grande parte do desenvolvimento das organizações burocráticas modernas tem como base uma perspectiva não orgânica de como suas partes se inter-relacionam. Não há uma relação intrínseca entre as partes; elas se mantêm juntas graças a uma hierarquia autoritária e a divisões horizontais distintas do *status*.

Visão do conflito. Embora a retórica da competição e do combate tenha ocupado o centro das atenções, vemos que, quando há um questionamento dos princípios fundamentais dessa visão, há uma ênfase no gradualismo e na mudança incremental, uma ênfase no aperfeiçoamento. Portanto, qualquer questionamento que entre em conflito com a hegemonia desse sistema de pensamento é considerado desnecessário e, por conseguinte, superficial. Quando os ecologistas fazem críticas fundamentais à supremacia da economia do mercado global como contrária ao bom funcionamento da biosfera, essas críticas são consideradas precipitadas e exageradas. Dentro desse sistema, há remédio para tudo. Tudo o que foi feito pode ser desfeito. A tecnologia tem condições de resolver os problemas criados pela inovação tecnológica. No amplo leque dessa linha de pensamento, a tolerância ao conflito e à crítica que ameaça a integridade desse sistema é zero. Portanto, em sociedades como a nossa, toda a área do conflito social é controlada de perto pelos políticos, empresários e, em última instância, pelo educador que age como apologista desse sistema. Administrar o desafio do conflito social e mantê-lo no nível da mudança superficial é a condição *sine qua non* do pensamento progressista liberal. Nesse sistema, a força social mais potente de todas é a inércia. A tecnologia e a ciência podem resolver a chamada "crise ambiental exagerada". Como dizem ironicamente os defensores dessa visão, "Qual é o problema?".

Características educacionais contemporâneas. Dado o pluralismo desse espaço educacional, as tendências do ensino são tão variadas quanto sem relações entre si. Sua única característica comum é que todas parecem aceitar acriticamente a direção da reforma educacional que nos leva ao mercado global competitivo. As técnicas são tão variadas quanto fragmentadas. Para o educador do mercado global competitivo, temos o *self-service* global de técnicas e abordagens. No lado teórico, temos a área emergente da teoria educacional chamada por seus seguidores de "ciência cognitiva". A ciência cognitiva é um amálgama de pesquisa e teoria e, em parte, uma ramificação da pesquisa póspiagetiana. Também foi combinada a processos recentes de simulação de computador. Em relação ao ensino, pode-se dizer que existe um pressuposto de que a melhoria da educação está relacionada a uma ciência da mente adequada e aperfeiçoada. Um procedimento típico desse tipo de ciência é a tentativa de estabelecer ligações entre a área da psicologia cognitiva desenvolvimentista e os sistemas de simulação de computador. Ulric Neisser (1967) dá um indício do uso metafórico da máquina-computador como um guia para compreender a mente humana; encara a tarefa do psicólogo em tentar compreender a cognição humana como análoga à da pessoa que busca descobrir como um computador é programado. Particularmente quando o programa parece armazenar e reutilizar informações, o pesquisador quer saber mediante que "rotinas" ou "procedimentos" isso é feito. Há boa dose de desenvolvimento na área da ciência cognitiva nos últimos vinte e cinco anos de que se pode lançar mão. Há, também, um ceticismo crescente em relação a muitas das tentativas de simulação da mente por meio de análogos maquinais (O'Sullivan, 1983). Para nossos objetivos, aqui, basta dizer que essa abordagem total é feita com todas as suas variações sob o pressuposto de que a mente independe do mundo natural. Continua, portanto, trancada na divisão cartesiana que coloca a mente acima do mundo natural. Há, também, uma tendência, nessa visão, de exagerar um pouco as proezas comuns da mente criando organismos ou máquinas como os robôs. Aqui também vemos uma certa arrogância: "a natureza não fez isso direito da primeira vez". Mas algumas características positivas aparecem em algumas das direções da "ciência cognitiva". Por exemplo: o historiador cultural William Irwin Thompson aponta uma direção mais biocêntrica para a ciência cognitiva. Numa série de ensaios intitulada *Gaia: A Way of Knowing* [Gaia: uma forma de saber], de 1987, Thompson procura conectar o trabalho anterior de Gregory Bateson em *Steps in an Ecology of Mind* [Passos para uma ecologia da mente], de 1972, e *Mind in Nature* [A mente na natureza], de 1980, com o trabalho recente sobre a mente enquanto estrutura autopoiética e auto-reguladora incrustada no mundo natural. Essa é uma tentativa de situar a direção da ciência cognitiva num caminho "biocêntrico," em contraposição a um caminho "tecnocêntrico." Essa nova direção não está no centro do palco, pois a ciência cognitiva convencional ainda predomina.

Minha avaliação geral da ciência cognitiva é de que ela continua considerando a mente à parte da natureza e mostra a arrogância de que cabe à "mente humana" corrigir a natureza com o desenvolvimento de tecnologias da mente humana. Quando uma dessas tecnologias é o casamento da mente com a robótica, uma nota de advertência certamente se faz necessária (Mander, 1991).

Depois de discutir a ciência cognitiva, é importante notar que uma das expressões mais importantes da teoria e da pesquisa da psicologia da educação exalta as virtudes de uma visão do aluno como ser independente do mundo natural. A ciência cognitiva é apenas uma das muitas inovações da pesquisa educacional que se rivalizam pela atenção dos educadores que tentam, desesperadamente, encontrar uma solução técnica após a outra para enfrentar a eficiência, cada vez menor, das escolas na vida dos estudantes em todos os níveis da educação. Sob essa luz, os professores estão constantemente à espera da próxima panacéia que vai ser a verdadeira solução. Por isso, vemos o desfile aparentemente interminável de novas técnicas e *workshops* que defendem a idéia mais recente que promete uma saída dos dilemas de sobrevivência no cenozóico terminal. Todos fazem o que têm de fazer sob a capa protetora da técnica que está sendo promovida, pois, seja ela qual for, tem base científica e contribuirá para nosso avanço acrítico em meio à tecnologia. Isso é progresso, o qual é exaltado pelo avanço convencional da inovação da ciência e da tecnologia. A questão que proponho aqui é: "E se a inovação contribui para a destruição em vez de amenizá-la?" C. A. Bowers faz uma observação crítica importante sobre nosso uso irrefletido da ciência e da técnica na inovação:

> O vasto número de técnicas promovidas como essenciais para o crescimento profissional também tem outro efeito, qual seja de alimentar uma atitude niilista, segundo a qual tudo começa a ser visto como tendo o mesmo valor. Sem um conhecimento mais profundo que permita colocar as questões, tendências e técnicas numa perspectiva mais reflexiva, toda técnica perde sua distinção e seu mérito especial, principalmente quando os professores começam a perceber que todo ano traz novos disseminadores com técnicas e formas de aprendizagem mais "avançadas" ainda. O que pode ter sido considerado útil num *workshop* anterior, como o ensino individualizado ou os objetivos de desempenho, desaparece da lista dos assuntos de *workshop* assim que novos tópicos são acrescentados. (Bowers, 1993b: 86-7)

Bowers vai mais longe e critica a tradição tecnocrática progressista na educação por sua total falta de compreensão da crise ecológica. Falando de novo sobre a proliferação de técnicas, enfatiza sua tendência de promover uma miopia ecológica:

> Ela também se torna parte de uma hipnose profissional, em que os eventos do mundo que se estende para além da sala de aula não são e não podem ser apreendidos como questões relacionadas ao que acontece na sala de aula. Esse é particularmente o caso quando eventos sociais e ambientais não podem ser relacionados à técnica usada. Como o professor conecta a perda da cobertura de florestas com as técnicas de sala de aula derivadas da pesquisa cerebral ou o aquecimento da atmosfera da Terra com a "Administração Pró-Ativa da Sala de Aula"? (Bowers, 1993b: 87).

Como educadores, não podemos mais percorrer esse caminho acriticamente, e as críticas estão sendo feitas em muitos círculos. Uma esfera crítica deriva da crítica conservadora à educação moderna. É dessa tradição ou visão que vamos tratar agora.

A visão conservadora

Sempre houve reações à visão modernista do progresso evolutivo. Até no início do industrialismo, com todo o seu fascínio, houve críticos muito contundentes ao projeto de modernismo inserido no industrialismo tecnológico do final do cenozóico. A poesia visionária de William Blake está repleta de críticas, tanto ao Iluminismo quanto aos princípios fundamentais da Revolução Industrial. A reação antimoderna às orientações históricas do modernismo também tem uma longa história. Esse tipo de reação tem muitos ângulos e nuances, às vezes juntando colaboradores peculiares. O que é comum a todas as reações, ao ideal do progresso industrial, é o horror a alguns traços negativos do mundo moderno e, freqüentemente, à nostalgia. Dois desses traços antimodernos fundem-se na visão do conservadorismo e do romantismo. Vamos nos concentrar na dimensão conservadora, uma vez que ela tem sido a forma predominante do antimodernismo nos contextos educacionais contemporâneos.

Do lado "conservador", há uma tentativa de preservar as forças e instituições ultrapassadas pelos processos modernistas. Muitas vezes, a reação conservadora fundamenta-se numa posição de elitismo e de hierarquia, em que há tentativas de oposição a algumas das orientações democráticas do mundo moderno. Por exemplo: a instituição da Igreja Católica foi uma das principais adversárias do modernismo, tanto no final do século XIX quanto na primeira metade do século XX. Há uma crítica antimodernista que considera o modernismo destruidor dos valores comunitários tradicionais como a autoridade e a obediência às regras e aos costumes tradicionais. Assim, um aspecto da crítica conservadora do modernismo é a percepção de que há erosão do "senso comunitário". O outro lado da reação ao modernismo pode ser chamado de revolta romântica. A revolta romântica é extremamente crítica às dimensões modernas da ciência e da tecnologia que levaram ao pensamento desencarnado. Essa crítica ao racionalismo concentra-se no pensamento moderno, indicando que há uma incapacidade de incluir as emoções no desenvolvimento do intelecto. Outra crítica é relativa à sensação de perda de uma consciência corporal e à reificação da mente em contraposição ao mundo natural. Isso resulta na exclusão de processos orgânicos vitais em visões de mundo extremamente mecanicistas. Assim, tanto em sua versão conservadora quanto em sua versão romântica, sempre houve uma crítica ao modernismo. Principalmente em seus aspectos conservadores, a visão conservadora/romântica exalta as virtudes das instituições do passado. Nada é tão bom quanto o passado.

História/visão de mundo educacional. Nada ilustra melhor o amálgama de textos conservadores e românticos do que a obra de Henry Adams, historiador cultural que escreveu e refletiu sobre nossa chegada ao século XX. Numa série de ensaios sob o título de *The Education of Henry Adams* [A Educação de Henry Adams] (1931[1918]), ele reflete sobre as possíveis características negativas da inventividade tecnoindustrial dinâmica que percebeu no desenvolvimento de tecnologias de máquinas promovidas na Feira Mundial de 1896. Era um historiador da cultura ocidental da Idade Média e vemos, em seus textos, uma espécie de nostalgia pelo que estava sendo perdido no êxodo da visão de mundo medieval. Vemos, na essência de seus escritos — como naqueles de muitos outros críticos do modernismo —, uma desconfiança profunda para com as muitas orientações do espírito modernista. No século XX, novas formas apareceram. Houve uma desconfiança profunda sobre o desenvolvimento da tecnologia moderna na obra de escritores como Jacques Ellul (1964) e George Grant (1983); cautela para com a democratização das massas é vista na obra de Ortega y Gasset (1957), bem como um protesto contra os rumos gerais da educação em direção a finalidades vocacionais tecnológicas. Nesse último contexto, vemos por que a crítica da educação alia-se às forças do mundo moderno da indústria e da tecnologia e modela sua autoridade de acordo com as necessidades dessas forças. Robert Maynard Hutchins, ao definir uma "educação liberal", dá uma idéia de por que a educação contemporânea tornou-se problemática.

> O que é educação liberal? É fácil dizer o que ela não é. Não é educação especializada, não é vocacional, nem profissionalizante, nem pré-profissionalizante. Não é uma educação que ensina uma pessoa a fazer uma determinada coisa [...]. Sinto-me tentado a dizer que é a educação que nenhum norte-americano tem condições de receber numa instituição educacional hoje em dia. Agora somos todos especialistas. Já no começo do ensino médio, dizem-nos que devemos começar a pensar como vamos ganhar a vida, e os pré-requisitos que supostamente nos preparariam para isso se tornam cada vez mais os ingredientes de nossa dieta educacional. Receio que tenhamos de admitir que o processo educacional dos Estados Unidos é mais uma forma agradável de passar o tempo até que estejamos prontos para trabalhar, ou uma forma de nos prepararmos para uma ocupação, ou uma combinação dessas duas coisas. O que falta é uma educação para que sejamos seres humanos, educação para tirar o máximo proveito de nossas faculdades humanas, educação para nossas responsabilidades como membros de uma sociedade democrática, educação para a liberdade. (Hutchins, 1959: v)

E onde essa tradição conservadora sugere que a gente vá procurar esse tipo de educação liberal? Hutchins diz que a procuremos nos "grandes livros do mundo ocidental". Quando se examina cuidadosamente os "grandes" livros apresentados, percebe-se que os autores são todos homens. Vemos, aqui, que a viagem a nosso passado limita-se somente ao passado cultural ocidental, um passado destituído de mulheres. Que essa abordagem particular continue exercendo atração e que pareça contemporânea é algo visto no interesse recente pelo livro de Alan Bloom, *The Closing of the American Mind* [O fechamento da mente norte-americana], de 1987. Seu livro é a encarnação mais recente da "tradição dos grandes livros" do mundo ocidental. Como disse um crítico de sua obra, "ele acredita que questões sobre o conteúdo da educação (isto é, o currículo) foram resolvidas há algum tempo; talvez, de uma vez por todas, com Platão, mas certamente não depois de Nietzsche" (Orr, 1992: 97). Ao lado de seu cultivo da vida mental por meio dos clássicos da literatura ocidental, há um ataque obsceno à cultura americana jovem. Ela é, na opinião de Bloom, moralmente deficiente e intelectualmente pobre. Essas são apenas duas características negativas dentre as numerosas dimensões da cultura jovem que ele considera repugnantes. Nessa versão mais contemporânea da preservação dos melhores autores homens do Ocidente, percebemos que não há, em parte alguma dessa crítica às instituições educacionais modernas, uma menção sequer a questões de justiça social, pobreza e degradação ecológica que flagelam a mente moderna, bem como a paisagem moderna. O que está presente, como em seus predecessores nessa tradição, é um eurocentrismo etnocêntrico irrefletido, conjugado a um preconceito cego em relação ao gênero. Como diz esse mesmo crítico:

> Todo mundo sabe que os clássicos da tradição ocidental são deficientes em certos aspectos. Primeiro, tendo sido compostos por homens brancos, excluem a vasta maioria das experiências humanas. Além disso, existem problemas que essa tradição não conseguiu resolver, ou por ser de origem recente, ou por ser considerados pouco importantes. Nessa última categoria está a questão do papel do ser humano no mundo natural [...]. Quaisquer que sejam as qualidades eternas que a natureza humana tenha ou não, a cultura ocidental não ofereceu muitas luzes sobre a relação apropriada entre a humanidade e seu *hábitat*. (Orr, 1992: 98)

Isso não quer dizer que certos aspectos de uma perspectiva conservadora não tenham mérito ao tratar de nossa crise ecológica atual.

Por exemplo: C. A. Bowers (1993b) identifica duas linhas do conservadorismo, uma antropocêntrica e outra ecológica. A tradição de Adler, Bloom e de outros é classificada, na obra de Bowers, como antropocêntrica, e ele faz a mesma crítica dessa postura que estou fazendo aqui. Também identifica uma tradição do conservadorismo a que chama de "conservadorismo ecológico". Trata-se de uma tradição que tem uma crítica cultural profunda de nossa moderna cultura tecnológica em relação a seus efeitos sobre o *hábitat* natural. Bowers (1993b) considera Edward Schumacher, Wendell Berry e Gary Snyder exemplos dessa tradição. Não vou discutir essa posição aqui, porque os escritores dessa linha de pensamento não discutiram as questões da educação no sentido formal. A meu ver, essa tradição está mais de acordo com o que mais adiante vou chamar de "ecozóico transformador": uma postura que, certamente, tem elementos de conservadorismo ecológico.

Voltar-se para a comunidade e para o mundo natural. A posição conservadora tem uma atitude em relação ao mundo natural que simultaneamente antropocêntrica e tradicional. É antroprocêntrica por situar todos os objetivos educacionais na mente humana. Assim, o enriquecimento educacional está na capacidade de cultivar o pensamento humano. É tarefa do ensino oferecer estímulo educacional para enriquecer a mente. No âmbito da organização escolar (bem como da comunidade da escola), há a promoção de estruturas comunitárias que se baseiam na tradição e na hierarquia. Edward Wynne, situado dentro da tradição conservadora, sugere uma lista de "valores tradicionais" que devem ser incorporados ao ensino moderno. São os seguintes:

1. Aceitação da hierarquia tradicional.
2. Exercício de grande controle adulto sobre crianças e adolescentes.
3. Prioridade à boa conduta imediata em detrimento de um raciocínio mais elaborado.
4. Grande ênfase na vida das entidades coletivas.
5. Reverência pelo saber do passado.

6. Reserva de uma esfera da vida para atividades sagradas, além das ocupações cotidianas de comprar, vender e produzir.
7. Igualdade de todos os membros da comunidade como filhos de Deus, apesar de suas diferenças temporais, materiais e intelectuais. (Wynne, 1987: 130-2)

Embora essa lista particular de valores conservadores tradicionais talvez não receba aplausos universais, há alguns elementos do tradicionalismo de Wynne que se aplicam a todas as correntes tradicionais. Primeiro, há uma nostalgia pelo passado que mantém a ordem por meio da hierarquia. Segundo, o sagrado situa-se exclusivamente dentro da "comunidade humana". Terceiro, nenhuma atenção é dada aos efeitos que a comunidade humana está tendo sobre nosso *hábitat* natural. Quarto, a comunidade humana é mantida coesa e é mais bem regulamentada pelas tradições do passado. A solução para nossas mazelas atuais é uma volta às tradições do passado que, incidentalmente, remontam somente ao passado judaico-cristão e ao advento da cultura ocidental.

Visão do tempo. Na visão de mundo conservadora, o tempo é cíclico e estático. Dentro dessa perspectiva de tempo existe uma base biológica e orgânica para uma temporalidade que é estática por causa da crença subjacente de que nada muda na sociedade de maneira fundamental ou transformadora. A expressão *plus ça change, plus c'est la memechose* é pertinente. A mudança é um ciclo que se repete nos moldes de crescimento/declínio, nascimento/maturidade/morte e assim por diante. Percebemos esse tipo de mudança nos ritmos da natureza, como, por exemplo, nos ciclos das estações do ano. Como a história não está orientada obrigatoriamente para a frente, como na perspectiva progressista, não há desejo de criar um futuro glorioso. O que há é uma observação esmerada do melhor da Antigüidade. Por isso a preocupação tradicional com o passado é evidente por toda parte.

Visão do espaço. Se a visão progressista do espaço era atomista e particularista, a posição conservadora defende uma forma de "essencialismo orgânico". Com orgânico quero dizer, aqui, uma visão de que a sociedade é uma espécie de unidade orgânica em que o todo é maior do que a soma de suas partes. Com essencialista quero dizer que há algumas essências estruturais profundas vistas como subjacentes a todos os processos sociais. Boa dose da teoria do direito natural exemplifica a idéia de que há essências estruturais profundas que podem ser vistas integrando as complexidades das sociedades humanas.

Metáfora básica. A principal metáfora conservadora é o corpo humano enquanto totalidade orgânica. No uso do corpo humano como metáfora de compreensão, há uma hierarquia estabelecida entre as partes, com prioridade dada à cabeça. Como, em princípio, a metáfora é orgânica, há uma compreensão de que o corpo humano cresce, deteriora-se e regenera-se e de que as várias partes estão organicamente relacionadas umas às outras, com as funções internas e as operações externas controladas pela cabeça. Esse tipo de compreensão orgânica dá grande ênfase aos arranjos hierárquicos das partes e ao ordenamento das partes com base em estruturas autoritárias estabelecidas. A hierarquia é vista como uma estrutura subjacente natural de toda a vida institucional. Assim, Edward Wynne (1987), ao apresentar as linhas gerais de seu ponto de vista educacional conservador, afirma que a hierarquia é um fato em todas as organizações de nossa era que tiveram continuidade, inclusive as escolas: "Hoje, há muita discussão em torno dos professores, que não devem ser propriamente figuras de 'autoridade'. Mas tanto os pais quanto os filhos reconhecem a verdade necessária de que os professores devem desempenhar um papel de autoridade e estão desorientados com a confusão resultante das tentativas de esconder a realidade da hierarquia" (Wynne, 1987: 130).

O que é enfatizado nessa visão é que a ordenação das partes baseia-se em leis ativadas pelo topo da estrutura. Assim, qualquer tipo de mudança ativada por uma outra parte que não o topo da hierarquia é considerado um desvio. É assim que o conflito é visto nos sistemas hierárquicos.

Visão do conflito. Nos sistemas tradicionais de hierarquia, o conflito é visto no interior dessas estruturas como transgressão e anarquia no sentido pejorativo. Em sistemas hierárquicos, há uma ênfase muito marcada "na lei e na ordem". A resposta mais apropriada à desordem das coisas é amortecer seus efeitos e absorvê-los no sistema atual ou rejeitar os elementos de forma cabal, como na excomunhão. Usando o corpo humano como metáfora, é possível pensar no transplante como exemplo. Quando um órgão é transplantado para o corpo, ele é aceito ou rejeitado e eliminado. Uma ameaça ao corpo é absorvida pelo sistema ou eliminada. Assim, vemos, no *modus operandi* da organização hierárquica tradicional, uma ênfase muito grande "na lei e na ordem", com ordem e harmonia como as virtudes sociais básicas. Holland e Henriot dão-nos um exemplo muito claro da estrutura funcional, usando a Igreja Católica tradicional do Ocidente.

> Uma aristocracia da terra, hierarquicamente estruturada por meio da nobreza e do alto clero, constitui a elite dominante. No melhor dos casos, essa forma de liderança serviu de guardiã paternalista do "bem comum" exercendo uma *noblesse oblige* em relação às classes mais baixas. No pior dos casos, deteriorou-se num absolutismo despótico. Em qualquer das situações, sua reação a uma ameaça ao *status quo* foi a mesma: absorção ou supressão. Esse domínio era justificado em termos ideológicos por apelos ao "direito divino dos reis", demandas de "ordem social", preservação da "tradição" e "doutrina sadia", e pela afirmação de que "as coisas sempre foram assim". (Holland e Henriot, 1984: 34)

Características educacionais contemporâneas. No passado, a preservação do *ethos* tradicional conservador na educação era vista na criação de escolas privadas de elite. Essas escolas recebiam os filhos da elite no poder. Nos sistemas tradicionais de "educação de elite", havia uma ênfase muito grande no valor da hierarquia, porque ela era considerada o fundamento de uma sociedade justa e organizada. Inculcava-se nas crianças uma estrutura hierárquica de ordem à qual deviam submeter-se obedientemente. Além disso, estavam aprendendo a aceitar que eram herdeiras de um sistema em que seriam os próximos a dar ordens a outros, seus futuros súditos. Assim, os filhos dos privilegiados adquiriam o senso de um direito, de ser herdeiros de um sistema de ordem que os colocava no topo da hierarquia. Os alunos assimilavam a capacidade de governar, que acabariam aplicando àqueles que, segundo a ordem natural das coisas, estavam abaixo deles. Na educação contemporânea, o sistema de escolas de elite é apenas uma das manifestações da visão conservadora tradicional. Nos últimos dez anos, também tem havido um movimento popular no seio do discurso da educação pública que propõe as virtudes do tradicionalismo, do conservadorismo e da hierarquia. Edward Wynne é ardoroso defensor da educação hierárquica tradicional no interior dessa esfera pública. Sua descrição de escolas eficientes é um claro exemplo disso:

> As escolas eficientes são lideradas, assim nos dizem, por diretores vigorosos que expõem claramente seus valores e políticas. Quando necessário, mostram determinação e coragem e fazem o possível para atingir suas metas ao deparar-se com qualquer resistência. Além disso, os professores dessas escolas respeitam seus diretores, seguem sua orientação e esperam obediência semelhante dos alunos. Essa liderança não implica falta de comunicação ou de entrosamento entre seguidores e líderes. Em escolas eficientes, os adultos estão inquestionavelmente no comando. É aplicada uma disciplina justa, firme e apropriada. Essa insistência não tem nada a ver com opressão. É considerada simplesmente uma aceitação da responsabilidade adulta transitiva e tradicional, e constitui um meio de transmitir valores moralmente saudáveis a pessoas jovens. (Wynne, 1987: 132)

A articulação de uma visão conservadora e tradicional para a educação feita por Wynne é uma reação contemporânea ao colapso da autoridade tradicional com o estabelecimento da educação progressista e modernista. Não há, absolutamente, nenhum entendimento de que os problemas que hoje enfrentamos sejam realmente específicos de nosso período histórico, isto é, dentro do alcance e da magnitude de nossa crise ecológica. Não há, de modo algum, nenhuma menção a essa incrível degradação do mundo natural como uma dificuldade a ser enfrentada em forma de desafio educacional. Um dos maiores problemas da visão conservadora é seu antropocentrismo extremo. Há total falta de interação com o *hábitat* natural no discurso dos intelectuais conservadores modernos. Conservar não é conservar o *hábitat* natural. Conservar, no discurso contemporâneo da teoria educacional, é a manutenção das estruturas de autoridade da cultura do homem branco ocidental.

A visão ecozóica transformadora

Estou procurando desenvolver neste livro o que considero uma forma emergente, uma "visão transformadora". Ela contesta e repudia a viabilidade do mercado global tal como está sendo formulada na ordem econômica transnacional. Em minha opinião, a visão do mercado global não é uma visão cultural planetária viável para o futuro. Em essência, estamos tentando apresentar a visão ecozóica transformadora como alternativa à visão do mercado global. Aqui, o ressurgimento atual do "cenozóico terminal" é visto na crítica à reforma educacional feita pelos defensores do mercado competitivo.

O campo educacional da "pedagogia crítica" é um novo fórum educacional que procura discutir a área ampla das questões de justiça social incrustada nas desigualdades de poder e de recursos de acordo com a classe, a raça e o gênero. Em meus livros *Critical Psychology and Critical Pedagogy* [Psicologia crítica e pedagogia crítica] (1990) e *Critical Psychology: An Interpretation of the Personal World* [Psicologia crítica: uma interpretação do mundo pessoal] (1984), tento mostrar como essas estruturas operam nos contextos educacionais em áreas como o aprendizado escolar e o movimento de educação popular. O trabalho nessa área compreende preocupações vitais com a justiça social relativas à educação pós-colonial e anti-racista (Dei, 1995b), análise de classe e desigualdade de gênero (O'Sullivan, 1990; 1984; hooks, 1994; Hart, 1995). Há o desenvolvimento da educação de resistência (também chamada de educação contra-hegemônica) com base na obra de Antonio Gramsci (1971), Paulo Freire (1970), *bell hooks* (1994) e outros (Aronowitz e Giroux, 1993). Também há algumas tendências semelhantes numa postura crítica formulada agora na área da educação de adultos. Uma compilação dessas tendências em educação de adultos pode ser encontrada na obra de Michael Welton, *In Defence of the Life World: Critical Perspectives on Adult Learning* [Em defesa da vida mundial: perspectivas críticas na educação de adultos] (1995), e de Paul Wangoola e Frank Youngman, *Towards a Transformative Political Economy of Adult Education* [Em direção a uma economia política transformadora da educação de adultos] (1996). A educação crítica de adultos é um contramovimento na educação de adultos que está questionando a hegemonia da educação de adultos convencional que discuti ao falar da educação tecnocrática progressista. O que vemos nessas correntes críticas mais recentes é o questionamento da visão do mercado global, da desigualdade de gênero e classe e das perspectivas pós-coloniais que questionam o domínio da hegemonia cultural do Ocidente. Há uma crítica à educação de adultos da corrente principal, em nível de paradigma, do ponto de vista da teoria social crítica, que pode ser encontrada na obra de Jack Meizerow (1995), Michael Welton (1995), Mechhthild Hart (1995) e Michael Collins (1991; 1995).

Provavelmente, uma das omissões mais gritantes da abordagem pedagógica crítica à educação nessa fase de suas formulações é a falta de atenção para questões ecológicas. Minha principal crítica é a ênfase exagerada nos problemas inter-humanos, muitas vezes em detrimento das relações dos seres humanos com a comunidade biótica mais ampla e com o mundo natural. A direção geral das perspectivas críticas é rumo ao antropocentrismo. A crítica ao antropocentrismo não é, de forma alguma, motivo para ignorar as preocupações vitais que as perspectivas críticas têm com a educação contemporânea. Essas questões devem ser levadas em frente e fundidas a preocupações biocêntricas mais abrangentes. Esse é um dos grandes desafios deste livro em seus últimos capítulos.

A educação holística é outra tendência nova na educação que questiona a fragmentação do modernismo imposta por uma visão de mundo analítica, científica e instrumentalmente racional (J. Miller, 1996). John Miller, um dos principais arquitetos da educação holística da América do Norte, indica algumas características do holismo em seus comentários introdutórios ao tópico em *The Holistic Culture* [A cultura holística]:

> A educação holística procura fazer com que a educação alinhe-se às realidades fundamentais da natureza. Em seu âmago, a natureza é inter-relacionada e dinâmica. Podemos ver esse dinamismo e interligação no átomo, nos sistemas orgânicos, na biosfera e no próprio universo. Infelizmente, desde a Revolução Industrial, o mundo humano enfatizou a compartimentalização e a padronização. O resultado foi a fragmentação da vida. (J. Miller, 1996: 1)

Os educadores holísticos também são muito críticos em relação à ênfase instrumental tecnocrática da educação contemporânea, que exclui aspectos absolutamente essenciais, como a criatividade e a espiritualidade. Recusando-se a definir sua identidade num quadro de referências religioso, várias correntes atuais da educação consideram a espiritualidade a característica fundamental de todas as atividades educativas (Palmer, 1993; Purpel, 1989; Moffett, 1994). Ao criticar o racionalismo superficial e a natureza dos valores neutros da educação modernista, os educadores holísticos procuram fazer com que a educação lance raízes num terreno ético que vá além da superfície fragmentada de nossa vida de hoje, em direção a uma totalidade oculta. Nesse tipo de educação, o intelecto e o espírito são partes integrantes um do outro.

Como no caso da pedagogia crítica, os educadores holísticos são extremamente críticos em relação à educação modernista, mas por razões diferentes. Minha conclusão é que eles se complementam e devem aliar-se. Tentar concretizar essa aliança é mais um objetivo de uma "educação ecozóica transformadora" amplificada e integral.

Finalmente, uma área que está surgindo agora e que foi batizada de "educação global" merece atenção. Não estou falando de perspectivas globais que nos preparam para o mercado global e, sim, de perspectivas de educação global que implicam uma consciência planetária. As abordagens de educação global de que estou falando aqui são parecidíssimas com o que chamo de educação ecozóica transformadora, no sentido de aliarem uma educação holística a uma consciência planetária, ao mesmo tempo que mantêm uma perspectiva crítica. Há numerosos exemplos. Budd Hall e eu fizemos parte de um trabalho preliminar na área da educação de adultos procurando articular uma visão transformadora nesse campo da educação (Hall e O'Sullivan, 1995). Há também o trabalho inovador em educação global de David Selby (1995) e Graham Pike (Pike e Selby, 1988) na Inglaterra. O pioneirismo de Thomas Lyons (Lyons e O'Sullivan, 1992) na Federação dos Professores de Ontário é outro exemplo. Trabalhando com professores na província de Ontário, Lyons articulou uma visão educacional que leva em consideração uma ampla perspectiva cosmológica e a combina com uma visão integral da educação que inclui conceitos planetários globais, justiça social e sensibilidade para os direitos humanos, perspectivas de paz e preocupações ambientais.

Visão de mundo educacional. Eu gostaria de apresentar agora as linhas gerais de uma visão transformadora que vão ser articuladas em maior profundidade na última seção deste livro. Como já sugeri, por meio de referências históricas, a perda de uma visão cosmológica teve conseqüências profundas. Também há indícios de que a ausência de uma cosmologia funcional afetou seriamente a mentalidade ocidental em sua maneira de ver o mundo natural. Agora chegamos ao ponto em que é possível abrir uma discussão sobre um novo processo de encantamento ou de reencantamento. Tem havido movimentos contrários ao desencantamento do mundo que remontam a Newton. Vozes proféticas, desde o início, conseguiram perceber implicações de longo alcance no lado potencialmente negativo do mundo científico. William Blake, o poeta místico, foi uma das primeiras vozes a notar o lado negativo da Revolução Industrial. Blake foi muito perspicaz em sua crítica poética e dirigiu seu olhar crítico a Newton:

> Now I a fourfold vision see
> And a fourfold vision is given to me
> This fourfould in my supreme delight
> And threefold in soft Beaulah's night
> And twofold Always May God us keep
> From Single Vision & Newton's sleep!
>
> (William Blake in Schorer, 1946: 5)*

---

* Agora uma visão quádrupla eu tenho
Uma visão quádrupla me foi dada
Essa visão quádrupla é meu prazer supremo
E tripla numa noite suave de Beaulah
A visão dupla, que Deus a conserve sempre
E nos guarde da Visão Única & do sono de Newton!*

(Tradução livre)

No mundo blakeano, a visão única de Newton é o princípio de análise que fragmentou o mundo natural e deixou-o em pedaços. O sono sugere o caráter hipnótico que essa fragmentação teria sobre a percepção de seus contemporâneos, bem como sobre a posteridade. O poder desse tipo de crítica não foi páreo para a poderosa visão de mundo que Newton e Descartes criaram. Mesmo no século XIX, o movimento romântico chegou a fazer críticas arrasadoras em círculos literários. O que não diminuiu em nada o poder magnético da visão de mundo científico-industrial. Foi a devastadora crise ecológica que pôs em questão a integridade e desejabilidade de nossa ordem mundial científico-industrial. Quando falamos de um reencantamento do mundo natural, abrimo-nos para uma nova visão cosmológica de nosso mundo. Esse é um mundo em que podemos nos sentir em casa. David Griffin (1988a) apresenta várias condições para essa reorientação cosmológica: "As condições formais para essa cosmologia pós-moderna, em que nossa compreensão da humanidade e da natureza são integradas à prática em vista, incluem reinserir a humanidade e a vida como um todo na natureza e considerar as criaturas com que convivemos não somente como um meio, mas como fins em si mesmas" (D. Griffin, 1988a: 38).

O físico teórico David Bohm aprofunda nossa compreensão do significado de um reencantamento. Refletindo sobre as implicações cosmológicas da teoria da relatividade, ele conjetura:

> Falamos de um redemoinho, mas de um que não existe. Da mesma forma, podemos falar de uma partícula, mas de uma que não existe: partícula é o nome de uma certa forma no campo de movimento. Se você aproximar duas partículas, elas vão modificar-se gradualmente uma à outra e acabarão se transformando em uma só. Conseqüentemente, a abordagem refutou os pressupostos de fatores mecânicos distintos, separados, que constituem o universo. Ao fazer isso, criou uma visão que chamo de totalidade contínua ou totalidade em fluxo. Já foi chamada de totalidade sem emendas. O universo é uma totalidade contínua, sem emendas. (Bohm, 1988: 23-4)

Nosso dilema moderno é que não podemos reencantar o mundo com um cosmo pré-moderno. Uma cosmologia pré-moderna desapareceria diante dos avanços espantosos que fizemos na ciência moderna. Para Morris Berman, está claro que a nostalgia pelo passado não é a solução que devemos buscar:

> Não podemos voltar à alquimia ou ao animismo — pelo menos, isso não parece provável, mas a alternativa é o mundo soturno, científico, totalmente controlado dos reatores nucleares, dos microprocessadores e da engenharia genética — um mundo em que praticamente já estamos. Algum tipo de consciência holística ou participativa e uma formação sociopolítica correspondente têm de surgir se quisermos sobreviver como espécie. (Berman, 1981: 23)

Esse desejo de um hiato criativo é visto em todas as áreas das ciências físicas e sociais. David Bohm faz um apelo por mudança que nos soa familiar, comentando que toda nossa ordem mundial já está se dissolvendo há mais de um século. Sua sugestão é criar caminhos além do temperamento moderno:

> Sugiro que, se quisermos sobreviver de uma forma que faça sentido diante da desintegração da ordem mundial presente, é necessário um movimento verdadeiramente criativo que nos leve para um novo tipo de totalidade, um movimento que, em última instância, dê crédito a uma nova ordem, assim como a ordem moderna fez com a ordem medieval. Não podemos voltar à ordem pré-moderna. Um mundo pós-moderno tem de nascer antes que o mundo moderno destrua-se tão completamente que pouco possa ser feito durante muito, muito tempo. (Bohm, 1988: 23-4)

Já enfatizei que estamos, no momento presente, num período de transição em que é preciso haver uma cosmologia funcional. A dificuldade é que o termo "cosmologia" é tão exclusivamente físico, no sentido comum que lhe é dado, que não sugere, de forma transparente, a realidade integral do universo. Pela mesma razão, o termo "geologia" não mostra a realidade integral da Terra, mas apenas seus aspectos físicos. Agora não temos uma terminologia adequada para pensar seriamente na Terra. É nossa tarefa, agora, oferecer ao leitor o projeto de uma nova visão cosmológica. Ao sugerir uma alternativa, é preciso perguntar: "Quais serão as características educacionais da visão ecozóica transformadora?". Aqui, também, sigo as convenções que adotei nas seções anteriores.

Voltar-se para a comunidade e para o mundo natural. Tanto a sabedoria tradicional quanto uma nova forma de conhecimento derivada das ciências ecológicas sugerem uma visão radicalmente diferente da comunidade terrestre. Na década passada, novamente se despertou o interesse pelas visões de mundo dos povos nativos das Américas, que têm uma cosmologia muito diferente da perspectiva científica e tradicional do Ocidente. Se eliminarmos a romantização das culturas nativas (o que também parece fazer parte do interesse atual pelo modo de vida dos indígenas), há muito a aprender a respeito da forma adequada de nos voltarmos para a comunidade terrestre com as sabedorias dos povos nativos das Américas (Sioui, 1992). Digo "sabedorias" porque há uma tendência de juntar as culturas nativas num aglomerado indistinto, ao mesmo tempo que se ignora a incrível variedade e esplendor das diferenças que vemos na presença multiforme dos povos nativos desse continente (Burger, 1990). Uma característica comum, que se manifesta apesar de todas essas diferenças, é uma compreensão de que a Terra não é um recurso inerte para o consumo humano e, sim, uma comunidade sagrada e uma rede de vida extremamente complexa. Outra característica que parece presente é a intimidade profunda com os processos naturais do planeta. Uma terceira característica, embora não seja universal, é tratar a Terra como uma entidade nutridora, em que a Terra é vista como Mãe. Finalmente, há uma consciência mística do lugar dos seres humanos e dos outros seres vivos.

Deixando de lado as visões de mundo dos povos indígenas tradicionais, também podemos notar uma amplificação de nosso senso comunitário como resultado de avanços recentes das viagens espaciais. No Prefácio para um livro que tem belas ilustrações, intitulado *The Home Planet* [O planeta natal], o astronauta Russell Schweickart faz a seguinte observação sobre o efeito profundo que sua viagem ao espaço teve sobre sua percepção do planeta Terra:

> Para mim, ter passado dez dias sem peso, orbitando em torno de nosso belo planeta natal, fascinado pelos 27 quilômetros do espetáculo apre-

sentado a cada hora, a experiência avassaladora foi a de uma nova relação. Não foi algo intelectual. O saber que tinha ao voltar para a superfície da Terra era virtualmente o mesmo que levei comigo ao partir para o espaço. Sim, realizei experimentos científicos que acrescentaram novas informações à compreensão que temos da Terra e do espaço próximo no qual ela orbita, mas só cheguei a tomar conhecimento das extensões específicas de detalhes técnicos quando os dados que ajudei a coletar foram analisados e, com esse material, foi feito um relatório. O que não precisou de análise, de nenhum exame microscópico, de nenhum processamento laborioso, foi a beleza avassaladora [...] o contraste gritante entre o lar de cores vivíssimas e o infinito absolutamente negro [...] a relação pessoal inevitável e assombrosa, percebida de súbito, com toda a vida neste planeta [...]. Terra, nosso lar. (Kelley, 1988: Prefácio)

Peço ao leitor, a esta altura, que me permita uma digressão que tem, assim espero, importância didática. Quando era criança, tive o privilégio incrível de acompanhar meu pai à Irlanda, à sua terra natal no condado de Cork, para passar três meses numa fazenda sem eletricidade, sem esgoto e sem água encanada. Era a casa onde ele tinha nascido, que dava vista para um lago de água salgada com um castelo abandonado numa ilhota que havia no meio. O lago desembocava em corredeiras que desaguavam no oceano Atlântico. A experiência foi de tal importância para mim que, quando voltei lá com minha mulher uns dezoito anos depois, eu me lembrava perfeitamente de todos os detalhes do lugar. Para mim, o que vivi tinha se enraizado na beleza crua do mundo natural e de sua presença numinosa. Todos os meus sentidos, naquele momento, pareciam intensificados. Voltei muitas vezes às lembranças desse período de minha vida quando estava crescendo. Era um lugar muito especial; para mim, um lugar encantado, sagrado. Na meia-idade, agora estou começando a descobrir que essa Terra que chamo de lar é um lugar sagrado.

Na verdade, o símbolo da Terra torna-se um símbolo sagrado para mim e para muitos outros. Apesar disso, é irônico que a perspectiva da Terra como "nosso planeta natal" surja nos complexos militares-industriais dos Estados Unidos e da antiga União Soviética. A Terra, vista do espaço, levou os astronautas muito além do provincianismo de sua consciência de Estado-nação.

Há uma claridade, um brilho no espaço, que simplesmente não existe na Terra, mesmo num dia de verão sem nuvens nas Montanhas Rochosas; em parte alguma percebe-se tão plenamente a majestade de nossa Terra, nem fica-se tão impressionado com a idéia de ser o único dentre milhares incontáveis de planetas. (Gus Grisson, EUA; citado em Kelly, 1988: 18)
O que mais me impressionou foi o silêncio. Era um grande silêncio, diferente de qualquer coisa com que eu tenha me deparado na Terra, tão vasto e profundo que comecei a ouvir meu próprio corpo; meu coração batendo, as artérias e veias pulsando, até o farfalhar de meus músculos movendo-se uns sobre os outros parecia audível. Havia mais estrelas no céu do que eu esperava. O céu era de um negro profundo e, ao mesmo tempo, brilhante com a luz do Sol. A Terra era pequena, azul-claro, e tão comoventemente sozinha... O nosso lar que deve ser defendido como uma relíquia santa. (Aleksei Leonov, URSS; citado em Kelly, 1988: 24-5).

Refletindo sobre a viagem dos astronautas ao espaço sideral, James Lovelock (1988) introduziu na comunidade científica uma nova compreensão da Terra com sua formulação da "hipótese Gaia". Não vou entrar em detalhes técnicos aqui, mas a hipótese afirma que, em sua totalidade, a própria Terra é uma entidade viva. Como observa Lovelock nessa hipótese, agora entendemos que o ar, o oceano e o solo são muito mais que um simples meio ambiente para a vida: fazem parte da própria vida. Ele acredita que o ar está para a vida como o pêlo para o gato ou o ninho para a ave. Lovelock afirma que não há nada de estranho na idéia de a vida sobre a Terra interagir com o ar, o mar e as rochas. Chegou à idéia inicial da hipótese Gaia quando teve um vislumbre da Terra no espaço sideral. Lovelock sentiu que a Terra, com todas as suas interações e transformações, constituía um único sistema vivo gigantesco com a capacidade de manter-se no estado mais favorável possível para a vida contida nela. É nesse contexto mais amplo que começamos a entender que a Terra é um lugar muito especial. É, de maneira muito particular, única em nosso universo. Quanto mais exploramos a vastidão do universo, tanto mais passamos a reconhecer a beleza incrível e excepcional de nosso planeta. Talvez não haja nenhum outro que tenha borboletas azuis, música sinfônica, flores. Nosso planeta nos convida a uma nova compreensão de nós mesmos e de nosso lugar aqui e no cosmo. Louise Young, em seus belos ensaios sobre *The Blue Planet* [O planeta azul], diz que ainda estamos longe de saber a verdade sobre nosso lar espacial, mas que progredimos lentamente em direção a percepções mais profundas:

> Há menos de um século, acreditava-se que a Terra era a própria encarnação da estabilidade, o pano de fundo imutável contra o qual o drama do movimento, do crescimento e da vida era representado. Os homens falavam confiantemente na "sólida Terra" e nas "montanhas eternas". Agora sabemos que nada é estático — não a Terra, em si, nem nenhuma parte dela. Se pudéssemos assistir a um filme do tempo com a história do planeta, veríamos um drama impressionante de mudança e de desenvolvimento: montanhas sendo criadas e destruídas, o fundo do mar projetado como cordilheiras oceânicas e consumido de novo nas valas, desfiladeiros sendo escavados por rios turbulentos, novos continentes separados dos antigos e soltos ao sabor das correntes para vagar pelo planeta. Essas informações causaram uma revolução em nosso entendimento da Terra, e essa revolução ainda está em curso. Aqueles de nós que conhecem o planeta no qual vivemos devem olhar para ele de novo com olhos inocentes como os de uma criança. (Young, 1983: 5)

Estamos começando a entender que vivemos num período da história da Terra incrivelmente turbulento e numa época em que há processos violentos de mudança que nos desafiam em todos os níveis imagináveis. O *pathos* da vida humana, hoje, é que os seres humanos estão completamente envolvidos nessa transformação incrível e têm uma responsabilidade enorme pela direção que ela vai tomar. O terror, aqui, é que temos em nosso poder extinguir a vida neste planeta. Por causa da magnitude dessa responsabilidade, todos os nossos esforços educacionais devem, finalmente, ser julgados dentro dessa ordem de magnitude. Esse é o desafio de todas as áreas da educação. Para a educação, perceber isso é fundamental. O que quero dizer com "fundamental" aqui? Para mim, o fundamental é que toda atividade educacional tem de ter em mente a magnitude de nosso momento presente ao estabelecer as suas prioridades. Isso requer um tipo de atenção para nossa situação planetária atual que não leva à inatividade nem à negação. Apresenta desafios sérios para os educadores em áreas até agora inimagináveis. A educação no contexto da "transformação global" sempre mantém as preocupações com o planeta em primeiro plano.

Essa ampliação da perspectiva deu-nos uma nova percepção do planeta que habitamos, e um dos símbolos mais profundos de nosso tempo é o símbolo do planeta Terra visto do espaço. Joseph Campbell sugere que esse símbolo da Terra aumenta nosso senso de comunidade: "Quando se vê a Terra da Lua, não se vê divisões entre nações ou Estados. Esse pode ser o símbolo da nova mitologia que surgirá. Esse é o país que vamos celebrar. E aquelas são as pessoas com quem formamos uma totalidade". (Campbell, 1988: 32)

Finalmente, avanços recentes nas ciências ecológicas também nos deram maior percepção da comunidade dos seres vivos da Terra. Em vez de pensar no mundo como uma série de partes de um todo, como em um relógio, agora temos consciência cada vez maior de que os seres humanos não são componentes isolados de uma Terra inerte. Somos criaturas inseridas na "teia da vida". Essa consciência ajuda-nos a enxergar a espécie humana e a comunidade humana num contexto biótico mais amplo. Somos uma espécie dentre outras, não uma espécie acima das outras. Nossa visão hierárquica ocidental do ser humano acima das outras espécies e acima do próprio mundo natural está sendo questionada de maneira fundamental. Bill Devall e George Sessions (1985) vêm o surgimento de uma perspectiva da ecologia profunda como uma forma de criar um novo equilíbrio e uma nova harmonia entre os indivíduos, as comunidades e todos os seres da natureza. Eu diria que uma visão ecozóica tem de ter como premissa fundamental esse senso ampliado de comunidade e de relação integrada que os seres humanos precisam ter com ela. A criação dessa consciência deve ser uma das diretrizes educacionais mais importantes da última década do século XX.

Visão do tempo. Em minha discussão das visões conservadora e progressista tecnozóica, coloquei tempo e espaço em categorias distintas. Em nome da simetria, vou continuar com essa distinção. Apesar disso, é preciso dizer que, com algumas das revelações atuais da ciência, é mais apropriado falar numa dimensão chamada espaço-tempo.

Swimme e Berry esclarecem a idéia de um contexto "de desenvolvimento temporal" da seguinte maneira:

> Durante os últimos séculos, tomamos consciência de que o universo formou-se através de uma seqüência irreversível de transformações que, no maior arco de seu movimento, possibilitou que passasse de um grau menor de complexidade para outro mais amplo em sua estrutura e funcionamento, bem como para uma variedade e intensidade maiores em suas formas de expressão consciente, algo que pode ser observado no planeta Terra. Podemos nos referir a essa seqüência de transformações como um processo de desenvolvimento temporal. (Swimme e Berry, 1992: 223)

Visão do espaço como surgimento do espaço-tempo. O universo é uma unidade que constitui uma totalidade dinâmica que não pode ser explicada somente por suas partes constituintes. Quando falo em unidade, estou falando de uma forma pela qual é possível compreender o universo que é a seguinte: em todas as ações, ele opera como um todo sem emendas, com uma coerência que mantém todas as coisas como uma totalidade integrada. Isso significa que as várias atividades do universo, são interdependentes e, por isso, não podem ser consideradas à parte umas das outras. O universo age de maneira integrada. O estudo sistemático do universo enquanto totalidade requer uma perspectiva cosmológica de natureza interdisciplinar. Nossa discussão do modernismo concluiu que há um verdadeiro eclipse do pensamento cosmológico no interior dessa visão de mundo. Stephen Toulmin (1985), em seu exame da visão cosmológica, afirma que as ciências naturais passaram por uma fragmentação sistemática e, por isso, não cabe mais a nenhuma disciplina pensar sobre "o Todo". Conclui-se, daí, que, ao discutir o universo como totalidade ou *todo*, voltamo-nos para uma visão cosmológica mais integrada.

Afirmo ao leitor que, em todos os níveis de análise ou de integração do universo, percebe-se a *interação* de uma comunidade de seres *geneticamente* relacionados, vinculados entre si numa conexão inseparável no *espaço e no tempo*. Portanto, estamos falando de um universo que evolui simultaneamente no espaço e no tempo. O universo, nas palavras do físico David Bohm, age como um todo sem emendas. Quando falamos de um universo de desenvolvimento temporal, corroboramos a idéia de que o universo é uma comunidade que interage e que está geneticamente relacionada, ligado numa conexão impossível de desfazer (Bohm e Peat, 1987). O universo age de formas inteligíveis em todos os níveis de interação. Quando falamos do surgimento do universo a partir da bola de fogo primeva, não nos referimos a um surgimento aleatório. Em todos os níveis de interatividade parece haver um ordenamento criativo. Universo é o nome desse ordenamento criativo. Podemos dizer, então, que o Sol, a Terra e os planetas são inter-relações, porque o universo as mantêm. O mesmo pode ser dito a respeito de nossa Via Láctea em relação a todas as outras galáxias conhecidas. Aqui também dizemos que o universo faz isso como um fato de sua atividade primordial irredutível. O universo confirma a idéia de que tudo existe e só pode ser compreendido no contexto das relações. Nada existe isoladamente (Swimme e Berry, 1992).

Quando digo que o universo age como uma unidade no espaço e no tempo, estou falando de um universo que não só está simultaneamente presente para si, mas também que está presente para si ao longo do tempo. Estamos falando de um universo de desenvolvimento temporal. Carl Sagan, em seu livro *Cosmos* (1980), diz que os seres humanos são o produto de estrelas extintas. Somos um dos muitos resultados da evolução do universo. Assim, a energia primordial da bola de fogo é a energia de toda a vida; aquela mesma energia da bola de fogo atua na evolução atual do universo. Nosso universo, bem como nós mesmos, é uma entidade de desenvolvimento temporal. Nosso planeta atual é o resultado da evolução das estrelas. Sabemos que esse processo aconteceu, mas não sabemos exatamente como. Também podemos dizer que a mesma energia que evoluiu até se transformar em estrelas, com o passar do tempo, passou a usar uma face humana (Swimme e Berry, 1992).

O que, então, queremos dizer ao afirmar que o universo é uma comunidade de seres que *interagem* e que estão *geneticamente* relacionados entre si? Quando dizemos que o universo é uma *comunidade que interage*, comprovamos a realidade de que o universo é uma realidade integral e que todos os seus elementos estão mutuamente presentes uns para os outros no espaço e no tempo. Quando dizemos que há uma presença mútua em relação a todas as outras partes, referimo-nos a uma mutualidade de ação (interação). Essa presença mútua de cada elemento em relação a todos os outros pode ser no presente (isto é, simultaneamente ou espacialmente) ou pode ser uma presença mútua, que se revela com o passar do tempo. A idéia de um desdobramento temporal introduz nesse quadro uma presença mútua de dimensão evolutiva, que revela uma seqüência genética irreversível no tempo. Esse processo genético também testemunha a inter-relação integral do universo. Swimme e Berry (1992) entendem a história do universo como uma história integral, não apenas como uma série de ocorrências ao longo do tempo. Observam que, no olho humano, estão presentes as partículas elementares que estabilizaram a bola de fogo; estão as criações elementares da supernova; está a arquitetura molecular dos primeiros organismos. Assim, quando abrimos os olhos e captamos a luz, utilizamos um procedimento quase idêntico àquele inventado pelas plantas para captar a luz do Sol. As moléculas de nossos olhos agem de maneira similar à das moléculas das folhas das plantas, porque nossa estrutura molecular deriva das delas. Afirmam que todos os atos passados de inteligência estão empilhados em nossa realidade presente. Nesse sentido, poderíamos dizer que a Terra constitui uma unidade integrada, em que cada ser que nela habita está envolvido na existência e no funcionamento de todos os outros seres do planeta. Agora compreendemos o planeta como uma unidade auto-reguladora, em que existe uma "teia da vida" que só pode ser entendida como uma totalidade. Há um mistério incrivelmente intrincado que liga tudo a tudo no planeta. Como seres humanos, somos influenciados pelos organismos mais diminutos presentes na Terra desde os primórdios do planeta. Simultaneamente, exercemos profundo impacto sobre todos os outros seres da Terra. A unidade intrincada de todos os processos vitais do planeta é descrita por Elisabet Sahtouris como uma dança:

> A palavra "evolução", quando usada em referência à dança humana, significa a ordenação cambiante dos passos em qualquer dança em particular. Assim, uma dança evolui quando a ordenação de seus passos a transforma em outra, à medida que é executada. Exatamente nesse sen-

tido, a evolução da dança de Gaia — a vida na Terra — está mudando o ordenamento de seus passos na auto-organização interligada das criaturas e de seus *hábitats* ao longo do tempo [...]. Isso, então, é a dança de Gaia — a improvisação e elaboração infinita de passos elegantemente simples do ser assombrosamente belo e complexo, do qual somos a expressão mais recente. (Sahtouris, 1989: 74)

Assim, a unidade de todos os seres do planeta não existe só no presente, mas também no tempo evolutivo. Enquanto espécie dessa Terra, não somos a dança, e sim uma parte da misteriosa dança da vida como um todo.

Metáfora básica. Essa dança leva-nos a considerar a metáfora básica da visão ecozóica que estou prestes a desenvolver. A metáfora é aquilo a que os círculos ecológicos referem-se freqüentemente como "a teia da vida" ou "círculo da vida", nos termos das tradições nativas. Aqui, nós, seres humanos, não somos vistos à parte do mundo natural, como na "visão mecanicista" (a visão tecnozóica progressista), nem no topo de uma hierarquia evolutiva, como quando o corpo humano é usado para indicar a proeminência humana, tendo o ser humano como a cabeça e o cérebro da hierarquia evolutiva (a visão conservadora). A "teia da vida" é uma metáfora integral, em que os processos vitais são vistos como um todo sem emendas. Na teia, temos uma consciência profundamente arraigada da relação simbiótica entre todos os seres vivos, em que os humanos desempenham um papel integral, mas não diferente dos outros em termos de importância evolutiva. As culturas nativas usaram um termo semelhante a "teia": o "círculo da vida". A importância do círculo é que todos os seres existem dentro dele e nenhum, em particular, tem proeminência. Dentro do "círculo da vida", há uma visão de que a vida deve ser compreendida em ciclos. Os ciclos existem mais no tempo sagrado que no secular, que mistura o presente com o passado e o futuro. Por exemplo: a busca de visão e os sonhos são, para os povos nativos, viagens de ida e volta entre o passado e o futuro.

Visão do conflito. É difícil ignorar aspectos de violência em todos os níveis do universo tal como o conhecemos. Os termos básicos da cosmologia, da geologia, da biologia, da antropologia, da sociologia e da psicologia têm uma carga pesada de tensão e de violência. Nem o universo, como um todo, nem nenhuma parte específica do universo é particularmente pacífica (Berry, 1988).

A vida surge e avança mediante a luta das espécies por uma expressão completa da vida. Os seres humanos abriram caminho em meio aos rigores do mundo natural e a ele impuseram sua violência. Os seres humanos têm vivido um conflito interminável entre si. Um enorme esforço psíquico é necessário para articular a maneira de ser dos seres humanos, em toda a plenitude de suas dimensões imaginativas, emocionais e intelectuais, esforço que nasce do dramático confronto de forças que dão forma ao universo e é a sua expressão. Thomas Berry (1988) observa que o confronto pode levar às "lágrimas das coisas", tal como descritas por Virgílio, mas é difícil ignorar a função criativa.

Com o advento do ser humano, uma nova violência alastrou-se pelo planeta (T. Berry, 1988). Mas, se em eras anteriores a violência do mundo natural, na esfera mais ampla de seu desenvolvimento, podia ser considerada benigna, a violência associada à presença humana no planeta continua ambivalente em termos de suas conseqüências últimas. A criatividade está associada a um desequilíbrio, a uma tensão de forças, seja no contexto físico e biológico, seja no contexto da consciência. Se essas tensões resultam, freqüentemente, em momentos destrutivos do processo planetário, esses momentos acabaram sendo transformados em um contexto criativo qualquer. Mas, à medida que o poder humano sobre o processo total aumentou e a espontaneidade da natureza foi reprimida ou eliminada, o funcionamento apropriado do planeta tornou-se cada vez mais dependente da sabedoria e das decisões humanas. A dependência começou com a intrusão humana no funcionamento natural da Terra, isto é, com a agricultura e o controle da água por meio da irrigação. Desde então, uma mentalidade de conquista passou a ser gerada como extensão do processo civilizatório. A conquista da Terra e de seu *modus operandi* estendeu-se para a conquista dos povos e de suas terras. O secionamento da Terra e de seus habitantes humanos é o tema dominante da história do planeta durante esses muitos anos, e até agora mais de 160 Estados-nação estabeleceram sua identidade.

Os interesses militares e industriais dos Estados-nação modernos agora manipulam um poder de destruição que mudou todas as fases da existência terrestre. Temos de compreender que, pela primeira vez, estamos diante do fato de que o planeta tornou-se capaz de autodestruição em muitos de seus grandes sistemas vitais por meio da atividade humana ou que, pelo menos, tornou-se capaz de causar uma alteração violenta e irreversível em sua constituição química e biológica como nunca aconteceu desde a formação original da Terra. Assim, enquanto refletimos sobre o tumulto do universo em seu processo de nascimento, também precisamos compreender o esplendor que encontra expressão em meio a essa seqüência de eventos catastróficos, esplendor que criou o contexto da era humana. Esse período da era humana que, em sua forma moderna, começou talvez há 60 mil anos, depois de cerca de 2 milhões de anos de tipos humanos de transição, coincide, aproximadamente, com o último avanço e recessão glacial. Com o advento dos seres humanos, uma nova violência alastrou-se sobre o planeta. Com a percepção humana, o terror toma consciência de si mesmo. Com a convicção de que o mundo pode ser moldado de tal forma que uma pessoa ou um grupo é capaz de, finalmente, ser protegido da violência (T. Berry, 1988), os seres humanos criam uma violência enorme e monstruosa sem os valores da redenção — violência sem criatividade, destruição sem integração. Agora estamos bem conscientes de que "sempre que a criatividade é impedida, o resultado final não é apenas a ausência de criatividade, e sim a presença indubitavelmente real da destrutividade" (T. Berry, 1988: 218). Lutamos com essas forças no momento presente e vemos nesse hiato criativo a antiga tensão entre o caos e a ordem (Briggs e Peat, 1989). Nossa resposta tem de ser, simultaneamente, criativa e definitiva. Nunca percorremos esse caminho antes e não estaremos aqui novamente nesse momento criativo. Esse é o contexto de desenvolvimento temporal do conflito e da criatividade.

Tendências educacionais contemporâneas. Nunca percorremos esse caminho antes e, por isso, será o objetivo do restante deste livro apresentar um projeto positivo para uma "educação ecozóica". Apesar disso, uma visão ecozóica pode sugerir algumas tendências da prática educacional recente que vão dar uma idéia das novas direções a serem tomadas. Meus colegas do Centro de Ensino Transformador do Instituto de Estudos sobre Educação de Ontário (IEEO), da Universidade de Toronto, realizam um trabalho pioneiro no sentido de forjar essa visão na área da educação adulta (Clover, Follen e Hall, 1998). A visão educacional sugerida aqui aponta para uma educação profundamente holística e integrada, que vai além do atomismo mecanicista. Um mapa mecanicista do universo não nos ajuda mais a compreender como o mundo funciona. Por mais que o compartimentalizemos, tendo em vista objetivos práticos, tudo, em última instância, está interligado a uma teia multidimensional de múltiplas camadas de interação e de significado (Pike e Selby, 1988). Em seus fundamentos, podemos falar de educação do universo, uma educação que se identifica com o universo que surge em sua variedade de manifestações desde o começo até hoje. Nesse contexto amplo, nossa concepção de saber é sintética e holística. Em contraste com o princípio mecanicista de análise que postula o todo como soma de suas partes, um holismo sintético sugere que o todo é um paradigma educacional holístico e afirma que todas as coisas são parte de uma unidade ou de um todo indivisível (Miller, 1996). Além disso, essa perspectiva holística é, por natureza, de desenvolvimento temporal. Vemos no holismo que os eventos são considerados de forma dinâmica e sistematicamente conectados no tempo e no espaço. Desse modo, um paradigma holístico é uma visão que considera que todos os eventos podem ser encarados de um ponto de vista evolutivo. É isso o que queremos dizer ao afirmar que agimos num universo de desenvolvimento temporal. Também é uma perspectiva que não considera que o saber possa existir à parte do mundo físico. O pensamento faz parte do mundo natural, pois a vida humana está incrustada na natureza. Poderíamos dizer que o pensamento humano é a forma da natureza refletir sobre si mesma. Assim, de acordo com nossa perspectiva, a educação holística inclui a *educação da Terra*. Por *educação da Terra* não queremos dizer educação sobre a Terra, e sim a Terra como a comunidade auto-educadora imediata dos seres vivos e inertes que a constituem. Com algumas dessas distinções em mente, passaremos a considerar as sensibilidades que precisam ser desenvolvidas num quadro de referências integral e holístico.

Capítulo 3

Modernismo: o eclipse da cosmologia e a perda da visão do todo

Introdução

É difícil para a mente moderna ocidental entender que, no quadro mais amplo da raça humana, ocupa, de fato, uma posição secundária. Em seu estudo perspicaz das religiões do mundo, Huston Smith (1992) concluiu que as pessoas precisam acreditar que a verdade que percebem está enraizada nas profundezas imutáveis do universo. No entanto, quando olhamos para nossas sínteses culturais, imediatamente percebemos que perdemos essa visão cosmológica e, nas palavras de Stephen Toulmin (1985), "houve uma perda da visão do todo". Em nosso ponto de vista moderno, com sua ausência de um modelo de mundo enraizado no universo, entendemos a confusão do pós-moderno à qual já nos referimos no Capítulo 1. Mesmo nessa época de confusão, a ciência moderna, bem como a imaginação popular, tem necessidade de ir além das limitações de nossa visão de mundo moderna. A maioria de nós que vive na cidade fica impressionada com a vastidão do céu que se apresenta ante nossos olhos quando temos a oportunidade de estar no campo ou numa área virgem. Nosso assombro natural diante do cosmo não é apenas bloqueado por estímulos externos, como a iluminação da cidade; parece que, também, criamos barreiras internas para ver o universo como um todo. Um dos objetivos deste capítulo é reavaliar criticamente as forças do modernismo e mostrar como elas contribuem para nossos problemas atuais. Esse objetivo pressupõe interesse por "questões cosmológicas". A cosmologia, em seu sentido mais amplo, é um ramo da filosofia que estuda a origem e a estrutura do universo. O primeiro objetivo é mostrar como o temperamento da "era cenozóica" levou a um verdadeiro eclipse ou ocultamento das visões de mundo que situam as questões cosmológicas no centro das reflexões sobre o universo; aquilo que o teólogo Huston Smith (1992) chama de "tradições primordiais". Vamos tentar mostrar, aqui, que um dos resultados do florescimento do "período cenozóico terminal" foi o afastamento das questões que chamaríamos de cosmológicas. Essa perda da "visão cosmológica" pode ser explorada de várias maneiras: primeiro, com a discussão do papel da cosmologia em épocas pré-modernas; depois, com a discussão das razões do declínio no interesse por questões cosmológicas no apogeu do período cenozóico; finalmente, examinando as instituições educacionais e avaliando seu papel na perda da perspectiva cosmológica. Antes de fazer isso, vamos considerar primeiro o termo "cosmológico".

O filósofo Stephen Toulmin, em *The Return of Cosmology* [A volta da cosmologia] (1985), oferece um ponto de partida apropriado para nossa discussão do termo "cosmologia". Observa que a reflexão sobre o mundo natural parece ser uma atitude natural por parte dos seres humanos de todos os tempos e lugares, e parece haver grande ambição de compreender e de falar sobre o universo como um todo. Toulmin também observa que, em termos práticos, esse desejo de uma visão do todo reflete a necessidade de definir nossa posição no mundo em que nascemos, de compreender nosso lugar no plano geral e de sentir que este é o nosso lar.

Ao examinar a etimologia das palavras, é interessante notar como certos conceitos cruciais deste livro se inter-relacionam. A etimologia da palavra "ecologia" refere-se ao estudo do "lar". Assim, nossas tentativas de situar-nos como seres humanos na matriz da Terra e, depois, no universo é, em essência, um exercício de cosmologia. Essa percepção da totalidade é vista na própria divisão da palavra universo (uni-verso), ou "uma história". Historicamente, a palavra "universidade" indicava uma instituição para onde a pessoa ia a fim de descobrir seu lugar no universo (Fox, 1988). Esta, certamente, não é a universidade que eu conheço. Na universidade moderna, o termo cosmologia parece, a maior parte do tempo, misterioso ou obscuro. Na filosofia contemporânea do século XX, o estudo da cosmologia, apesar de todas as boas intenções e propósitos, está ausente. Mesmo assim, o termo foi muito importante na história da filosofia no passado e certamente o será no futuro por causa do desenvolvimento da ciência pós-moderna (Berman, 1981; D. Griffin, 1988a; 1988b; 1990; Huston Smith, 1992; Toulmin, 1985).

Para nossos objetivos, aqui, a cosmologia será considerada aquele ramo da filosofia que estuda a origem e a estrutura do universo. No discurso filosófico, a cosmologia é contraposta à metafísica, o estudo das características mais gerais da realidade, e à filosofia da natureza, que investiga leis, processos e divisões básicos dos objetos da natureza. É claro que não se trata de categorias mutuamente exclusivas e, sim, de pontos de vista diferentes. Mas nossa discussão aqui vai ser mais de natureza histórica, pois a história oferece um pano de fundo sobre o qual discutir nossos problemas planetários atuais.

Cosmologias pré-modernas

O primeiro indício histórico de sistemas cosmológicos documentados encontra-se nas culturas da Babilônia e do Egito, muitos séculos antes do nascimento de Cristo. Os babilônicos são, até hoje, os inventores originais do calendário. O estudo do Sol, da Lua e das estrelas era feito com objetivos muito práticos. A invenção do primeiro calendário pretendia auxiliar a prática da agricultura. A astronomia, tal como a conhecemos hoje, tem suas origens humildes nas atividades da caça e da agricultura. A pesquisa histórica desse período revela que a cosmologia era um esforço para compreender os movimentos dos corpos celestes tendo em vista a sobrevivência. Em suas primeiras formas, a cosmologia foi um esforço de criar estratégias de sobrevivência. Assim, era importante saber em que horas do dia era possível capturar uma presa. Esse saber podia significar a diferença entre vida e morte para o caçador e a caça. Por todas essas razões, os seres humanos foram levados a observar cuidadosamente os ciclos alternantes de dia e noite, adquirindo, assim, o primeiro conceito rudimentar do cosmo em ação (Rosen, 1973).

Assim, o mais antigo interesse pela cosmologia de que temos notícia teve várias características distintas. A primeira, a que aludimos acima, era o objetivo prático da sobrevivência nas culturas pré-modernas. A segunda era uma impressão de que a natureza era "encantada" e viva. Essa característica é designada, muitas vezes, como animismo. Em algumas culturas pré-modernas, o Sol era considerado uma divindade personificada. Em todas as sociedades pré-modernas havia um culto substancial à natureza. Nossa interpretação moderna é encarar isso como um tipo de forma primitiva na evolução da religião.

Quando avaliamos a cultura posterior da Grécia antiga, é surpreendente notar que, apesar de todas as proezas magníficas dessa cultura, ela não fez nenhum avanço significativo em relação à cultura mais antiga da Babilônia. A principal contribuição da cultura grega não foi no reino empírico da cosmologia. Platão diz, em A República, que se poderia prescindir dos corpos celestes para obter uma compreensão real da astronomia. Embora a influência de Platão tenha sido perniciosa para uma base empírica da cosmologia, ele via as considerações cosmológicas como fundamentais para seu sistema filosófico. A contribuição da cultura grega foi uma ênfase filosófica nas questões cosmológicas. Mais importante que isso é que, provavelmente, sua maior contribuição foi estabelecer as teses de que a ordem que vemos no comportamento humano deriva de uma ordem fundamental do universo. Assim, em Aristóteles, a ciência da ética é possível pelo pressuposto de que existe um universo que tem ordem (isto é, cosmo). O argumento de Aristóteles depende de um universo mantido por uma natureza ordenada.

O grande momento seguinte das cosmologias pré-modernas ocorre na era medieval cristã. No mundo medieval, vemos uma continuação do encantamento da natureza e do universo. Na cristandade medieval, encontramos a criação da angelologia. O universo não é mais divino, mas existem criaturas espirituais no céu (anjos) que se tornam parte das esferas celestes. Aqui, a angelologia está aliada a preocupações cosmológicas. A contribuição mais importante para a cosmologia teórica é a noção dos epiciclos de Ptolomeu. Segundo a concepção ptolomaica, a Terra é o centro do universo. A relação do sistema de Ptolomeu com algumas correntes religiosas da época mostra a grande influência que a Igreja teve sobre as considerações cosmológicas. A angelologia e a cosmologia estavam inextricavelmente interligadas na visão de mundo medieval (Rosen, 1973). Acreditava-se que todos os corpos cósmicos eram impelidos em seu curso por um anjo. Nos tempos medievais, o anjo cristão substituiu a alma pagã que Platão e seus descendentes entendiam como a força propulsora dos corpos cósmicos. Em contraste, o primeiro motor ou a primeira causa de Aristóteles foi incorporado e não podia mover-se a não ser quando funcionava como catalisador que imprimia movimento a todos os corpos cósmicos. A posição de Ptolomeu era a de que nenhum corpo celeste recebia, de fora, a capacidade de mover-se; tinham dentro de si um energia vital própria que os impelia. Assim, todo planeta era a fonte de seu próprio movimento, voando pelo espaço com seu próprio ritmo e velocidade.

Nossa discussão das cosmologias pré-modernas não é nada apropriada historicamente (para uma exposição completa das cosmologias pré-modernas, ver Rosen [1973]). Meu tratamento é esquemático porque não é meu objetivo, aqui, ser exaustivo em termos históricos, e sim apontar certas características das cosmologias pré-modernas perdidas com o advento da visão de mundo científica do Ocidente. Embora as cosmologias pré-modernas sejam muito diferentes em termos de conteúdo e de forma, parece haver alguns traços essenciais que as distinguem da visão moderna. Primeiro, tendem a estar intimamente ligadas aos interesses práticos das primeiras culturas, como no caso da agricultura do império babilônico. Segundo, as cosmologias dos primeiros tempos eram parte de sistemas centrais de significados dessas culturas. Por exemplo: os grandes sistemas filosóficos dos gregos, como no caso de Platão e de Aristóteles, situavam os interesses cosmológicos no âmago de seus sistemas filosóficos. Assim, em contraste com sistemas filosóficos modernos, a cosmologia é uma pedra fundamental da filosofia pré-moderna, de Platão a São Tomás de Aquino. Terceiro, para bem e para mal, os sistemas cosmológicos pré-modernos estavam inextricavelmente envolvidos com os sistemas religiosos de sua época. Finalmente, nas cosmologias pré-modernas, a natureza era encantada. Para os povos pré-modernos, a natureza e o cosmo eram considerados assombrosos e numinosos. Havia, ao mesmo tempo, temor e respeito pelo mundo natural que podiam ser imediatamente detectados em seus diversos sistemas cosmológicos. Junto com o encantamento, havia uma sensação de "fazer parte" do mundo natural. Morris Berman dá uma idéia muito boa do significado do encantamento no mundo pré-moderno:

> A visão da natureza que predominou no Ocidente até as vésperas da Revolução Científica foi a de um mundo encantado. Rochas, árvores, rios e nuvens eram todos vistos como maravilhosos, vivos, e os seres humanos sentiam-se em casa nesse ambiente. Em síntese, o cosmo era um lugar de *participação*. Um membro desse cosmo não era um observador alienado, mas sim participante direto do drama. Seu destino pessoal estava ligado ao destino do cosmo, e essa relação dava sentido à sua vida. (Berman, 1982: 2)

A história do épico moderno, para a qual nos voltamos agora, é a história do *desencantamento* progressivo do mundo natural e de tudo o que isso significa.

Sistemas cosmológicos modernos

Os sistemas cosmológicos modernos começam no período pós-medieval do Iluminismo, levando-nos até meados do século XX. Esse é o apogeu daquilo a que nos referimos no Capítulo 1 como fases finais do cenozóico terminal. A grande revisão cultural dos sistemas de pensamento que agora são conhecidos como a visão de mundo científica, tecnológica e industrial é característica desse período. O movimento desse período pós-medieval representa uma mudança muito profunda na consciência cultural. Lewis Mumford (1961) define essa mudança da perspectiva medieval para a moderna como uma das alterações culturais de mais longo alcance da história humana. Mumford observa que, como no caso de outros grandes momentos históricos, o movimento que levou do mundo medieval para o mundo moderno envolveu uma nova mudança metafísica e ideológica que abrangeu todas as principais instituições culturais e, em essência, formou uma nova visão do cosmo e da natureza humana. Como isso aconteceu e quais foram alguns dos personagens e forças culturais em jogo?

Como no caso de todos os grandes períodos de transição, certas figuras centrais passaram a ser identificadas com a transformação social que ocorreu. No caso do movimento que levou da visão de mundo pré-moderna para a moderna, uma dessas figuras foi um cônego polonês chamado Copérnico. O resultado do pensamento de Copérnico foi no sentido de solapar, de modo mais radical possível, o sistema cosmológico de Ptolomeu, o sistema fundamental do mundo medieval. Em essência, seu sistema cosmológico questionava o de Ptolomeu, no qual a Terra era considerada o centro do universo. A posição heliocêntrica de Copérnico via os movimentos do Sol, da Lua e dos planetas como órbitas em torno de um Sol imóvel, que se completavam uma vez por ano. O sistema de Copérnico chegou à plena maturação com a publicação de "Sobre a Revolução das Esferas Celestes", em 1543. Um desdobramento posterior desse sistema cosmológico radicalmente diferente foi apresentado na obra de Johann Kepler, que acrescentou a noção de órbitas elípticas e formulou as leis descritivas do movimento planetário.

A plena maturação do sistema de Copérnico, por meio de Kepler e de Galileu, que vieram depois dele, teria implicações profundas, muito além dos limites da ciência da astronomia. Em termos atuais, diríamos que foi uma mudança radical de paradigma que se faria sentir em todas as principais instituições culturais. A magnitude e o alcance dessa reorientação radical envolveram o destronamento da Terra de seu lugar como centro do universo. Uma vez que a cosmologia de Ptolomeu tinha impregnado a visão de mundo religiosa do pensamento medieval, as instituições religiosas ficaram profundamente abaladas. A posição de Copérnico significava que a Terra era apenas um planeta dentre muitos outros. Não estava mais na posição privilegiada de local de toda mudança e decadência com um universo imutável a seu redor. Além disso, houve uma reorientação profunda do pensamento no que foi chamado de microcosmo e macrocosmo. A correspondência íntima entre o humano (microcosmo) enquanto espelho do universo circundante (macrocosmo) foi despedaçada pela nova cosmologia. Em outras palavras, esse desmoronamento da relação entre o micro e o macrocosmo tornou-se um fator daquilo que chamamos de perda do significado cosmológico. O golpe mortal que a nova cosmologia deu na visão de mundo medieval foi que os seres humanos não tinham mais um lugar privilegiado na criação. Assim, a nova cosmologia não constituiu uma mudança incremental nas idéias; foi nada menos que uma revolução no pensamento. As idéias de Copérnico geraram enorme controvérsia nas áreas da religião, da filosofia e da teoria social e determinaram as linhas gerais da mente moderna. Além disso, suas idéias serviram de catalisador para uma grande transição no pensamento e nos valores ocidentais. Em resumo, a revolução de Copérnico foi equivalente a um grande desafio a todo o sistema da autoridade medieval. Em sua essência, o sistema de Copérnico foi uma inversão total da concepção filosófica do universo que as pessoas tinham naquela época. Fez parte de uma transformação maior ainda, envolvendo toda a forma de ver o mundo, precursora e matriz do que viríamos a chamar de "revolução científica" (Harman, 1988).

Willis Harman (1988) revela as mudanças profundas que aconteceram numa comparação educacional entre a visão de mundo medieval e o que a substituiu. Observa que, no século XVII, um homem instruído (as pessoas instruídas, na maioria, eram homens) sabia que a Terra era o centro do cosmo — a sede da mudança, da decadência e da redenção cristã —, enquanto acima dela circulavam os planetas e as estrelas, eles mesmos puros e imutáveis, mas impelidos por algum tipo de espírito inteligente ou divino e também sinalizando e influenciando os eventos humanos com sua localização e aspectos. Cem anos depois, um descendente desse homem, talvez seu bisneto, também cristão, descobriria (se não vivesse num país controlado pela Igreja católica) que a Terra era apenas um dentre muitos planetas em órbita em torno de muitas estrelas, movimentando-se por distâncias inimagináveis e separados por elas — ainda sobre a orientação geral de Deus, mas com uma diferença importante. A visão do primeiro desses indivíduos era *teleológica*: o universo é vivo e imbuído de propósito, todas as criaturas fazem parte de uma Grande Corrente de Ser, o homem existe em meio aos anjos e aos animais inferiores, e os eventos são explicados por desígnios divinos ou por sua função em um mundo cheio de sentido. Por outro lado, para seu bisneto, trata-se essencialmente de um universo inerte, construído e posto em movimento pelo Criador, com eventos subseqüentes explicados pelas forças mecânicas e comportamentos em conformidade com as leis. O bisavô, sendo um homem sensato, aceitaria a evidência incontestável da veracidade dos encantamentos, da ocorrência de milagres, da existência de feiticeiras e de outras criaturas com poderes sobrenaturais; seu descendente rejeitaria todas essas histórias com a mesma segurança dizendo tratar-se de delírio ou de fraude (Harman, 1988).

Assim, o movimento da cosmologia pré-moderna para a moderna correspondeu a uma nova forma de validar e de buscar o conhecimento. A cosmologia moderna conseguiu sua validação por meio do que chamaríamos de visão de mundo científica. Chegava-se ao conhecimento dos eventos do mundo mediante a observação empírica e dos testes experimentais. A autoridade final de todo conhecimento era esse empirismo experimental identificado com a comunidade científica. É importante que o leitor tenha em mente o alcance e a magnitude da mudança na visão de mundo que chegaria à sua plena floração com a ascensão do paradigma científico. Foram necessários vários séculos para sua criação, mas, depois de certo ponto, o abismo entre as antigas formas de ver o mundo e as novas passou a ser intransponível.

Agora vivenciamos uma transformação tão profunda quanto a da época de Copérnico e podemos concluir com segurança que uma visão cosmológica nova e radical está surgindo. É tão dramática em sua reorientação quanto a transição da visão de mundo medieval para a moderna que acabamos de descrever. Mas é difícil descrever uma transição tão marcante quando estamos no meio dela. A primeira tarefa é compreender o que se quer dizer com "perda" da cosmologia.

Essa análise é importante, porque essa perda constitui o ponto final da "era cenozóica terminal".

A perda da visão cosmológica no final do período cenozóico

> Turning and turning in the widening gyre
> The Falcon cannot hear the falconer;
> Things fall apart; the centre cannot hold;
> Mere anarchy is loosed upon the world.
>
> (William Butler Yeats, "The Second Coming" [A segunda vinda])*

Os poetas são, muitas vezes, vozes proféticas e visionárias de nossa cultura. William Butler Yeats, na virada do século XX, expressa uma cultura de desencanto em seu citadíssimo poema "A Segunda Vinda", com sua nostalgia de plenitude, de totalidade. Quando falamos a respeito da perda da cosmologia, ou da perda de uma visão do cosmo, não queremos dizer que não havia nenhum sistema cosmológico. A perda da visão cosmológica é, para nós, a consciência subjetiva de que aquilo que está faltando é uma percepção de totalidade e de interconexões de coisas. Quando o poeta William Blake conseguia "ver o mundo num grão de areia e a eternidade numa hora", expressava uma percepção da totalidade das coisas destruída pelo desenvolvimento da visão de mundo científica. Em Blake, vemos um poeta em que a relação entre o micro e o macrocosmo é palpável. No século XIX, essa relação é desfeita e fragmentada. Mesmo em escritores profundamente religiosos, como o francês Georges Bernanos, com seu *The Diary of a Country Priest* [Diário de um sacerdote do campo] (1937), vemos essa alienação do mundo natural por parte do indivíduo.

O mundo moderno encontra-se a grande distância do respeito e do encantamento dos pré-modernos pelo mundo natural, bem como

---

* Girando e girando em espirais
O Falcão não ouve mais o falcoeiro;
As coisas desintegram-se; o centro desmorona;
Anarquia pura alastra-se pelo mundo. (Tradução livre)

do encantamento dos povos nativos. Porém, não há só desencanto e medo na visão moderna da natureza: também é evidente uma hostilidade declarada contra o mundo natural. Louise Young, em seu belo livro intitulado *The Blue Planet* [O planeta azul] (1983), diz que havia repugnância e grande hostilidade contra o mundo natural na maior parte do pensamento do século XIX na Europa. Por exemplo: ela conta que, quando Casanova viajou pelos Alpes, desceu as cortinas de sua carruagem para poupar-se da visão daquelas *vis* excrescências da natureza, as montanhas deformadas.

Portanto, é relevante para o leitor entender como o mundo natural chegou a ser considerado um lugar tão estranho e hostil no pensamento moderno. Uma compreensão melhor de como essa atitude surgiu vai nos ajudar a compreender como nós, enquanto cultura, adotamos uma visão tão hostil em relação ao natural e de que forma isso influencia, atualmente, nossa maneira de enfrentar a crise planetária. Agora vou me concentrar em alguns fatores culturais que nos levaram a essa perda de visão cosmológica. Max Weber (1958), o grande sociólogo do século XIX, caracteriza os efeitos do modernismo como um "desencantamento do mundo" e uma fragmentação do mundo social em decorrência da "dominação burocrática". Esse é, para nós, o ponto final do período cenozóico, que floresceu no pensamento ocidental naquilo que vou chamar de "síntese newtoniana-cartesiana". Voltaremos, agora, nossa atenção para essa síntese.

A síntese newtoniana-cartesiana. Durante os três últimos séculos, o mundo científico foi dominado pela visão de mundo newtoniana-cartesiana. Essa síntese de pensamento baseia-se nas obras do cientista inglês Isaac Newton e do matemático e filósofo francês René Descartes. O universo de Newton tomaria a máquina como modelo; sua metáfora essencial estava incrustada na explanação mecanicista. Em seu sistema, o universo era constituído de matéria sólida e composto de átomos, as pequenas partículas indestrutíveis consideradas tijolos do universo. A partir dessa base atomista, Newton desenvolveu sua teoria universal da gravitação. Questões complexas relativas ao movimento dos objetos astronômicos foram resolvidas em problemas de "massas". A força da gravidade atuava entre as partículas. No sistema de Newton, a gravidade parece ser um atributo intrínseco de todos os corpos sobre os quais age. A força da gravidade exerce sua influência instantaneamente a uma certa distância. A síntese newtoniana combinava matemática e física, até então separadas. Foi o sintetizador da obra de seus predecessores, principalmente de Kepler e de Galileu. Kepler descobrira as leis do movimento planetário em seu estudo meticuloso de tabelas astronômicas. Galileu realizou seus experimentos para determinar as leis que regem a queda dos corpos. A contribuição particular de Newton foi fazer avançar as descobertas de seus predecessores combinando suas descobertas na formulação das leis gerais do movimento que regem todos os objetos do sistema solar, de pedras a planetas. Frijof Capra traça um quadro de sua síntese:

> Segunda a lenda, a percepção decisiva ocorreu a Newton num clarão súbito, quando ele viu uma maçã cair da árvore. Percebeu que a maçã era atraída pela Terra pela mesma força que atraía os planetas na direção do Sol e, assim, descobriu a chave de sua grande síntese. Depois, usou seus novos métodos matemáticos para formular as leis exatas do movimento de todos os corpos sob a influência da força da gravidade. A importância dessas leis está em sua aplicação universal. Descobriu-se que são válidas em relação a todo o universo [...]. O universo newtoniano era, na verdade, um imenso sistema mecânico, que funcionava de acordo com leis matemáticas exatas. (Capra, 1983: 63)

Encarar o universo em termos mecanicistas é um dos legados de Newton à visão de mundo científica. Durante os séculos XVI e XVII, as pessoas depararam-se com essa nova visão do universo, ao mesmo tempo mecanicista e materialista. Como acabei de dizer, o materialismo mecanicista surgiu dos avanços das ciências físicas, principalmente da física. O mecanicismo, isto é, ver o mundo em termos de analogia com máquinas, passou a ser visto como a mais importante de todas as linguagens explanatórias no desenvolvimento das ciências físicas. Do ponto de vista do materialismo mecanicista, tal como apresentado por Newton, o mundo consiste em partículas de matéria em interação. Cada partícula tem existência própria e torna-se uma totalidade maior por adição. A totalidade das interações entre partículas constitui a totalidade de tudo quanto acontece no mundo, e essas interações são mecânicas por natureza, isto é, consistem em influências externas de uma partícula sobre a outra. Assim, o materialismo mecanicista descreve o universo como nada além de um sistema complexo de máquinas: uma grande máquina. A visão mecanicista da natureza tal como proposta por Newton tem Deus criando o universo e, depois, deixando-o funcionar como uma grande máquina governada por leis imutáveis. A visão mecanicista da natureza estava intimamente ligada a um rigoroso determinismo causal. Todos os eventos que ocorriam tinham causa definida e levavam a um efeito definido.

Outra característica distintiva da visão de mundo científica pode ser vista na defesa do princípio de análise. Esse princípio é contrastado com o princípio de sintético, no sentido de que este último afirma que o todo é mais que a soma de suas partes (uma totalidade), um princípio ao qual voltaremos mais adiante. O princípio de análise é claramente acentuado quando a metáfora mecânica é usada no estudo. É fácil concordar com a idéia de que a construção de uma máquina baseia-se na soma de suas partes e que o produto final pode ser decomposto em suas partes constituintes (O'Sullivan, 1984).

Outra personalidade de mesma estatura que Newton, em termos do desenvolvimento do pensamento científico moderno, é o filósofo e matemático francês René Descartes. Seu sistema filosófico foi uma das principais respostas à desintegração do discurso filosófico da síntese medieval realizada por São Tomás de Aquino. A contribuição mais importante de Descartes para a ciência moderna é sua formulação extrema do dualismo absoluto entre mente (*res cogitans*) e matéria (*res extensa*). Decorre dessa formulação a crença de que o mundo material só pode ser descrito objetivamente sem referência ao observador humano. A influência desses conceitos essenciais sobre a formulação do pensamento científico moderno não deve ser subestimada, nem em suas implicações negativas, nem nas positivas.

O efeito cumulativo das idéias de Newton e de Descartes teve um impacto profundo sobre nossa forma de encarar o mundo natural. Descartes, como Newton, via o universo material como matéria inerte e funcionando como uma máquina. As implicações dessa visão de mundo têm sido espantosas. Fritjof Capra dá uma idéia de seu alcance:

Para Descartes, o universo material era uma máquina e nada além de uma máquina. Não havia propósito, vida ou espiritualidade na matéria. A natureza funcionava de acordo com leis mecânicas, e tudo no mundo mecânico podia ser explicado em termos de organização e de movimentos de suas partes. A descrição mecânica da natureza tornou-se o paradigma dominante da ciência no período seguinte a Descartes [...]. Toda a elaboração da ciência mecanicista dos séculos XVII, XVIII e XIX, inclusive a grande síntese de Newton, foi apenas o desenvolvimento da idéia cartesiana. Descartes deu ao pensamento científico sua estrutura geral — a visão da natureza como uma máquina perfeita, regida por leis matemáticas exatas. (Capra, 1983: 60)

O patriarcado e suas relações com a ciência moderna. Também é importante enfatizar como a separação radical entre mente e matéria afetaria as atitudes em relação a todos os aspectos do mundo natural, inclusive plantas e animais. O único aspecto do mundo natural considerado espiritual e sagrado na síntese cartesiana era a mente humana (*res cogitans*). O corpo humano, como todos os outros aspectos do mundo material, era nada mais que o funcionamento de uma máquina complexa. Nessa síntese vemos o desencantamento radical com o mundo natural, em contraste gritante com o que acontecia no período medieval, em que uma visão orgânica do cosmo foi disseminada pela cosmologia ptolomaica. Carolyn Merchant, historiadora e feminista acadêmica, em seu livro *The Death of Nature* [A morte da natureza] (1980), observa as implicações profundas dessa mudança sobre nossa compreensão das questões ecológicas de nosso tempo. Diz ela que o modelo ecológico que ora se desenvolve possibilita uma interpretação inteiramente nova e crítica do nascimento da ciência moderna no período crucial em que nosso cosmo deixou de ser visto como um organismo e passou a ser considerado uma máquina. A metáfora primordial da máquina, que está na raiz de nosso atual dilema ambiental, encontra-se intimamente ligada ao paradigma científico e tecnológico que acaba de ser identificado. Merchant afirma que, no movimento que levou à ciência moderna, temos a reconceituação do universo como máquina em lugar de organismo vivo, o que também serviu de racionalização para a dominação tanto da natureza quanto da mulher. A metáfora da Terra como mãe nutridora desapareceria gradualmente com a ascensão da visão de mundo newtoniana-cartesiana. A metáfora da máquina teria profunda influência sobre a visão do mundo natural em processo de desenvolvimento. À medida que a cultura ocidental tornava-se cada vez mais mecanizada, no século XVII, "a Terra feminina e o espírito virgem da Terra" foram subjugados pela máquina (Merchant, 1995). Merchant (1980) afirma que precisamos reexaminar a formação da visão de mundo e de uma ciência que, ao reconceituar a realidade como máquina, em lugar de um organismo vivo, sancionou a dominação tanto da natureza quanto da mulher. Com o surgimento da ciência moderna, afastamo-nos de uma compreensão orgânica da natureza que identificava a Terra, em particular, com uma mãe nutridora, uma mulher generosa e benfazeja que ordenava e planejava o universo. Junto a esse conceito, estava uma imagem oposta da natureza como mulher selvagem e incontrolável, que gerava violência, inundações, tempestades e o caos generalizado. Esses foram conceitos cultivados pelos homens, que identificavam o caos com o sexo feminino e que projetavam a percepção humana no mundo externo. Numa obra posterior intitulada *Earthcare* [Cuidado com a Terra], Merchant resume a transição:

> A metáfora da Terra como mãe nutridora desapareceu gradualmente, à medida que a imagem dominante da Revolução Científica mecanizava e racionalizava a visão de mundo. A segunda imagem, a natureza como desordem, gerou uma importante idéia moderna, a do poder sobre a natureza. Duas novas idéias, a do mecanicismo e a da dominação e sujeição da natureza, tornaram-se conceitos cruciais para o mundo moderno. Uma mentalidade voltada para o orgânico, em que os princípios femininos desempenhavam importante papel, foi solapada e substituída por uma mentalidade voltada para o mecânico, que eliminou ou usou os princípios femininos de forma exploradora. À medida que a cultura ocidental foi se tornando cada vez mais mecanizada no século XVII, a máquina sujeitou a Terra feminina e o espírito virgem da Terra. (Merchant, 1995: 77)

Assim, o primeiro fator da perda de uma cosmologia viva e integrada foi o desenvolvimento da metáfora da máquina; a Terra tornou-se uma entidade inerte a ser controlada e manipulada.

Outra grande influência sobre a visão cosmológica foi a articulação da noção do *indivíduo* na formação do pensamento moderno. Com o surgimento do ideal moderno de *indivíduo*, testemunhamos o colapso da totalidade orgânica da pessoa em relação ao universo. Houve uma ruptura radical entre eventos microcósmicos e o macrocosmo no pensamento moderno. Esse processo cultural estava em conformidade com o atomismo desenvolvido por Newton e Descartes e transportado por Locke e Hobbes para o reino do pensamento social. Assim como os físicos reduziram as propriedades dos gases aos movimentos dos átomos, os teóricos sociais, como no caso de John Locke, reduziriam os modelos observados na sociedade ao comportamento dos indivíduos (Capra, 1983).

Antes da síntese iluminista consolidada por Locke e Hobbes, vemos que a noção do indivíduo teve um significado e importância cultural radicalmente diferente. No mundo medieval, a noção de "indivíduo" queria dizer inseparável e indivisível. O termo foi usado principalmente em discussões teológicas sobre a Santíssima Trindade (Williams, 1976; Storr, 1988). Assim, nos tempos pré-modernos, vemos no discurso teológico a idéia do indivíduo ligada a idéias cósmicas mais amplas. Com o surgimento do pensamento de Locke e Hobbes, há uma ruptura radical, que separa o mundo microcósmico do indivíduo do macrocosmo. Nessa linha de pensamento, o "indivíduo" torna-se um universo para si e somente para si. Essa mudança crucial possibilitou que se pensasse no indivíduo como um absoluto independente do universo à sua volta. Raymond Williams (1976: 135) observa: "Na Inglaterra, de Hobbes aos utilitaristas, grande número de sistemas tem seu ponto de partida comum na psicologia, na ética e na política. É raro, nessa tradição, alguém partir do fato de que o ser humano é fruto de relações. A abstração do ser humano em si, enquanto substância separada, em geral é considerada ponto pacífico".

Acabamos de ver como o desenvolvimento do indivíduo, enquanto cosmo isolado com limites próprios, tem importância para nossa percepção do mundo e como nós, enquanto indivíduos e grupos, agimos no mundo. Como se pode imaginar, essa determinação de limites tem um efeito profundo e duradouro sobre nossa percepção do cosmo e também sobre nossa visão perdida. Outro elemento ou característica do modernismo precisa ser discutido antes de nos voltarmos para a discussão de seus desdobramentos no campo da biologia, desencadeados pela teoria da evolução de Darwin. Essa característica é o efeito da "especialização" na nossa percepção do cosmo.

Já vimos que a visão de mundo pré-moderna foi construída sobre a idéia de uma unidade orgânica substituída por uma visão de mundo mecanicista (Merchant, 1980). Depois de Aristóteles, a investigação medieval pré-moderna baseou-se na tentativa de formular teorias gerais e uniformes da mudança. Na maioria dos casos, o intelectual da Idade Média era, para todos os efeitos, um generalizador. Por exemplo: a obra de Newton ou de Descartes não se confinou à matemática ou à física. Teve implicações imediatas para a teologia e a filosofia. Mas, depois do século XVI, o princípio de análise, já discutido, seria o princípio orientador da investigação. A visão de mundo atomista subjacente à análise permitia que todos os problemas, qualquer que fosse sua natureza, fossem decompostos em suas partes constituintes e estudados separada e independentemente. Assim, em vez de procurar formular teorias gerais de mudança, a investigação tornou-se uma atividade de estudo de áreas abstratas e de eventos isolados, em que o específico reinava em contraposição às leis gerais. Por conseguinte, testemunhamos o advento das ciências específicas e de especializações, nas quais leis independentes e específicas de mudança poderiam ser identificadas. No final do século XVI, vemos leis específicas de cinemática, de vibração metálica etc. surgindo como disciplinas científicas distintas com teorias de mudança específicas, não gerais. Isso teria profundo impacto sobre a visão cosmológica de nossa cultura.

Stephen Toulmin (1985) identifica a diferença crucial entre a ciência moderna e suas predecessoras cosmológicas. Afirma que a cosmologia tradicional nunca se preocupou com nenhum aspecto isolado de um fenômeno. Em contraste, na visão modernista do mundo há disciplinas extremamente especializadas e distintas que continuaram se desenvolvendo até bem mais tarde no século XX. O saber tornou-se burocratizado com divisões de trabalho muito distintas e claras. Toulmin (1985) observa que, a partir do século XVII, poucos cientistas-intelectuais cruzaram as fronteiras de mais de uma disciplina. Em conseqüência, questões que poderiam ter sido apresentadas a todo um leque de disciplinas "raramente foram levantadas, quanto mais respondidas". Apesar disso, a investigação disciplinada da ciência moderna realizou façanhas incríveis sobrepujando a fragmentação do pensamento que veio em sua esteira. No final do século XIX, essa fragmentação disciplinada teria grande influência nas áreas em que qualquer tentativa de concepção de um todo, tal como existiu na visão de mundo orgânica dos pré-modernos, foi abandonada. Parece que os poetas sempre foram os precursores de uma crítica cultural. "A Segunda Vinda", famoso poema de Yeats, cristaliza isso: "As coisas desintegram-se; o centro desmorona". É uma alusão poética à perda da visão cosmológica. Toulmin dá-nos uma idéia de como essa cosmologia é perdida na investigação disciplinada da ciência do século XIX personificando o banimento da tarefa cosmológica integradora. A disciplina burocratizada diz ao cosmologista, em sua condição de teólogo natural:

> "Você administrava o Departamento de Coordenação e de Integração, não é? Bem, como pode ver, não temos nenhum departamento desse tipo: todas nossas atividades vão muito bem sem qualquer necessidade de coordenação ou de integração. E agora, se não se importa, poderia, por favor, ir embora e nos deixar fazer nosso trabalho?" Em resumo, a fragmentação disciplinar da ciência durante o século XIX parece ter tornado desnecessária a função integradora da teologia natural. (Toulmin, 1985: 325)

No século XIX, a questão da integração do conhecimento deixou de ser fundamental. No final daquele século, as ciências naturais tinham se fragmentado numa série de disciplinas completamente independentes, cada qual com suas questões, preocupações e métodos de investigação distintos e, às vezes, únicos. O principal resultado desse processo foi que a tarefa de integração não recaiu sobre nenhuma disciplina em particular. Negligenciamos o interesse e a capacidade de pensar sobre "o todo" (Toulmin, 1985). A famosa citação da "gaiola de ferro", de Max Weber, dá-nos uma idéia do *pathos* da especialização:

> Ninguém sabe quem vai viver nessa gaiola, no futuro, se, no fim desse processo atual, surgirão problemas inteiramente novos, se haverá um

grande renascimento de velhas idéias e ideais, ou se não vai acontecer nada disso, se acontecerá uma petrificação mecanizada, maquiada por um tipo qualquer de auto-importância. Quanto ao último estágio do processo cultural, pode-se muito bem dizer [que temos] especialistas sem espírito, sensualistas sem coração; essa nulidade imagina que atingiu um nível de civilização nunca alcançado antes. (Weber, 1958: 182)

É preciso notar que Weber escreveu no século XIX e que era um otimista.

Perspectivas históricas e evolutivas

Até agora, concentramo-nos em sistemas epistemológicos que tiveram impacto sobre o desenvolvimento da ciência moderna. Uma das características era o predomínio de sistemas explanatórios mecanicistas com base no princípio da análise como forma básica de investigação. Deixar nosso estudo da perda da importância cosmológica somente no nível da análise epistemológica seria ignorar alguns dos desdobramentos mais importantes das ciências históricas e biológicas que exerceram colossal influência no fim do século XIX e que exerceriam grande impacto paradigmático no pensamento do século XX, mas seria um equívoco afirmar que a especialização disciplinar foi o único fator envolvido. A teoria da evolução de Charles Darwin também teve enorme prestígio. Outra personalidade histórica importante para nossa discussão foi Karl Marx.

A teoria da evolução das espécies proposta por Darwin teve tremendo impacto sobre o mundo científico do século XX. Sua teoria introduziu uma consciência temporal na evolução de todas as formas de vida e colocou a gênese das espécies dentro do mundo natural. Seu sistema de pensamento questionaria os princípios básicos da formulação judaico-cristã da origem do ser humano em relação à criação divina. Falar dos seres humanos como formas naturais que surgiram sem recorrer à intervenção de um Criador divino era anátema para a mentalidade religiosa do século XIX. Para Darwin, os seres humanos evoluíram de espécies inferiores e, enquanto forma evolutiva, tinham maior capacidade de sobrevivência do que seus ancestrais. As espécies sobreviviam porque eram mais aptas a sobreviver (seleção natural). Quando Darwin formulou, pela primeira vez, sua teoria da evolução das formas de vida, fez mais afirmações descritivas do que interpretativas. Foi só há relativamente pouco tempo que conseguimos mostrar que suas observações são "socialmente construídas" e, por conseguinte, constituem sistemas de interpretação (Hofstadter, 1955; Rifkin e Perlas, 1983; Worster, 1977). Uma das maiores contribuições de Marx para o pensamento ocidental foi mostrar que os sistemas de pensamento (interpretação) estavam relacionados aos sistemas econômicos das sociedades dos quais faziam parte. A partir dessa ligação entre sistema interpretativo e base econômica, somos capazes de interpretar também a teoria evolutiva de Darwin. Na análise contemporânea da teoria da evolução de Darwin, Jeremy Rifkin e Nicanor Perlas notaram que havia uma semelhança notável entre a descrição que Darwin fez da evolução e o funcionamento do processo de produção industrial, em que as máquinas eram montadas a partir de suas partes individuais:

> Embora seja uma grande injustiça sugerir que Darwin tenha, deliberadamente, tomado de empréstimo conceitos da linha de montagem industrial, sua teoria da evolução biológica reflete, de fato, um método semelhante na natureza. Cada nova espécie era vista como a montagem de partes individuais organizadas em novas combinações e arranjos e com aperfeiçoamentos adicionais destinados a aumentar tanto sua complexidade quanto sua eficiência. (Rifkin e Perlas, 1983: 98)

Como Rifkin e Perlas observaram, é difícil acusar Darwin pelo uso deliberado dessas imagens de máquina. A máquina era uma presença avassaladora na vida inglesa do século XIX. Além disso, já sugeri que a máquina também era a metáfora central da visão de mundo científica da modernidade, tanto de seus contemporâneos quanto de seus predecessores. Darwin dizia ser o Newton da biologia, no sentido de ter conseguido transformar a idéia de um universo mecânico numa teoria mecânica da origem e do desenvolvimento das espécies. Mais uma vez, a comparação entre as cosmologias pré-modernas e modernas nesse contexto mostra semelhanças impressionantes. Antes da era da máquina, os seres vivos eram vistos como "totalidades".

Essa visão tradicional da natureza foi destruída e substituída por uma concepção radicalmente nova, compatível com a nova forma de produção industrial. Darwin passou a encarar os seres vivos como a soma de partes inertes, inanimadas, "montadas" de acordo com várias combinações funcionais. Darwin admitia que, para ele, não era mais possível sequer imaginar que os seres vivos tivessem sido criados já prontos em sua totalidade (Rifkin e Perlas, 1983: 100-1).

Darwin consolidaria o mecanicismo com sua perspectiva evolutiva, transformando com isso os organismos vivos em objetos semelhantes a máquinas. Esse foi, com efeito, o máximo em termos de dessacralização da natureza, postura que cortou os fios tênues de ligação com o animismo ainda existentes nas visões de mundo cosmológicas (Rifkin e Perlas, 1983).

Se Darwin foi influenciado pelas forças sociais de produção de seu tempo, também foi, ao mesmo tempo, uma influência importante para a legitimação da ordem social industrial na qual viveu. Sua teoria da evolução, com sua ênfase na seleção natural e na sobrevivência dos mais aptos, ressoou na ordem social do capitalismo industrial. Richard Hofstadter (1955) apresenta uma visão excelente de como o darwinismo transformou-se em "darwinismo social": os "capitães da indústria", como Carnegie e Rockefeller, pediram ao filósofo darwinista Spencer (sobrinho de Darwin) que explicasse como a noção darwinista de "sobrevivência dos mais aptos" se encaixava no *ethos* da competição feroz que predominava na ordem produtiva do capitalismo industrial. Segundo essa visão, o mundo humano e o natural estão em conflito constante. Mas não foram só os capitalistas que adotaram a teoria da evolução de Darwin. Marx e Engels também usariam a teoria de Darwin para seus próprios objetivos ideológicos. Marx achava que a teoria de Darwin servia de base, nas ciências naturais, para a luta de classes na história. Assim, a teoria da evolução de Darwin tem como temas subjacentes o conflito e a competição: "A cosmologia de Darwin sancionava toda uma era histórica. Convencido de que seu próprio comportamento estava de acordo com o *modus operandi* da natureza, o homem e a mulher industriais estavam armados com a justificativa suprema de que precisavam continuar sua exploração implacável do meio ambiente e de seus semelhantes sem ter sequer de refletir sobre as conseqüências de seus atos" (Rifkin e Perlas, 1983: 103).

Aqui temos de nos lembrar de que nossas instituições educacionais baseiam-se em alguns dos pressupostos mais convincentes dentre esses que acabamos de descrever em linhas gerais. A partir deles, agora se pode chegar à conclusão de que nossa síntese educacional atual fundamenta-se na sabedoria — ou falta de sabedoria — recebida de uma trajetória do modernismo. Mais tarde, vou mostrar como o *establishment* educacional de nossos dias satisfaz as necessidades da visão de mundo industrial que ora está se tornando extinta. A sabedoria de todas as atividades educacionais do século XX satisfaz as necessidades do sistema industrial disfuncional de nosso tempo. Nossas instituições educacionais, que se transformam e que alimentam o industrialismo, o nacionalismo, o individualismo competitivo e o patriarcado, e os alimentam, têm de ser questionadas de maneira fundamental. Todos esses fatores convergem para uma visão de mundo que exacerba a crise que enfrentamos. Não há criatividade aqui, porque não há ponto de vista ou consciência que veja a necessidade de uma nova direção. É uma acusação muito grave dizer que nossas instituições educacionais convencionais estão mortas e desprovidas de compreensão para responder à atual crise planetária. Além disso, podemos muito bem dizer que o saber educacional que recebemos sofre do que chamamos de "perda da visão cosmológica". Essa visão cosmológica foi esquecida ou degradada, de alguma forma, em nosso discurso educacional. Na verdade, algo foi ganho, e estamos justamente começando a entender que algo foi perdido.

Não estou falando a respeito de mudanças superficiais e de modismos, mas sim de uma grande revolução na visão de mundo do paradigma do modernismo. Essas grandes mudanças dimensionais alteraram profundamente a forma de os modernos verem o mundo e, com isso, mudaram também a maneira pela qual passamos a educar nossos filhos. No final do século XX, ainda era possível perceber certo otimismo em relação à natureza progressista dessa revolução industrial e científica. Entretanto, o mundo que se estabilizou com a arrogância do modernismo, disfarçado de ciência, capitalismo, industrialismo e tecnologia, agora se tornou problemático. Morris Berman

(1981), perspicaz observador do declínio do modernismo, observa que o problema é que toda uma constelação de fatores — manipulação tecnológica do meio ambiente, acumulação de capital com base nessa manipulação, noções de salvação secular que alimentaram e que foram alimentadas por ela — parece ter chegado ao fim. Em particular, o paradigma científico moderno tornou-se tão difícil de manter no final do século XX, quanto o paradigma religioso no século XVII. O colapso do capitalismo, a disfunção generalizada das instituições, a repulsa pela exploração ecológica, a incapacidade crescente da visão de mundo científica para explicar as coisas que realmente contam, a perda do interesse pelo trabalho e o aumento estatístico da depressão, da ansiedade e da psicose pura e simples são, nos termos de Morris Berman, "todos uma coisa só".

O que está sendo proposto neste capítulo é a idéia de que uma grande mudança aconteceu entre a cosmologia "pré-moderna" e a moderna, com conseqüências profundas para nosso pensamento e ações relativas ao mundo natural. Eu já disse que a tradição científica moderna descreve a natureza como uma entidade inerte, a ser manipulada, controlada e explorada. Também podemos começar a entender que, com a idéia da "perda de sentido cosmológico", temos um "desencantamento" correspondente com o mundo natural e com nossas relações com ele. O desencantamento da natureza, em seu plano mais fundamental, significa negar que ela tem algum aspecto de subjetividade, sentimento e experiência. A natureza é, fundamentalmente, um "objeto" e não um "sujeito". Assim, quando discutida pelos seres humanos, a natureza é designada como "coisa" e não como "ser". O respeito e a veneração pela natureza, tão comuns nas visões de mundo pré-modernas, estão inteiramente ausentes do mundo moderno. Com a natureza como objeto em vez de sujeito participante, temos uma sensação de alienação inexistente nas culturas pré-modernas.

Desencantamento significa, também, que a natureza não tem intenção ou propósito inerentes, intrínsecos a ela própria; a intenção e o propósito só existem nas intenções dos seres humanos relativas à natureza. Assim, o mundo natural é considerado sem propósito ou direção além dos desígnios humanos a ele atribuídos. Isso transforma a natureza num meio para fins humanos, não num fim em si mesma. A perspectiva científica moderna transmitida por meio de Newton e de Descartes não deixou nenhum papel no universo para os propósitos, os valores, os ideais, as possibilidades e as qualidades, e não há liberdade, criatividade, temporalidade nem divindade. Isso levou a um movimento sem precedentes rumo ao niilismo e ao desespero. De certa forma, o *ethos* da ciência moderna levou a resultados irônicos em relação à integridade do pensamento humano. A ciência mecanicista, no processo de desencantar o mundo natural, também desencantou a si mesma. O ceticismo da ciência moderna abriu a porta para o desespero e o cinismo, que se transformaram nos próprios processos da ciência. Isso pode ser visto em algumas tendências extremas das críticas desconstrutivas pós-modernas. A implicação é que se, em última instância, toda vida humana carece de sentido e de propósito, então a ciência, como uma de suas atividades, partilha dessa falta de sentido último. Nos estágios nascentes da visão de mundo científica moderna, as descobertas científicas eram consideradas verdadeiras em circunstâncias limitadas. Mas, hoje, algumas das críticas pós-modernas à ciência levaram ao mais completo ceticismo (D. Griffin, 1988a).

O desencantamento gera problemas mais profundos ainda do que a epistemologia. No nível das práticas culturais, vimos que os seres humanos, ao assumir uma postura distanciada e amoral em relação ao mundo natural, foram levados a uma exploração implacável da natureza; as conseqüências disso ora são vivenciadas como crise ecológica. É fundamentalmente importante não externalizar nossa crise atual. É a visão de mundo do pensamento ocidental que está fundamentalmente em questão e que é a causa original da crise do meio ambiente. Estamos exatamente no meio dela. A crise ambiental é parte de todas as nossas crenças e atos. Está, por assim dizer, no próprio tecido de nossa vida (Evernden, 1983). É imperativo, para nós, compreender que a crise ambiental não é extrínseca nem exterior a nós, como um mero fenômeno externo; em sua forma e magnitude atuais, ela questiona, radical e fundamentalmente, nossa visão de mundo cultural baseada na inovação tecnológica voltada para os propósitos da comercialização competitiva para o consumo. A decadência de nosso mundo industrial-tecnológico-de-consumo é vista, essencialmente, na sombra que produz: a da destruição do planeta. Ver e acreditar no mundo sob uma perspectiva de desencanto leva a um mundo inerte de matéria a ser explorado e manipulado. O assombro e a reverência parecem esquecidos em nossas atitudes correntes em relação ao mundo natural.

Além disso, temos de avaliar, no nível pessoal, o efeito profundo que o valor do *individualismo* teve no contexto do desencantamento. A definição moderna de o indivíduo como unidade social autônoma é produto do consenso obtido pela teoria social liberal. Nessa teoria, os indivíduos são vistos como mônadas autônomas, separadas e únicas. A posição primária de "estado de natureza" é caracterizada por Hobbes como solitária, e o indivíduo faz contratos sociais levado pelos temores em relação à sua sobrevivência. A criação da sociedade baseia-se num arranjo contratual de entidades individuais separadas que, nas palavras de Hobbes, são átomos sociais. Essa atomização, que é tão característica da idéia liberal de individualismo, teria implicações profundas para o pensamento moderno.

> Quando Locke aplicou sua teoria da natureza humana aos fenômenos sociais, foi guiado pela crença de que existem leis da natureza governando a sociedade humana semelhantes àquelas que orientam o universo físico. Como os átomos de um gás que estabelecem um estado de equilíbrio, assim também os seres humanos criariam uma sociedade quando em "estado de natureza". Desse modo, a função do governo não era impor leis ao povo e, sim, descobrir e fazer vigorar as leis naturais que existiam antes da formação de qualquer Estado. Segundo Locke, essas leis naturais incluíam a liberdade e a igualdade de todos os indivíduos, bem como o direito à propriedade, que representava os frutos do trabalho de uma pessoa. (Capra, 1983: 69)

O lado negativo do individualismo está começando a ser percebido em todos os níveis da vida cultural.* O indivíduo auto-encapsulado que acabamos de descrever acarreta implicações profundas para a perda da visão cosmológica, a qual relaciona os indivíduos à comunidade mais ampla e, subseqüentemente, ao próprio universo.

---

* Meu modo de abordar o "individualismo" ignora seus muitos aspectos positivos. Veja Taylor (1991).

A visão educacional: o reencantamento com o mundo natural

Há bem mais de três séculos, tentamos, como seres humanos, separar-nos dos processos orgânicos do mundo natural. Com a reviravolta cartesiana, a mente foi elevada acima da natureza, e era tarefa da mente arrancar os segredos e o poder do mundo natural. Ao tirar o eu humano do contexto maior da natureza e do universo, aprofundamos o fosso da alienação do ser humano em relação ao mundo natural. Nossa concepção de tempo histórico ficou truncada e nosso interesse pelos processos evolutivos mais amplos do universo e da Terra emudeceu. Como diz Thomas Berry (1988), ficamos autistas em relação às vozes do mundo natural. A sensação de organicidade do mundo natural precisa ser recuperada. Tem de haver uma mudança de ênfase nas ciências que afaste as dicotomias do sistema cartesiano moderno e que leve a uma ciência pós-moderna com base num quadro de referências aberto e dinâmico, e, ao mesmo tempo, orgânico e holístico. Em contraposição ao quadro de referências que separa valores e fatos, uma interpretação mais holística reúne fatos e valores numa interação dinâmica. O mundo natural precisa ser conhecido e revelado em nossas relações com ele, no sentido de que somos participantes/observadores, não meros espectadores distanciados. As dimensões inconscientes tácitas da mente precisam ser valorizadas, e as descrições do mundo têm de ser uma mistura de abstrato e concreto, com a descrição qualitativa tendo precedência sobre a descrição quantitativa. A mente deve ser considerada parte do mundo natural, e as relações mente/corpo, sujeito/objeto devem ser aspectos do mesmo processo. Finalmente, a lógica tem de ser ambos/e não ou isso/ou aquilo. A organicidade tem de ser reintroduzida num sistema pós-moderno, em que os sistemas vivos não sejam redutíveis a componentes e no qual a natureza seja considerada viva.

A definição de mundo humano como participante nos processos profundamente criativos em curso no universo abre nossos horizontes para os mistérios reveladores da natureza. Ao entrar em processos participativos profundos do universo, sentimos maior respeito por todos os aspectos da realidade. Como seres humanos, teremos condições de vivenciar nosso lugar na natureza como parte de uma complexa "teia da vida". Os processos dinâmicos vivenciados na "teia da vida" abrem nossa visão humana para a interação maravilhosa de todos os fenômenos naturais e sua interligação. Nos próximos capítulos, sugiro uma visão abrangente que inclua os processos vivos em curso na Terra, num universo em expansão. Ao abrir a vida humana para a grande história do universo, apresentamos uma história integrada, de forma que a história humana incrusta-se no surgimento criativo do universo. Somos feitos da mesma substância que as estrelas. A visão mais ampla de um universo evolutivo em expansão situa a história humana no contexto mais amplo da história da Terra. Não somos só filhos das estrelas, também somos filhos da Terra:

> Nas fotografias da Terra tiradas no espaço sideral, o planeta parece uma coisinha que caberia na palma de minha mão. Imagino que seria quente ao tato, vibrante e sensível. Nascida da poeira estelar, esse punhado de matéria evoluiu ao longo de éons de tempo geológico. Como uma borboleta tomando forma em sua crisálida, as partes reorganizaram-se, assumindo novas formas. A diversidade aumentou e a simplicidade deu lugar a uma complexidade requintadamente integrada. Sob a membrana móvel da nuvem e do ar, existe um celeiro de esplendores e uma grande riqueza de detalhes delicados. Há arcos-íris presos em cachoeiras e flores de geada desenhadas nas vidraças, gotas de orvalho espalhadas como jóias pela grama das campinas, e saís cantando no jacarandá... O tempo flui... o planeta continua girando em sua trajetória pelas vastidões desconhecidas do espaço. Não temos como adivinhar para onde vai, nem seu destino. Essa bela bolha azul de matéria contém muitas maravilhas ainda não descobertas e um futuro misterioso à espera de sua revelação. (Young, 1983: 266)

A essa altura, a empreitada educacional precisa realizar atividades *humanas* como continuação da criatividade que fez surgir os sistemas galáticos e que deu forma aos elementos; que deu à luz o planeta Terra no seio do sistema solar; que fez surgir a vida na variedade fantástica de suas manifestações; que despertou a consciência na ordem humana; que possibilitou a ocorrência da grande manifestação cultural. Há uma continuidade ininterrupta no processo criativo ao longo de toda essa vastidão do desenvolvimento do universo. Em nossa constituição, muito física e psíquica, estamos totalmente envolvidos nesse processo criativo, vasto, único, que chega a todas as distâncias do espaço e que se estende do começo do tempo ao presente. O envolvimento humano nesse vasto processo criativo encontra expressão em poetas e músicos, em personalidades religiosas e em nosso esforço contínuo de constituir uma forma humana de ser social e individual. É essa compreensão do universo que possibilitou essa vasta atividade humana, e é essa compreensão que constitui, também, nosso recurso básico para estruturar a nova ordem planetária que chamamos de era ecozóica. Como já foi dito antes, a nova história das origens, a proeza suprema da atividade científica desses séculos, precisa ser completada por uma percepção do psíquico bem como das dimensões físicas do processo evolutivo. Mas, depois que isso for feito, é necessário constituir uma visão com bastante força, vitalidade e inspiração para servir de base à atividade. Essa história integrada da criação é completada por uma consciência de seus aspectos numinosos e psíquicos desde o início. Nossa tarefa é compreender esse processo com alguma profundidade na empreitada educacional da era ecozóica.

A grande vantagem da história do universo como existe hoje é sua disponibilidade universal. Embora tenha surgido, originalmente, em um contexto cultural ocidental, não está intrinsecamente relacionada a nenhuma cultura tradicional. Sustenta-se com sua própria evidência. Essa história já é a base funcional da educação em escala universal, mesmo que, em geral, seja compreendida apenas em relação ao universo físico emergente. Somada ao aperfeiçoamento que costuma trazer sob a forma de recursos e de tratamentos médicos, nutrição, melhorias na agricultura, um forte sentido de justiça social, meios de transporte e de comunicação melhores, é preciso dizer que essa história do universo também é frustrante para as sociedades tradicionais de todo o mundo. É uma doença contagiosa para a religião, causa de colapso moral, fator de desintegração da ordem social, fonte de confusão psicológica e de perturbação emocional. Aliada às tecnologias ocidentais, leva à exploração comercial do ser humano e à devastação do meio ambiente natural.

O impacto total é polivalente e cheio de resultados contraditórios. No entanto, não há nenhum caminho viável, no futuro, que não tome como base a forma mais integrada dessa nova visão do universo. A tarefa da civilização ocidental é integrar essa história em seus aspectos criativos e desenvolvê-la, transformando-a num instrumento criativo mais crucial para o curso futuro da aventura humana.

Do ponto de vista das atividades educacionais, nota-se, historicamente, que o gênio criador de processos anteriores da Terra, bem como seu principal instrumento de educação, é a codificação genética. Essa codificação orienta o desdobramento do processo vital no indivíduo e na espécie. O gênio criador supremo da Terra, nesse nível, é o plano magistral da interação biosférica total de codificações genéticas na interação dos vários sistemas vivos e inertes. A criatividade, nesse nível, bem como a liberdade, nesse nível, é maravilhosamente instrutiva para compreender a liberdade e a criatividade na fase subseqüente do desenvolvimento humano.

Como no caso do universo, a plena expressão do humano dá-se por meio de uma seqüência de grandes processos, ou macrofases, além da variedade no interior de qualquer parte isolada de seu desenvolvimento. Certos momentos de criatividade correspondem a processos de mutação em nível pré-humano. Assim, temos, em nosso tempo, a macrofase cultural que vem do cenozóico até a era ecozóica. Como toda criatividade implica ser tomado por uma realidade arquetípica das profundidades inconscientes do universo, estamos sendo tomados por uma nova experiência de revelação que surge em nós com a nova história das origens e sua realização na última fase de comunhão do universo. Qualquer recuo para a monocultura é um fracasso da força evolutiva. Certamente, não precisamos de uma "nova ordem mundial" dos Estados Unidos, como aquela apresentada pelo presidente George Bush no final da Guerra do Golfo. Se precisamos de alguma coisa, é de assumir como nossa tarefa educacional cultivar a resistência à visão truncada a respeito que os Estados Unidos têm da cultura mundial: "Falar de uma força cultural global não significa a perda da diversidade cultural; um *ethos* e uma ética ecológica globais podem ser desenvolvidos no contexto da diversidade de culturas e de tradições vivas" (Mische, 1989: 15).

Temos realmente liberdade quanto à forma dessa proeza, mas também seguimos ordens da codificação maior da vida e da consciência em relação a certas realizações únicas possíveis em nosso tempo. Assim como a formação do planeta Terra é um evento que aconteceu uma única vez e que nunca se repetirá; assim como o surgimento da vida aconteceu em condições, elas próprias, consumidas pelos primeiros seres vivos e que podem nunca mais acontecer no mundo natural; assim como a consciência que surgiu num certo momento e a transição da consciência pré-humana para a modalidade humana de consciência pode nunca mais se manifestar, também os momentos culturais criativos dos quais falamos são proezas absolutas, únicas e irrepetíveis. Isso pode ser visto na criação das grandes culturas religiosas clássicas. O momento pode jamais se repetir.

Assim, também no período científico-tecnológico houve uma transição. O próprio planeta mudou; todos os seres vivos foram afetados; os reinos mais profundos da consciência humana estão permanentemente alterados. Podemos levar em frente o processo científico de observação e de experimentação, mas a transição da era clássica para a científica não vai acontecer de novo.

O movimento que leva para a era ecozóica será, por sua própria natureza, criativo em termos de direção. Embora estejamos falando de uma visão que abrange tudo, devemos nos lembrar sempre de que a história evolutiva emergente é, em todos os níveis, uma história de diferenciação, subjetividade e comunhão. O reencantamento do mundo natural não será conseguido com uma volta a formas mais antigas de pensar e de agir. Não teremos condições de romantizar nem de imitar a mística de participação no mundo dos povos indígenas. Não podemos copiar sistemas de visão de mundo que não ocupamos ou nos quais não vivemos. Apesar disso, devemos nos apropriar de certos aspectos da sabedoria do passado. Devemos fazer uma avaliação sóbria da sabedoria e da sagacidade das culturas que nos precederam. Embora a magia, a religião e as tradições místicas tenham sido presa de erros e de tolices do espírito, carregam dentro de si a sabedoria da consciência da inclusão orgânica da humanidade num sistema complexo e natural. Esse tipo de avaliação não extingue a modernidade, mas pode ajudar a transcendê-la. O grande problema é descobrir como recapturar as sabedorias antigas de forma madura (Berman, 1981; 1989).

Os cientistas modernos começam a entender que a sabedoria tradicional dos povos indígenas, em geral, é extremamente sofisticada e de considerável valor prático. A ciência nativa que precedeu nossos sistemas ocidentais criou formas para identificar, nomear e classificar solos, plantas, insetos e outros elementos do meio ambiente local, deles derivando benefícios médicos e econômicos. Constituem exemplos claríssimos dos benefícios de observações argutas. Knudtson e Suzuki (1992), ao destilar as diferenças entre o saber nativo e o saber científico, dão-nos uma idéia do tipo de encantamento de que estava impregnado o saber nativo. Fazem uma lista das seguintes características como base de comparação:

1. O saber nativo tradicional encara o mundo natural como sagrado, não como profano, selvagem, caótico, nem como uma ruína ou propriedade.
2. O saber nativo está imbuído de profundo senso de reverência pelo mundo natural, e não há desejo de exercer domínio humano sobre ele.
3. O saber nativo vê o espírito disseminado por todo o cosmo e não encarnado num único ser supremo monoteísta.
4. A mente nativa tende a ver o universo como a interação dinâmica de forças naturais fugidias e em perpétua transformação, não como uma grande série de objetos físicos.
5. Todo o mundo natural é vivo, de certa forma, e animado por uma única força vital.
6. Segundo o ponto de vista nativo, há um profundo sentimento de empatia e de parentesco com outras formas de vida, e não a sensação de separação e de superioridade em relação a eles. Cada espécie é vista como ricamente dotada de seu próprio conjunto de dons e de capacidades, não como pateticamente limitada em comparação aos seres humanos.
7. Finalmente, há uma tendência a encarar a relação apropriada do ser humano com a natureza como um diálogo constante de comunicação horizontal entre os seres humanos e os outros elementos do cosmo, em vez de um monólogo imperativo, vertical e de mão única.

Nossa história cultural com os primeiros povos indígenas das Américas foi marcada pela arrogância e pelo desrespeito por uma visão de mundo que, em sua maior parte, não compreendemos nem apreciamos. Começamos a ver, agora, com a ajuda da desconstrução pós-moderna, que ignoramos visões de mundo ricas em termos de significado cosmológico. O resumo das visões de mundo dos povos indígenas apresentado acima pode nos dar uma nova perspectiva da importância histórica e contemporânea das cosmologias nativas. Uma educação pós-moderna inserida num horizonte ecozóico entraria em contato e incorporaria o significado profundo do saber indígena. Seria de verdadeiro interesse educacional estabelecer um diálogo com as visões de mundo que têm cosmologias ricas. O resultado desses diálogos é imprevisível. Esse tipo de educação não seria uma romantização do modo de vida nativo. O que se espera é a geração de perspectivas novas e mais ricas. Para a especificidade de nossa visão de mundo educacional, seria uma abertura e um respeito por outras visões de mundo e outros povos além de nós. Seria um exercício de humildade cultural que está demorando demais para começar.

Uma dimensão importante da visão educacional transformadora fundamenta-se no pressuposto de que o principal educador é toda a comunidade da Terra. Atualmente, nosso interesse pelo mundo natural baseia-se em sua utilidade e não temos consciência de que o mundo natural no qual estamos inseridos é muito mais que uma margem utilitária. O desencantamento da natureza deixou-nos com uma visão de mundo baseada, principalmente, em suas dimensões físicas. Existe uma sensação de necessidade urgente de uma perspectiva maior que a física, porque nossas perspectivas científicas predominantes criaram um volume colossal de informações sobre o mundo natural em seus aspectos físicos e em nossa capacidade correspondente de controlá-lo. Essa é uma perspectiva unilateral que afeta nossos programas educacionais em seus níveis mais profundos. O que os círculos educacionais sugerem atualmente são princípios tradicionais ou reformistas. Como observamos no Capítulo 2, há sugestões de uma volta ao exemplo de civilizações tradicionais, e somos convidados a redescobrir nossos princípios educacionais nas ciências humanas. Vemos isso em *The Closing of the American Mind* [O fechamento da mente americana] (Bloom, 1987), obra da qual já falei. Também há sugestões de uma volta às tradições espirituais e morais do passado. Esse espaço é ocupado pela nova direita religiosa. Aqui a esperança surge da adaptação pragmática ao mundo por meio da aceitação de seus imperativos conhecidos mediante as ciências físicas, da política, da economia ou da sociologia. Finalmente, a educação tem dependido muito das diretrizes psicológicas de uma linha ou de outra.

A visão da educação desenvolvida neste livro leva a uma perspectiva que chamo de "ecozóico transformador". Uma de suas características fundamentais é uma cosmologia funcional. Thomas Berry (1988) observa que, à primeira vista, há dificuldades aqui para o educador. Ele nota que, hoje em dia, o termo "cosmologia" é exclusivamente físico em termos do significado aceito e, por conseguinte, não indica a realidade integral do universo. Nota, também, que o termo "geologia" não serve, porque não indica a realidade integral da Terra, somente seus aspectos físicos. O que Berry aponta é a necessidade de uma cosmologia funcional que indique a realidade integral do universo. Isso nos leva à nossa segunda formulação de uma visão ecozóica transformadora. Parafraseio a obra de Berry com certa minúcia, porque ele cristaliza, para os educadores, o que será formulado nos próximos capítulos deste livro. Em suas idéias iniciais para uma cosmologia funcional, sugere um processo evolutivo com quatro aspectos. Antes de tudo, temos a evolução das galáxias e dos elementos. Em segundo lugar, a evolução do sistema solar e da Terra com suas formações moleculares e geológicas. Em terceiro, temos a evolução da vida com toda a sua variedade. Finalmente, a evolução da consciência e dos processos culturais da ordem humana. O processo, como um todo, representa uma unidade:

> desde o primeiro momento imaginável do surgimento do cosmo, passando por todas as formas de expressão subseqüentes até o presente. O vínculo indissolúvel do conjunto das interações que faz do todo um universo torna-se cada vez mais evidente para a observação científica, embora esse vínculo, depois, escape à formulação ou ao entendimento científico. Em virtude desse conjunto de interações, tudo está intimamente presente para o restante do universo. Nenhum fator é ele mesmo sem o resto. Essa relação é tanto espacial quanto temporal. Por mais distante no espaço e no tempo, o vínculo da unidade existe funcional-

mente. O universo é uma comunhão e uma comunidade. Nós mesmos somos essa comunhão tomando consciência de si. (T. Berry, 1988: 91)

Uma descrição adequada da Terra também precisa incluir todos os seus aspectos. Os elementos mais simples não são inteiramente conhecidos enquanto sua integração em formas de ser mais abrangentes não for reconhecida.

Quando falamos de educação nesse contexto universal mais amplo, é preciso entendê-la como uma experiência de vida genérica. Os programas de educação formal não preencherão todos esses requisitos. Ao mesmo tempo, a educação formal precisa ser transformada de maneira que ofereça um contexto integrador para o funcionamento da vida como um todo. Nos níveis mais elevados da educação formal, são necessários processos de reflexão sobre o significado e os valores realizados num contexto crítico. No presente momento, é claro que a universidade constitui um contexto universal. A precisão exigiria que chamássemos nossas instituições de educação formal de "multiversidades", não de universidades. Hoje em dia, nossas universidades tropeçam por falta de um contexto maior e mais abrangente. Não tendo um contexto maior adequado no qual operar, nossas instituições de ensino superior funcionam no interior de uma visão de mundo fragmentada, estilhaçada. Uma das soluções mais comuns para esse vácuo é a reintrodução de formas passadas de estudos humanistas no currículo básico, currículo esse que inclui filosofia, ética, história, literatura, estudos religiosos e um pouco de ciência geral. Nesse ponto de nossa história cultural, essas tentativas de educação integral não parecem evocar o sentimento de uma identificação comprometida, e nenhum paradigma unificador parece estar à vista. Em conseqüência, não há educação efetiva.

Ao examinar de perto esse momento de crise, Thomas Berry (1988) sugere que precisamos voltar à história do universo. Ele afirma que, pela primeira vez, os povos do mundo inteiro, desde que tenham sido educados num contexto moderno, estão sendo instruídos nessa história das origens. A história do universo constitui o ambiente em que as crianças de qualquer lugar — seja na África ou na China, na Rússia ou na América do Sul, na América do Norte, na Europa ou na Índia —

recebem sua identidade mundial e pessoal no tempo e no espaço. Embora a origem tradicional e as histórias das viagens também sejam necessárias no processo educativo, nenhuma delas pode oferecer a abrangência necessária à educação como a que existe nessa nova história, que é o aspecto mítico de nossa explicação moderna do mundo. A história conta como o universo surgiu e as transformações pelas quais tem passado, principalmente no planeta Terra, até a fase atual de desenvolvimento ser percebida pela inteligência humana.

A plenitude dessa história do universo é a base de todas as atividades educacionais e o contexto apropriado para todo o processo educacional. Ao mesmo tempo, a história também precisa ser compreendida dentro dos limites do desenvolvimento pessoal e social. Assim, é possível avaliá-la num contexto de desenvolvimento humano. Como o aluno do ensino fundamental, médio e superior vai vê-la é algo que dependerá de seu estágio de desenvolvimento. Não devemos nos surpreender se o aluno do ensino fundamental e médio não avaliar a história de maneira completamente racional e reflexiva; na universidade, os processos da maturidade humana permitem adentrar num nível mais profundo. É importante notar, a essa altura, que nossos esforços e compromissos educacionais mais profundos estarão enraizados na história que tem um contexto cultural, histórico e cosmológico de significado que pode ser aceito, em ampla escala, por pessoas de diferentes ambientes étnicos e culturais. A história do universo é uma "história grandiosa", mas não uma "narrativa magistral".

Capítulo 4

Sons que ressoam em nossos ouvidos e que invadem nossa alma: reflexão sobre a estrutura do sonho de nossos mantras culturais do Ocidente

À medida que avançamos, vou tentar fazer conexões com a cosmologia, a economia e o desenvolvimento do pensamento educacional moderno. Por enquanto, peço a meus leitores que se preparem para uma mudança no que considero um estudo meticuloso de alguns dos símbolos sagrados das sociedades ocidentais modernas. Volto à minha utilização do termo "cenozóico terminal". Uso esse termo para indicar que aquilo com que estamos lidando em nosso tempo é mais que o rótulo de pós-moderno ou pós-industrial. O que termina agora é um período incrível da história da Terra, não simplesmente uma fase da história humana. Embora esteja se tornando evidente que ocorre uma virada radical envolvendo o fim do processo histórico da Terra, encontramos uma retórica de negação na linguagem do mercado global.

Neste capítulo, lançamos um olhar crítico a algumas palavras-chave que fazem parte do léxico cotidiano da "nova ordem econômica". Esses sons ecoam em nossos ouvidos. Ouvimos as palavras tão repetidamente que as comparo a uma série de mantras. Em muitas das principais tradições espirituais do mundo todo, há o emprego de um som repetitivo com o objetivo de promover certa elevação da consciência espiritual. Na tradição hinduísta, ouvimos freqüentemente o som de "Om". Na tradição budista, há a repetição de sons do *koan zen*. O *koan zen* é apresentado, muitas vezes, como um enigma incompreensível a ser repetido, tal como: qual é o som de uma mão batendo palma? Na tradição cristã, há o Pai-Nosso, assim como os cantos gregorianos. O papel do som no desenvolvimento da consciência pode elevar o estado espiritual da pessoa ou reduzir sua consciência espiritual. Este capítulo examinará uma série de sons repetidos na cultura contemporânea mediante os meios de comunicação de massa que, em minha opinião, evocam um estado de consciência que promove a "sociedade industrial de consumo".

Fiz uma ligação entre a sociedade industrial de consumo e seu arco maior chamando-o de cenozóico terminal. Quando falo, aqui, de cenozóico terminal, refiro-me à sua encarnação mais recente, que agora vai além do Estado-nação. Essa é a expressão moderna de grandes empresas transnacionais que navegam sob a bandeira da "nova ordem mundial" ou do "mercado global competitivo". Essa fase histórica tem alguns símbolos proeminentes, os quais evocam a última versão de nossa consciência industrial de consumo. A repetição desses símbolos como sons são obra de gurus do cenozóico terminal. Falo, aqui, do ramo criativo do capitalismo industrial de consumo: os publicitários. O historiador cultural, Stuart Ewen (1976), chama as pessoas que ocupam os ramos da propaganda do capitalismo de "donos da consciência". Não vendem produtos. Seu trabalho é criar um estado de consciência que estimule atitudes positivas em relação à industrialização e um desejo correspondente de consumir os produtos da indústria. Na cultura mundial contemporânea, tal como é propagandeada pelos defensores do "novo mercado global", há uma constelação de símbolos e de sons parecida com os mantras que tentam criar um estado de transe a partir de uma consciência de consumo. No nível da economia global, isso envolve uma dedicação suprema ao movimento da maior quantidade possível de recursos naturais com a maior eficiência possível, rumo à economia de consumo e ao "monte de lixo". Este último não é uma fonte de nova vida, que fertiliza campos e fazendas e, sim, como diz o historiador Thomas Berry (1988), no melhor dos casos, um beco sem saída, muitas vezes, a fonte tóxica de mais mortes.

O aumento de velocidade e de volume dessa atividade é a norma básica daquilo que agora chamamos de "progresso moderno". O símbolo do progresso vem a nós dentro de uma constelação de símbolos que se apóiam mutuamente. Os símbolos que sustentam o mito do progresso, tal como os vejo, são crescimento, desenvolvimento, globalização, competição e consumo. Esses símbolos e sons servem de mantras para o cenozóico terminal, disfarçando a natureza terminal da síntese cultural corrente no sentido de que exaltem e propaguem a ordem industrial de consumo. Minha tarefa, aqui, é tirar esses símbolos de seu contexto honorífico e submetê-los a um exame crítico. Vou fazer isso em seqüência, começando com a noção de progresso.

Progresso

Embora a idéia de progresso possa ser rastreada até a Antigüidade clássica no pensamento ocidental, exerce papel importantíssimo no pensamento ocidental moderno desde o Iluminismo (Ginsberg, 1973). Em seu nível mais profundo de significado, equivale à crença num desdobramento linear que leva à perfeição. Esse desdobramento move-se historicamente para a frente e pressupõe a noção de estágios do progresso. Cada estágio subseqüente da história (aqui estamos falando da história ocidental) é mais um passo nesse desdobramento e uma melhoria em relação ao estágio que o precedeu. A idéia de progresso floresceu, principalmente, no século XVII, e quase todas as grandes teorias políticas, sociais e científicas desenvolvidas na cultura ocidental incorporaram a noção de "progresso" em seu léxico (Wiener, 1973). É preciso notar que o marxismo e o capitalismo compartilham esse símbolo em suas interpretações particulares da história. O teólogo Mircea Eliade (1959) remonta o germe do desenvolvimento linear à nossa herança judaico-cristã. Esse conceito religioso essencial é visto na ênfase da linearidade da história, mais desenvolvida na cultura ocidental durante o Iluminismo, que exalta seu próprio período histórico com o uso do termo "progresso".

No século XIX, a idéia de progresso deu mais um passo com a teoria da evolução de Darwin e a concepção da história de Marx. A partir das ciências morais, foi desenvolvida pelo pensador francês Auguste Comte. A interpretação popular da teoria da evolução de Darwin foi feita por seu sobrinho, Herbert Spencer, que louvava o progresso evolutivo abençoando a competição comercial feroz como motor de arranque dos vencedores da história. Os melhores sobrevivem, pois são eles que competiram melhor. Dava conferências sobre esse tema nos Estados Unidos a convite de Andrew Carnegie (Hofstadter, 1955). Marx também usou as idéias evolutivas no desenvolvimento de sua concepção da história. Para ele, a história caminhava em estágios progressivos, e cada estágio da história constitui um avanço em relação à fase anterior. Embora Marx fosse profundamente crítico em relação ao capitalismo, via-o como um avanço em relação a todos os tipos de economia histórica que o precederam. O ponto comum entre Marx e Darwin é a impressão de que a cultura ocidental consiste na forma mais avançada da evolução econômica. Assim, as instituições culturais do Ocidente são o ponto alto do desenvolvimento progressivo da história da forma como são vistas pelos sistemas ocidentais modernos, mesmo quando em desacordo uns com os outros, como no caso do marxismo e do capitalismo (Said, 1993).

A disposição mental do século XIX pode ser descrita como defensora ardorosa da noção de progresso, mas será o último século a adotar inequivocadamente essa idéia. Duas guerras mundiais e o Holocausto, além das agonias de nosso tempo, solaparam seriamente qualquer simplificação dessa noção. Apesar disso, na década de 1980, vimos como o liberalismo do livre mercado dos governos de Ronald Reagan, nos Estados Unidos, de Margaret Thatcher, na Inglaterra, e de Brian Mulroney, no Canadá, disseminaram as idéias extremamente questionáveis de progresso através do crescimento econômico.

Os anos Reagan, nos Estados Unidos, foram uma reprise dos anos de Ronald Reagan como a voz utilizada em *off* nos anúncios da General Electric que vi nos primeiros tempos da televisão. O *slogan* da General Electric era "o progresso é nosso produto mais importante". Isso poderia muito bem ser dito a respeito de parte do discurso de Reagan na

Casa Branca. Ele mudou pouco desde seus dias de ator, mas sua retórica assumiu um significado muito mais sinistro. É irônico que, no final de seu mandato, não falava mais da União Soviética como "o império do mal", que parecia ter-se desmantelado, por si só, bem diante de nossos olhos. Sua desintegração pode muito bem coincidir com a do capitalismo avançado, que pareceu guiar o mundo para o século XXI.

De acordo com a perspectiva que estou desenvolvendo, pode-se dizer que o capitalismo e o marxismo compartilham uma herança comum, enraizada nos recessos mais íntimos do Iluminismo, o qual, em última instância, compromete o mundo natural. Se examinarmos o tratamento dado ao mundo natural pelo socialismo de Estado, vamos ver que ambos os sistemas são lesivos para o mundo natural. O historiador cultural Christopher Lasch (1989) é profundamente crítico, tanto em relação ao capitalismo quanto ao marxismo. A perspectiva de Lasch está de acordo com esta que desenvolvo aqui, qual seja que nem o marxismo nem o capitalismo oferecem muita esperança para a superação dos problemas que ameaçam esmagar-nos. Ele fala daquilo que pode ser o problema fundamental. Lasch afirma que ambos os sistemas erraram em seu compromisso comum com a idéia de progresso. É fácil ver que a herança que o capitalismo tem em comum com o socialismo tem falhas tão fundamentais que o negócio é jogar ambas as tradições na lata de lixo da história planetária. É no nível do planeta que se pode ver que ambas as visões de mundo acabaram provocando devastação no mundo natural. Com essa consideração em mente, dá vontade de rir quando a gente ouve os profetas da nova ordem mundial do capitalismo transnacional.

Desde que a Guerra Fria acabou, ouvimos que o capitalismo foi vitorioso e que, agora, devemos dar rédea solta à sua missão histórica. E que missão é essa? Como veremos, o capitalismo e seu criado, o liberalismo, não enfatizaram muito a participação democrática. Como observa Lasch, o grande objetivo do liberalismo não é a participação democrática; o que ele enfatiza é o direito de desfrutar das boas coisas da vida. O Estado moderno parece colocar o direito às mercadorias acima do direito de participar da vida cívica (Lasch, 1989: 28). Assim, o Estado moderno, com o apoio da escola moderna, está no negócio de educar consumidores de mercadorias, em lugar de formar cidadãos ativos e participativos. Lasch tem o mesmo pessimismo que eu em relação ao mercado global:

> Em última instância, o liberalismo pressupõe a criação de um mercado global que abranja populações antes excluídas de qualquer expectativa razoável de riqueza. Mas a previsão de "mais cedo ou mais tarde todos seremos ricos", feita tão confiantemente há alguns anos, não parece mais ser feita com muita convicção. A circulação global de mercadorias, informações e populações, longe de tornar todos ricos, aumentou o fosso entre as nações ricas e pobres e gerou uma migração maciça para o Ocidente, onde os recém-chegados incham o vasto exército dos moradores de rua, desempregados, analfabetos, drogados, párias e efetivamente privados dos direitos civis. (Lasch, 1989: 29)

Se é assim, é espantosa a eficiência com que a cultura de consumo ainda está se vendendo em escala global. Vemos essa idéia inserida em dois outros conceitos relacionados ao mito do progresso: crescimento e desenvolvimento. Se o progresso é a direção dos movimentos históricos, as idéias de crescimento e de desenvolvimento são dinâmicas que levam as culturas a estágios mais elevados do progresso. Agora, vamos examinar, simultaneamente, as idéias de crescimento e de desenvolvimento em suas versões mais recentes.

Crescimento e desenvolvimento

Os conceitos de crescimento e de desenvolvimento são complementares e sustentam-se, na prática; por isso discuto-os ao mesmo tempo neste capítulo. Os conceitos de crescimento e desenvolvimento estão interligados e são freqüentemente definidos um em função do outro, num processo circular. A idéia de "desenvolvimento", em geral, designa o processo econômico associado à industrialização moderna. Segundo seu grau de atividade econômica, fazemos uma distinção entre as nações mais e menos desenvolvidas do mundo. A atual situação econômica do mundo viveu certo imperativo de que as nações menos desenvolvidas participam mais extensamente do desenvolvimento econômico que aconteceu nas nações mais avançadas. O desenvolvimento, em si, é considerado não só um processo desejável, mas também necessário para obter uma qualidade de vida verdadeiramente humana. Tanto as raízes do crescimento quanto as do desenvolvimento remontam ao século XIX. Edward Said (1993), em sua discussão magistral da cultura e do imperialismo, vê uma ligação íntima entre crescimento, desenvolvimento e imperialismo. No século XX, "crescimento" e "desenvolvimento" tornaram-se pseudônimos aceitáveis de imperialismo. Em seu nível mais profundo, o imperialismo é um processo por meio do qual uma ou mais nações assumem a tarefa de desenvolver outra nação ou nações. Quanto a esse processo, vai ser nossa tarefa examinar criticamente esse objetivo de peso, porque ele nos dirá alguma coisa sobre como funciona o poder em escala global. No século XX, principalmente desde o fim da Segunda Guerra Mundial, crescimento e desenvolvimento tornaram-se idéias respeitáveis. Lester Milbrath (1989) tem uma discussão excelente desses conceitos que, a seu ver, estão entre os mais poderosos símbolos geopolíticos de nosso tempo. Enquanto símbolos ideológicos, é possível perceber quão poderosamente influenciaram o discurso popular. Milbrath convida-nos a ver como o processo continua inquestionável na imaginação popular. Nota que há uma insistência constante de que continuemos crescendo em termos de produção econômica, população, prestígio, força, estatura, complexidade. O crescimento está associado ao desenvolvimento, à saúde e ao progresso. Acredita-se que o progresso definido como crescimento é inevitável e bom. Algumas pessoas pensam até que, se não crescermos, morreremos.

Como se pode ver, esses símbolos apóiam-se mutuamente e andam juntos como uma constelação. Assim, raramente se vê um deles sozinho. Quase sempre esses símbolos são projetados como muito positivos e atraentes. Assim sendo, inicialmente é difícil olhar para eles de maneira crítica. Apesar disso, minha tarefa é orientar o leitor a uma postura crítica.

Rowledge e Keeth (1991), de acordo com uma análise de Schaef (1987), desenvolvem a tese de que essas constelações de símbolos seguem o modelo viciante, que indica que devemos ter coisas como forma de crescimento e de desenvolvimento. Vício implica necessidade, por isso há compulsão de crescer e de desenvolver-se. Como a bebida que o alcoólatra acha que *tem* de beber, o crescimento e o desenvolvimento são vistos como algo que *temos* de ter. Em relação ao crescimento econômico, tanto indivíduos quanto sociedades parecem seguir esse modelo viciante. Como no caso de todos os grandes vícios, há perpetradores ativos e co-dependentes. Os perpetradores estão no papel de "produtores" e o co-dependente assume o papel de "consumidor". É claro que esses papéis podem mudar em contextos diferentes.

Há um grande indicador de nosso vício que pode ser visto em nosso uso do índice de crescimento do PNB (Produto Nacional Bruto). Constantemente ouvimos o termo como indicador de saúde econômica. Quando o PNB sobe ou cresce, somos levados a acreditar que houve desenvolvimento econômico. Há tantos problemas e absurdos em torno do uso do PNB que é surpreendente que continue sendo um termo consagrado nos círculos econômicos convencionais (para uma excelente visão crítica do PNB, ver Daly e Cobb [1989]; Ekins [1992]; Henderson [1992]; Berry [1988]; Waring [1988]).

Para meus objetivos, aqui, é necessário avaliar a trajetória histórica do crescimento e do desenvolvimento em suas manifestações mais recentes do pós-guerra, se quisermos compreender a dinâmica dessas noções. Wolfgang Sachs (1992) deu-nos a mais completa arqueologia da noção de desenvolvimento e, a partir dela, podemos ver as poderosas forças culturais e econômicas nas quais está inserido. Sachs leva-nos para a Casa Branca durante o governo de Harry Truman no pós-guerra em busca da origem do significado moderno de desenvolvimento. Dá a versão mais recente desse conceito examinando o discurso de posse do presidente Truman, em que este definiu a maior parte do mundo como áreas "subdesenvolvidas". Sachs observa que, naquele momento, Truman estabeleceu um conceito vital que sintetizou a diversidade incomensurável do Sul numa única categoria: subdesenvolvido. Pela primeira vez, a visão do novo mundo foi anunciada da seguinte maneira: todos os povos da Terra devem percorrer a mesma trajetória e aspirar a um único objetivo — o desenvolvimento.

A visão que Truman tinha do desenvolvimento do pós-guerra era que o aumento da produção era a chave para maior prosperidade e paz. Também foi o início do processo que levou os Estados Unidos para o primeiro lugar entre as nações imperialistas (Barnet e Cavanagh, 1994; Said, 1993). Sachs (1992) observa que foi nos corredores do Departamento de Estado durante o período pós-guerra que o "progresso cultural" foi absorvido pela "mobilização econômica" e pelo "desenvolvimento", e o resultado foi entronizado como o conceito supremo. As nações civilizadas modernas podem ser avaliadas por seu nível de produção. Havia também a crença de que o desenvolvimento não precisava estar ligado à presença de recursos naturais. Na verdade, uma sociedade pode ser considerada "subdesenvolvida" quando não consegue desenvolver nem extrair seus recursos naturais. Na visão de Truman, as pessoas, bem como sociedades inteiras, podem ser consideradas objetos de desenvolvimento. Foi assim, em síntese, que o modelo norte-americano de sociedade foi projetado no resto do mundo. Exatamente nesse contexto, a definição de "pobreza" começou a definir povos inteiros. A pobreza, definida segundo o ponto de vista das nações industrializadas do mundo, passou a ser compreendida como falta de poder aquisitivo que podia ser resolvida pelo "crescimento econômico". De acordo com essa definição, sociedades inteiras foram pressionadas e obrigadas a reorganizar-se em conformidade com as modernas economias monetárias, supostamente competindo no mercado mundial. Os políticos do desenvolvimento do mundo industrializado encaravam a "pobreza" como problema, e o "crescimento" como a solução. Essa definição de "pobreza" tinha falhas fundamentais, pois não distingue entre frugalidade, privação e escassez. Wolfgang Sachs oferece-nos uma descrição lúcida e esclarece essa distinção. Para Sachs, *frugalidade* é a marca das culturas isentas do frenesi da acumulação. As necessidades cotidianas são satisfeitas com a produção de subsistência, e apenas uma pequena parte dela é vendida no mercado. Ele traça o seguinte quadro:

> A nossos olhos, as pessoas têm posses bem modestas, talvez a cabana e alguns potes e roupas domingueiras, e o dinheiro desempenha papel apenas marginal. Mas todos têm acesso aos campos, aos rios e às florestas, enquanto os deveres para com os parentes e a comunidade garantem serviços que em outros lugares têm de ser pagos em moeda sonante. Apesar de se encontrarem na "categoria de baixa renda", ninguém passa fome. Além disso, grandes excedentes costumam ser gastos em jóias, comemorações ou construções grandiosas. Num vilarejo mexicano tradicional, por exemplo, a acumulação privada de riqueza resulta em

ostracismo social — o prestígio deriva exatamente de gastar até pequenos lucros em boas ações para a comunidade. Eis aqui um modo de vida mantido por uma cultura que reconhece o estado de suficiência; só se transforma em "pobreza" aviltante quando pressionada por uma sociedade acumulativa. (Sachs, 1992: 11)

Sachs afirma que a *privação* é um estado precipitado pela frugalidade quando destituída de suas bases. Isso inclui as infra-estruturas da vida como laços comunitários, terra, floresta e água. São pré-requisitos importantes para a subsistência sem dinheiro. Quando esses itens essenciais ficam inacessíveis, segue-se a privação. A *escassez* é um fenômeno que surgiu nos tempos modernos. Afeta somente os grupos urbanos aprisionados na economia monetária como trabalhadores e consumidores, e cujo poder aquisitivo caiu abaixo de uma certa linha de pobreza. As populações urbanas vivendo na escassez têm uma situação precária, que parece desenhar uma espiral descendente. As sociedades da escassez estão numa situação que as deixa vulneráveis aos caprichos do mercado. Ao mesmo tempo, uma sociedade de escassez é obrigada a viver circunstâncias em que o dinheiro assume importância cada vez maior. É uma espiral descendente quando a capacidade de conseguir as coisas pelos próprios esforços se desvanece gradualmente, ao mesmo tempo que os desejos, alimentados por vislumbres da alta sociedade, desenham uma espiral rumo ao infinito; esse efeito tesoura de carência é o que caracteriza a pobreza moderna.

Em vez de continuar pregando o evangelho do crescimento e do desenvolvimento econômico moderno, Sachs acredita que devemos prestar atenção à maior frugalidade e diminuir a pressão das algemas da privação produzidas pelo "desenvolvimento" moderno. Atualmente, os políticos encaram "a pobreza" como o problema e "o crescimento" como a solução. Não reconhecem, até agora, que têm trabalhado a maior parte do tempo com um conceito de pobreza criado pela experiência da necessidade de mercadorias do hemisfério norte. Com o *homo oeconomicus* menos próspero em mente, pregaram o crescimento e produziram, muitas vezes, a privação ao levar numerosas culturas da frugalidade à ruína. Pois a cultura do crescimento só pode ser edificada em cima das ruínas da frugalidade; assim, a privação e a dependência de mercadorias são o preço a pagar (Sachs, 1992).

Embora tudo isso seja verdade, ainda não temos nem a compreensão nem a disciplina necessárias para criar um processo de desenvolvimento integral. Um processo desse tipo enriqueceria a vida humana de maneira integral, ao mesmo tempo que evitaria os efeitos desintegradores do desenvolvimento sobre a comunidade humana bem como sobre o planeta em si. Os lamentos das sociedades desenvolvidas em relação à desintegração resultante dos novos processos industriais são compensados pela urgência que as sociedades menos desenvolvidas têm de alívio em relação às suas aflições mais imediatas. O alívio parece ser a promessa a ser cumprida pelo desenvolvimento que poderia ser disponibilizado a elas pelas sociedades mais desenvolvidas. As chamadas sociedades desenvolvidas têm, muito freqüentemente, empurrado outras sociedades para baixo por meio da exploração de seus recursos naturais e, também, de suas capacidades e energias pessoais. Essa exploração, em sua versão mais recente, tem o nome de "política de ajuste estrutural" do Banco Mundial e do Fundo Monetário Internacional (FMI).

Nesse contexto, o desenvolvimento tem como base três pressupostos importantíssimos. O primeiro é que a ciência ocidental é a única forma de compreender o mundo. Isso, na verdade, descarta o saber da maior parte da humanidade. O segundo é que o progresso e o desenvolvimento, usando essa visão de mundo científica, encarnam-se essencialmente no aumento da produção de bens para o mercado. O terceiro é a invenção relativamente recente do "Estado-nação", soberano no interior de suas fronteiras artificiais e que permite que o "desenvolvimento" seja imposto às populações submetidas a ele (Ekins, 1992). Portanto, o desenvolvimento é uma aliança entre os governos e outros interesses poderosos do Norte e as elites dominantes do Sul, muitas das quais foram convertidas à visão de desenvolvimento do Norte durante o período colonial e cuja imagem foi criada à semelhança do país mais "desenvolvido", os Estados Unidos. Paul Ekins (1992) traça as linhas gerais dos mecanismos estabelecidos entre o Norte e o Sul para chegar a esse fim: dívida, comércio e ajuda. Do ponto de vista do Norte, essa tríade tem tido um sucesso estrondoso. Em relação à dívida do Terceiro Mundo, os interesses do Norte têm encontrado recursos ilimitados que podem ser extraídos do Sul em determinadas circunstâncias. Uma delas é o empréstimo estrangeiro, que possibilita às elites do Sul financiar grande número de projetos de auto-engrandecimento. Ao contrário das práticas bancárias e da justiça natural, os repagamentos são extraídos pelos programas de "ajuste estrutural" impostos pelo FMI aos trabalhadores e aos recursos dos mais pobres, exatamente aqueles que não recebem nenhum benefício dos empréstimos. É preciso notar que "ajuda e comércio" têm efeitos semelhantes: a ajuda é promovida mediante acordos bilaterais com o Acordo Geral sobre Tarifas e Comércio (GATT), e o ajuste estrutural é feito mediante acordos com o FMI. Se o desenvolvimento for definido como meio de enriquecer ainda mais os programas de governo e as instituições multilaterais que já existem, como o Banco Mundial, e o comércio for imposto pela ideologia do livre-comércio por meio de instituições controladas pelos relativamente ricos, independentemente do efeito sobre os pobres, então ajuda, comércio e dívida mostraram ser poderosos instrumentos de desenvolvimento (Ekins, 1992). Mas não é o desenvolvimento que é valorizado pelos parceiros do Norte nesse negócio. Por causa de seus efeitos negativos, Vandana Shiva (1989) chamou esse processo de "desenvolvimento de anomalias".

Antes de terminar essa discussão crítica de crescimento e de desenvolvimento, acho importante falar sobre dois outros problemas. O primeiro deles é o resultado do desenvolvimento do militarismo e sua influência sobre as idéias modernas de desenvolvimento. O segundo é que temos de fazer algumas considerações sobre o novo campo da engenharia genética. Em relação ao militarismo, é preciso reconhecer que nenhuma discussão moderna de questões em torno do "desenvolvimento" é completa sem uma menção aos efeitos corrosivos da militarização moderna. Os gastos militares mundiais, em nossos dias, correspondem a cerca de US$ 1 bilhão por ano ou US$ 1,9 milhão por minuto (Epp-Tiessen, 1990). Fazendo a ligação entre a militarização e o subdesenvolvimento, Ester Epp-Tiessen (1990) apresenta as seguintes estatísticas sobre as despesas militares mundiais: as despesas militares mundiais respondem por 5,6% do PNB do mundo e emprega cerca de 25,7 milhões de pessoas só nas Forças Armadas. A quantidade de armas nucleares estocadas no mundo inteiro é estimada em 57 mil, e sua capacidade explosiva é mil vezes maior do que todas as guerras juntas desde a introdução da pólvora. Epp-Tiessen (1990) observa, especialmente, a velocidade da militarização no Terceiro Mundo. Um exemplo: na década de 1960, 22 dos 78 países independentes em desenvolvimento eram administrados por governos militares; em 1988, o número subiu para 64 entre 113, isto é, o aumento foi de 57%. Tomando a década de 1960 como referência, os gastos militares dos países do Terceiro Mundo aumentaram cinco vezes em preços constantes. Em conseqüência, os países em desenvolvimento agora absorvem 82% do comércio de armas do mundo. A ligação entre militarização e subdesenvolvimento ou desenvolvimento de anomalias não é menos impressionante: Epp-Tiessen (1990) acredita que a militarização contribui para o subdesenvolvimento de várias formas. Mais importante ainda que as conseqüências individuais é a forma pela qual a militarização fortalece os vários mecanismos segundo os quais as nações industrializadas do Norte realizam a exploração do Sul. É importante notar que aumentar a dívida externa de países do Terceiro Mundo dirigindo a produção para as exportações e afastando-os do atendimento às necessidades locais, contribuir para a dependência ao FMI e promover o autoritarismo e a repressão são medidas que servem para reforçar a estrutura e a dinâmica da hierarquia mundial de poder apoiada pela militarização do Terceiro Mundo. Epp-Tiessen (1990) conclui que, num nível muito básico, a militarização contribui para o subdesenvolvimento ao integrar os países em desenvolvimento a uma ordem econômica global na qual eles estão destinados a ser perdedores. De acordo com essa perspectiva, não é difícil ver que a trajetória do desenvolvimento moderno, segundo o molde eurocêntrico-ocidental, é, para dizer o mínimo, problemática. Gerge Dei (1995b), por exemplo, faz uma crítica africana às estratégias ocidentais de desenvolvimento observando que esse tipo de desenvolvimento para os africanos levou ao fortalecimento de relações desiguais de dependência entre as sociedades africanas e o Ocidente. Também reforçou e maximizou o sistema de controle, exploração e desigualdade no interior das sociedades da África.

Dei (1995b) e Shiva (1989, 1995) sugerem uma alternativa à visão eurocêntrica que lembra um paradigma diferente de desenvolvimento indicado em 1975 pela Fundação Dag Hammarskjold da Suécia

(Ekins, 1992). Chamado de "Outro Desenvolvimento", a fundação apresenta as linhas gerais de cinco características da alternativa. Em primeiro lugar, esse desenvolvimento alternativo é voltado para a satisfação das necessidades humanas fundamentais (Henderson, 1992; Ekins, 1992; Daly, 1973; Daly e Cobb, 1989; Roberts, 1993; Georgescu-Roegen, 1971). Em segundo lugar, é um desenvolvimento realizado pelo povo em questão, com base em seus conhecimentos, experiência e cultura, não um desenvolvimento imposto por influências externas. David Korten (1991) deu-lhe o nome de "desenvolvimento centrado no povo". Em terceiro lugar, no paradigma alternativo, o desenvolvimento fundamentado na autoconfiança é realizado por meio da mobilização de recursos locais para satisfazer necessidades locais percebidas. Em quarto lugar, é ecologicamente saudável (Roberts, 1993; Quarter, 1992). Finalmente, em quinto lugar, as estratégias de desenvolvimento devem ser implementadas somente onde reformas fundamentais forem feitas, tanto nas relações domésticas de poder quanto em instituições internacionais de desenvolvimento, como o Banco Mundial e o FMI. Esse desenvolvimento questiona, fundamentalmente, a hegemonia criada pelos programas correntes de ajuda, comércio e dívida atualmente propostos pela ordem econômica competitiva e internacional.

É preciso notar que nos pronunciamentos mais recentes da Comissão Bundtland, resumidos em *Our Common Future: The World Commission on Environment and Development* [Nosso futuro comum: a Comissão Mundial de Meio Ambiente e Desenvolvimento], é nítida a sensibilidade para os princípios do paradigma alternativo citados, os quais essa Comissão chama de *desenvolvimento sustentável*. Embora o conceito de desenvolvimento sustentável apresentado pela Comissão seja particularmente sensível às dimensões do desenvolvimento que afetam o equilíbrio ecológico do planeta, não discorda de nenhuma forma significativa dos paradigmas economicistas de desenvolvimento, afirmando que o desenvolvimento sustentável pode avançar em direção a uma "nova era de crescimento econômico" (Brundtland, 1987). Vejam só! A Comissão permite que a gente mate dois coelhos com uma cajadada só.

Mesmo que estejam sendo feitos esforços para melhorar a qualidade de vida, precisamos refletir mais profundamente sobre todo o processo de desenvolvimento. A comunidade humana tem de aceitar a disciplina necessária para evitar desastres maiores e mais absolutos que nos ameaçam se o desenvolvimento não levar a uma solução efetiva.

Já falei sucintamente sobre o papel que a ciência e a tecnologia desempenham no desenvolvimento moderno. Antes de encerrar esta análise crítica das idéias ocidentais sobre desenvolvimento, é importante falar sobre sua dimensão mais recente: o mundo da biotecnologia e da engenharia genética. Neste contexto atual de desenvolvimento disfuncional da ciência e da tecnologia do Ocidente, precisamos avançar com a mais extrema cautela. Essa área de atividade não é apenas uma nova moda; a engenharia genética é uma área de grande importância cultural e planetária. Em sua avaliação crítica dos novos processos, Jeremy Rifkin e Nicanor Perlas (1983) observam que a civilização vivencia os primeiros momentos da próxima era da história. A mídia já nos apresenta vislumbres de um futuro em que a engenharia da vida por encomenda vai ser o procedimento operacional-padrão. Embora os laboratórios das grandes empresas já comecem a escoar os primeiros produtos da bioengenharia, uma mudança sutil no impulso ético da sociedade torna-se perceptível. À medida que reprogramamos a vida, nosso código moral também passa a ser reprogramado para refletir essa mudança profunda na organização do mundo feita pela humanidade.

A biotecnologia costuma ser datada a partir da primeira clonagem de um gene, feita em 1973, e em sua expressão num organismo estranho um ano depois. Na década de 1980, a primeira forma de vida criada pelo homem, bem como seus processos vitais concomitantes, foram patenteados, consolidando a base do que viria a ser o negócio da biotecnologia (Menzies, 1989). Embora a biotecnologia tenha tido avanços impressionantes nos últimos anos, é preciso reconhecer que, no nível microscópico, a natureza ainda é um território desconhecido. No contexto em que estamos falando, há vários motivos para grande preocupação com os avanços atuais da biotecnologia. Um deles é que a biotecnologia está sendo desenvolvida quase que exclusivamente por complexos militares-industriais de todo o globo e que também se restringe quase que exclusivamente a investimento e desenvolvimento industrial privado. O número de projetos conhecidos do Ministério da Defesa dos Estados Unidos que usam tecnologia de engenharia genética e anticorpos monoclonais subiu de zero, em 1980, para mais de cem, em 1984; os gastos do programa norte-americano aumentaram mais de 900% entre 1979 e 1986. Mais de cem laboratórios privados, além de dezoito laboratórios do governo, estão envolvidos com esse trabalho. A ausência do discurso público sobre questões éticas é praticamente total pelo fato de o desenvolvimento biotecnológico estar confinado a esses dois setores. É razoável supor que a capacidade de destruição e a obtenção de lucro sejam os principais motores que impelem a exploração nessa nova área do conhecimento. Embora seja uma ciência em seus estágios iniciais, a biotecnologia cresce rapidamente, quase sem nenhuma supervisão pública. Heather Menzies (1989) fala a respeito do rápido desenvolvimento nessa área. Ela diz que, na construção social, a biotecnologia é única. De um lado, ainda está num estágio muito incipiente (por analogia, onde estava a produção fabril há um século). Mas seu desenvolvimento já está sendo acelerado. Em vez de crescer lentamente, o que permitiria ao menos uma visão retrospectiva e a possibilidade de pensar melhor e mais sobriamente ao longo do caminho, está sendo pressionada a entrar num estágio avançado de desenvolvimento industrial.

A perspectiva reduzida desses processos acelerados freqüentemente inviabiliza as considerações a respeito de suas conseqüências ambientais e sociais de longo prazo (Suzuki e Knudston, 1988). Combinada à miopia da motivação do lucro industrial, há também a presença do controle monopolista sobre pesquisa e desenvolvimento por parte das multinacionais da biotecnologia. Essas empresas privadas estão envolvidas em diagnóstico médico, agricultura, produtos químicos e fermentação. Projeções para o ano 2000 na área da comercialização de sementes indicam que provavelmente haverá controle monopolista de 12 multinacionais gigantes das sementes e produtos químicos. Na época em que houve um apelo em favor da biodiversidade, na Reunião de Cúpula da Terra no Brasil, em 1992, essas mesmas multinacionais criavam o controle monopolista sobre a produção de sementes e uma monocultura de sementes pela redução da diversidade. Um exemplo: em conseqüência do controle monopolista sobre a produção de sementes nos últimos vinte e cinco anos, dos setenta e cinco tipos de vegetais que existiam no começo do século XX, aproximadamente 97% das variedades de cada tipo, agora estão extintos. Os poucos e preciosos tipos que sobraram estão sob a proteção de patentes garantidas a um pequeno número de multinacionais *(New Internationalist*, 1991; 1997).

O segundo motivo de preocupação é que a biotecnologia está sendo desenvolvida no interior da cosmologia do que chamamos de cenozóico terminal. Ainda estamos presos ao paradigma do mecanicismo. Jeremy Rifkin e Nicanor Perlas (1983) traçam alguns paralelos na área da engenharia genética humana e levantam algumas questões fundamentais. Observam que a idéia de usar a engenharia genética na espécie humana é muito semelhante à idéia de empregar a engenharia numa peça de máquina. Um engenheiro está constantemente em busca de novas formas de melhorar o desempenho de uma máquina. A tarefa fundamental é eliminar todas as imperfeições. A idéia de estabelecer limites à perfeição é estranha a essa empreitada. Rifkin e Perlas observam, depois, que, no caso da engenharia genética na espécie humana, conseguimos uma coisa e perdemos outra. Em troca de segurança em termos de bem-estar físico, precisamos aceitar também a idéia de reduzir a espécie humana a um produto concebido tecnologicamente. Por fim, há reservas profundas em relação à perspectiva cosmológica na qual a engenharia genética está se desenvolvendo. A partir do século XIX, o desenvolvimento da biologia foi a recorrência mais recente de uma postura cosmológica que, durante séculos, tentou colocar os seres humanos acima e além da intricada teia da vida. Pode ser que, em vez de ir em frente na alteração de nosso código genético, devêssemos parar para pensar na orientação que podemos obter dele. Thomas Berry (1989) observa que raramente pensamos em nos voltar para nosso código genético em busca de orientação, porque estamos ocupados demais tentando alterar e manipular nossos desígnios genéticos. Nossa cultura, em geral, não nos deixa perceber que o código genético constitui a estrutura psíquica e física básica de nosso ser. Determinar nossa identidade no momento do parto não é a única coisa que o nosso código genético faz; sua orientação continua, também, em todas as células de nosso corpo durante todo o curso de nossa existência, orientação essa manifesta nas espontaneidades dentro de nós. Berry conclui que as funções da ciência e da tecnologia, em nível humano, devem estar subordinadas aos processos científicos e tecnológicos mais amplos desenvolvidos pela Terra durante os últimos bilhões de anos. Tais processos já estão ameaçando uma vingança maciça por causa da interferência abusiva realizada recentemente pela fase humana dos processos científicos e tecnológicos. Os elementos tóxicos que hoje saturam o planeta são o método pelo qual a Terra está disciplinando, educando e advertindo a comunidade humana no sentido de observar mais cuidadosamente as regras básicas de "desenvolvimento", tanto no Oriente quanto no Ocidente, tanto no Norte quanto no Sul. Ao mesmo tempo, a Terra convida os seres humanos a participar da próxima fase de cultivo contínuo daquelas forças colossais que deram à Terra seu esplendor passado, capazes de novas formas de magnificência, desde que os seres humanos obedeçam as diretrizes da Terra do fundo de seu próprio ser (T. Berry, 1988). Com essas ressalvas finais, vamos examinar o mantra da globalização.

Globalização

"O mundo humano parece estar ficando global, e é necessário estar em conformidade com essa nova orientação. Precisamos nos preparar para a competição no novo mercado global." É possível ler ou ouvir afirmações como essa quase todos os dias em um ou outro dos meios de comunicação de massa. Agora, é a nova religião da companhia transnacional e, como veremos, é uma recapitulação do darwinismo social do século XIX com os mesmos padrões e valores antidemocráticos (Hurtig, 1991). Existe uma verdadeira retórica em torno da "arena eqüitativa" ou do "campo de jogo plano" que tem um toque de justiça. Aqui, o comércio internacional é equiparado a uma quadra ou campo esportivo em que, se a inclinação do terreno pende para certa direção, dá vantagem a um dos participantes do jogo; se tomar outra direção, a vantagem é do time adversário. No contexto do comércio transnacional, por exemplo, o campo é considerado vantajoso para um Estado quando são dados subsídios a uma indústria, permitindo-lhe reduzir o preço das exportações. Nesse contexto, a chamada justiça do campo de jogo plano requer que os subsídios deixem de ser dados (J. Smith, 1993). Mas, na prática, a justiça torna-se uma caricatura. Como observam Barnet e Cavanagh (1994), os subsídios são definidos de maneira muito ampla, de modo que incluam coisas como programas de desenvolvimento regionais, generosos benefícios de seguro-desemprego e até tratamentos de saúde financiados pelo Estado. Os parceiros comerciais podem afirmar que, como esses benefícios são dados pelo Estado, os empregados recebem um subsídio oculto. Para deixar o campo plano, esses programas têm de ser impostos (J. Smith, 1993).

Nossos políticos falam, também, da "nova ordem global" em muitos de seus floreios retóricos. Agora, a globalização está sendo inserida no discurso público sobre a globalização competitiva, alimentado pelos meios de comunicação de massa. A imprensa ocidental é chamada de "imprensa livre" e tem pretensões de democratização. Noam Chomsky e Edward Herman (1988) questionaram esse pressuposto numa crítica contundente à mídia ocidental e a suas pretensões de ser democrática e livre. Herman e Chomsky refutaram, de maneira fundamental, o postulado de que a mídia é democrática; construíram sua tese de que a imprensa ocidental e a chamada imprensa livre norte-americana estão no ramo da fabricação de anuência à moderna missão imperial das empresas transnacionais. Portanto, questionaram o alarde da mídia norte-americana faz em torno de sua independência e compromisso com a descoberta da verdade. Afirmaram que a mídia não está, de forma alguma, em busca da verdade, que apenas reflete grupos poderosos à medida que disseminam sua agenda empresarial pelo mundo inteiro. O alarde freqüente em torno da chamada imprensa democrática com base em critérios profissionais, objetivos e imparciais não resiste a um exame cuidadoso. Em seguida, demonstraram que os poderosos interesses empresariais do mundo fixam, para o populacho em geral, as premissas do discurso, decidindo o que o populacho em geral tem permissão de ver, ouvir ou pensar. Os interesses empresariais também "administram" a opinião pública com campanhas publicitárias regulares feitas pela propaganda e pelos programas e noticiários de rádio, TV, jornais e revistas (Chomsky, 1989a; 1997; Herman e Chomsky, 1988). Essa mídia não tem nada de democrático em termos de acesso e pode-se concluir, com segurança, que segue a trajetória das agendas das empresas transnacionais (Chomsky, 1997; Schiller, 1983). Isso foi chamado de colonialismo eletrônico (Chomsky, 1997; Schiller, 1983).

No contexto global, a nova ordem mundial é complementada pela nova ordem da informação. Quando cuidadosamente estudada e analisada, essa nova ordem da informação pode ser caracterizada como um monopólio das nações industrializadas do Ocidente (Chomsky, 1997; Schiller, 1983). Quando a hegemonia ocidental da nova ordem da informação é questionada e criticada, há uma reação incrível de governos, empresas e imprensa do Ocidente (Chomsky, 1997; Schiller, 1983; McPhail, 1981). Afirmam que essas estruturas controladas hegemonicamente e que reforçam as agendas empresariais do Ocidente são os únicos meios de comunicação realmente livres. Tomando a televisão comercial como exemplo, vemos que ela vende seu público a produtores de mercadorias, que determinam cuidadosamente as proporções de tantos milhares de espectadores por dólar publicitário. Os publicitários referem-se aos programas como o "almoço grátis", que atrai os consumidores para ver os comerciais. Qualquer ameaça ou crítica a esse processo é vista como conspiração contra a "televisão livre" (Chomsky, 1997; Schiller, 1983).

Durante todo o século XX, os profissionais de relações públicas da mídia desenvolveram e diligentemente refinaram técnicas para apresentar a agenda desejada por seus clientes das grandes empresas e do governo, criando imagens positivas e reprimindo o lado mais sombrio e secreto de suas atividades (Nelson, 1989). No final do século XX, testemunhou-se a ascendência incrível dos Estados Unidos da América, agora a maior potência imperial do mundo. Herbert Schiller (1983) nota que o que hoje dá sofisticação ao poder imperial dos Estados Unidos é sua dependência de um casamento da economia com a eletrônica, o qual substitui, em parte, os antigos fundamentos de "sangue e ferro" dos conquistadores mais primitivos. Não é exagero dizer, hoje, que as condições sob as quais as informações são transmitidas nos Estados Unidos têm o controle do poder econômico privado e concentrado (Schiller, 1983). Portanto, a transmissão de programas de rádio e de televisão é a forma de nosso século fazer a apologia dos sonhos das grandes empresas. Essa estrutura onírica coagulou com o avanço incrível das tecnologias da informação, principalmente a televisão. De uma perspectiva global, a mercadoria cultural mais vendável é o modo de vida norte-americano (Barnet e Cavanagh, 1994). A publicidade transnacional do Ocidente é uma indústria multibilionária e oferece o que pode ser o único produto que atualmente não podemos deixar de comprar. As estruturas oníricas de suas mensagens penetram nosso subconsciente e impregnam todos os planos das sociedades, em todo o mundo moderno. A cultura popular dos Estados Unidos detém o monopólio do mercado global de comunicações. Só com o peso dos números e da enorme concentração de seus programas, os Estados Unidos dominam literalmente o mundo. Nos países do Sul, percebe-se a asfixia causada por imagens norte-americanas, porque suas reprises podem ser comercializadas e vendidas a preços muito mais baixos que os programas autóctones *(Distress Signals* [Sinais ameaçadores], 1986; Barnet e Cavanagh, 1994). Pesadas todas as coisas, não é absurdo dizer que os Estados Unidos da América são a primeira potência imperialista a atuar em nível planetário.

Depois de dizer tudo isso, ainda é preciso examinar de perto o significado desse uso do termo "globalização". Temos de olhar para ele criticamente e ver para onde as idéias globais estão nos levando. Uma certa imprecisão acompanha esse termo, e vale a pena procurar ter uma idéia do que é esse "papo-furado da globalização" (no original, *globaloney*, termo atribuído a Clare Booth Luce).

A nossa tem sido chamada de era da globalização (Barnet e Cavanagh, 1994). Há uma quantidade imensa de forças sociais convergindo em direção umas às outras para tornar este mundo muito menor. A idéia do global chega até nós proveniente de dois pontos de referência distintos. O primeiro surgiu há mais de vinte e cinco anos, quando vimos as imagens da Terra enviadas do espaço sideral. Essas fotografias nos fizeram ver que a Terra é uma entidade total e criou uma metáfora unificadora, que despertou em muitos a consciência planetária. Surgiu a impressão de que todos os membros deste lindo planeta azul estavam inter-relacionados e no interior de uma intricada teia de vida, que provavelmente não existe em nenhum outro ponto do universo. Gostaria de fazer uma distinção examinando, aqui, o termo "globalização" em dois contextos: no de "nova ordem econômica" e no de "organicidade planetária". O segundo uso ou ponto de referência é a nova economia global das empresas transnacionais, também chamada de nova ordem econômica. Considero este um dos mantras essenciais do período cenozóico terminal. A retórica da grande empresa transnacional, que nasce nas miríades de agências de propaganda e é vista dia após dia e noite após noite em nossos meios de comunicação de massa, é uma linguagem que esconde a entropia na qual está implicada (Nelson, 1989). Ao refletir sobre a atividade empresarial global, quando vamos além da retórica e examinamos essas atividades mais de perto, vemos um rastro de destruição. Marcia Nozick (1992) não se demora liricamente nessas questões. Em relação às tendências do desenvolvimento econômico global, notam-se situações gravíssimas. Um dos resultados da globalização transnacional é que ela cria o oposto da riqueza que afirma estar gerando no mundo. Podemos ver que os desdobramentos atuais da reestruturação econômica global produzem uma subclasse permanente e cada vez maior de pessoas empobrecidas e destituídas de seus direitos civis (Nozick, 1992). Esse quadro de referência transformou a Terra num mercado global. Esse é o mundo dos negócios transnacionais. Sua preocupação é com a troca, o comércio e a competitividade de todo e qualquer tipo de mercadoria que a mente humana possa conceber e fabricar. Jeremy Rifkin (1991) faz uma avaliação das conseqüências extremamente negativas dos negócios transnacionais. Afirma que o maior impedimento para uma nova orientação biosférica, temporal e espacial é a empresa multinacional. As gigantescas companhias globais representam o estágio institucional final da consciência mecanicista e do raciocínio geosférico. Tanto em seus procedimentos operacionais quanto em seus objetivos, as multinacionais sintetizam valores e pressupostos sobre os quais tem base a visão de mundo moderna. Seu papel no mundo e seu impacto sobre ele precisam ser compreendidos, criticados e, em última instância, contestados, se a sociedade quiser alimentar qualquer esperança de ter uma nova consciência biosférica.

Usando o planeta Terra como símbolo, as novas empresas comerciais transnacionais agora o utilizam como bandeira. Mas, por trás desse símbolo, não está a totalidade orgânica sobre a qual lemos a respeito da Terra como Gaia; um processo mais sinistro esconde-se por trás da camuflagem e confunde o cidadão comum. Barnet e Cavanagh descrevem esse processo:

> Somos todos participantes, de uma forma ou de outra, de um acontecimento político e econômico sem precedentes, mas não conseguimos entendê-lo. Sabemos que devemos pensar globalmente, mas é difícil pensar até num quarteirão da cidade, quanto mais num planeta. O fato de estarmos à mercê de jargões da moda e declarações sumárias não é de surpreender. "Globalização" é a palavra mais em voga nos anos 90, tão portentosa e maravilhosamente paciente que deixa Alice dando tratos à bola no País das Maravilhas e empolga a Rainha de Copas porque significa exatamente o que o usuário disser que significa. (Barnet e Cavanagh, 1994: 13-14)

Se "nacionalismo" era um ideal abrangente na virada do século XIX, é a "globalização" que nos leva ao século XXI. Vai ser tarefa educacional nossa começar a entendê-la, porque agora ela serve mais para mistificar do que para informar. Em algum lugar lá fora, existe um mercado global no qual todos estamos competindo, e que Deus ajude quem não for capaz de manter a competitividade. O Estado-nação da virada deste século não é mais uma entidade soberana. As empresas transnacionais podem trabalhar com os Estados-nação e, em geral, são os líderes do Estado-nação que tornam o trabalho das transnacionais muito mais fácil entrando em blocos comerciais. Assim, temos a Comunidade Econômica Européia (CE), na Europa Ocidental, e o que parece ser um bloco comercial da América da Norte com a sigla Alca (Acordo de Livre-Comércio da América do Norte). Mesmo quando enxergamos as características positivas dessa nova ordem mundial, vemos que é um sistema funcionando em prol de uma pequena minoria. Certamente, a integração global é uma mistura de bênção e de maldição, mesmo quando olhamos para o seu lado bom. Barnet e Cavanagh, em seu excelente tratado sobre a globalização, observam que a integração das economias nacionais produz bênçãos misturadas com muitas maldições. Resumiram a questão da seguinte maneira:

> no final do século XX, há uma evidência clara de que, à medida que as economias nacionais tornam-se cada vez mais interdependentes, as

nações estão se desintegrando de muitas formas, e ainda não há nenhuma comunidade alternativa no horizonte. Para algumas regiões e bairros de cidades do mundo inteiro, a globalização trouxe prosperidade sem paralelos. Para outras de outro continente ou do outro lado da cidade, as conseqüências são uma pobreza massacrante [...]. À medida que as comunidades tradicionais desaparecem e culturas antigas são esmagadas, bilhões de seres humanos perdem o senso de nacionalidade, de pertencer a um determinado lugar, e o senso de identidade, que dão significado à vida. O conflito político fundamental das primeiras décadas do novo século não será, a nosso ver, entre nações nem mesmo entre blocos comerciais, mas entre as forças da globalização e as forças que lutam pela sobrevivência em âmbito territorial, procurando preservar e redefinir a comunidade. (Barnet e Cavanagh, 1994: 22)

O que Barnet e Cavanagh estão dizendo, aqui, é muito importante. Para eles, é clara a direção para a qual as forças da globalização transnacional nos conduzem. Em última instância, estamos sendo levados de volta ao ponto de partida, onde construímos nossa vida comunitária. Agora, podemos construir nossa comunidade local no interior da consciência de uma comunidade global que vê a todos vivendo num único mundo. É claro que essa idéia precisa ser desenvolvida, o que é tarefa da parte final deste livro. Enquanto não chegamos lá, vamos ter de tapar os ouvidos ao ouvir o "papo-furado da globalização" que virá em grandes quantidades, patrocinado pelos gigantes globais que nos inundarão de propaganda sobre as maravilhas do mercado global.

Competição

O dicionário Aurélio define a palavra "competir" como pretender simultaneamente alguma coisa com outrem (uma posição, posse ou recompensa). Essa é uma das palavras mais poderosas usadas pelo capitalismo em todas as suas transformações que remontam a meados do século XIX e vêm até o presente. Adam Smith via na competição a mão invisível que regulamentava todas as transações de troca e de comércio. A competição devia acontecer no mercado sem que nenhuma outra instituição, como o Estado, atrapalhasse. Adam Smith e Karl Marx divergiram a respeito dessa questão, pois Marx achava necessário que a competição fosse controlada pelo Estado. Para o capitalismo, a competição é uma das principais forças propulsoras do mercado. Ouvimos nossos políticos e gurus empresariais falando constantemente que precisamos manter nossa "competitividade", senão ficaremos para trás e perderemos a corrida. Para tornar a competição justa, a arena de luta ou o campo de jogo devem ser nivelados, como já disse antes.

É necessário examinar esse termo em seu contexto político e histórico. Temos de voltar ao século XIX, quando o termo foi organicamente vinculado ao capitalismo. A teoria da evolução de Darwin continha um elemento segundo o qual a longevidade de uma espécie era resultado de um mecanismo chamado "sobrevivência dos mais aptos". Já disse que esse mecanismo transformou-se na base dos argumentos do darwinismo social (Hofstadter, 1955). No contexto social, é considerado parte da natureza das coisas que os mais aptos sobrevivam e prosperem. Isso legitimou tremendamente a competição feroz do mundo dos negócios. As formulações sobre a competição feitas pelo darwinismo social despertaram reações muito fortes no início do século XX, e o pensamento histórico e científico contemporâneo fez-lhe muitas críticas (Rifkin e Perlas, 1983; Hofstadter, 1955; Kropotkin, 1895). A verdade é que Darwin não defendia o "darwinismo social" de sua época. Para Darwin, a luta pela sobrevivência gera instintos de cooperação. Essa idéia de cooperação foi desenvolvida pelo príncipe russo Kropotkin (1895) em seu clássico *Mutual Aid* [Ajuda mútua]. Com base em argumentos tanto históricos quanto científicos, chega a conclusões bem diferentes da competição no desenvolvimento das espécies. Afirma, persuasivamente, que o amor, a simpatia, o sacrifício e a cooperação desempenham papel importantíssimo no desenvolvimento progressivo dos sentimentos morais. Até o pensamento contemporâneo nos campos da biologia, da antropologia e da paleontologia está mais de acordo com Kropotkin do que com Herbert Spencer e T. H. Huxley ao afirmar a precedência da cooperação sobre a competitividade no desenvolvimento evolutivo dos seres vivos (Margulis, 1987; Margulis e Schwartz, 1982; Shatouris, 1989).

Esses desdobramentos tiveram bem pouco impacto sobre a história das empresas transnacionais. O mercado global competitivo é resistente porque é valorizado pelas grandes empresas mediante os meios de comunicação de massa, o que é feito incansavelmente, dia e noite.

Consumismo

A cultura do consumo e do capitalismo inquestionável e desenfreado que tomou conta do mundo no final do século XX é profundamente destrutiva, de acordo com seu próprio quadro de referências. Sem uma nova visão, vamos ver continuamente a desintegração de estruturas vivas e o fim de muitos seres vivos e, em última instância, o nosso. Chamei esse estágio da história de cenozóico terminal. Também é uma cultura que não satisfaz muitas de nossas necessidades humanas fundamentais.

A complexidade e aparente diversidade de nossa própria cultura torna as pessoas prudentes em relação a aventurar-se a definir cultura como uma simples *cultura de mercadorias*. É verdade que em todas as culturas e em todas as épocas os grupos humanos mostraram interesse, senão pelas mercadorias em si, ao menos pelos objetos decorativos. Em geral, o interesse pelas mercadorias restringia-se ao clã, tribo ou classe que podia dar-se ao luxo de ter esse interesse. Foi só na última metade do século XX que o interesse pelas mercadorias permeou todas as classes e subclasses. Quando digo que o interesse tornou-se generalizado, não estou afirmando que as pessoas possuem muita variedade de bens e de serviços, mas apenas que a maioria quer e deseja mercadorias mesmo que não possa tê-las. O capitalismo do mercado global caracteriza-se por sua obsessão pela mercadoria.

O psicólogo Phillip Cushman (1990) afirma que nosso período pós-Segunda Guerra Mundial afastou-se do eu vitoriano, sexualmente restritivo, e seguiu a direção do que ele chama de "eu vazio". Ele acredita que a era pós-guerra, na América do Norte, experimentou uma ausência significativa de comunidade e de uma tradição de sentido de vida compartilhado por todos. O resultado é a falta de convicção e de valor pessoal traduzida como fome emocional constante e indiferenciada. Cushman afirma que a economia e a estrutura de poder exercem, dessa forma, impacto sobre a personalidade. No pós-guerra, vemos o surgimento de um "eu vazio" que procura ser "preenchido" por bens de consumo, calorias, experiências, políticas, relações amorosas e terapeutas empáticos na tentativa de contrabalançar a alienação e a fragmentação crescentes de nossa era. Esse resultado é prescrito pelas exigências da economia do pós-guerra, cujas premissas são o consumo constante de artigos e de experiências não-essenciais, rapidamente obsoletos. Esse tipo de economia floresce obrigando as pessoas a sentir profunda necessidade de bens de consumo. Além disso, também tem como premissa uma renda que pode ser gasta e um fluxo ininterrupto de dinheiro reforçado pela motivação constante de gastá-lo (Cushman, 1990). Uma das instituições que tratam do eu contemporâneo moderno é a propaganda.

A propaganda é o cultivo sistemático de certas necessidades que ajudam a vender mercadorias, sejam elas bens ou serviços. Agora, estamos indo em direção a uma cultura global orientada para a criação incessante da necessidade de mercadorias em todos os cantos dessa Terra. A cultura global também se apresenta com o nome de cultura de massa, porque o cultivo da necessidade de mercadorias dirige-se a todas as partes do globo de uma forma ou de outra.

Para produzir essas enormes quantidades de bens e de serviços, temos de criar uma população vulnerável às mensagens da necessidade chamada de consumidores. O mecanismo de produção do mercado de massas cria injustiças sociais impressionantes. Nos capítulos anteriores, falei sobre as desigualdades que criou entre a minoria rica e o resto do mundo majoritário. Produz degradação e miséria para os povos de todo o planeta, expulsos de suas terras, esgotadas, e que têm seu trabalho explorado. Mesmo nos países afluentes, perdemos, em progressão geométrica, nossas infra-estruturas básicas de moradia, saúde e previdência social. Os governos não cuidam mais do bem comum; estão acomodados às necessidades das empresas transnacionais, que não têm lealdade nem interesse pelas comunidades locais. Em nosso mundo ocidental, certamente vivemos um colapso do senso de vida comunitária que nos deixa abertos e vulneráveis à cultura mediada pela televisão. Michael Lerner (1996) pinta um quadro memorável de nossa comunidade em sua descrição de uma família típica de classe média dos Estados Unidos. Afirma que muitos, depois de um dia de trabalho, enfrentam a penosa falta de visão espiritual e de ética compartilhada com outros, bem como de reconhecimento mútuo e profundo. Por isso, muita gente procura alívio nos *shopping centers* ou na televisão. Imaginam que sua liberdade, agora, consiste em não ter vizinhos que lhes digam como vestir-se ou como viver; mas suas necessidades são modeladas por um fluxo constante de imagens da mídia, enquanto se dedicam de corpo e alma a uma dieta constante de doutrinação feita por sua TV. Com muita ironia, Lerner vê esses seres humanos recém-"libertados" encontrando cada vez mais seu senso de liberdade nas opções de consumo que são encorajados a fazer no mercado. As empresas, reconhecendo essa alienação crescente, vendem produtos oferecendo a imagem de conexão com outros mediante a compra de várias mercadorias e modos de vida. Assim, a liberdade obtida por meio desse processo parece cada vez mais vazia, e as pessoas estão, na verdade, presas numa armadilha e dominadas por um poder mais sutil, mas igualmente coercivo, que agora opera aliciando seu consentimento, em vez de opor-se a ele.

Durante muitos séculos, a cultura ocidental colocou-se no ponto culminante da evolução cultural humana. Os ingleses, quando estavam colonizando a Ásia e a África, viam suas atividades como "o fardo do homem branco". No século XX, a cultura ocidental criou a noção de desenvolvido e subdesenvolvido para colocar-se no topo de uma escala de avaliação. A cultura ocidental julgou o mundo na base da capacidade produtiva de extrair recursos naturais e de criar mercadorias para um ser a que nos referimos como o consumidor. Uma cultura era considerada atrasada se não fosse industrializada, modernizada e sintonizada com o uso da tecnologia e dos conhecimentos científicos do Ocidente.

Em algumas regiões, começamos a perceber as limitações do mundo ocidental à medida que satisfaz algumas de nossas necessidades humanas fundamentais. Em nosso passado recente, poderíamos dizer que nossa cultura era um provedor excelente em nível de subsistência. Na última década do século XX, claramente se viu um colapso no nível da subsistência em relação às necessidades existenciais de ser e ter. Por exemplo: bancos de comida e abrigos para os moradores de rua crescem a grande velocidade, enquanto ouvimos a propaganda da globalização. Quando consideramos a necessidade de proteção, podemos dizer que as sociedades ocidentais satisfizeram adequadamente as necessidades de ser, de ter, de fazer e de interagir no período pós-guerra. No momento presente, há uma percepção clara e profunda da erosão de alguns de nossos hipotéticos sistemas de bem-estar social. Os recursos voltados para a saúde esgotam-se, os programas de proteção social são ferozmente atacados e há uma investida contra o sistema de pensões e de aposentadoria que, cada vez mais, deixa vulnerável toda uma população de idosos. Também verificamos a redução do espaço público para a interação, o que levou ao colapso da vida pública.

A necessidade de afeto tornou-se muito problemática em nossa sociedade. A esfera dos vínculos afetivos diminuiu. Cada vez mais, o núcleo familiar torna-se praticamente o único lugar para intimidade e afeição. Quando consideramos a necessidade de compreensão, podemos dizer que as necessidades existenciais de ser, fazer ou ter são satisfeitas dependendo da classe social, da raça ou do gênero e de sua interação. É importante notar que nossa sociedade funciona numa base hierárquica. Vemos o desenvolvimento de uma subclasse crescendo vertiginosamente em meio ao que temos chamado de afluência. A educação torna-se cada vez mais uma coisa de elite. A participação é muito pequena em nossa sociedade de consumo em relação às quatro categorias de ser, ter, fazer e interagir. Passamos por um impressionante declínio na vida comunitária pública. A cultura da televisão torna-se o modo predominante de interação. Há um declínio na participação política em todos os níveis do governo, e em muitos de nossos Estados-nação a participação nas eleições também diminui. Claro que há diferenças em relação às diferentes áreas. Por exemplo: os ambientes rurais normalmente têm um senso de solidariedade comunitária que não encontramos freqüentemente nas cidades. O ócio (minha opção devia ser lazer) em todos os níveis das necessidades existenciais está ausente de nossa sociedade moderna. O ritmo de vida e a compulsão à velocidade e ao movimento tornaram nossa sociedade um campo de batalha extremamente cansativo, em que campeiam demandas competitivas de nosso tempo. A necessidade de criatividade é satisfeita em nossa sociedade, mas, no plano da interação, parece que temos cada vez menos espaço de expressão e de liberdade temporal. Provavelmente, um dos *déficits* mais sérios de nossa sociedade contemporânea é a incapacidade de satisfazer a necessidade fundamental de identidade. A sensação de fazer parte de algo maior é muito pequena nas sociedades modernas. A fragmentação e o isolamento tornam difícil para as pessoas ter a sensação de continuidade e de fazer parte de algo maior. Finalmente, a necessidade de liberdade parece satisfeita, nas chamadas sociedades livres, em níveis extremamente superficiais. A área mais seriamente afetada é a categoria do ter, em que a noção de direitos iguais é central. Com nossa marcha econômica rumo à globalização, criamos uma subclasse cada vez maior, em que há desemprego crônico e trabalho marginal, no melhor dos casos. Para os negros, os povos indígenas e as mulheres, há uma falta constante de igualdade de acesso, que parece continuar a despeito dos movimentos por direitos iguais.

Em resumo, é importante ter uma idéia da maneira pela qual nossa sociedade satisfaz necessidades humanas fundamentais. Somos o sujeito da propaganda quando engolimos a crença de que nossa sociedade é o ponto alto de um processo cultural evolutivo. Quando refletimos seriamente sobre nossas necessidades e sobre a forma pela qual são satisfeitas, a sociedade contemporânea carece de alguns de seus pontos essenciais.

"Comprar até cair". Essa é a tarefa do novo consumidor global. Já estamos vendo esse tipo de coisa nas novas igrejas da globalização: os novos *shopping centers* globais que aparecem no mundo inteiro (Barnet e Cavanagh, 1994; Mander, 1991). Esses centros estão em busca de consumidores, não de cidadãos, um tópico ao qual voltaremos. Não importa se as pessoas têm ou não recursos; viram "a boa vida" na televisão e essa "boa vida" faz sentido para a cultura norte-americana. *Dallas* e *The Coshy Show* aparecem nas telas da televisão de todos os lugares. O "sonho americano" é exportado para todos os lugares do mundo (Barnet e Cavanagh, 1994; Mander, 1991). É irônico que, no presente momento, a maioria dos sistemas norte-americanos de radiodifusão seja, predominantemente, de propriedade de alemães e de japoneses. Na condição de mulheres e homens de negócios, não são estorvados pelo orgulho nacional. Comercializam a televisão do estilo de vida norte-americano, porque é a terra sonhada pelo consumidor. Embora a televisão dos Estados Unidos não seja, de fato, um indicador do que acontece na vida cotidiana de um norte-americano, há uma estrutura onírica embutida na programação que exerce atração em todas as culturas do mundo. É um sonho limitado, para dizer o mínimo, fazendo fronteira com a monocultura. Portanto, é correto dizer que a visão dos Estados Unidos como o país livre e cheio de consumidores de produtos da boa vida é um ideal cultural que alcançou dimensões globais. Há muitos anos, uma professora israelita freqüentou um de meus cursos de verão como ouvinte. Ao discutir o tópico da influência da mídia, ela observou que, em seu *kibutz*, as reuniões comunais tiveram de ser transferidas da sexta-feira para o sábado porque o horário coincidia com o do programa *Dallas*.

A televisão está longe de ser o único mediador da cultura popular, mas, no final do século XX, constituiu, sem dúvida, o mediador mais importante dos valores culturais que modelam o que chamamos de visão de realidade do senso comum. Na televisão, enquanto mediador cultural, vemos a história e a visão dominantes de nossa cultura sendo ensaiadas (isto é, vemos seus símbolos ideológicos e utópicos).

Gostaria de observar, antes de mais nada, que o comunicador da televisão dirige-se a nós como indivíduos, não como grupo. Somos os indivíduos que têm o direito de propriedade, o dever de consumir e a tarefa cultural de acreditar que este é o melhor dos mundos possíveis. É a história cultural do "capitalismo de consumo", e a principal memória cultural é que consumimos ontem, por isso, temos o direito, a obrigação até, de consumir hoje.* Também ficamos sabendo que

---

* Na América do Norte, e principalmente nos Estados Unidos, a celebração da vitória do capitalismo sobre o socialismo mascara os maiores problemas crônicos que existem em decorrência da industrialização desenfreada. A vitória do livre mercado não serve de consolo para os povos das democracias ocidentais. O capitalismo selvagem vai criar uma selva competitiva com as desigualdades e explorações não compensadas, que vemos no hemisfério ocidental. O colapso do socialismo mostra somente que as sociedades modernas não podem ser governadas por um único princípio, seja o de planejamento de acordo com a vontade geral, seja o de alocações do livre mercado. Nossos meios de comunicação de massa agora estão envolvidos com uma defesa irrefletida do mecanismo do livre mercado, que é apresentado como uma visão do senso comum das direções futuras de todas as economias desse planeta. Para uma discussão mais completa desse tópico, ver Taylor, 1991.

existem pessoas que sabem mais e outras que sabem menos; acontece que, enquanto telespectadores, estamos no grupo dos que sabem menos. Ninguém nunca nos pede para usar nosso próprio julgamento. Temos de depender do julgamento de "especialistas". Tratando-se da televisão, chegamos a perceber que, embora todas as pessoas sejam iguais, algumas são melhores do que outras. Desse modo, o mérito torna-se uma ressalva essencial à nossa noção de igualdade. Portanto, as imagens da mídia dizem que os homens são iguais às mulheres. Ao mesmo tempo, a descrição dos papéis dos homens em contraste com os das mulheres mostra que o macho da espécie é mais importante e significativo. O mesmo se aplica quando se trata de capital e trabalho, de brancos e negros, de Primeiro e Terceiro Mundo.

Além disso, um dos sujeitos dominantes de nossa cultura não é uma pessoa e, sim, a tecnologia. Embora não seja uma pessoa, é personificada e passamos a acreditar que a tecnologia realiza tarefas culturais. Por exemplo: uma multinacional como a "United Technologies" põe no ar propagandas que mostram a "tecnologia" como agente cultural e transformador do mundo. Aqui passamos a acreditar que a "tecnologia" cria cultura, em vez de ser o subproduto de um consenso cultural. O que falta em todos esses comerciais é a "intermediação humana" e o juízo que decida como nossas invenções tecnológicas serão usadas. Por exemplo: os reatores nucleares não surgiram do nada; são o resultado de decisões humanas que não são mostradas nesses comerciais.

Como já disse, a visão de progresso dá-nos a impressão de que seguimos em frente aos poucos, mas inevitavelmente. A melhor forma de prosseguir é não questionar a integridade da história cultural dominante. Desse modo, os agentes da mudança utópica continuam sendo os mesmos agentes da história cultural. São homens brancos capitalistas do Primeiro Mundo. O progresso atinge a igualdade com a mistura de todos dentro dos limites do mito dominante. Isso é feito pela exploração ou manipulação da natureza. Esse é o mito cultural do domínio, que prevalece sobre a administração. Além disso, o símbolo utópico do progresso solapa constantemente a história cultural ao vinculá-la ao "mito do consumo". Os produtos ou os efeitos que temos dos produtos são constantemente solapados por novos produtos para consumo. Assim, o carro, a escova de dentes ou o aparelho de som que compramos ontem não são mais adequados, dada a nova linha de mercadorias. A única estabilidade que há nessa história é o processo de consumo. Embora nunca esteja no centro do palco dos programas de televisão, insinua-se que os armamentos letais, embora indesejáveis, são necessidades inevitáveis para a manutenção do progresso. Eu acrescentaria que a fabricação do mito cultural pode ser feita na privacidade de sua própria sala de visitas, onde a comunicação é privada e inquestionável. Portanto, uma vida política pública, em que fazemos julgamentos, não é encorajada. A televisão oculta, freqüentemente, a necessidade de rituais públicos que vão além do indivíduo, programando eventos como a Super Copa nos Estados Unidos. É interessante que um acontecimento esportivo desse tipo chegue a assumir tamanha importância. Mas, depois de um exame mais detalhado, fica claro por que isso ocorre. O evento exalta a nação com uma cerimônia em torno da bandeira, com o predomínio da figura masculina, da tecnologia, da competição e do mérito recompensado pelo sistema de estrelas do jogo. Há, inclusive, um momento de "silêncio ideológico" antes de ser tocado o hino nacional.

Portanto, a televisão comercial, se for examinada de perto, permite a codificação da história e da visão cultural dominantes. São a história e a visão dominantes porque a televisão comercial é o fórum dos mais poderosos interesses comerciais de nossa sociedade. Empresas patrocinam os programas. Pagam para comunicar ao espectador a estrutura mítica do capitalismo, o mito fundacional de nossa cultura de consumo industrial impulsionada pela mercadoria. Para aqueles que gostariam de questionar a história e a visão cultural dominantes, há tarefas pedagógicas importantes, cruciais mesmo, a realizar com a finalidade de enfrentar efetivamente o "país das maravilhas" do capitalismo de consumo apresentado pelos meios de comunicação de massa. Uma pedagogia crítica que procure desafiar esse poderoso mito dominante não pode ignorar seus atrativos. Um deles é que apresenta o *mundo do desperdício* como *o país das maravilhas* (T. Berry, 1988). Com os *Prison Notebooks* [Cadernos do cárcere] de Antonio Gramsci (1971) ficamos sabendo que o mito cultural dominante do capitalismo de consumo é mantido pelo consentimento da própria população. Esse é claramente o caso nas democracias liberais, nas quais um consentimento dócil ameniza a necessidade de coerção violenta. Os principais órgãos desse consenso em nossa época são os sistemas de comunicação de massa. O ensino também desempenha papel importante, mas ocupa posição secundária na era da "telinha". Desse modo, uma pedagogia crítica que quisesse questionar essas vozes poderosas do mito dominante de nossa ordem capitalista industrial e de consumo correria sério perigo se ignorasse a influência da mídia.

Mas a história e a visão da cultura dominantes não esgotam as histórias e visões no interior de uma cultura complexa como a nossa. Dentro de qualquer cultura, sempre existem histórias e visões que se contrapõem à história e à visão dominantes. Esse é o papel da pedagogia crítica tal como ela foi concebida: uma educação que cultiva o senso comum crítico.

Se o principal motor da propaganda é criar consumidores, o incentivo à ação humana crítica e criativa também será algo que deve sofrer um curto-circuito.

> O poder de dominar o aparato de produção simbólica de uma cultura é o poder de criar o ambiente que forma a própria consciência. É o poder que vemos exercido diariamente pela televisão, pois ela penetra virtualmente em todos os lares com o espetáculo contínuo mais maciço que a história humana conhece. Consciente ou inconscientemente, esse ramo empresarial e as indústrias que são suas clientes preparam o terreno para um desempenho ininterrupto que acaba com as associações emocionais que séculos de experiência cultural relacionaram a padrões de comportamento, a formas institucionais, a atitudes e a valores que muitas culturas e subculturas respeitam e dos quais precisam para manter o vigor, se quiserem sobreviver. (Goldson, 1977: 14-15)

O que precisamos hoje é de uma nova compreensão do que é ser cidadão. Os cidadãos são agentes ativos, não consumidores passivos. A tarefa fundamental do rádio e da televisão comerciais não é cultivar nossas faculdades humanas de compreensão mediante a ação humana e, sim, canalizar nosso desejo para propósitos de consumo dos produtos do capital. Dessa forma, a direção da propaganda moderna é promover um eclipse do "ato humano" provocando um curto-circuito na consciência, na intencionalidade humana e nas intenções criativas não orientadas para o consumo.

Os mantras da globalização que acabamos de discutir com alguma profundidade refletem as forças econômicas e culturais profundas em ação sob a égide da globalização e que se movimentam pelo mundo como um furacão. É uma destruição profunda à qual temos de resistir criticamente, ao mesmo tempo que tentamos criar forças mais voltadas para a afirmação da vida e para a criação da vida. Um dos componentes para uma nova visão é a resistência à visão destrutiva mais antiga. Depois de avaliar as forças da globalização, estamos perfeitamente conscientes da necessidade de uma crítica contundente e de uma grande resistência a essas forças destrutivas que devastam o mundo no presente. A seguir, apresento várias dimensões do ensino crítico de resistência.

A educação de resistência crítica nos contextos do privilégio e da marginalidade: o contexto mundial de maioria-minoria

O desenvolvimento da idéia de "privilégio global" implica certa reserva na definição desde o início. O privilégio global exige uma compreensão estrutural da chamada economia de livre mercado, que estende seus tentáculos por todos os centímetros deste planeta. Estamos falando, aqui, de modelos de exploração e de consumo do mercado global. A discussão do privilégio global num contexto hemisférico implica certas limitações e ressalvas. A idéia de "privilégio" vai ser discutida desde o começo em termos da geopolítica e da ciência econômica da economia mundial. Portanto, o desdobramento inicial da idéia de privilégio hemisférico global dá-se na ausência de uma análise detalhada dos privilégios de gênero e raça, bem como dos privilégios de classe. É preciso reconhecer que, no hemisfério norte, há grandes setores da população seriamente empobrecidos. Quando falamos do Sul, tradicionalmente chamado de Terceiro Mundo ou de mundo subdesenvolvido, reconhecemos a existência de elites que vivem nas mesmas condições de privilégio de seus congêneres do Norte. A expressão apropriada, aqui, é "há um Terceiro Mundo dentro do Primeiro Mundo e um Primeiro Mundo dentro do Terceiro Mundo".

Também existe uma análise feminista bem desenvolvida que situa o sistema econômico global dentro de um sistema de "privilégio patriarcal" (Mies, 1986). É preciso ter em mente todas essas ressalvas, à medida que desenvolvemos a idéia de "privilégio hemisférico"; apesar disso, num contexto econômico mundial, é justificável formular uma definição de privilégio do Norte, o que é importante para o contexto atual porque situa nossos desafios educacionais num contexto planetário-global, ao mesmo tempo que oferece parâmetros geográficos locais. Depois de fazer isso, vamos considerar como a marginalidade e a subclasse encaixam-se nessa análise geral.

Aqui estão alguns números para o leitor avaliar. O hemisfério norte consome cerca de 80% dos recursos globais do mundo, enquanto três quartos da população do mundo, que vivem no hemisfério sul, dividem o que sobra. Em um ano, é provável que o ocidental médio (i) consuma mais de 120 quilos de papel, comparados ao consumo médio de apenas 8 quilos por pessoa no Terceiro Mundo; (ii) consuma mais de 450 quilos de aço, comparados aos 43 quilos do Terceiro Mundo; (iii) compre energia equivalente a quase 6 toneladas de carvão, comparadas à 0,5 tonelada do Terceiro Mundo *(New Internationalist,* 1990).

No contexto da produção de detritos venenosos, a indústria ocidental fabrica quantidades colossais de lixo tóxico, grande parte do qual é transferida para o Terceiro Mundo. Por exemplo: desde 1986, mais de 3 milhões de toneladas de lixo tóxico foram enviados da Europa Ocidental e da América do Norte para outros países fora de seu hemisfério *(New Internationalist,* 1990).

Em relação ao consumo e desperdício de água, os ocidentais desperdiçam entre 115 e 230 litros de água diariamente. O norte-americano médio usa mais água num dia do que um habitante de Madagascar em três meses. Os Estados Unidos e o Canadá são os dois países mais vorazes e predatórios do mundo em termos de consumo e de desperdício de água. O segundo maior desperdiçador de água é a Europa Ocidental *(New Internationalist,* 1990).

Em termos de consumo de energia, os Estados Unidos têm apenas 6% da população do mundo, mas consomem 30% de toda a energia do planeta, em comparação com a Índia, onde 20% da população mundial usa apenas 2% da energia do globo *(New Internationalist,* 1990).

Todos os fatos e números supracitados criam o quadro do que chamo de privilégio do hemisfério norte. Mais especificamente, o privilégio hemisférico pode ser mais acuradamente batizado de privilégio econômico global e estrutural do hemisfério norte. Durante os últimos trinta anos, ficamos saturados de conceitos da dupla desenvolvimento e subdesenvolvimento. Em termos de localização, o hemisfério norte é considerado o mundo desenvolvido, e o hemisfério sul ou Terceiro Mundo é o mundo subdesenvolvido. A maior parte das teorias sobre desenvolvimento e subdesenvolvimento baseia-se no pressuposto de que as nações desenvolvidas do Norte são avançadas em alguns aspectos, enquanto o Terceiro Mundo do hemisfério sul é subdesenvolvido e carente. Agora está ficando claro que aquilo que chamamos de desenvolvimento do hemisfério norte é a maior fonte do subdesenvolvimento do hemisfério sul. Foi chamado de desenvolvimento defeituoso (N. T.: *maldevelopment*, desenvolvimento intrinsecamente anormal) ou de desenvolvimento exagerado por críticos (Shiva, 1989; Max-Neef e Hopenhayn, 1989). Também é o principal fator de devastação da Terra. Acho que é essencial abandonar os conceitos de desenvolvimento e de subdesenvolvimento e concentrarmo-nos no hemisfério norte e em seus efeitos, não só sobre o hemisfério sul, mas também sobre o planeta como um todo. Em minha opinião, é necessário entender que o privilégio do hemisfério norte é a única ameaça maior à sobrevivência do planeta. Uma das formas mais importantes de aprendizagem dos povos do hemisfério norte é a emancipação e o fim desse privilégio. A supressão do privilégio do hemisfério norte inclui o privilégio de todos os seus habitantes, tanto os ricos quanto os pobres, homens e mulheres, brancos e pessoas de cor. Não estamos falando de renunciar a um Mercedes-Benz ou a um casaco de peles. Em termos do sistema econômico mundial, quase todos os habitantes do Norte são ricos. Em termos comparativos, até os pobres do Norte estão bem de vida.

A educação de resistência crítica para sobrevivência e emancipação do privilégio

Qual é nossa ordem de magnitude, hoje, quando falamos de sobrevivência? No presente momento, estamos nos referindo à sobrevivência dos sistemas vivos do planeta, dentro dos quais nossa própria sobrevivência enquanto espécie é garantida. Vivemos numa época em que o terror da perda é incrível. Se não sobrevivermos, levaremos conosco um número incontável de outras espécies. Esse é o aspecto mais básico e a pedra angular fundamental da ordem de magnitude da sobrevivência no presente momento. É necessário acrescentar a isso o fato de que vivenciamos um período de transição muito importante na história humana. Chegando ao fim do período cenozóico terminal, estamos vivendo sua fase decadente. Viver durante importantes períodos de transição histórica caracterizados pela decadência e pelo declínio nunca foi tarefa fácil, e não é agora que vai ser. Apesar disso, essa é a nossa herança, e temos de dar respostas apropriadas à reviravolta radical que caracteriza nossa situação em particular. Por mais dolorosa que pareça, a sobrevivência tem de ser conseguida em meio à devastação das infra-estruturas arruinadas da ordem industrial de consumo. Nossas respostas vão variar, dependendo de onde nos situamos dentro da ordem mundial de nossos dias. Até agora, é preciso notar que, quando falamos de sobrevivência, quase sempre nos referimos à liberdade em relação à necessidade e à liberdade em relação à opressão. Na verdade, esses tipos de liberdade são obra de mais de dois terços dos povos do planeta que vivem no Terceiro Mundo e de um número crescente de pessoas do Primeiro Mundo. O que eu gostaria de considerar, aqui, é a necessidade dos povos se emanciparem e se libertarem do privilégio do hemisfério norte. E também de se libertarem da devastação planetária da ética de consumo do Norte que reflete no mundo todo, das favelas mais pobres do Recife, no Brasil, aos bairros mais miseráveis de Calcutá. Agora temos consciência de que o estilo de vida consumista é imitado por todo o planeta. O programa *Lifestyles of the Rich and Famous* [Estilo de vida dos ricos e famosos], de Robin Leech, é enormemente popular em todas as regiões do mundo. O consumo ostentatório desse programa é apresentado como o ideal de todos os seres humanos, mesmo que esse modo de vida seja impossível para mais de 95% da população mundial. Como Alan Durning (1992) sugeriu com muita pertinência, o planeta seria completamente devastado muito antes de o mundo chegar a realizar o sonho americano. Temos a tarefa educacional de ver através e além das visões e dos valores destrutivos do "consumismo", e essa tarefa é sinônimo de *emancipar-nos do privilégio*. Eu diria que essa é uma das maiores tarefas educacionais dos povos que vivem no chamado mundo desenvolvido. Na verdade, poderíamos dizer, com base nas estatísticas citadas acima, que o modo de vida do privilégio é o câncer do planeta. No *1992 Worldwatch Institute Report*, foi feita a seguinte observação em relação aos países privilegiados:

> Até agora, a política ambiental global tem se caracterizado mais pela operação tartaruga e pela negação dos problemas do que pela cooperação. Poucos países ricos reconhecem que são causadores da maior parte dos danos ambientais e, portanto, têm a responsabilidade de comprometer-se com a maior parte dos processos de transição para a sustentabilidade global. Os Estados Unidos opuseram-se até a propostas modestas, como estabelecer metas de redução de emissões de carbono como parte das negociações atuais para proteger o clima global. (Postel, 1992: 5)

O que o privilégio traz é uma aparente imunidade a certos eventos. Os privilegiados também estão mergulhados naquilo que os psicólogos chamam de "negação". Do ponto de vista da aprendizagem e da reavaliação, a "negação" mostra um grave *déficit* cognitivo. É a postura não só de não saber, mas também de não saber que não sabe. A negação, no contexto do privilégio global, levou a um impacto planetário devastador. No hemisfério norte, não nos vemos como elementos perigosos e alimentamos constantemente o luxo e, ao mesmo tempo, o risco de acreditar que somos "mais desenvolvidos" do que o resto do mundo. Através dos meios de comunicação de massa, tentamos exportar nosso modo de vida para todo o planeta. Elegemos políticos para que nos digam que tudo está basicamente em ordem. Fechamos os olhos e os ouvidos a qualquer coisa que questione nosso modo de vida afluente. Por isso, precisamos nos emancipar da negação de nossos privilégios. Em seu artigo para o *1992 Worldwatch Report*, intitulado *Denial in a Decisive Decade* [Negação numa Década Decisiva], Sandra Postel faz a seguinte observação a respeito da negação:

> Tanto a psicologia quanto a ciência vão, portanto, determinar o destino do planeta, porque a ação depende da superação da negação, uma das

reações humanas mais paralisantes que há. Embora afete a maioria de nós em graus variados, a negação é, particularmente, profunda dentre aqueles que têm grandes interesses no *status quo*, inclusive os líderes políticos e empresariais com poder para moldar a agenda global. Esse tipo de negação pode ser tão perigoso para uma sociedade e para o meio ambiente natural quanto é a negação de um alcoólatra para sua família. Como não conseguem ver o vício como a principal ameaça a seu bem-estar, os alcoólatras acabam, freqüentemente, destruindo a própria vida. Em vez de enfrentar a verdade, as vítimas da negação optam pelo suicídio lento. Da mesma forma, ao alimentar modos de vida e metas econômicas que devastam o meio ambiente, sacrificamos a saúde e o bem-estar de longo prazo à gratificação imediata — uma troca que não pode levar a um final feliz. (Postel, 1992: 4)

Centro e periferia no contexto do privilégio: a educação de resistência crítica enquanto pedagogia de fronteira

O centro é onde está o poder numa situação de privilégio. Todos sabem que o poder e o conhecimento emanam do centro em direção à periferia. Hoje o centro é ocupado por homens brancos e heterossexuais da cultura ocidental (o mundo minoritário desenvolvido). A posição periférica é ocupada por pessoas de cor, mulheres, crianças e pessoas de orientação homossexual — gays e lésbicas — da cultura não ocidental. Dentro do contexto do centro e da periferia, as pessoas em posição privilegiada têm poder para determinar o mundo. Em outras palavras, o centro, enquanto posição do privilégio, define a estrutura normativa não só do centro, mas também da periferia. Do ponto de vista da eqüidade do poder, o centro está numa posição de domínio em relação à periferia. De uma perspectiva epistemológica, a posição central do privilégio explica sua importância apriorística na definição do problema total. Assim, os povos e grupos que ocupam a posição central do privilégio têm a impressão de que se encontram em situação mais importante e epistemologicamente superior no mundo do discurso e do poder. Aqui vemos a importância apriorística do centro na definição do mundo. Desse modo, o Primeiro Mundo, ou mundo desenvolvido, tem a solução para os problemas do Terceiro Mundo, ou mundo subdesenvolvido. Vemos isso também na priorização da cultura ocidental, branca e masculina sobre as culturas não-ocidentais e não-brancas e sobre as mulheres. A maior vulnerabilidade dessas posições de centro e apriorismo é que constituem a base do etnocentrismo, do racismo e do sexismo de nosso mundo contemporâneo. Uma visão crítica de questões relativas ao centro e à periferia leva-nos para uma postura de questionamento de todas as posições de centro e privilégio.

Aronowitz e Giroux (1991), em sua obra *Postmodern Education* [Educação pós-moderna], apresentam uma pedagogia que sugere uma forma de transformar o apriorismo da posição privilegiada. Chamam esse tipo de educação de "pedagogia de fronteira". A pedagogia fronteiriça é um subconjunto da pedagogia crítica que oferece aos educadores a oportunidade de envolver-se com as múltiplas perspectivas no seio da totalidade do privilégio e de periferia. Para acabar com o apriorismo do privilégio, a "pedagogia fronteiriça" sugere que a situação de aprendizado englobe as múltiplas referências que constituem as diferentes línguas, experiências e códigos culturais. A pedagogia fronteiriça procura ensinar os alunos a interpretar esses diversos códigos.

Ao sugerir os processos da pedagogia de fronteira, Aronowitz e Giroux dizem que essa pedagogia faz mais que simplesmente criar um fórum para os alunos explorarem os emaranhados do poder implícitos em todas as posições de poder. A pedagogia fronteiriça também oferece aos professores oportunidades de aprofundar sua própria compreensão dos discursos das várias posturas, tanto de centro quanto de periferia, para chegar a um entendimento mais dialético da política, dos valores e da pedagogia por meio de um complexo "terreno de diferença". A proposição de longo prazo desse tipo de pedagogia crítica envolverá o educador em um exame em profundidade das posições de poder e da forma como afetam o processo educacional. É a esse tipo de reflexão que nos voltamos agora.

Capítulo 5

As dimensões do poder: educação para a paz, para a justiça social e para a diversidade

Pretendo introduzir neste capítulo a noção de cultura dominante e discutir algumas estruturas que as mantêm. Minha discussão procurará elucidar as implicações ecológicas de quatro das principais estruturas de dominação de nosso tempo. São elas: as estruturas do patriarcado que levam ao sexismo; as estruturas da superioridade racial, que levam ao racismo; as estruturas de classe, que levam à exploração; e as estruturas do antropocentrismo, que levam à extinção das espécies e à degradação ambiental. Mas não se deve pensar, de forma alguma, que isso esgotará o assunto.

Posição de privilégio

Antes de entrar numa discussão das estruturas do patriarcado, de raça e de classe, é necessário situar minha própria posição dentro dessas estruturas de poder e dominação. Sou um homem branco e heterossexual de ascendência européia e faço parte da classe média. Tanto nas áreas do discurso quanto da prática pública, ocupo uma posição de privilégio. Sendo branco, não estou sujeito ao racismo que a pessoa de cor experimenta diariamente, e isso se aplica a qualquer situação nas estruturas de gênero e classe. Sendo homem, não estou sujeito aos efeitos negativos das estruturas do patriarcado, que tornam o poder e o privilégio masculino ponto pacífico. Sendo heterossexual, não estou sujeito à paranóia voltada contra homens com orientação homossexual e, por isso, não sou vítima direta da homofobia. Sendo membro da classe média, não estou sujeito aos efeitos das estruturas de classe com que se deparam as pessoas com menos recursos da periferia. Em minha posição de privilégio, sou poupado, durante a maior parte do tempo, de me tornar uma vítima. Por causa de minha posição, sou freqüentemente um vitimador por não ter consciência dos efeitos de minha situação privilegiada. Marilyn Frye (1983) chama isso de privilégio de "olhar arrogante". Com esse defeito da percepção, é possível organizar tudo o que se vê de acordo com o próprio quadro de referência, deixando de lado qualquer outro. A postura arrogante abre espaço para a ignorância de outros, porque essa ignorância não tem conseqüências para o observador arrogante. Inversamente, os que ocupam uma posição desprivilegiada têm um conhecimento muito intrincado dos que ocupam posições de privilégio: é uma questão de sobrevivência. Portanto, sabe-se que é preciso grande quantidade de trabalho cognitivo, emocional e espiritual para alguém que ocupa uma posição privilegiada libertar-se dela a fim de envolver-se com percepções que incluam mais o outro.

A bagagem de privilégio que trago comigo não me desqualifica no sentido de abordar o tópico da opressão em minha discussão sobre educação e ecologia. O sexismo e o racismo são ecologias de violência e dominação. Qualquer abordagem atual à educação que ignore ou que se desvie do tópico do racismo é, necessariamente, incompleta. Discutir o tópico da ecologia sem a devida consideração pelo racismo seria uma forma de ignorância deliberada que indicaria uma perspectiva baseada na presença de uma posição de privilégio. Marilyn Frye chamaria esse tipo de ignorância de "ignorância estudada", porque é tanto dinâmica quanto ativa. Exemplifica isso em sua discussão de racismo na América branca:

> A ignorância não é simples: não é a mera falta, ausência ou vazio, e não é um estado passivo. Esse tipo de ignorância — a ignorância específica dos americanos brancos em relação às tribos e clãs dos índios america-

nos, a ignorância de avestruz que a maioria dos norte-americanos brancos tem a respeito da história dos povos asiáticos deste país, a ignorância empobrecedora que a maioria dos norte-americanos brancos tem da linguagem dos negros — é um complexo resultado de muitos atos e de muitas negligências. (Frye, 1983: 118-9)

Com essa noção em mente, espero que minhas tentativas de discutir, aqui, as estruturas do patriarcado, de raça e de classe tenham, ao menos, modesto sucesso.

Ecologia, guerra, patriarcado e a institucionalização da violência

Riane Eisler, no prefácio de seu livro *The Chalice and the Blade* [O cálice e a espada] (1988: xiii), faz as seguintes perguntas a si mesma e a seus leitores: "Por que nos ferimos e perseguimos uns aos outros? Por que o nosso mundo está tão cheio de infame desumanidade contra o homem e contra a mulher? Como os seres humanos podem ser tão brutais com sua própria espécie? O que tão cronicamente nos inclina à crueldade em vez de nos inclinar à bondade; à guerra, em vez da paz; à destruição, em vez da criação?".

Uma das respostas mais fáceis a essas perguntas é que a violência e a crueldade fazem parte da constituição humana. Não vamos explorar essa linha de raciocínio aqui; apesar disso, é necessário prestar muita atenção à questão da violência, se quisermos responder com um mínimo de profundidade as perguntas que faremos neste capítulo. No outro extremo da violência "essencial", está a visão da natureza humana como "infinitamente aperfeiçoável" e em processo de transformação evolutiva. Essa também é uma visão simplificada da natureza humana, e a violência inacreditável do século XX parece contradizer ou, no mínimo, questionar nossa idéia de progresso e da possibilidade do aperfeiçoamento humano.

Minha abordagem sobre a violência e a destruição tomará um caminho diferente, à medida que desenvolvo e combino diferentes facetas. A violência apresentará matizes e tons variados, à medida que considerarmos as sutilezas das questões e dos problemas na qual está incrustada.

A violência no contexto cultural do ser humano

Depois de reconhecer o contexto cosmológico da violência e da criatividade, permanece, ainda, a complexidade da presença extremamente difundida da violência dos seres humanos uns contra os outros. Por causa da saturação inacreditável de violência e do ódio em nosso tempo, supomos, freqüentemente, que a violência e a força dominam a atividade humana. A violência dos seres humanos em relação a outros, tanto em termos pessoais quanto culturais, contesta qualquer crença fácil de que a raça humana está melhor neste século do que em séculos precedentes. O uso incrível de armamentos, o Holocausto dos judeus na Alemanha, os campos de extermínio do Camboja, as atrocidades da Bósnia, a proliferação de quantidades impressionantes de armas nucleares ao lado de armamentos convencionais, para citar apenas uma minúscula série de exemplos, pode levar qualquer um à conclusão de que a raça humana floresce na violência. Certamente, a história oficial do século XX indica que há bem pouca evidência de que os seres humanos são uma espécie pacífica; a paz e a não-violência são raras exceções. Nesse nível de análise, chegamos a conclusões muito deprimentes a respeito das possibilidades do ser humano a longo prazo. Instituições militares no mundo inteiro justificaram sua existência dizendo que a guerra e a violência são endêmicas ao projeto humano. De acordo com essa visão de mundo, a pergunta a fazer sobre guerra e violência não é se acontecerão, mas sim quem vai sobreviver. Do ponto de vista militar, dizem que, na melhor das hipóteses, a presença de máquinas de guerra pode agir como fator de dissuasão. Aqui a frase da hora é "a melhor defesa é a presença de um bom aparato ofensivo."

De acordo com desdobramentos mais recentes de estudos históricos, essa interpretação mórbida da história humana vem sendo questionada (Eisler, 1988; Gimbutas, 1974; Stone, 1976). Esses estudos estão produzindo uma nova interpretação da história ocidental que amplia nosso entendimento da experiência humana e, principalmente, nosso entendimento de alguns dos fatores que atraem ou impedem a violência cultural. Estudos mais recentes na área da compreensão das culturas voltam-se para o desenvolvimento de interpretações do patriarcado (T. Berry, 1988; Eisler, 1988; Gimbutas, 1974; Stone, 1976). Numa dimensão histórica do tempo, o pré-patriarcado refere-se ao período matricêntrico da Europa antiga, que parece ter florescido em torno de 6500 a.C. estendendo-se até as invasões arianas, por volta de 3500 a.C. O patriarcado coincide com o advento e expansão da civilização ocidental, e sua posição no tempo corresponde aos últimos cinco mil anos. O pós-patriarcado é considerado uma forma emergente de história que surge no presente e que se dirige para o futuro; segundo dizem, superará as estruturas patriarcais de hierarquização extrema e identificar-se-á com governos de participação total, uma nova forma da cultura participativa global. O leitor deve ser avisado de que a substância da história humana não se divide, de fato, nessas seqüências bem organizadas. Apesar disso, o modelo que acabamos de sugerir provê inteligibilidade provisória, a qual nos permitirá compreender melhor o tópico em questão.

Culturas dominantes. O construto de "cultura dominante" foi introduzido, recentemente, nos escritos de Riane Eisler, cuja obra envolve uma interpretação histórica da violência cultural (Eisler, 1988; Eisler e Loye, 1990; Noble, 1992). Eisler baseia-se em desdobramentos recentes de estudos históricos, principalmente da obra de Marija Gimbutas (1974) em seu tratamento histórico das culturas que cultuam uma deusa mulher. O que resulta de seu trabalho histórico é uma compreensão muito diferente da manifestação da violência humana na trajetória mais longa da história humana. Baseando-se na obra de Gimbutas, Eisler diz que, ao examinar as sociedades primitivas do paleolítico e do neolítico, em que parece haver a predominância do culto à deusa, parece não haver indícios de desigualdade nem de predomínio sexual. Essa descoberta constitui grande contraste com o que ocorre nas culturas históricas modernas, que chegaram até nós pela síntese judaico-cristã. Nossa própria pré-história parece nascer do culto a um Deus-Pai. A herança judaico-cristã, com sua ênfase no culto a um Deus-Pai, também traz consigo a dominação de gênero do privilégio masculino. Essa hierarquia do domínio masculino é acompanhada pela presença de estruturas sociais violentas. Eisler afirma que, onde se encontra o predomínio masculino, há também as instituições da propriedade privada, da escravidão e da agricultura rural. Entretanto, há dados arqueológicos que parecem corroborar a existência de sociedades extremamente igualitárias nas culturas que precederam a nossa (isto é, do paleolítico e do neolítico), as quais também parecem não ter violência (Eisler, 1988; Eisler e Loye, 1990). A partir dessa obra, é possível chegar a uma visão mais esperançosa da história, em que é razoável defender a interpretação de que a guerra e a violência não são inevitáveis na história humana. Mesmo com essa interpretação auspiciosa em mente, somos levados a uma perspectiva muito crítica de nosso próprio legado histórico, o qual parece profundamente misturado à concepção hierárquica do poder que deriva especificamente das estruturas do patriarcado. Em resumo: o patriarcado é um sistema de poder no qual os homens dominam. Eisler batiza nossas estruturas de poder patriarcal de "modelo dominador". Um modelo dominador expressa uma hierarquia de poder baseada na ameaça ou no uso da força. Faz uma distinção importante entre uma hierarquia de dominação e outras hierarquias vistas na natureza, que ela chama de "hierarquias de realização":

> O termo "hierarquias de dominação" descreve sistemas com base na força ou na ameaça expressa ou implícita do uso da força, características das hierarquizações de posição ou de condições sociais humanas nas sociedades dominadas pelo homem. Essas hierarquias são muito diferentes daquelas encontradas em progressões do mais baixo para o mais alto em termos de funcionamento, como a progressão de células a órgãos nos seres vivos, por exemplo. Esses tipos de hierarquia podem ser definidos pelo termo *hierarquias de realização*, porque sua função é maximizar os potenciais do organismo. As hierarquias humanas, ao contrário, como mostram tanto os estudos sociológicos quanto psicológicos, com base na força ou na ameaça da força, não só inibem a criatividade pessoal como também resultam em sistemas sociais em que as mais baixas qualidades humanas (as mais abjetas) são reforçadas, e as aspirações mais elevadas da humanidade (traços como compaixão e empatia, bem como a luta pela verdade e pela justiça) são sistematicamente suprimidas. (Eisler, 1988: 204)

A sociedade de dominação impregnou todas as nossas instituições sociais, culturais e econômicas. Ao examinar o legado histórico do Ocidente, podemos perceber a forma dominante nas quatro instituições patriarcais que controlam a história ocidental há séculos: os impérios clássicos, a Igreja, o Estado-nação e a empresa moderna (T. Berry, 1988). Todas essas instituições foram, em sua composição histórica, dominadas exclusivamente pelo homem e criadas basicamente para a plenitude do ser humano tal como imaginado pelos homens. Historicamente, as mulheres tiveram papel mínimo — se é que tiveram — na direção dessas instituições (T. Berry, 1988). Atualmente, há uma consciência cada vez maior de nossa situação difícil e do papel do patriarcado na criação dos apuros que estamos enfrentando. Concorrendo para essa consciência crescente, tivemos tentativas de desmantelar ou de evitar as estruturas de dominação. É preciso notar que o importante movimento feminista das duas últimas décadas realizou uma verdadeira proeza no sentido de despertar a consciência de nossa cultura para os efeitos destrutivos do patriarcado em toda a sociedade contemporânea (Milbrath, 1989).

A ciência moderna e o sistema de dominação. O desenvolvimento da ciência moderna foi acompanhado pela mentalidade do sistema de dominação tal como pode ser visto nas principais instituições da cultura ocidental. Teoricamente, as atividades científicas apresentam a imagem da neutralidade diante dos valores, mas isso não é confirmado pela prática cotidiana. Em todos os Estados-nação modernos, vemos o casamento da atividade científica com as instituições militares. A ciência, enquanto instituição, é defendida por instituições militares e recebe apoio dos militares. Lester Milbrath (1989) afirma que quase todas as atividades científicas organizadas têm uma motivação dominadora: controle da natureza, poder militar, crescimento econômico, poder econômico, vencer a competição, maximizar o prestígio e o respeito e ganhar dinheiro. A ciência faria muito bem se pensasse mais seriamente a respeito dos valores.

Uma área que merece investigação e reflexão é a forma pela qual a ciência reorganiza a experiência humana em torno das dimensões da ordem e do poder. Carolyn Merchant (1980) defende a interpretação de que a visão de mundo mecanicista da ciência moderna teve profunda influência em nossa forma de encarar a ordem e o poder.

Afirma que a ordem foi alcançada por meio da ênfase no movimento de partes indivisíveis submetidas a leis matemáticas e na rejeição das formas animistas imprevisíveis da transformação. O poder foi alcançado por meio da intervenção ativa e imediata num mundo secularizado.

Essa noção de poder encontrou sua plenitude nos artifícios humanos usados para adquirir controle sobre o mundo natural. Ao chegar a esse controle, passamos a ver o projeto humano da ciência moderna como domínio sobre o mundo natural. Merchant (1980) aprofunda a discussão de gênero e de dominação. Observa que, quando a natureza é tratada como entidade feminina, toda tentativa de controlar o mundo natural é apresentada com um projeto de subjugar as mulheres como parte do mundo natural. A violência e a força foram elementos integrantes desse projeto (Merchant, 1980). Uma interpretação semelhante do projeto científico do Ocidente moderno pode ser vista na obra de Vandana Shiva (1989). Ela acha que a ciência moderna constitui uma atividade conscientemente preconceituosa em termos de gênero. Para Vandana Shiva, a ciência e a masculinidade estão associadas com a dominação da natureza. Maria Mies e Vandana Shiva (1993) percebem, hoje, nas tecnologias genéticas e reprodutivas, uma extensão da ciência. Afirmam que o espírito investigador dessas disciplinas rompeu a última fronteira que, até agora, protegia o ser humano das invasões violentas da análise e também de se tornar mero objeto de pesquisa. Mies e Shiva (1993: 52) oferecem uma nova orientação para a ciência, que leva a uma direção muito diferente. Se a antiga ciência realizava pesquisas ilimitadas, a nova ciência é aquela que reconhece limites: "Portanto, num universo limitado, não pode haver progresso infinito, nem busca infinita pela verdade, nenhum crescimento infinito, a menos que outros sejam explorados".

Essa não é a direção da ciência moderna convencional. Vamos passar, agora, a examinar a violência destrutiva que segue em sua esteira quando a ciência alia-se ao projeto militar.

A guerra moderna, a devastação ambiental e o patriarcado. As instituições militares são casos paradigmáticos de culturas de dominação. Baseadas na força e na violência, também são o lar do patriarcado com base no preconceito de gênero. As culturas militares estão, inextricavelmente, misturadas ao culto à masculinidade. Há um pressuposto de que somente um sistema militar (forte) pode, de fato, deter o uso da força e as ameaças de uso da força (Galtung, 1982). Quase todos os elementos integrantes de instituições militares nos Estados-nação e, dentre eles, os que definem "segurança nacional" são homens (Seager, 1993). Da perspectiva de uma análise feminista, parte da intenção masculina ao definir "segurança nacional" é proteger a hegemonia do privilégio masculino nas instituições da guerra (Seager, 1993). Cada vez mais, desde meados do século XX, a guerra assumiu um viés ambiental deliberadamente sinistro. Na guerra moderna, pode-se dizer — sem risco de exagerar — que a destruição vingativa do meio ambiente tornou-se parte intrincada de sua estratégia. Estima-se que as forças armadas mundiais sejam, muito provavelmente, o maior poluidor da Terra, se consideradas como fator isolado (Renner, 1991). Exemplos desse tipo de devastação, agora, são inumeráveis, e a destruição ambiental tornou-se parte integrante dos planos da estratégia militar.

Já na década de 1950, vemos o exército inglês usando herbicidas e desfolhantes químicos com objetivos militares em suas campanhas antiinsurrecionais na Malásia. No Vietnã, os militares americanos despejaram aproximadamente 95 bilhões de litros de desfolhantes e de toxinas ambientais durante a guerra. Os conflitos mais recentes no Golfo Pérsico lançaram a coalizão de forças armadas lideradas pelos Estados Unidos contra o exército do Iraque. A guerra teve uma duração muito pequena, mas os efeitos sobre toda a região não foram nada menos que devastadores. Grandes áreas do Iraque, do Kuait e da Arábia Saudita ficaram num estado de devastação quase total. No período de uma semana, a infra-estrutura urbana do Iraque foi reduzida a um monte de entulho pelo bombardeio aéreo mais intenso da história da guerra moderna. Em todos os povoados importantes do país, a coalizão em torno do bombardeamento destruiu sistemas de abastecimento de água, sistemas elétricos, sistemas de abastecimento de combustível, estoques de comida, sistemas de esgoto, sistemas de transporte e sistemas de saúde pública (Seager, 1993). Toda a área do Golfo sofreu danos ambientais extremos devido aos numerosos derramamentos de petróleo. Incêndios de petróleo no Kuait levaram à poluição maciça na área, em escala nunca vista antes. O impacto e os danos totais nessa área, em conseqüência desse conflito militar, não podem ser calculados com precisão, porque sua repercussão contínua jamais verá a luz do dia. Homens mortos, assim como ambientes mortos, não contam histórias.

Quando examinamos nosso próprio continente em busca de sinais de militarismo e da devastação ambiental, não vemos um quadro menos aterrorizante do que o da região do Golfo Pérsico. A América Central é um exemplo claríssimo. Os problemas ambientais desencadeados dessa pequena região estão profundamente enraizados numa longa história de saque dos recursos ambientais por grandes empresas estrangeiras operando em conluio com as elites locais. Há, também, simultaneamente, a presença de forças militares usadas para apoiar e proteger atividades das elites locais e, ao mesmo tempo, cuidar de interesses e de investimentos econômicos dos estrangeiros. O conluio dessas forças e seu efeito sobre a vida da região não são nada menos que catastróficos; o colapso ecológico é uma conseqüência do fato de essa ser uma das regiões mais militarizadas do mundo (Seager, 1993). A maioria dos conflitos armados concentram-se no uso da terra e na reforma agrária. Todos os dias, as violações aos direitos humanos aumentam em função da alienação dos povos em relação à sua própria terra. Na América Central de nossos dias, uma *coterie* de proprietários de terra controla o uso do solo da maior parte desses pequenos países. As pessoas são literalmente expulsas de suas terras para a produção de safras agrícolas lucrativas voltadas às necessidades superexageradas de alimento dos Estados Unidos e do Norte em geral. A exploração da terra e o desmatamento são levados a cabo num ritmo tão furioso nessa região que as estimativas dizem que, em 2025, não haverá mais florestas tropicais úmidas na América Central (Seager, 1993). A importância global da tragédia ambiental centro-americana não é apenas local. As florestas tropicais dessa área têm relevância planetária caracterizada pela Organização Mundial de Saúde como "os pulmões do planeta". A destruição das florestas tropicais, a perda da vida selvagem e a degradação ambiental ameaçam a saúde global, ao mesmo tempo que criam zonas crescentes de insustentabilidade, de pobreza e de desigualdades sociais crescentes, numa região assolada por uma história de injustiça social com base nos recursos naturais (Seager, 1993).

A terra devastada por armas nucleares. Ao catalogar todas as diferentes formas com que as operações militares impactaram o meio ambiente e a saúde humana, a produção e teste de armas nucleares é a mais severa e duradoura. Micheal Renner (1991: 145) estabelece a seguinte comparação: "Enquanto o efeito do lixo tóxico é relativamente localizado, a disseminação dos resíduos nucleares é global e, embora substâncias perigosas tenham chegado para conviver conosco durante várias gerações, o plutônio tem vida média de 24 mil anos. Mesmo que os arsenais nucleares fossem abolidos amanhã, seus produtos residuais não desaparecerão".

O início da era nuclear dos militares começou com o Projeto Manhattan, que resultou no bombardeio de Hiroshima e Nagasaki. Esses bombardeios puseram fim à Segunda Guerra Mundial e, também, representaram o início da era nuclear. Embora tenha havido projetos para o uso pacífico da energia nuclear, a vasta maioria das pesquisas e do desenvolvimento de produtos tem se dado na linha da criação e teste de todos os tipos imagináveis de armas nucleares durante o período da Guerra Fria, de 1945 até bem mais tarde nos anos 1980. Desde o começo, os projetos nucleares do governo americano foram envolvidos num manto de segredo e de determinação tenaz. Eis as palavras de Thomas Murray, membro da Comissão de Energia Atômica, em 1955: "Não podemos deixar ninguém interferir nessa série de testes [nucleares] — nada" (Renner, 1991: 145).

Essa afirmação foi feita numa sessão secreta e é emblemática das prioridades tanto do Oriente quanto do Ocidente nos primeiros dias da Guerra Fria. Como os projetos nucleares estavam sob a barra da saia das doutrinas de "segurança nacional" de ambas as superpotências, foi aberta a porta para a construção de arsenais nucleares colossais, a mineração do urânio, projetos, testes e distribuição de ogivas. Além disso, os arquitetos do complexo industrial nuclear comprometeram, conscientemente, a saúde e a segurança dos operários da indústria, bem como a dos soldados e das pessoas que viviam perto dos sítios nucleares. O impacto devastador sobre o meio ambiente, as pessoas e o mundo natural só agora está sendo devidamente avaliado e catalogado. O trabalho esmerado de Rosalie Bertell, cuidadosamente documentado em seu livro *No Immediate Danger* [Sem perigo imediato] (1985), mostra o impacto dos baixos níveis de radiação produzidos pelas indústrias nucleares da Guerra Fria em todo o mundo. Ela introduz a idéia de "omnicídio", pois suas descobertas a respeito dos efeitos de longo prazo da radiação levaram-na à conclusão sombria de que estamos em direção à aniquilação da espécie. Vai ser um final relativamente rápido (na escala da civilização) e deliberadamente induzido da reprodução e memória da história, da cultura, da ciência e da biologia. Com um *pathos* característico de todo o livro, Bertell (1985: 2) faz a seguinte declaração: "É a rejeição suprema da vida humana, um ato que requer uma nova palavra para descrevê-la, qual seja "omnicídio". Está mais perto do suicídio e do assassinato que de um processo natural de morte".

Não me cabe fazer, aqui, uma pesquisa exaustiva da guerra militar contra o mundo natural. Essa tarefa já foi feita, e bem-feita (Bertell, 1985; Milbrath, 1989; Renner, 1991; Seager, 1993). Em vez disso, o que eu gostaria de fazer para concluir esta seção é considerar, mais uma vez, o papel do patriarcado e seu contexto cultural específico. Embora a presença de estruturas patriarcais descritas nas culturas de dominação de todo o mundo tenha causado devastação e violência sem precedentes em nosso século, é preciso observar que a violência dos armamentos nucleares, em termos de testes e de uso, de estoque ou de disposição, é obra de homens da tradição cultural ocidental. Outras culturas participaram da corrida armamentista, mas sua liderança está sob a hegemonia das superpotências ocidentais. Essa liderança é branca e masculina. O Projeto Manhattan original contou com um elenco ilustre, inclusive com a participação de alguns dos melhores cientistas do mundo ocidental. Esses homens, a maioria da área das ciências naturais, particularmente da física, eram intelectualmente sofisticados e urbanos. Eram os melhores e os mais brilhantes. Eles e muitos dos cientistas que trabalharam em laboratórios militares de todo o bloco ocidental, e do oriental também, no decorrer da Guerra Fria, têm muito em comum, e uma de suas características comuns era o fato de que, praticamente, todos eram homens. Como veremos, a linguagem da corrida armamentista assumiu as características da cultura masculina, onipresente nesses laboratórios de pesquisa. Carol Cohn (1987) passou um verão com especialistas homens envolvidos na criação de estratégias nucleares. Observou que, no início, sua linguagem era incompreensível, repleta de palavras e de siglas particulares. Por exemplo: os inventores da primeira bomba atômica chamaram seu primeiro teste de "Trindade", em homenagem às imagens cristãs patriarcais de sua divindade. A Santíssima Trindade é composta de Deus Pai, Filho e Espírito Santo, as forças masculinas da criação. Essa linguagem quase divina dava ao pessoal envolvido a sensação de fazer parte de um clero especial, tanto que, em períodos subseqüentes da Guerra Fria, os programas nucleares eram chamados de "clero nuclear" (Cohn, 1987).

As imagens primordiais do nascimento foram usadas em diversos projetos e seguiram, muitas vezes, as linhas de um rito de iniciação masculina. O corpo de funcionários e os cientistas de Los Álamos referiam-se à bomba como "o bebê de Oppenheimer", e a bomba de hidrogênio de Livermore era chamada de "o bebê de Teller", em homenagem ao cientista Edward Teller, um húngaro banido do Terceiro Reich. Essa linguagem era muito difundida e fazia parte do jargão do trabalho cotidiano dos laboratórios. Por exemplo: um oficial, ao fazer seu relatório, fala de seu entusiasmo por um projeto de satélite: "Vamos fazer o papel de mãe: telemetria, acompanhamento e controle — a manutenção". A linhagem de nascimento da indústria das armas nucleares era totalmente dominada pelos homens. O aviltamento das mulheres também podia ser visto em algumas observações hostis feitas a Teller por seus detratores. Os que queriam diminuir a importância do papel de Teller referiam-se a ele como a "mãe" da bomba e atribuíam a Stanley Ulam o título de "pai". Ulam seria o cientista que "teve a idéia relevante e que inseminou Teller com ela". Teller "só a desenvolveu depois". Pensamentos patriarcais desse tipo chegaram a tal grau de distorção que as bombas que produziram inacreditável horror em Hiroshima e Nagasaki eram seus bebês, "O Menininho" e "O Gordo". Nas fases iniciais dos testes nucleares, Cohn (1987) observa que as bombas não eram só a prole dos cientistas que participaram de sua criação, mas também eram enfaticamente sua descendência masculina. Antes de saber se a bomba funcionaria, sua ansiedade em relação ao êxito pode ser exemplificada pela seguinte afirmação: "Eles esperavam que a bomba fosse menino, não menina — isto é, que não fosse uma nulidade". Depois do sucesso de um dos primeiros testes, o general Groves telegrafou ao ministro da Guerra, Henry Stimson: "O médico voltou com o maior entusiasmo e confiança de que o menininho é tão vigoroso quanto seu irmão mais velho". Stimson, então, escreveu a Winston Churchill dizendo: "Os bebês nasceram e passam bem". Em 1952, depois do teste bem-sucedido de uma bomba de hidrogênio chamada "Mike" nas ilhas Marshall, Edward Teller telegrafou entusiasmadíssimo para Los Álamos dizendo: "É um menino!". Cohn (1987) reflete sobre a história geral desses primeiros projetos de bomba e nota que estava impregnada de imagens que confundem o poder tecnológico avassalador do homem de destruir a natureza com o poder de criar. Que ironia inacreditável!

Essas instituições mantêm uma visão de mundo profundamente belicosa, com lutas pelo poder e ausência de qualquer significado geral. Só o poder conta. Ao se referir ao adversário, a morte torna-se um "efeito colateral". A inversão da linguagem é generalizada. Há "cortes cirúrgicos limpos". O presidente Ronald Reagan referiu-se a um míssil balístico nuclear como "o pacificador". Essa observação foi feita em relação ao míssel MX que levava dez ogivas nucleares, cada uma delas com capacidade explosiva de 250 a 400 vezes maior que a da bomba que arrasou Hiroshima (Cohn, 1987).

A linguagem sexual e as imagens sexuais também eram usadas nessas instituições. Os anúncios nos catálogos das revistas da Força Aérea apresentam uma lista das ansiedades masculinas mais comuns. Havia anúncios que promoviam armas como "paus grandes" ou "penetradores". Um analista especial do Pentágono explicou que os planos para a guerra nuclear limitada estavam condenados ao fracasso porque "é um concurso para ver quem mija mais longe — é preciso esperar que usem tudo o que têm". Depois que a Índia entrou no mundo nuclear, alguém observou que "ela perdeu a virgindade" (Cohn, 1987).

Finalmente, o que é mais estarrecedor é a verdade profunda que esses homens inteligentes e convencionalmente educados não se preocupavam, sequer, com a própria sobrevivência. O poder era, isoladamente, a dimensão mais relevante que impregnava sua vida e parecia governar suas visões pervertidas. Cohn (1987) observa que, quando um grupo de homens cria um discurso que exclui a vida humana de seus cálculos, é praticamente impossível esperar que esse discurso reflita interesses humanos. Cohn termina seu artigo com algumas conclusões importantes a respeito da transformação do discurso masculino, se quisermos um mundo menos violento. Acredita que os que buscam um mundo mais justo e pacífico têm uma dupla tarefa pela frente. Primeiro, a desconstrução, que requer muita atenção ao discurso tecnoestratégico e seu desmantelamento. A voz dominante da masculinidade militarizada e da racionalidade descontextualizada fala tão alto em nossa cultura que continuará difícil outras vozes se fazerem ouvir, enquanto essa voz não perder parte de seu poder. Em segundo lugar, a tarefa reconstrutiva é criar vozes alternativas atraentes e diferentes, que, ao conversar, inventem esses futuros.

O discurso violento indica a presença de uma cultura da violência, e existe tanto na ordem social capitalista quanto na socialista. Ao comparar a ordem social capitalista do Ocidente com a ordem socialista do bloco oriental, ficamos impressionados com a incrível semelhança que demonstram nas dimensões do poder, da violência e do patriarcado. A Guerra Fria foi, para ambas as partes, um exercício do poder dominador patriarcal. Embora o sistema capitalista e o socialista sejam diferentes em muitos aspectos, convergem no uso do poder e da violência como forma de resolução do conflito social. Como têm aspectos comuns, sua atitude em relação à extração dos recursos do mundo natural são muito parecidas. Em âmbito do Estado-nação e das alianças entre Estados-nação, essas ordens sociais perpetraram uma verdadeira devastação ecológica no mundo natural (Handa, 1982). Violência, poder e dominação têm sido os resultados onipresentes da Guerra Fria e, com a queda dos Estados do bloco socialista oriental, não houve redução da violência, enquanto o capitalismo marcha em direção ao século XXI. O triunfo do capitalismo não anuncia a diminuição da violência, nem da dominação patriarcal. Embora tenhamos uma perspectiva ligeiramente diferente da violência com o fim da Guerra Fria, a guerra entre países, a violência étnica dentro das nações, a produção de armas e sua distribuição para guerras "quentes", e a violência da trajetória da nova ordem econômica global deixam-nos ao sabor de nossa situação atual impregnada de violência.

Podemos dizer, com segurança, que estamos entrando no século XXI num abraço apertado com a violência. As projeções feitas para o século XX diziam que veríamos o triunfo do progresso e da racionalidade humanos. Não trazemos um legado de progresso e de racionalidade para o próximo milênio. O novo mercado global do capitalismo transnacional que ora cobre o globo vangloria-se de muitas coisas, mas não de estruturas sociais pacíficas. A violência é aceita como parte constitutiva do mercado competitivo global, no qual deve haver vencedores e perdedores o tempo todo. A violência e a dominação, ao que parece, acompanham o território da vida e das instituições modernas. A violência devasta-nos em nível global, mas também penetra no próprio tecido de nossa vida pessoal. É para a questão da violência pessoal que nos voltaremos agora.

O patriarcado e a ecologia da violência dos homens

A etimologia da palavra ecologia é *eco*, que significa "lar", e *logos*, "saber", "conhecer": é, portanto, o estudo do lar. Vivemos nossa vida em hierarquias aninhadas na comunidade. A Terra, nossa comunidade e a intimidade de nossa família são nosso lar. Quando pensamos em lar, vem-nos à mente a idéia de fronteiras seguras. Idealmente, nosso lar seria um lugar onde podemos nos alimentar, ser socorridos e nos afirmar. Não é um lugar no espaço, mas sim uma região de proximidade com limites que nos dão segurança e confiança. Poderíamos dizer, então, que a casa onde moramos é nosso lar. Também podemos dizer que nosso corpo é nosso lar. Nesse contexto, a violência é um processo que transgride essas fronteiras de segurança e de confiança. O estupro não é violento só porque é uma violação física; é violento porque também é uma violação das fronteiras do eu que nos dão segurança e confiança na vida. É uma invasão profunda do espírito, e todos sabemos que as violações do espírito causam grandes danos.

Existe uma ecologia da violência. Essa é uma inversão de afinidade natural com circunstâncias que nos possibilitam confiar na bondade básica da vida. O patriarcado não é um sistema de dominação só porque é uma instituição de poder. A dominação também se caracteriza por uma violação de fronteiras. Quando isso ocorre, pode-se dizer que vivemos numa instituição ou em instituições de violência em que os homens são os principais violadores de fronteiras. Por isso, a violência masculina, nas condições patriarcais, é uma ecologia da violência. A ecologia da violência sente-se em casa quando se trata de violações.

Acabamos de examinar a ecologia da violência sob o patriarcado, que criou uma violação sistemática do mundo natural em âmbito planetário. Agora, vamos nos voltar para o microcosmo.

Violência doméstica. Nos Estados Unidos, dados compilados pelo Ministério da Justiça, em 1991, indicam que, embora as mulheres tenham menos probabilidade que os homens de ser vítimas de crimes violentos, têm seis vezes mais probabilidade de ser agredidas por um conhecido íntimo (French, 1992). No Canadá, a maioria da violência doméstica é perpetrada por homens contra mulheres e crianças da família (Lynn e O'Neill, 1995). Quando a violência assume a forma do abuso sexual, descobriu-se que, no Canadá, 98,8% dos perpetradores são homens e 1,2% é mulher. O alcance e a magnitude do incesto enquanto forma de violência estão apenas começando a ser conhecidos. Torna-se evidente que está bastante disseminado e que isso nada tem a ver com a classe social do agressor (French, 1992). Homens de todas as classes e níveis de instrução estupram meninos e meninas, sendo as meninas o alvo principal. A maioria esmagadora dos *serial killers* é homem, e a maioria dos assassinatos é cometida por homens, freqüentemente contra mulheres (Mies e Shiva, 1993).

Lynn e O'Neill (1995), que catalogaram minuciosamente dados canadenses sobre intimidade e violência, acham que a violência masculina não pode ser compreendida a menos que as relações familiares sejam contextualizadas em um determinado sistema econômico e político. Defendem a idéia de que, com o desenvolvimento dos Estados capitalistas industriais, veio a separação entre vida comunitária e mundo público do trabalho, direito e política, mundo privado da família e relações íntimas. Depois do surgimento dessa fissura entre o público e o privado, houve uma separação concomitante entre homens e mulheres em termos de trabalho, de seu acesso relativo ao mundo público e de seu envolvimento com as vicissitudes constantes da vida familiar. Lynn e O'Neill (1995) apresentam a noção de que, num país capitalista desenvolvido, como o Canadá, os homens perderam o poder sobre seu próprio trabalho. Nas condições de trabalho do capitalismo, os homens parecem ter sido condicionados a não se rebelar contra as situações opressivas da exploração do trabalho e sentiam-se mais seguros para expressar a raiva em casa. O uso da violência no lar parece manter a hierarquia antigamente inquestionável do papel dos sexos, e é tolerada.

As conclusões supracitadas não se aplicam somente à América do Norte; o problema da violência dos homens tem proporções globais. Angela Miles (1996: 117) reflete sobre o contexto global: "Em todo o mundo, as mulheres são espancadas, estupradas, queimadas, sofrem assédio e abuso sexual, são mutiladas, confinadas, obrigadas a casar-se e a engravidar, são vendidas para a prostituição e para a pornografia, são abortadas com aminocentese, assassinadas quando bebês e quando adultas, negam a elas comida, tratamento médico e educação e são obrigadas a trabalhar de graça *porque são mulheres*". Ela observa que, do ponto de vista do contexto global, as formas de abuso variam conforme a cultura, as classes e as nações, mas a violência, em si, é universal.

O patriarcado e a exclusão das mulheres e do meio ambiente do Sistema de Contas das Nações Unidas [UNSNA — United Nations System of National Accounts]. Em *If Women Counted: A New Feminist Economics* [Se as mulheres importassem: uma nova economia feminista] (1988), um trabalho inovador de Marilyn Waring, as ciências econômicas e contábeis são submetidas a uma crítica feminista sistemática. Essa crítica ao Sistema de Contas da ONU (UNSNA) vai além de observar a exclusão do trabalho não remunerado das mulheres e do valor intrínseco da terra numa contabilidade nacional: "O Sistema de Contas das Nações Unidas (UNSNA) e suas regras e regulamentos definem a mensuração das rendas nacionais em todos os países. É minha crença comprovada que esse sistema atua no sentido de manter, na ideologia do patriarcado, o escravizamento universal das mulheres e da Mãe Terra em suas atividades produtivas e reprodutivas" (Waring, 1988: 14).

Ao concentrar a atenção em alguns dos absurdos na forma pela qual os economistas avaliam o crescimento, Waring nota que os gastos militares, principalmente as guerras, contam como crescimento, apesar da perda de vidas humanas. Os desastres ambientais, como o derramamento de petróleo da Exxon Valdez, aumentam o crescimento, enquanto a preservação da Terra e de seus recursos não tem nenhum valor de mercado. Assim, o custo para limpar a sujeira aumenta o produto nacional bruto, enquanto não se atribui valor algum à terra devastada ou às espécies extintas com o derramamento de petróleo. Isso sintetiza a violência direta. Agora vamos discutir a forma mais disseminada da violência, a violência mediada pela cultura.

Violência mediada: os meios de comunicação de massa. Existe uma cultura da violência mediada pelos meios de comunicação de massa. Esses meios de comunicação incluem jornais, tablóides, novelas de televisão e esportes, cinema e produção de vídeos. A incidência de violência na mídia é maior do que aquela encontrada na vida real. Por exemplo: os jornais criam a impressão de que está havendo uma epidemia de crimes que leva a um quadro ameaçador (Gerbner, 1970). Os homens e os meninos são, de longe, os grandes perpetradores de violência na mídia (Fiske, 1978). Pensando somente na televisão, há uma hierarquia de programas violentos. Uma das formas mais comuns da violência televisiva é o espancamento, seguido de perto pelo homicídio, apontar arma mortal, assalto e fraude com agravantes (Fiske, 1978).

Em pesquisa mais recente de que temos notícia sobre a programação televisiva dos Estados Unidos, realizada em quatro universidades, a conclusão a que se chegou foi que a violência "psicologicamente lesiva" é generalizada nos programas de televisão convencional e a cabo. Esse estudo foi financiado pela própria indústria de televisão a cabo e baseou-se numa amostra cientificamente selecionada de cerca de 2.500 horas de programação. Descobriu-se não só que a maioria dos programas continha algum tipo de violência, como também que o contexto em que a violência ocorre pode ter efeitos prejudiciais. O estudo demonstra que os riscos de ver quadros comuns de violência televisiva são aprender a comportar-se com violência, a dessensibilizar-se para as conseqüências lesivas da violência e a ficar com mais medo quando atacado. Os perpetradores de atos violentos na TV não são castigados em 73% das vezes. Quando a violência é apresentada sem punição, os espectadores têm maior probabilidade de aprender que a violência é promissora. Os quadros mais violentos não mostram as conseqüências de um ato violento. As descobertas desse estudo indicam que 47% de toda interação violenta não mostra o mal feito às vítimas, e 58% não mostra dor nenhuma. As conseqüências de longo prazo, como prejuízo financeiro ou emocional, só foram mostradas 16% das vezes. Cerca de 25% dos incidentes violentos na TV envolvem o uso de armas de uso manual, o que, segundo as conclusões do estudo, podem desencadear pensamentos e comportamentos agressivos. Finalmente, poucos programas que contêm violência enfatizam alternativas não violentas para a resolução de problemas.

A obra de Gerbner (1970) nos Estados Unidos, na área da violência televisiva, preocupa-se com as mensagens de produção em massa da televisão como parte ativa de nosso ambiente cultural e social. As descobertas de Gerbner são impressionantes. Seus estudos mostram que 80% de todos os dramas televisivos contêm violência, que 50% dos personagens principais cometeram violência e que 60% foram vítimas dela. Os idosos têm mais probabilidade de ser vítimas de perpetradores mais jovens. Também há indicadores de classe, de gênero e de raça. Os grupos brancos de classe média são os que têm menor probabilidade de cometer ou de sofrer violência. Em termos de raça, as descobertas mostram que 50% dos norte-americanos brancos cometeram violência, comparados a 60% de estrangeiros brancos e a 67% de estrangeiros não brancos. As vítimas da violência seguem o mesmo padrão que o descrito acima para os causadores de violência. Gerbner (1970) ressaltou também que a "eficiência fria" e, em menor escala, a masculinidade e a jovialidade parecem constituir os principais equivalentes ao sucesso e à virtude numa estrutura impessoal, especializada e interesseira de ação violenta. Os indicadores culturais relativos aos homens jovens mostram que o desenvolvimento das imagens de masculinidade parte de ações de violência. Na área do entretenimento cinematográfico, os filmes de violência são a opção mais popular em meio a adolescentes do sexo masculino. Um dos ritos de passagem dos adolescentes homens é ser capaz de ficar impassível diante da mais extrema violência.

É preciso notar, aqui, ao concluir esta seção sobre as estruturas patriarcais, a profundidade com que a violência está nelas impregnada. Há uma ecologia da violência que abre caminho em meio às culturas masculinas em escala global. Está presente em todas as estruturas que glorificam o gênero masculino, bem como nas instituições acadêmicas e nas prisões. Embora assuma muitas formas diferentes por causa da variedade dos contextos, o denominador comum é a dominação das mulheres, das crianças e da própria Terra. A mesma dominação que faz parte da violência das nações está presente na violação dos corpos. Aninha-se em todas as nossas instituições de poder, do governo à sala da diretoria, do complexo industrial-militar à sala de aula.

Racismo

Diversidade, diferença e povos. Pensamos no mundo moderno dividido em Estados-nação, e as diferenças entre os povos são consideradas nas diferenças entre as nações. Mas os Estados-nação são indicadores precários da diversidade dos povos dessa Terra. Aqui podemos sublinhar uma distinção importante entre "nações" e "Estados" feita por Bernard Nietscmann na *Cultural Survival Quarterly* (citado por Mander, 1991). Ele diz que, no momento presente, há 3 mil nações nativas contidas nas fronteiras de 200 Estados que exercem controle sobre essas populações. De acordo com a lei internacional, uma nação compreende pessoas que têm uma herança, uma língua, uma geografia, uma cultura, um sistema político e um desejo comum de associação mútua. Com essa distinção em mente, é possível delinear dois mapas geopolíticos muito diferentes dos povos e países do mundo. O primeiro é o mais comum, dos grandes Estados reconhecidos e dos povos que os habitam, definido, muitas vezes, em termos de "três mundos"; o segundo, bem diferente, refere-se a mais de três mil povos e nações permanentes que existem além das fronteiras dos Estados que lhes foram impostos (Mander, 1991). É preciso notar que mais de três mil povos distintos do planeta não estão registrados em parte alguma e não são reconhecidos internacionalmente. Sua existência, seus territórios e suas lutas defensivas são invisíveis em sua maior parte. Visíveis são as *populações multinacionais estabelecidas*, que passaram a ser reconhecidas internacionalmente como "povos" e "nações", embora não tenham características de nenhuma das duas categorias.

É importante reconhecer a diversidade de populações que habitam o globo porque há conhecidas forças de convergência ameaçando essa diversidade, criando uma espécie de "monocultura" mundial. Os poderosos ditames culturais dessa economia mundial estão tornando a sobrevivência das populações um empreendimento precário, para dizer o mínimo (Lorde, 1990). É importante compreender, em nosso tempo, como a diferença pode ser usada de maneira perniciosa. A existência onipresente de uma "economia global baseada no lucro" representa um papel muito significativo. Audre Lorde capta a maneira pela qual essa economia global baseada no lucro atua em nossos dias:

> A rejeição institucionalizada da diferença é uma necessidade absoluta numa economia baseada no lucro, que precisa dos que estão de fora como um excedente populacional. Como membro de uma economia desse tipo, *todos nós* fomos programados para reagir às diferenças humanas entre nós com medo e má vontade, e para lidar com essa diferença com uma de três formas: ignorá-la e, se isso não for possível, copiá-la, se acharmos que é dominante, ou destruí-la, se acharmos que é subordinada. Mas não temos modelos para nos relacionar com nossas diferenças humanas como iguais. Por isso, essas diferenças receberam o nome errado e foram mal utilizadas, tendo sido postas a serviço da separação e da confusão. (Lorde, 1990: 281-2)

Esse tipo de dominação desigual constitui a estrutura mesma do racismo, assunto para o qual nos voltaremos agora.

Racismo sistêmico. A maior parte da história da Europa Ocidental condiciona-nos a considerar as diferenças humanas em oposições simplistas: dominante/subordinada, bom/mau, em cima/embaixo, superior/inferior (Lorde, 1990). Numa sociedade em que o bom é determinado mais pela margem de lucro do que pela necessidade humana, sempre tem de haver um grupo de pessoas que, através da opressão sistematizada, seja levada a sentir-se excedente, a ocupar o espaço do inferior desumanizado. O racismo é a crença na superioridade inerente de uma raça em relação a todas as outras e, por isso mesmo, tem o direito de dominar (Lorde, 1990). A vulnerabilidade a esse sistema de crenças parece ter sido um problema fundamental para os seres humanos ao longo de toda a sua história. Esse sistema de crenças leva à dominação, à sujeição, à escravidão e a todo tipo de violência humana. O racismo baseia-se, freqüentemente, na cor da pele, mas isso não esgota a questão. Mesmo dentro dos limites da mesma cor de pele, grupos diferentes estabelecem dominação racial fundamentada em outros elementos. A presença histórica do anti-semitismo contra o povo judeu constitui ampla evidência de que o racismo pode ser exercido com base em outras características além da cor. Os conflitos interétnicos da Irlanda do Norte, do Irã, do Iraque, de Ruanda e da Iugoslávia, para citar apenas alguns, conectam o racismo a conflitos tribais, religiosos e econômicos. Todos eles estão entrelaçados ao espectro histórico dos legados coloniais. Nossa análise deve respeitar as nuances desses diferentes campos conflitantes.

Boa parte de minha discussão do racismo irá além das fronteiras da cor. Por isso, é necessário destacar alguns dos aspectos mais desconcertantes do racismo que operam no interior das fronteiras da cor. Para enfrentar as perplexidades da definição de racismo, Carole Ann Reed (1994) faz uma distinção entre a análise racista estrita (isto é, anti-racismo de base restrita) e a análise racista abrangente (isto é, anti-racismo de base ampla). Em geral, a análise racista estrita toma como ponto de referência certos momentos-chave da história que parecem causais. No exemplo do racismo contra os povos indígenas, a descoberta da América por Colombo é o momento da história do continente em que nasceu o racismo contra os povos indígenas. Aqui, o racismo foi usado com o objetivo de exploração econômica das terras e dos povos recém-descobertos (Reed, 1994). A cor era a distinção mais fácil de reconhecer entre os povos do "Novo" e do "Velho" Mundo e, por isso, diz-se que foi atribuída a essa característica um significado social hierárquico. Por esse motivo afirmava-se que os que tinham a pele mais clara, oriundos do Velho Mundo europeu "civilizado", eram inerentemente superiores aos habitantes do Novo Mundo, de pele mais escura (Reed, 1994). Nesse momento histórico, o racismo foi vinculado à cor da pele de dois povos diferentes. A interpretação "abrangente" associa o racismo a outras formas de justiça social que não remontam a momentos históricos identificáveis que desembocaram no racismo, mas a momentos que estão ligados a outras dimensões físicas, culturais e religiosas. Reed (1994) articula as diferenças notando que a cor da pele é uma distinção usada dentre várias outras, como, por exemplo, a forma dos olhos do povo japonês e chinês e o nariz supostamente característico do povo judeu.

Dois exemplos de racismo abrangente serão apresentados aqui: Ruanda e o conflito da Irlanda do Norte. Na primavera e no verão de 1995, um programa de massacres foi levado a cabo em Ruanda, um país africano. Os massacres foram realizados a uma velocidade estonteante, em geral com facões. Estima-se que, da população original de 7,7 milhões, pelo menos 800 mil foram mortos em apenas cem dias. Phillip Gourevitch descreve os massacres:

> À guisa de comparação, a matança de um milhão de cambojanos de Pol Pot em quatro anos parece coisa de amador, e o derramamento de sangue na antiga Iugoslávia não passa de uma rixa de vizinhos. As mortes de Ruanda chegaram a quase três vezes o número de judeus mortos durante o Holocausto. Membros do grupo majoritário hutu começaram a massacrar a minoria tutsi no começo de abril e, no final do mês, era mais fácil encontrar tutsis mortos em Ruanda do que tutsis vivos. A caçada continuou até meados de julho, quando um exército rebelde tomou Ruanda e acabou com os massacres. Em outubro do mesmo ano, uma Comissão de Especialistas das Nações Unidas descobriu que os atos "combinados, planejados, sistemáticos e metódicos" de extermínio em massa perpetrados por elementos hutus contra o grupo tutsi em Ruanda "constituem genocídio". (Gourevitch, 1995: 78)

Os antecedentes e a complexidade dessa tragédia fogem aos objetivos deste livro, mas muitas coisas devem ser ditas de passagem. Em primeiro lugar, o massacre foi precedido por uma história de conflito intergrupal desde o início do governo colonial, no fim da década de 1950. Embora não houvesse grandes diferenças de cor entre os grupos, havia certas distinções identificáveis nas características físicas: os tutsis eram mais altos e mais angulosos, e os hutus tinham estatura menor com mais massa corporal. Não estou querendo dizer que as diferenças físicas constituem uma causa identificável dos problemas. Também havia uma herança colonial que incentivava o conflito intergrupal. A essa altura, gostaria de enfatizar que o conflito racial pode ser gerado por fatores complexos quando a cor não é a principal diferença.

A Irlanda do Norte é um segundo exemplo de racismo que não leva em conta as fronteiras da cor. Constitui um dos exemplos de conflito crônico da história moderna da Europa ocidental, o qual continua grassando por lá. É apresentado como conflito religioso, mas esse parece ser um pretexto superficial. Tanto a facção católica quanto a protestante afirmam que as diferenças não são só religiosas, mas também diferenças entre os povos. Talvez haja alguma desculpa para essas diferenças; por exemplo: os protestantes de Ulster são transplantes de um tronco huguenote proveniente da Escócia e da França. Se não bastasse isso, as diferenças de classe social desempenham papel significativo: os protestantes sempre foram favorecidos pelo governo colonialista inglês e sempre tiveram empregos e moradias melhores. Os efeitos da herança colonial do governo inglês não podem ser menosprezados de forma alguma e merecem cuidadosa reflexão histórica. A Irlanda foi a primeira colônia do Império Britânico. Pode-se muito bem dizer que os ingleses praticaram suas brutais medidas coloniais com os irlandeses antes de levá-las para a Índia e para a África. Onde quer que os ingleses tenham ido, a herança colonial que deixaram ficou misturada com o racismo em relação a qualquer povo subjugado que tenham explorado com seu imperialismo. Um exemplo típico do racismo dos ingleses em relação aos irlandeses pode ser visto na afirmação feita pelo historiador do reinado de Elizabeth I a respeito da derrota da Armada Espanhola. Ao comentar a retirada dos espanhóis, observou que alguns tripulantes da frota espanhola chegaram às praias da Irlanda, onde foram "devorados pelos selvagens" (Dawson, 1956).

Colonialismo, imperialismo e as estruturas profundas da dominação racista global. Como o sexismo, o racismo é um ingrediente essencial nas culturas de dominação. Juntamente com o racismo, sempre existem sistemas hierárquicos de poder quando o grupo dominante subjuga outro de acordo com a percepção de diferenças raciais. No contexto da estereotipia racial, a diferença manifesta-se quando um grupo dominante seleciona outro para algum tipo de sujeição. Essa sujeição dá-se ao longo de linhas culturais, políticas, educacionais e econômicas. O que vemos no contexto das estruturas dominadoras racistas é uma violência contra a cultura dominada, destrutiva para o corpo, a mente e o espírito. A diferença nunca é celebrada por seus aspectos positivos de diversidade; as diferenças são, ao contrário, pretextos para a atribuição de aspectos negativos e a discriminação (Dei, 1994; 1995a). Como isso é feito é algo que merece um estudo à parte. A idéia de raça e, principalmente, os conceitos de dominação incrustados nas estruturas ideológicas racistas têm raízes históricas complexas. No caso do racismo ocidental, ele se faz acompanhar de uma história de colonialismo ocidental e de dominação imperialista. Edward Said (1993), ao examinar as estruturas coloniais e imperialistas do Oriente e da África, nota que todo o sistema tem como premissa a subordinação e vitimação dos nativos. Em primeiro lugar, há uma alegria muito grande no uso do poder para observar, governar, possuir e lucrar com territórios e povos distantes. Em segundo lugar, há toda uma argumentação ideológica para subjugar e, depois, reconstruir os nativos como pessoas que devem ser governadas e administradas. Em terceiro lugar, existe a idéia da salvação e de redenção por meio da "missão civilizadora" do Ocidente. Esse aspecto foi promovido pelos "especialistas em idéias". Aqui, temos o missionário, o professor, assessores e intelectuais. Em quarto lugar, há a segurança de uma situação que permite aos conquistadores não terem de ver a violência que perpetram. Finalmente, há um processo que ocorre depois que os habitantes nativos foram desalojados do espaço histórico que ocupavam em suas terras e sua história é reescrita em função da cultura imperialista.

Edward Said (1993: 132) conclui que todos os fatores supracitados, tomados em conjunto, criam um amálgama das artes da narrativa e da observação a respeito dos territórios acumulados, dominados e governados, cujos habitantes pareciam destinados a nunca escapar, a continuar sendo criaturas da vontade européia. Desenvolvendo um pouco mais as idéias inovadoras de Said, Homi Bhabha (1990) faz algumas ligações importantes entre o racismo e o discurso cultural. Afirma que, em seu momento colonial, o discurso racista estereotipado fornece estruturas de governo que afastam o saber do exercício de poder. Algumas dessas práticas discursivas reconhecem as diferenças de raça, cultura e história como fatores elaborados por saberes estereotipados e teorias raciais ou pela experiência colonial administrativa. Tendo em mente tudo o que foi dito acima, pode-se dizer que há uma institucionalização das ideologias dos estereótipos raciais em relação aos povos colonizados. O impacto global das práticas complexas do colonialismo transformam as populações colonizadas tanto na causa quanto no efeito de um sistema fechado de interpretação, que justifica o poder do colonizador em termos quase moralistas. O colonizador vê-se, em relação aos colonizados, como alguém em "missão civilizadora", ou carregando "o fardo do homem branco" (Bhabha, 1990). Há uma visão de mundo inserida nesse processo, e é para ela que nos voltaremos agora.

O racismo e a visão de mundo da cultura ocidental. Audre Lorde (1990) enfatiza que o vasto legado da história da Europa Ocidental condicionou-nos a considerar as diferenças humanas em oposições simplistas. Por isso, ficamos com uma série de oposições: dominação/subordinação, bom/mau, em cima/embaixo, superior/inferior. Essas oposições impregnam nossa vida cultural. Como observa Lorde, a sociedade vê o bem em termos de lucro, não em termos da necessidade humana. Tem de haver, necessariamente, um grupo ou grupos capazes de ser levados pela opressão sistematizada a sentir que são excedentes e que são levados a ocupar o espaço dos inferiores desumanizados. "Nessa sociedade, esse grupo é constituído pelos negros e pelos povos do Terceiro Mundo, pela classe operária, pelos velhos e pelas mulheres" (Lorde, 1990: 281). À lista de Lorde eu acrescentaria os povos aborígenes. Foi dos povos aborígenes que os países do "Novo Mundo" tiraram territórios e suas culturas extremamente distintas, resultando em imagens estereotipadas generalizadas desses povos e na idealização dos colonizadores (eurocentrismo). Essa experiência de eurocentrismo e mau uso do poder, no âmago do racismo, inclui a justificativa para roubar a terra, um modelo de desigualdade planejada e uma racionalização para continuar destituindo grupos minoritários de seus direitos civis (Zarate, 1994).

É preciso notar que a cultura ocidental não é a única com esse tipo de oposição. Apesar disso, a visão de mundo da cultura ocidental atribui às condições do racismo uma constituição peculiar. Durante mais de 500 anos, a ideologia cultural do Ocidente opera de acordo com o pressuposto de que tem uma missão civilizadora no mundo. Há uma suposição dentro dessa missão de que a cultura ocidental é o "centro" e de que todas as outras são "periferias". Outra suposição, ainda, é que as "periferias" devem ser assimiladas pelo "centro", e esse se tornou o pressuposto operacional da cultura ocidental *vis-à-vis* o resto do mundo. Segundo esse quadro de referências, as diferenças culturais não existem para ser celebradas e alimentadas. A diferença não é a porta para sondar e conhecer o outro em seus próprios termos. De acordo com o ponto de vista do centro, a diferença é algo a ser assimilado ou eliminado. A assimilação das periferias pelo centro não se dá em condições de reciprocidade nem de cooperação. Em termos das oposições de Lorde, o centro assume a posição de dominação, e as periferias são relegadas a um *status* de subordinação. Com a oposição bom/mau, surge de novo a dicotomização. A ideologia cultural do Ocidente coloca-se na via expressa da "bondade" e relega todos os povos estrangeiros para a periferia, considerada escura, ignorante e má. Com as oposições em cima/embaixo e superior/inferior, vemos o Ocidente apresentando-se como mais "evoluído" e "superior" em comparação às culturas da periferia. Tudo isso corresponde a um processo de dominação que situa todas as características positivas na cultura ocidental.

Racismo ambiental. O racismo ambiental refere-se à degradação sistemática da terra ou das populações, degradação que obedece os parâmetros do racismo sistemático. O racismo sistemático em termos ambientais significa que determinadas terras e povos que as habitam são expostos a algum tipo de degradação ambiental atribuída ao fato de que esses povos e suas terras são os objetos do racismo histórico. O racismo ambiental manifesta-se tanto em nível global quanto local.

Em âmbito global, a forma como o Ocidente trata a África é um exemplo de racismo ambiental histórico e contemporâneo. Toda a história do racismo infligido atualmente às pessoas de cor remonta à história ignominiosa do tráfico de escravos. A colonização da África por nações ocidentais é um processo de exploração que só estamos começando a reconhecer à medida que passamos a testemunhar o colapso do mito ocidental de superioridade em relação aos outros continentes. Os europeus começaram sua exploração da África após 1795. As invasões vieram logo a seguir, entre os anos de 1880 e 1900. As potências imperialistas européias lotearam o continente africano, impondo fronteiras que separaram alguns grupos étnicos e obrigaram outros a conviver. Os sistemas locais de governo foram demolidos pela imposição de impostos e pela nomeação de chefes subordinados aos brancos para governá-los. As nações colonialistas do Ocidente inundaram a África de bens industriais baratos, como o algodão, artigos de metal e armas de fogo, o que inibiu a produção local. Comerciaram bebidas alcoólicas, o que trouxe o alcoolismo e desencorajou a produção local de alimentos ao promover safras comerciais como amendoim, coco e banana. Ao mesmo tempo, cultivaram mercados para alimentos importados, como o açúcar. Essa rede de embustes é o legado do Ocidente para a África e continua existindo até hoje. Os ingleses consideravam sua colonização "o fardo do homem branco". Dissimularam seus procedimentos colonialistas numa retórica que os mostrava em plena missão civilizadora junto ao homem negro. De certa forma, a África ia melhorar com sua exposição à influência civilizadora do Ocidente. Os fatos apontam para outra conclusão. Hoje em dia, por exemplo, a África está mais pobre do que há trinta anos e está empobrecendo cada vez mais. Epidemias de fome, secas e guerras são lugar-comum. Como não é mais um local de importações, os banqueiros globais parecem estar riscando a África do mercado econômico global (*New Internationalist*, 1990). Em lugar das importações, muitas nações africanas, agora, transformam-se na lata de lixo tóxico do Ocidente. Os países africanos, sem dinheiro devido às obrigações econômicas e à pobreza, aceitam lixo tóxico em troca de dólares ou de euros. O lixo tóxico também é levado para lá sem permissão e, muitas vezes, secretamente. Navios carregados de lixo tóxico provenientes de países ocidentais muitas vezes têm de negociar sua entrada nos portos africanos, sendo *persona non grata* em qualquer outro lugar do mundo.

O caso dos povos indígenas é, isoladamente, o grupo mais desprivilegiado e mais discriminado em todas as sociedades. Tanto nas sociedades ricas quanto nos pobres, sofreram a mais severa marginalização, tanto em períodos históricos quanto no presente (Burger, 1993). Os efeitos da colonização dos povos europeus sobre os povos indígenas das Américas agora é visto historicamente como um desastre. Esse legado colonial repete-se em todos os lugares em que o colonialismo europeu impôs-se: Austrália, Nova Zelândia, o Pacífico, a África e a Ásia, inclusive a vasta área do Leste e do Norte da antiga União Soviética. Julian Burger (1993) reflete sobre a onipresença desse legado usando estatísticas governamentais de todo o mundo contemporâneo:

> Na Nova Zelândia, os povos indígenas são sete vezes mais propensos ao desemprego do que o cidadão comum; 50% dos presos são maoris, embora os maoris componham apenas 9% da população. Na Austrália, os aborígenes têm uma expectativa de vida de 20 anos menos que a média e têm 14 vezes mais propensos a ir para a prisão. Os povos indígenas constituem 60% da população da Guatemala, mas somente 150 entre 25 mil alunos que estão na universidade são índios. No Canadá, a mortalidade infantil entre os povos indígenas é duas vezes maior que a média nacional. (Burger, 1993: 4)

Os povos indígenas também sofreram o impacto dos efeitos da degradação ambiental produzida pelo industrialismo espoliador. Perda de florestas, mineração, represas e atividades militares são apenas alguns desses efeitos. Os povos indígenas vivem nesses ambientes frágeis e são os primeiros a sofrer as conseqüências dessa guerra contra o ecossistema (Burger, 1990). Sua relação íntima com o mundo natural deixa-os particularmente vulneráveis. Burger cataloga as áreas de vulnerabilidade ecológica:

A extração de madeira em larga escala deixa-os sem florestas e com solos desgastados, que logo são levados pelas chuvas tropicais. O mercúrio usado na prospecção de ouro na Amazônia envenenou 1,5 mil quilômetros de seu sistema fluvial, matando peixes e causando doenças entre milhares de índios. Cerca de 5 milhões de toneladas de lixo tóxico, que incluem emissões de fluoreto a partir da fusão do alumínio, são lançados diariamente no rio St. Lawrence, no Canadá, provocando abortos, defeitos congênitos e câncer entre os índios mohawk. Os povos indígenas do Pacífico (e do Ártico) têm sofrido o impacto do lançamento de lixo radiativo (bem como de testes nucleares). Na ilha Johnson, lar de 90 mil ilhéus do Pacífico, fica um incinerador de lixo tóxico dos Estados Unidos. As emissões tóxicas vazam no mar, poluindo toda a cadeia alimentar. (Burger, 1990: 120-1)

No que diz respeito aos povos indígenas, o racismo ambiental é um fenômeno global. Podemos ver, com base na lista mencionada acima, a natureza sistêmica do racismo ambiental, que depende da terra e das culturas à medida que a economia global expande. Sua manifestação contemporânea penetra profundamente no tecido histórico das sociedades ocidentais tornando os povos indígenas vítimas dos valores e das práticas culturais do Ocidente.

Finalmente, o "racismo ambiental" também pode ser visto em ambientes urbanos. C. A. Bowers (1993a) diz que a devastação ecológica nos ambientes urbanos tem seu impacto mais contundente sobre as populações minoritárias que vivem onde os abusos ambientais foram tolerados durante décadas. Observa que, em ambientes urbanos dos Estados Unidos, esses impactos diferenciais movem-se ao longo de linhas raciais. Assim, 60% dos jovens afro-americanos e hispânicos dos Estados Unidos vivem perto de depósitos de lixo perigoso; e, nas áreas urbanas, têm duas vezes maior probabilidade de ser expostos a níveis perigosos de envenenamento por chumbo do que os jovens brancos.

Classe

Embora a noção de classe tenha múltiplas origens, sua importância nos tempos modernos deriva da teoria social e econômica de

Marx. No contexto da teoria marxista, classe indica um grupo de pessoas que têm, no que se refere aos meios de produção, uma relação econômica comum que as faz entrar em conflito com outros grupos com outra relação econômica com esses meios (Bottomore, 1983). Assim, temos escravos e donos de escravos, servos e senhores feudais, proletariado e capitalistas vistos como classes que existiram nos tempos antigos, medievais e modernos. Além disso, as estruturas de classe têm classes subordinadas ou subclasses distintas, que vivem no meio das classes primárias. Marx aplicava o termo classe aos seguintes grupos: nobreza feudal, burguesia rica, pequena burguesia, pequenos fazendeiros, proletariado, trabalhadores agrícolas. Para Marx, a noção de classe era uma característica proeminente e particular das sociedades capitalistas (Bottomore, 1983). A teoria de conflito de classe formulada por Marx era, historicamente, específica e contextual. Em sua escala evolutiva, o capitalismo encontrava-se em estado avançado de desenvolvimento econômico. Assim, o conflito de classe que ele postulou entre o proletariado e a classe capitalista na cultura ocidental era o estado mais avançado do desenvolvimento evolutivo. Em seu trabalho *Asian Made of Production* [Modo de Produção Asiático], Marx afirmou que as sociedades não-ocidentais teriam de avançar até os modos capitalistas de produção antes de poder dirigir-se para o socialismo (Handa, 1982). A crítica contundente de Marx à exploração do proletariado pelo capitalismo fez-se sentir no mundo todo. Quando Marx estava escrevendo, na virada do século, o capitalismo industrial encontrava-se em sua modalidade mais intensamente exploradora. Era a época do capitalismo *laissez-faire*, em que a exploração dos operários era transparente e voraz. Com o advento das revoluções socialistas tanto na Rússia quanto na China, os governos dos países capitalistas começaram a regulamentar a apropriação capitalista da cidadania. A voracidade do capitalismo em relação à mão-de-obra foi freada por regulamentações governamentais. Na América do Norte, os sindicatos possibilitaram aos trabalhadores negociar coletivamente e organizar-se em seu próprio benefício, separados da classe capitalista de proprietários. Nas democracias ocidentais, os governos criaram benefícios sociais na área de saúde e em outras áreas para amortecer os efeitos do capitalismo desenfreado de mercado. Assim, as democracias ocidentais, em resposta às revoluções socialistas, atribuíram um rosto humano ao capitalismo, então rotulado de "neocapitalismo": foi uma resposta ao capitalismo do *laissez-faire* que o precedeu.

O período pós-guerra produziu o local de testes das ideologias conflitantes do capitalismo ocidental e do bloco socialista oriental. As potências em luta por trás das ideologias rivais tinham uma coisa em comum. Tanto o socialismo quanto o capitalismo adotaram a hegemonia do modo de produção industrial do Ocidente. Também percorriam o mesmo caminho no que diz respeito à exploração dos recursos naturais da Terra e participaram igualitariamente na dessacralização do mundo natural. A corrida armamentista e a corrida consumista cobraram um tributo a essa Terra, que põe em questão o otimismo pós-guerra do capitalismo ocidental e do socialismo oriental. No final do século XX, vimos o colapso do socialismo de Estado. O capitalismo considera-se o "vencedor" da Guerra Fria. Com essa nova abertura para o capitalismo desenfreado e inconteste, vimos o retorno a formas anteriores de apropriação capitalista. O ressurgimento de um liberalismo *laissez-faire* traz consigo profunda suspeita em relação à virada neoliberal. A virada neoliberal foi o enclave de regulamentações impostas pelos governos para proteger o público das atividades industriais (antipoluição, segurança, controles de saúde etc.) (Cox, 1991). Todos esses controles parecem agora em via de enfraquecer e de ser desmantelados. Sob o manto do neoliberalismo, os empregados do setor estatal obtiveram grandes ganhos na negociação coletiva e nos salários, e agora estão se tornando os principais alvos da restrição orçamentária. As pessoas que dependem da previdência e os trabalhadores não-sindicalizados estão sendo atingidos pela redução dos gastos estatais e pelo desemprego. O setor agrícola e as pequenas empresas entram em conflito com os bancos e com o governo, à medida que o financiamento a que poderiam ter acesso torna-se cada vez mais inatingível para eles. As redes de segurança desses setores parecem desaparecer (Cox, 1991). Cada vez mais essas mudanças setoriais dramáticas são vistas no coração mesmo do capitalismo. Hoje, no Norte afluente, testemunhamos altos índices de desemprego, redução de tamanho das empresas, queda de salários reais, maior dependência do trabalho em regime de meio expediente e empregos temporários sem benefícios, assim como o enfraquecimento dos sindicatos, criando uma sensação cada vez maior de insegurança na classe média (Korten, 1995). Há um desespero crescente entre os jovens, principalmente de raças minoritárias, no sentido de encontrar empregos minimamente adequados. Os jovens que têm diplomas de cursos mais avançados e qualificações técnicas têm visto seus empregos evaporarem com a redução de tamanho das empresas e não acreditam mais que o nível de instrução e a qualificação profissional levem a empregos estáveis. Agora, as economias do Norte vêm sendo espremidas pelos mecanismo do mercado competitivo global. Essa anomalia ocorre no centro.

E quanto ao que acontece fora do centro, na periferia? A periferia era chamada de Terceiro Mundo ou "mundo subdesenvolvido" em passado recente. Esses nomes lhe foram dados pelas potências do centro. No contexto da idéia do "privilégio global" que desenvolvemos até aqui, também falaria do mundo que vive à sombra do privilégio e que é silenciado pelo privilégio. Segundo a perspectiva crítica adotada neste livro, o melhor seria chamar a periferia de mundo dos "superexplorados" ou de mundo "hiperdesenvolvido" (Sachs, 1992). Às vezes é chamado de Sul, o que não indica somente uma localização geográfica, mas também toda uma constelação de povos vivendo no mundo inteiro em condições econômicas de periferia. Embora os termos "Primeiro Mundo" e "Segundo Mundo" estejam fora de moda hoje em dia, ainda é possível falar do "Terceiro Mundo" como aquele que se encontra na periferia da comunidade econômica internacional. É o grupo de nações que, durante o processo de estabelecimento da ordem mundial do presente, não enriqueceu nem se industrializou. No contexto da retórica de privilégio do Norte, chamamos esse mundo de "subdesenvolvido", porque não entrou na abundância do mundo desenvolvido. Sempre dentro do quadro de referências de mundo desenvolvido e subdesenvolvido, temos a idéia de que, de certa forma, o mundo subdesenvolvido do Sul carece de motivação e de *knowhow* essenciais para se tornar desenvolvido e privilegiado. A idéia de que o desenvolvimento do Norte está vinculado ao subdesenvolvimento sistemático do Sul está sempre ausente desse discurso. A maior fonte de atividades econômicas entre o Norte e o Sul, no presente, é que o Norte demanda sistematicamente a extração de recursos vitais do Sul para o Norte e devolve ao consumidor do Sul mercadorias, lixo ambiental e poluentes do Norte. David Ransom, em recente publicação do *New Internationalist* (1992), traça um quadro muito nítido de como isso funciona:

> Para os economistas do livre mercado do Norte, tudo faz muito sentido. As mercadorias vêm e vão a seu bel-prazer, e mandar o lixo tóxico do Norte para o Sul é mais barato e mais fácil do que o armazenar no Norte ambientalmente consciente. É assim que, em geral, funciona o comércio entre Norte e Sul — e que tem funcionado na última década. Durante esse período, os países gravemente endividados do Sul receberam solicitações do Banco Mundial no sentido de fazer o que é chamado de políticas de "ajuste estrutural". Essas políticas exigem exportações de todo e qualquer tipo em troca de crédito. Quem possui recursos naturais, como cobre ou madeira, produz mais e mais barato. Como se exige que todos os outros façam o mesmo, há uma saturação do mercado mundial, e as mercadorias ficam cada vez mais baratas e, por isso, é preciso exportar cada vez mais. O resultado líquido é que o Norte fica com abundância de matéria-prima — barata — e, por isso, não tem de se preocupar com a conservação —, enquanto o Sul fica com florestas arrasadas, rios poluídos, buracos gigantescos no solo e um povo empobrecido vivendo numa confusão dos diabos. A única novidade é que, agora, o Sul tem a opção de importar lixo tóxico, além de exportar matéria-prima. (Ransom, 1992: 6).

É nesse contexto que as vozes críticas do Sul estão, justificavelmente, desconfiadas do uso do termo "global". Vandana Shiva, falando de questões relacionadas à Reunião de Cúpula da Terra de 1992, faz a seguinte ressalva:

> O lema do Norte, na Reunião de Cúpula da Terra das Nações Unidas e em outras negociações globais, parece ser: "O que é seu é meu; o que é meu é meu". Essa visão desequilibrada de um futuro comum é facilitada pela idéia de "global". Com seu alcance global, o Norte existe no Sul, mas o Sul só existe dentro de si mesmo. O Sul só pode existir localmente, enquanto apenas o Norte existe globalmente. (Shiva, 1992: 26)

Por causa das limitações dos meios de comunicação de massa do Norte, não temos conhecimento das vozes críticas do Sul. A "mídia global" é, de fato, a hegemonia monopolizada de conglomerados de comunicação do Norte que se referem ao Sul de acordo com as limitações da visão de mundo do Norte, em sua ótica de mundo capitalista. Enquanto leitores e espectadores dos noticiários mundiais do hemisfério norte, recebemos visões de mundo dentro dos confins limitados da mídia do hemisfério norte, controladas pelos interesses ocultos do capitalismo monopolista. Não escutamos outras vozes além das nossas, no sentido cultural-mundial mais amplo. As vozes de nossa mídia são nortistas e eurocêntricas e, por conseguinte, etnocêntricas.

As vozes críticas do Sul interfeririam nos interesses das grandes empresas industriais do hemisfério norte. Algumas das maiores atrocidades cometidas em todo o Terceiro Mundo em termos dos principais direitos humanos são contra o jornalismo dissidente. O jornalismo crítico do Sul é uma atividade com risco de vida de proporções tão vastas que chegou a ser uma das principais categorias no trabalho da Anistia Internacional (Chomsky, 1989b).

É necessário lembrar, constantemente, que as vozes dos saqueadores industriais que se encontram no ápice das economias do Norte não são as *nossas* vozes e não falam em nome dos interesses vitais da humanidade. Por isso, temos de nos emancipar da mídia privilegiada do Norte, que nos leva para nosso país das maravilhas do consumismo cotidiano. Uma forma de fazer isso é tentar escutar as vozes do Sul, dos desprivilegiados. Embora seja difícil, não é impossível, se nos esforçarmos. São vozes terapêuticas, porque, sem justiça social e econômica, não haverá desenvolvimento sustentável que inclua perspectivas de sobrevivência planetária a longo prazo.

Serge Latouche, economista e teórico social francês, afirma que não existe mais um "Terceiro Mundo". Ele diz que, na economia moderna do mercado global, a idéia de um Terceiro Mundo em desenvolvimento está enterrada. Latouche (1993) afirma que, em lugar de um Terceiro Mundo, agora existem três "Quartos Mundos". O Primeiro Mundo de que fala Latouche é aquele que existe no ventre das nações afluentes. É um mundo de sofrimento e de estresse criado no interior da vida cotidiana das sociedades ricas; um mundo onde há uma carência material cada vez maior; um mundo onde os pobres e destituídos coexistem com o mundo afluente. As novas tecnologias criaram desempregados sem direito algum. Estamos vendo um desenvolvimento sem precedentes da "pobreza modernizada" que, por sua vez, estimulou o aumento do uso de drogas, de crimes e da insegurança. Os números exatos não são conhecidos, mas estima-se que os pobres chegam aos 40 milhões na Europa. Acrescentando os 20 ou 30 milhões de norte-americanos que vivem abaixo da linha da pobreza e os pobres da Europa Oriental, chegamos bem além dos 100 milhões. O segundo grupo de párias do "Quarto Mundo" identificados por Latouche são as minorias nativas de todo o mundo desenvolvido. Aqui temos povos, como os lapões ou os samis do Grande Norte Europeu, os esquimós ou inuits do Canadá, da Groenlândia e do Alasca, os aborígenes da Austrália, os nativos da Melanésia e os tsiganes (ciganos) espalhados por todo o continente europeu. Esses povos constituem um conjunto de culturas que são, na verdade, minorias espalhadas por várias nações e resistentes à modernização. Esses povos tiveram suas terras apropriadas para projetos multinacionais ou usadas como depósitos de lixo tóxico. O terceiro grupo de povos pertence àquelas sociedades chamadas de "menos avançadas" ou "menos desenvolvidos". É, de longe, o mais numeroso, e sua rejeição não se limita apenas a indivíduos isolados ou a grupos étnicos; estende-se a Estados-nação inteiros e a suas populações. É constituído pelos países do Sul esmagados pela carga das dívidas. Hoje, ninguém pensa mais seriamente que essas nações devedoras ainda sejam capazes de participar da "corrida de obstáculos" da competição internacional e alcançar os outros. No contexto comercial, todo o continente africano está sendo riscado do *ranking* de participação no mercado mundial. Só ouvimos falar da África quando ocorre um golpe de Estado ou fome. Latouche cristaliza os traços comuns a esses três mundos:

> Apesar do fosso que os separa, os três "Quartos Mundos" mostram um certo número de traços comuns. São todos vítimas do progresso, estão todos numa situação de exílio interno sob o impacto da modernidade planetária. O subproletariado do Ocidente, os aborígenes das reservas ou povos desenraizados do LDC são todos exemplos diferentes de párias objetivamente identificáveis, excluídos do grande banquete do consumo exagerado que cumprem sua sentença em suas improvisadas culturas de pobreza. [...] Não podem mais ser considerados apenas pequenos grupos isolados no meio de uma sociedade rica; constituem uma *outra* sociedade. (Latouche, 1993: 42)

Agora, chegamos a um impasse na economia mundial. A era da colonização de fronteiras abertas está em seu estágio final. Não há mais lugar algum para ir neste planeta. A colonização de terras não é mais uma possibilidade física. Tudo o que nos resta nessa nova era da informação é a colonização da mente. Na esteira da sociedade afluente, temos os destroços do cenozóico terminal.

A rede integrada de gênero, raça e classe

Até agora, consideramos gênero, raça e classe categorias distintas de dominação e de poder. Na realidade, essas forças sociais estão freqüentemente interligadas de maneira sistemática. Tomadas isoladamente ou em conjunto, são partes integrantes das estruturas de dominação. Veja a descrição que Marilyn Frye faz de uma gaiola de passarinho:

> Se você examinar muito cuidadosamente um único arame da gaiola, não vai conseguir ver os outros. Se a sua concepção daquilo que está à sua frente for determinada por esse enfoque míope, você pode olhar para aquele arame em toda a sua extensão e não conseguirá entender por que o passarinho não contorna o arame e sai voando a qualquer momento que quiser e vai para outro lugar. Além disso, mesmo que, de vez em quando, inspecione miopemente cada um dos arames, nem assim conseguirá entender por que o passarinho teria problema de passar por eles e ir a qualquer lugar que quisesse. Nenhum arame isolado tem propriedades físicas, *nada* que o exame mais meticuloso seja capaz de descobrir que revele como o passarinho pode ser inibido ou prejudicado por ele, exceto da maneira mais acidental. Só quando você dá um passo para trás e pára de observar um por um dos arames, microscopicamente, e tem uma visão macroscópica de toda a gaiola é que consegue entender por que os passarinhos não vão a parte alguma, e entende isso num piscar de olhos. Não exigirá grande sutileza de suas faculdades mentais. É totalmente *óbvio* que o passarinho está cercado por uma rede de barreiras sistematicamente relacionadas entre si, e que nenhuma delas em separado constituiria o menor estorvo para seu vôo, mas, por suas relações mútuas, são tão limitadoras quanto as paredes sólidas de uma masmorra. (Frye, 1983: 4-5)

A gaiola de passarinho dá uma idéia de como gênero, raça e classe interagem; na realidade social da opressão e da dominação, essas dimensões são entrelaçadas num desenho intrincado. Assim, o modelo de dominação do patriarcado não existe em separado do de raça e de classe. No âmbito da realidade social e política, esses modelos de dominação são parte uns dos outros e trabalham juntos em sofisticados modelos de opressão.

Nossa descrição dos três níveis do "Quarto Mundo" revela a devastação contínua que o sistema econômico global produz em determinados segmentos da espécie humana. Agora, temos de enfrentar uma devastação mais abrangente, que faz parte de nossa trajetória econômica. O mundo natural e as outras espécies do nosso planeta também são objeto de pilhagens vorazes do mercado global.

Educação, eqüidade e diferença

A presença da diferença e da diversidade na comunidade da Terra e na comunidade humana é uma realidade incontestável. É algo problemático para os educadores quando questões relativas ao poder social são reconhecidas e discutidas ao longo das linhas da diferença. Num trabalho muito bem embasado, que conecta a diversidade e a crise ecológica, C. A. Bowers (1993a) afirma que as duas maiores mudanças que dominarão o cenário educacional/político nas próximas décadas são a consciência crescente das distintas identidades culturais, e o orgulho por elas, e a crise ecológica. Discutindo o campo da educação de professores, enfatiza que essas duas dimensões não devem ser levadas a direções diferentes:

> Enquanto, de um lado, os dois fenômenos parecem separados e distintos e, por isso, exigem respostas diferentes, na verdade estão inter-relacionados. Ambos, por razões bem diferentes, indicam que os pressupostos subjacentes à cultura moderna deixaram de ser sustentáveis. A viabilidade dos ecossistemas da Terra está sendo seriamente ameaçada pelas práticas tecnológicas e pelas demandas crescentes por "recursos" não renováveis considerados necessários pelo indivíduo moderno. E o mito do sucesso pessoal, que levou gerações inteiras a voltar as costas

para a rede de relações e de combinações que constituíam sua herança étnica e entrar na cultura da corrente principal, competitiva e extremamente individualista, agora se torna cada vez mais ilusório. Desemprego, uso de drogas, alienação, pobreza espiritual, estresse e doenças provocadas por toxinas representam as realidades que ora ofuscam esse mito. Agora, os pontos negativos dessa moderna forma de consciência são apontados tanto pelos ambientalistas quanto por grupos que procuram recuperar sua identidade étnica — afro-americanos, hispânicos e nativos americanos (sioux, nez-percées, cheyennes etc.) Em outras palavras, a crise ecológica e o surgimento da consciência étnica têm suas raízes nos mesmos valores e práticas culturais dominantes, agora vistos como cada vez mais problemáticos. (Bowers, 1993a: 163)

Na parte final deste capítulo, vou discutir quatro áreas de diferença que devem ser enfrentadas por qualquer ensino transformador e crítico de nosso tempo. A diferença será examinada, aqui, no contexto de quatro enfoques para um ensino não sexistas, pacificista e não violento, anti-racista e com consciência de classe. Embora outras árcas de diferença tenham a mesma importância, como, por exemplo, a educação relativa à orientação sexual, à capacidade individual e assim por diante, nossa discussão vai concentrar-se, agora, nesses quatro pontos que acabamos de mencionar.

Educação anti-racista. Embora a noção de que há claras diferenças raciais careça de evidência científica conclusiva, é preciso reconhecer que, no plano da vida cotidiana, os efeitos sociais das ações em função de uma perspectiva de "raça" são incontestáveis. A raça tem poderosos significados sociais ancorados, principalmente nas experiências vividas por grupos minoritários em sociedades dominadas pelos brancos (Dei, 1996). Quando a questão da raça é levantada no contexto de suas conseqüências e efeitos sociais, às vezes ela é contestada pelo argumento de que não é possível existir racismo se não houver raça. Não é essa a experiência de muitos grupos que viveram a realidade do racismo tal como existe no mundo contemporâneo. Os educadores não devem ignorar os aspectos penosos de viver nos extremos de estruturas sociais que rotulam as pessoas com base na raça percebida. O racismo, enquanto processo social de exclusão e de discriminação, pode operar com vitalidade na ausência de linhas de demarcação claras entre os grupos sociais.

O racismo é um sistema de privilégios que existe entre grupos humanos e que permite a um grupo ter, *a priori*, poder e posição superior sobre outros. Para discutir o fenômeno do racismo em nossa sociedade, precisamos nos abrir para a discussão de todo o sistema do "privilégio do branco". Nas sociedades ocidentais, a condição de branco e o privilégio da pele branca são pontos pacíficos (Dei, 1996). O privilégio branco traz consigo enormes benefícios sociais, políticos e econômicos pela posição de dominação do fato de ser branco. Hoje em dia, a educação anti-racista questiona o privilégio branco e a ideologia que o sustenta. Esse questionamento pode ser uma porta para os brancos entrarem no debate sobre as questões levantadas pela educação anti-racista. Os educadores brancos que assumem a educação anti-racista podem apresentar as seguintes questões: "Como o fato de ser branco é delineado e interpretado nas escolas e na sociedade em geral?" e "Por que a cultura branca é tão dominante que alguns alunos são levados a pensar que constitui maioria no mundo?" (Dei, 1996). A educação anti-racista procura fazer mais coisas além de apenas questionar a base sistêmica do privilégio branco; há um movimento ativo de esforço educacional que procura abrir um fórum ou espaço. Nas palavras de George Dei (1996: 28), educador anti-racista: "o anti-racismo requer a criação de espaços para todos, mas particularmente para que as vozes marginais sejam ouvidas. Requer que os grupos dominantes da sociedade ouçam as vozes dos grupos subordinados". Assim, a educação anti-racista deve definir, conceituar e perceber a "diferença" com base no ponto de vista daqueles que ocupam a periferia da sociedade e que têm de resistir continuamente à marginalidade por meio da ação coletiva. Isso envolve o educador na questão de como exatamente ensinar a diferença num contexto educacional.

George Dei especula sobre uma possibilidade do ensino da diferença:

> A diferença deve ser ensinada de forma a permitir às pessoas adquirir a força de trabalhar coletivamente pela mudança transformadora. A

diferença deve ser ensinada de maneira a reconhecer nossos pontos fortes individuais e coletivos. A diferença não deve ser ensinada de modo a tornar "o outro" exótico ou a romantizá-lo. Reconhecemos nossas diferenças para aprender uns com os outros [...]. Uma questão afim diz respeito à extensão com que a ênfase na diferença pode ajudar ou impedir uma política de transformação social. Há pouca dúvida de que uma política de similaridades possa mascarar formas de injustiça social. Num mundo ideal, não poderíamos negar a importância das ligações com as bases de nossas comunidades. Afinal de contas, devemos ter condições de "visualizar uma comunidade" em meio às diferenças e à diversidade. É importante *não confundir diversidade com divisão*. Entretanto, enfatizar ou privilegiar a diferença de forma a gerar divisão não é uma virtude da diversidade. (Dei, 1996: 37)

A educação anti-racista reconhece as diversidades e as complexidades do racismo no mundo de hoje. Isso nos permite compreender Edward Said, quando observa que, hoje, ninguém é uma coisa só (citado em Dei, 1996). Nessa situação complexa, temos de lidar com estratégias múltiplas. Também haverá a necessidade de implementar opções específicas numa dada situação, as quais dependerão da maneira pela qual a luta contra a opressão social se materializará. George Dei (1996), ao discutir essa complexidade, dá o seguinte exemplo: ao optar por nos concentrarmos no racismo antinegros, não devemos negar a luta contra o anti-semitismo. Como ele mesmo observa, ambas são formas de racismo que uma luta anti-racista tem de enfrentar. Nossa tarefa é conseguir conectar essas lutas e, também, relacionar o anti-racismo com outras formas de opressão social e com outras questões políticas e econômicas mais abrangentes. Com isso em mente, é preciso ter consciência dos poderosos efeitos sociais que a economia globalizada tem sobre a vida comunitária.

No contexto canadense, a atual reestruturação nacional e global tem implicações profundas para a educação, algo que pode ser visto muito claramente na relação com as minorias raciais, com as mulheres e com a juventude em desvantagem econômica. Essa situação põe um grupo minoritário contra outro, e aqui a diferença é a matriz do racismo dentre grupos minoritários (Roman e Eyre, 1997).

Outra ordem de magnitude é o entrelaçamento complexo de outras dimensões da diferença. Isso requer que, ao tratar do racismo, façamo-lo dentro de um quadro mais integrado de compreensão das opressões e de suas inter-relações. George Dei chama esse tipo de análise anti-racista de "anti-racismo integrador". E afirma:

> O anti-racismo integrador baseia-se no princípio de que miríades de formas de opressão estão interligadas, e o estudo de um desses sistemas, o racismo, implica necessariamente um estudo de classe, gênero, desigualdades sexuais, homofobia e capacitacionismo [...]. A natureza complexa da opressão e a intercambialidade dos papéis de "opressor" e de "oprimido" em situações diferentes necessitam de uma abordagem anti-racista integradora. Ela consiste na consciência de que as subjetividades individuais são constituídas de forma diferente segundo a relação de raça, classe, gênero, idade, incapacitação, sexualidade, nacionalidade, religião, língua e cultura. (Dei, 1996: 56-7)

Estudar o racismo de forma integradora levanta algumas questões importantes sobre a desigualdade social e impede qualquer tentativa de entendimento fácil desses fenômenos interligados de maneira complexa. Num mundo que se torna cada vez mais integrado em comunidades em que a "diferença" é a norma, a educação que se desenvolve em torno de anti-racistas vai adquirir importância cada vez maior.

Educação não-sexista Como no caso da discussão do ensino anti-racista, o tópico das relações de gênero no contexto educacional deve ser visto como parte de um contexto maior. No nível da vida cotidiana, as relações de gênero são experienciadas por determinados indivíduos em contextos de raça, formação etnocultural, classe, idade, capacitação e orientação sexual. Isso torna imperativo, desde o começo, ir além das generalizações simples sobre homens e mulheres e considerar o contexto específico no qual suas experiências de vida estão inseridas. O sexismo é a institucionalização do privilégio ao longo de linhas de gênero. No contexto da educação contemporânea, podemos falar, sem risco de cometer nenhum equívoco, do "privilégio masculino". A priorização do privilégio masculino existe nas instituições do patriarcado sobre as quais já falamos neste capítulo. O patriarcado é visto como a institucionalização do domínio masculino em estruturas hierárquicas verticais. Nas instituições educacionais, são privilegiados os estilos de ensino e aprendizagem mais intimamente associados à experiência do homem branco de classe média. Esse tipo de privilégio costuma ignorar os pontos fortes de meninas e de mulheres no currículo. Além disso, as capacidades femininas não são reconhecidas nem recompensadas, tanto no âmbito do ensino, como do contexto social mais amplo. O privilégio masculino transparece nas instituições educacionais quando, apesar de ter o mesmo conteúdo educacional e as mesmas capacidades que o homem, a mulher recebe salário inferior e tem menor poder e responsabilidade. Também vemos, em relação às mulheres, que as ocupações que empregam grande número de mulheres pagam menos pelas mesmas funções exercidas em ocupações que empregam grande número de homens. O sexismo é uma das maiores barreiras contra a realização pessoal. Por causa da visão persistente de que a carreira acadêmica não é feminina, muitas jovens e mulheres não realizam seu pleno potencial no meio acadêmico. Também continuamos vendo diferenças substanciais em inscrições e índices de participação em alguns campos de estudo, principalmente na engenharia, nas ciências aplicadas, nas tecnologias e negócios, áreas quase inteiramente dominadas pelos homens (S. Wolf, 1994). Um processo de ensino transformador crítico deve discutir e superar os problemas de desigualdade sancionados pelas instituições educacionais convencionais. Essa é uma das dimensões de uma educação que não tem orientação sexista.

Uma segunda área importante a ser discutida para uma aprendizagem transformadora crítica e não sexista é a violência extremamente difundida em instituições que socializam alunos numa cultura masculina. As mulheres e as crianças, como já dissemos, sofrem essa violência em escala horrenda. Uma das formas mais graves da violência do sistema escolar moderno é o assédio sexual. Freqüentemente, esse tipo de violência masculina é considerada inofensiva dentro da escola. "Os meninos são assim mesmo" é uma frase ouvida muitas vezes e usada como desculpa para o assédio sexual (S. Wolf, 1994).

Quando o patriarcado é a norma, o topo da hierarquia é um homem branco heterossexual. Todos os tipos de violência e de seleção são realizados dentro das estruturas normativas do patriarcado. De acordo com as normas patriarcais, há correlações muito fortes entre posição e poder, e esse posicionamento ou favorecimento dos homens é legitimado pela cultura em suas instituições políticas, econômicas, religiosas e educacionais. As instituições do patriarcado, como quaisquer outras formações sociais profundamente violentas, combinam violência direta, estrutural e cultural num círculo vicioso. O patriarcado não é só uma estrutura institucional que protege o privilégio masculino, mas serve também como instituição legitimadora da perpetração da violência masculina. Para discutir a difusão da violência patriarcal, é preciso fazer uma profunda exploração das formas pelas quais a dominação e a subordinação operam ao longo das linhas de gênero. É preciso questionar e estudar meticulosamente os fatores de formação cultural que desembocam na violência masculina e na dominação das mulheres. As instituições do patriarcado vêm sendo questionadas pelo movimento feminista, e isso constitui uma abertura para a mudança, que é necessária e, ao mesmo tempo, lenta. Mas a mudança nessa área, para ser eficiente, deve ter a participação de homens de nossa cultura que conseguiram ver que a misoginia e o privilégio masculino são problemas que atingem tanto os homens quanto as mulheres. Precisamos de uma educação que questione o privilégio masculino, mas que também nos dê uma visão de companheirismo entre os sexos que tenha a eqüidade de poder como base. A obra recente de Riane Eisler e David Loye, *The Partnership Way* [O caminho da parceria] (1990) e os *workshops* sobre a "Nova Dinâmica", inspirados pela obra de Carole Pierce e seus colaboradores, são abordagens sugestivas a caminho da eqüidade do poder entre os gêneros (Pierce, 1994). Em última instância, a educação não-sexista deve examinar a desigualdade de gênero em todos os níveis da vida social em que está inserida. A quebra da hegemonia do poder patriarcal nos ajudará a forjar uma visão do ensino em que a eqüidade seja a norma, não o objetivo.

Educação e classe no contexto da globalização

Já fizemos algumas observações preliminares sobre classe e consideramo-la uma dimensão integral da diferença, ao lado de raça e de gênero. Agora, gostaria de discutir algumas questões educacionais relacionadas à classe num contexto de transformação crítica. Com base na experiência, sabemos como é difícil discutir questões de classe em contextos educacionais. bell hooks (1994) afirma que em parte alguma há um silêncio maior sobre as realidades das diferenças de classe do que nas instituições educacionais. Percebemos muito claramente nas sociedades ocidentais democráticas o silêncio e a resistência em discutir questões de classe (Aronowitz e Giroux, 1993; Bourdieu e Passeron, 1977; Bowles e Gintis, 1976; Dale e Esland, 1976). No contexto da América do Norte, nota-se a visão mitológica de que a escola é para todos, igualmente. Sabemos, no âmbito da legitimação e da prática cotidiana, que os sistemas educacionais fazem uma seleção ao longo das linhas de gênero, raça e classe. A ideologia liberal do Ocidente mascara a natureza opressiva de nossas instituições educacionais. Nos últimos vinte anos, houve um processo na educação que codifica os sistemas intrincados de opressão. Inspirado inicialmente pela obra de Paulo Freire (1970), obra pioneira sobre pedagogia e opressão, houve outro processo de perspectiva crítica que levantaria sistematicamente questões de dominação, como as questões de classe em contextos educacionais (Collins, 1995; Livingstone, 1987). Eu já disse antes que a questão de classe adquiriu novo sentido no contexto da economia globalizada. A educação, na situação atual de globalização, fechou um ciclo em relação à tarefa de treinar a força de trabalho do futuro. Depois de anos de negligência, as empresas privadas e os governos descobriram o treinamento. As instituições educacionais estão sendo agredidas pelas empresas e pelo governo por sua pobreza em treinar os alunos para o mercado global de mão-de-obra. JimTurk (1992), diretor do departamento de ensino da Ontario Federation of Labour [Federação do Trabalho de Ontário], observa que a educação e o treinamento são menos uma causa que um efeito de decisões econômicas. Afirma que é muito mais provável que a ênfase na educação e no treinamento resulte de uma economia vibrante e inteiramente industrializada do que venha a ser um fator gerador desse tipo de economia.

É importante situar a classe numa perspectiva crítica que examine a reestruturação do capitalismo desenfreado num contexto econômico global. Griff Foley (1993), educador australiano, promove o contexto crítico que proponho tanto em nível "macro" quanto "micro". No nível "macro", propõe um exame da política educacional dirigida pelo processo de globalização. Diz que a globalização da produção transformou o Estado do bem-estar social num Estado competitivo. O que Foley vê acontecer nesse movimento que leva a um Estado competitivo é a transformação da educação, que era um direito do cidadão, em instrumento de política econômica. No nível "micro", as pessoas são vistas como instrumentos de produção, cujo valor deriva de seu treinamento para as necessidades do mercado. Foley vê a necessidade de uma abordagem educacional radical que nos afaste da formulação "tecnicista" dominante no processo de "reestruturação" e que nos faça prestar atenção ao que os operários e os desempregados realmente vivenciam e aprendem no processo da reorganização capitalista. Uma educação crítica formulada de acordo com uma perspectiva de classe deve tomar uma direção que mostre claramente o que a reestruturação econômica está fazendo; deve ser criada nos contextos locais e nacionais que desenvolvem contra-estratégias eficientes e que mostrem como a globalização e a "reestruturação" são, evidentemente, impedimentos para uma sociedade justa. Foley lembra-nos de que o capitalismo, construído como é na exploração de muitos por poucos, contrapõe-se ao interesse geral. Também precisamos entender que não haverá uma reforma segura e de longo prazo do capitalismo de acordo com os interesses da maioria. Foley nos lembra, também, de que é preciso refletir sobre nossa experiência dos anos 1980. Nessa época, o capitalismo era inerentemente instável e destrutivo. Recuperou-se de suas crises periódicas intensificando a exploração do trabalho. Foley discute novamente, em nosso próprio tempo, a questão: "De que lado você está?". Questiona os educadores adultos:

> Será que nós, educadores de adultos, optamos por trabalhar com o capital e para o capital, acomodando-nos, sejam quais forem nossas qualificações e resistência retórica constante, à linguagem e às técnicas de uma reestruturação de mercado claramente dirigida pelos interesses do capital? Ou assumimos a tarefa, muito mais difícil, de lutar para

criar formas de ensino que sirvam realmente aos interesses dos trabalhadores? (Foley, 1993: 4)

Na era da globalização, com seus mantras e floreios retóricos, arriscamo-nos a ser considerados ingênuos por adotarmos uma postura contrária à voz hegemônica da reestruturação capitalista. É preciso deixar bem claro que, como educadores críticos, podemos ser tudo menos ingênuos. Uma educação crítica, que tem consciência de classe, deve examinar de perto o fato de que a economia mundial das empresas transnacionais é a principal causa do declínio constante do trabalho viável em todo o mundo. Jeremy Rifkin, em seu livro *The End of Work* [O fim do trabalho] (1995), discute o aumento do desemprego em escala mundial, aumento que se encontra, agora, em seu ponto mais elevado desde a grande depressão da década de 1930. Rifkin observa que o número de pessoas subempregadas e desempregadas aumenta rapidamente, à medida que milhões de novos indivíduos que entram para o mercado de trabalho são vítimas de uma extraordinária revolução *high-tech*. Rifkin diz que os computadores sofisticados, a robótica, as telecomunicações e outras tecnologias de ponta rapidamente substituem os seres humanos em quase todos os setores e ramos da indústria, das manufaturas aos serviços de varejo e finanças, passando pelo transporte, pela agricultura e por órgãos governamentais. Nota, também, que muitos empregos perdidos não voltam nunca mais. Os operários das indústrias, secretárias, recepcionistas, escriturários, vendedores, caixas de bancos, telefonistas, bibliotecárias, vendedores por atacado e administradores de médio escalão fazem parte da força de trabalho de uma economia mais antiga, agora condenada à extinção. Embora alguns novos empregos estejam sendo criados, Rifkin observa que, em sua maior parte, são mal remunerados e, geralmente, temporários. Na força de trabalho global do mundo contemporâneo, há uma polarização em duas forças potencialmente irreconciliáveis: uma é a elite da informação que controla e administra a economia global *high-tech*; outra o crescente número de trabalhadores permanentemente excluídos, com pouca esperança e perspectiva de um emprego significativo num mundo cada vez mais automatizado.

Richard Barnet (1993) observa que essa crise de emprego é uma arena em que algumas das questões mais fundamentais da existência humana está em pauta. Ele acha que há uma quantidade enorme de trabalho a ser feita pelos seres humanos: construir lugares decentes para morar, explorar o universo, construir cidades menos perigosas, ensinar uns aos outros, criar filhos, fazer visitas, confortar, curar e alimentar uns aos outros, dançar, compor música, contar histórias, inventar coisas e governar a si mesmos. Mas grande parte das atividades essenciais que as pessoas sempre realizaram — criar e educar a família, divertir-se, dar prazer aos outros e aumentar o bem-estar geral — não é considerada emprego. Enquanto não repensarmos o trabalho, não chegarmos à conclusão do que os seres humanos devem fazer na era dos robôs e não definirmos que reivindicações básicas os seres humanos devem fazer à sociedade pelo fato de estarmos aqui, nunca haverá empregos suficientes.

Tanto Barnet (1983) quanto Rifkin (1995) observam que alguns elementos de uma estratégia global para a reorganização do trabalho estão começando a tomar forma. Rifkin sugere que se supere a ilusão de fazer novos treinamentos para empregos inexistentes. Insiste em que comecemos a refletir sobre o que, até esse momento, era impensável: preparar a nós mesmos e a nossas instituições para um mundo que torna obsoleto o emprego em massa na produção e na comercialização de mercadorias e serviços. Apresenta a idéia de que devemos redefinir seriamente o papel do indivíduo num mundo praticamente sem trabalho.

Os educadores que trabalham em áreas formais do ensino, educadores de adultos que atuam em universidades e em ambientes informais, educadores de sindicatos e aqueles que defendem a causa dos sem-teto e dos desempregados enfrentam problemas assustadores ao se deparar com o impacto impiedoso e destrutivo da reestruturação global. Os educadores que assumiram a tarefa crítica de estar na linha de frente das novas estratégias globais de reorganização do trabalho fora da reestruturação destrutiva da globalização econômica devem reunir a coragem e a imaginação necessárias para enfrentar o ataque do homem ao homem. Vamos considerar essas questões com maior profundidade num capítulo posterior que trata de questões relativas ao "ensino para qualidade de vida".

Educação para a paz: como lidar com o conflito e a violência

Paz e conflito são palavras que não podem ser consideradas fora de um contexto. Da mesma forma, a idéia de um ensino transformador para a paz também tem uma complexidade intrincada, que requer reflexão e consideração cuidadosas. As primeiras partes deste capítulo deram ao leitor uma idéia do alcance e da magnitude da violência que se manifesta em todos os aspectos do mundo contemporâneo. Embora a complexidade de uma perspectiva pacífica, por si só, já constitua um mundo à parte, minha visão particular de uma aprendizagem transformadora para a paz é a de que se trata de uma educação que lida criativamente com as complexidades do conflito e da violência. Aqui, também, vamos ver que a educação para a paz não constitui uma direção à parte das outras preocupações de que falamos, como o racismo e o sexismo. A educação para a paz, quando identificada como tal, é integrada e trata de miríades de áreas da vida moderna nas quais se encontram o conflito e a violência (Bickmore, 1997). Não é meu objetivo, aqui, entrar numa discussão exaustiva das dimensões complexas da educação para a paz. Minha tarefa é conectar as questões da educação para a paz ao contexto mais abrangente da aprendizagem transformadora de que trato neste livro. Três locais ou contextos de paz e de conflito serão considerados. Esses contextos são o global/planetário, o regional/local e o pessoal.

Em âmbito planetário, vemos conflito e violência amplamente difundidos (sua complexidade já foi discutida no Capítulo 1 e em todo este capítulo). O que precisa ser compreendido, a partir da perspectiva da educação para a paz, são as condições ocultas e profundas que geram a violência em nível planetário. Um fator importante que serve de condição causal oculta e profunda é o antropocentrismo. O antropocentrismo ou "homocentrismo" é uma visão distorcida da importância apriorística do ser humano em relação a todas as outras espécies. Como forma de orientação em relação ao mundo, é mais um exemplo da existência de uma cultura de dominação. Há um desejo profundo, no âmago da cultura científica ocidental, de dominar e de controlar todos os processos naturais. É preciso reconhecer, em nossa discussão presente, que nem todas as culturas humanas podem ser consideradas antropocêntricas. Quase todas as culturas tradicionais ou tribais parecem ter uma relação muito íntima com o mundo natural e com as outras espécies que fazem parte dele. Essas culturas também se caracterizam por sua relação íntima com o universo em geral.

A cultura ocidental parece ser muito diferente das culturas tradicionais, no que diz respeito à intimidade com o mundo natural e com o universo. O mundo natural, segundo os mitos culturais do Ocidente, tornou-se uma esfera que tem de ser domesticada. Essa domesticação foi construída sobre a relação de antagonismo com o mundo natural. Frederick Turner (1980) caracterizou esse processo como "o espírito ocidental contra a vida selvagem". Brian Swimme e Thomas Berry (1992) afirmam que as necessidades de sobrevivência educacional de nosso tempo envolvem uma viagem rumo à intimidade com o universo. A tradição educacional do Ocidente chegou ao oposto exato da intimidade. Na verdade, nossa viagem educacional é uma peregrinação rumo à alienação. Fomos ensinados a ver-nos como seres distintos e separados do mundo natural. Quando conversamos sobre nossa existência, falamos dela como algo que se destaca e que se afasta do universo e do mundo natural. Esse é o desencantamento que mencionamos acima. Vista dessa perspectiva, a consciência humana é consciente na medida em que é vista como algo separado do universo e do mundo natural. Quando refletimos sobre a visão de mundo do pensamento ocidental, vemos o mundo exterior à nossa consciência como silencioso e inerte, matéria sem vida a ser manipulada e controlada a nosso bel-prazer. O mundo exterior à consciência humana é um objeto a ser usado da maneira que nossa espécie achar melhor e segundo os termos de nossas necessidades e preferências. A única intimidade que existe nessa visão de mundo é a intimidade humana. Nisso ficamos presos ao antropocentrismo. A única voz além da nossa é a humana; todos os outros aspectos do mundo natural fora do âmbito humano são silenciosos, não falam. Como encaramos o universo fora do âmbito humano como sem voz, conclui-se, daí, que não temos capacidade de ter intimidade com o mundo natural. Não temos consciência de viver na superfície das coisas. Isso faz parte da arrogância da educação ocidental. Consideramos as culturas que têm intimidade com o mundo exterior à consciência humana como primitivas e subdesenvolvidas. Vemos isso claramente no caso dos povos indígenas. Sua intimidade com o mundo natural, sua proximidade e reverência pelo mundo animal e vegetal são vistas como retrógradas pelo temperamento moderno. O que nós, da moderna tradição científica do Ocidente, não conseguimos ver é nossa limitada capacidade de comunhão com o mundo exterior ao humano. Fomos treinados pela tradição educacional do Ocidente a encarar somente o mundo humano como sujeito. Mas e se o universo for uma comunhão de sujeitos e não uma série de objetos? (Swimme e Berry, 1992).

Hábitat e diversidade. Quais são as conseqüências dessa visão do mundo natural? Em primeiro lugar, pense nas implicações da destruição do *hábitat*. Tanto quanto sabemos, somos o único planeta verde do universo. Desde nosso aparecimento na Terra, nós, enquanto espécie, estamos envolvidos com a destruição da rica herança de nosso solo, que empobrecerá violentamente a cobertura verde do planeta num piscar de olhos do tempo geológico (Myers, 1984). No final do século XX, os desertos provavelmente já terão expandido até dois terços, e teremos eliminado pelo menos um terço de nossas florestas tropicais. Parece que estamos prestes a destruir nossa herança de recifes de coral, mangues, estuários e banhados. Em nome da prosperidade humana, vamos rasgar, derrubar, drenar, envenenar ou criar outras terras preciosas. Os eventos que mencionamos não são "atos de Deus", e sim resultado do artifício humano. Várias pressões de dentro da comunidade humana levam a isso. A pobreza numa parte do mundo é combinada à avidez de consumo em outra. Para satisfazer à complexidade das necessidades humanas em nossa sociedade atual, entramos no caminho da superexploração de nosso *hábitat* natural. Descobertas indicam, agora, que quando algumas florestas tropicais são destruídas, não se recuperam facilmente. Com o desaparecimento da cobertura do solo e com a perda de nutrientes críticos nela armazenados, a floresta não consegue regenerar-se. A desertificação é irreversível ou cobra um preço altíssimo. Há muito mais coisas em perigo do que imaginamos. Por exemplo: quando certos setores da biosfera, principalmente os ecossistemas das florestas tropicais, dos recifes de coral e dos banhados servem, graças à sua riqueza biótica e complexidade ecológica, de "usinas" da evolução, estamos empobrecendo o curso futuro da evolução (Myers, 1984). Especificamente no caso das florestas tropicais, que abrigam uma parcela desproporcional da diversidade biológica da Terra, há um dramático destaque à preocupação com a extinção maciça. A derrubada pura e simples das florestas tropicais por colonos em busca de terras cultiváveis e por atividades de madeireiras que produzem madeira para o comércio e para a satisfação de necessidades domésticas, pode causar, diretamente, a extinção de um quinto de todas as espécies de plantas e animais ao destruir seu *hábitat* (Wolf, 1988). O *pathos* profundo relativo à importância da diversidade biológica é expresso por John Ryan num trabalho sobre diversidade biológica publicado no *1992 Worldwatch Institute Report* [Relatório de 1992 para o Instituto Worldwatch]:

> De uma complexidade que foge à nossa compreensão e de valor inestimável, a diversidade biológica é a variedade total de vida na Terra. Ninguém sabe, nem na mais insignificante ordem de magnitude, com quantas formas de vida a humanidade compartilha este planeta: aproximadamente 1,4 milhão de espécies já foram identificadas, mas os cientistas, hoje, acreditam que o número total está entre 10 milhões e 80 milhões. A maioria é de pequenos animais, como insetos e moluscos, em ambientes pouco explorados, como a cobertura das florestas tropicais ou o fundo do mar. Mas a natureza também conserva seus mistérios em regiões bem conhecidas. Até um punhado de terra da parte oriental dos Estados Unidos provavelmente contém muitas espécies ainda desconhecidas pela ciência. (Ryan, 1992: 9)

Estamos em meio ao processo de destruição das espécies sem nunca termos compreendido sua importância vital. Há estimativas segundo as quais, no ano de 2050, metade de todas as espécies que existem hoje podem estar extintas (Seager, 1995). Outras espécies são componentes vivos de sistemas ecológicos vitais (ecossistemas) que prestam à humanidade serviços gratuitos indispensáveis e cuja destruição pode levar ao colapso da civilização humana (Ehrlich e Ehrlich, 1981). No momento presente, bem mais de 90% de todas as espécies que existiram desapareceram. Extinguiram-se em função de processos naturais. Quando os seres humanos começaram a caçar animais para comer, para comerciar e por esporte, a extinção veio em seguida, provocada pela destruição do ambiente natural. Durante esse processo, o índice de extinção subiu vertiginosamente para cerca de uma espécie por ano no século XX (Myers, 1984).

Em nosso próprio tempo, quando os ambientes naturais são destruídos e degradados de todos os lados, o índice de extinção sobe para cerca de uma espécie por dia, até mais. Estima-se que, no final do século XX, podemos ter perdido um milhão de espécies. Também parece ser uma possibilidade real que, em meados do século XXI, talvez um quarto de todas as espécies tenha desaparecido. Qual o alcance e a magnitude dessa perda? Norman Myers (1984: 154) tenta dar uma idéia de escala: "Em escala e em período de tempo muito reduzidos, esse processo de extinção representará uma *débâcle* biológica maior que qualquer coisa de que se tem notícia desde os primórdios dos tempos. Excederá maciçamente a 'grande morte' dos dinossauros e de seus parentes, junto com os organismos associados a eles, 65 milhões de anos atrás, quando grande parte das espécies da Terra desapareceu". Estamos numa trajetória de perdas maciças de espécies que acabarão por alterar o curso da própria evolução. Dois cientistas que catalogam essas perdas observam, enigmaticamente, que "morrer é uma coisa, o fim do nascimento é outra bem diferente" (Myers, 1984).

À medida que o projeto de globalização econômica avança, podemos ver que a insensibilidade à destruição do mundo natural é enorme. Quase todas os grandes Estados-nação são cúmplices nesse projeto de destruição. Em nível global, a consciência da destruição do mundo natural e a resistência a ela vêm dos grupos de mulheres. As mulheres parecem ser nossas educadoras críticas em termos de consciência nas áreas da devastação ambiental. Joni Seager (1993) observa que as mulheres são a espinha dorsal de praticamente todos os grupos do movimento ambiental no mundo inteiro. Com poucas exceções, as mulheres constituem aproximadamente 60% a 80% dos membros da maioria das associações ambientalistas. Sabemos que a proporção de mulheres é mais ou menos essa em praticamente todos os aspectos do pacifismo em nosso mundo contemporâneo (Seager, 1995). Exemplos específicos são dignos de nota, como mostra o compêndio da participação das mulheres de todo o mundo organizado por Seager (1993).

> A importância das mulheres como catalisadoras e líderes de movimentos locais em defesa ao meio ambiente é um fenômeno global: na Índia e no Quênia, são os movimentos liderados por mulheres que lutam para salvar as florestas. Foi um grupo *ad hoc* chamado Mães do Mar Aral que ajudou a chamar a atenção internacional para a catástrofe do desaparecimento do Aral, na antiga União Soviética. Mulheres da Ucrânia e de toda a Europa assumiram a direção no sentido de obrigar seus governos a reconhecer a gravidade do acidente nuclear de Chernobil e da radiatividade que se espalhou no ambiente. As mulheres estão na vanguarda de praticamente todos os grupos comunitários dos Estados Unidos e do Canadá organizados contra o lixo tóxico. (Seager, 1995: 264)

Com base nos exemplos que apresentei, podemos esperar que as mulheres envolvidas com as questões da paz planetária serão o modelo para nossas atividades de educação para a paz. Vão formar um novo tipo de liderança externa às estruturas violentas do patriarcado.

Falar das atividades da educação para a paz em nível regional/local abre um mundo de conflitos e de violência que vai de um extremo ao outro da nossa Terra. Já falamos sobre a violência que os povos indígenas sofrem. Há conflitos complexos entre povos dos mesmos Estados-nação e entre povos de Estados-nação diferentes. Há conflitos violentos que afetam certos hemisférios. Vêem-se zonas de conflito em todas as regiões. Os exemplos são inúmeros. A Irlanda do Norte, a Bósnia, Ruanda e a área da América Central, a Argélia, a Nigéria, para citar apenas alguns. A indústria armamentista fornece as armas que alimentam os conflitos locais e regionais. Por exemplo: entre 1965 e meados da década de 1980, as despesas militares do Terceiro Mundo aumentaram mais do que nos países ocidentais e responderam por uma proporção maior do PIB, em média mais de 4% (*World Guide 1997/ 1998* [1997]). O custo humano de todos esses conflitos é impressionante. Um dos resultados dos conflitos regionais é o desenvolvimento de uma população global distinta com grupos chamados de refugiados. O termo "refugiados" tem definição específica segundo o direito internacional: "Pessoa impossibilitada ou relutante em voltar para sua terra natal por motivos de raça, religião, etnia ou por fazer parte de um determinado grupo social, ou por opiniões políticas". Seu número passou de 17 milhões, em 1991, para mais de 27 milhões, no início de 1995 (*World Guide 1997/1998* [1997]).

Não há receitas fáceis para a educação para a paz, dada a complexidade das situações locais e regionais. A educação para a paz e a resolução de conflitos têm de adaptar-se ao perfil da região ou do local onde as dissensões começaram. Gostaria de dar exemplos de atividades de educação para a paz, uma da América Central e outra da Irlanda do Norte. O programa de educação para a paz da América Central é resultado do trabalho de Abelardo Brenes-Castro (1988; 1996) e seus colaboradores e denomina-se A Cultura da Paz e da Democracia na América Central. Em resposta às iniciativas para a resolução pacífica do conflito da América Central, a Universidade da Paz, sediada na Costa Rica, promoveu um programa de educação para a paz tratando especificamente da região da América Central. Desde 1988, esse programa está envolvido em uma iniciativa maciça de educação que lida com questões relativas à paz e à sustentabilidade tal como enfrentadas em toda a região da América Central, combinando atividades na Costa Rica, na Guatemala, em Honduras, em El Salvador, na Nicarágua, no Panamá e em Belize. O programa Cultura da Paz produziu um modelo integrado de paz, democracia e desenvolvimento sustentável que está sendo implementado na região em ambientes educacionais formais e informais. Esse programa gerou mais de trinta textos e numerosos guias pedagógicos. Tais guias estão sendo usados em *workshops* realizados em toda a região, principalmente por líderes comunitários e pessoas envolvidas com a mídia. O programa também começou a voltar-se para os educadores do sistema escolar formal em vários países da região. Todos os participantes do processo de treinamento discutem questões como necessidades, direitos e obrigações humanas básicas, desenvolvimento pessoal e políticas de vida e espírito comunitários. Há *workshops* que discutem as questões relativas à resolução pacífica dos conflitos, técnicas gandhianas de não-violência e desenvolvimento de relações mais harmoniosas entre homens e mulheres. Esse projeto de educação para a paz procura dar apoio às comunidades marginalizadas no uso de metodologias não-violentas para resolver seus problemas econômicos, políticos, sociais e pessoais. Um dos *workshops* tem o seguinte tema: Por um Jornalismo de Gênero, e discute as questões que envolvem mulheres e mídia. Esse *workshop* específico leva em conta que a interpretação convencional que a mídia faz da realidade costuma basear-se em códigos patriarcais (*Dialogue* [1996]). O programa Cultura da Paz lida com questões da educação para a paz de forma abrangente e integradora.

Agora vou citar um exemplo de educação para a paz na Irlanda do Norte, que trata de um conflito regional de natureza mais concentrada e específica. O programa de educação para a paz existe no condado de Antrim, na Irlanda do Norte, numa instituição chamada Correymeela.

A proposta inicial da Correymeela nasceu com um pastor protestante, Ray Davey, da cidade de Lisborne, Irlanda do Norte. Começou seu trabalho religioso como capelão da Universidade de Belfast em meados da década de 1960. Morava em Belfast em 1968, quando irromperam os conflitos entre protestantes e católicos na Irlanda do Norte. Muito sensível à violência que existia à sua volta no Norte durante essa época, comprou uma propriedade nas montanhas ao norte de Antrim, que agora se chama Correymeela. Nos últimos trinta anos, Correymeela tem sido uma instituição dedicada à paz e à não-violência, com base numa visão ecumênica cristã voltada para a resolução pacífica e o entendimento entre católicos e protestantes do Norte. Essa instituição aceita, como premissa básica, que existe uma dimensão espiritual nas resoluções pacíficas e não-violentas dos conflitos. Seu atual diretor é Colin Craig, que me contou os detalhes da história de Correymeela e de seu trabalho.

Ao longo desses últimos trinta anos, Correymeela foi uma inspiração para os jovens do Norte da Irlanda ao gerar nova visão e esperança para as futuras relações entre protestantes e católicos. Do ponto de vista de Correymeela, a paz tem três elementos básicos: a manutenção da paz, a criação da paz e a construção da paz. A manutenção da paz é um pré-requisito para a paz comunitária. É preciso uma base a partir da qual operar. Trata-se de eliminar a violência imediata da situação, para que outros fatores possam atuar e manifestar-se. Criar a paz é fundamentalmente uma tarefa política. Diz respeito à eqüidade, diversidade, igualdade e justiça. Por fim, há o processo de construção da paz, que é a realidade das relações sociais. Se tivéssemos que definir a paz, diríamos que são pessoas afirmando e experienciando relações sociais de forma empática. É preciso basear-se na experiência cotidiana das pessoas. Tem de ser criada a partir do choque provocado pela história pessoal de cada um. Ao comentar a situação de hoje, Colin Craig afirma ter havido uma erosão constante da participação comunitária e do envolvimento dos jovens. Parece que houve a perda do sentimento profundo de ligação com o lugar e de relações sociais significativas que ajudam os jovens a se comprometer com a vida comunitária de sua região. Parece que se perdeu a crença de que os jovens são capazes de fazer diferença na vida normal de sua comunidade. Essa é a realidade da "alienação" e da perda das relações sociais significativas.

Ao pensar sobre essa realidade contemporânea de jovens e de envolvimento comunitário, a equipe da Correymeela criou um novo programa, intitulado A Odisséia. Gira em torno de uma viagem e foi pensada sabendo que as pessoas anseiam por uma realidade maior que a comunidade local, a Comunidade Irlandesa do Norte, a Comunidade Européia. Há a impressão de que existe uma comunidade cosmológica mais abrangente, que Craig identifica com a *Universe Story* [História do universo] de Thomas Berry (1988). Trabalhando com base no princípio de que a "história do universo" é a história a partir da qual todas as outras histórias culturais surgiram, a Odisséia é uma tentativa de imaginar e de criar um programa de quatro partes. Os grupos que participam desse programa de quatro semanas compreendem pessoas diferentes das mais diversas posições sociais da Irlanda do Norte, exceto, possivelmente, pais de crianças pequenas. Também há equilíbrio entre católicos e protestantes, nacionalistas e sindicalistas. A primeira parte do programa é Construir a História. Essa parte dá início à Odisséia, e aí as pessoas contam sua história e as histórias de sua terra natal, que a tornam única. A história começa a ser construída quando as pessoas tentam costurar suas diversas histórias pessoais. Por meio de discussões, procuram constuir uma história comunitária coletiva com base nas histórias individuais dos participantes. No final da semana, pede-se a todos os participantes que ponham na mala mudas de roupa e preparem-se para uma viagem de uma semana num antigo bote de couro irlandês, chamado *curragh*. Pede-se a eles que participem de uma viagem pela costa norte da Irlanda, partindo de Lough Swullagh e percorrendo todas as praias de Ballycastle, onde fica Correymeele. O objetivo dessa viagem é fazer as pessoas entrarem num processo de aprendizagem despojado, muito perto do sentimento de sobrevivência do grupo. Pretende dar a elas a sensação de trabalho árduo no contexto de uma viagem difícil. Durante essa viagem, observa-se que os participantes cruzam a fronteira entre o Norte e o Sul da Irlanda, o que passa despercebido em meio às águas turbulentas que não falam de linhas divisórias. Com a viagem, todos aprendem a trabalhar juntos num nível muito primitivo de luta pela sobrevivência. Têm de contar uns com os outros durante a viagem, se quiserem completá-la com segurança. Muitas diferenças culturais e religiosas em um grupo de participantes ficam em segundo plano em relação às tarefas da viagem. Um católico e um protestante têm de sincronizar suas atividades nos remos para levar o barco para a frente. O que todos os participantes percebem, nessa viagem, é o ritmo da terra, o ritmo do mar, o ritmo da costa.

Quando a viagem termina, a terceira parte explora a idéia de servir. Isso nos faz voltar à idéia de que os participantes têm o dever de servir e de se envolver com sua comunidade. Na terceira semana, há um trabalho ininterrupto, que dura o dia todo. São prestados serviços em abrigos, centros de tratamento médico sem internação e asilos de idosos. São dadas aulas particulares. Esse segmento tem por objetivo fazer com que as pessoas voltem a assumir compromissos com sua comunidade.

Finalmente, na última semana, é feito um apanhado geral e uma integração intitulados A Entrega das Chaves. As chaves representam conhecimento, experiência, identidade e capacidade de partilhar. Todos os participantes fazem o trabalho integrador, que procura resumir a experiência total das últimas semanas. A chave representa para cada um dos participantes a abertura da porta de uma nova visão. A essa altura, a ênfase é na prática. O trabalho de integração implica um trabalho pós-programa sugerido pela experiência da Odisséia que acaba de se completar. A ênfase é numa visão que anda e tem pés.

Quando entramos em nível pessoal, ao considerar a educação para a paz, falamos de estruturas da intimidade, bem como de relações de cada um consigo mesmo. A área mais importante em que alguma forma de educação para a paz é possível é a da intimidade entre homens e mulheres e a estrutura de intimidade da família. Este capítulo apresentou, com certo detalhe, a violência profunda e generalizada que nasce das estruturas da dominação patriarcal. Quando essa estrutura de dominação opera no nível da intimidade, percebe-se uma violência generalizada que vitima mulheres e crianças por toda a parte. A educação para a paz em nível de intimidade tem de tratar da violência masculina. O que é pessoal e íntimo não é privado. Todos nós enfrentamos, em nível público, os efeitos da violência dos homens contra as mulheres e as crianças. Dado o resultado público dessa violência, é apropriado tratar essa questão em nível do ensino público. Dada a natureza da violência à qual aludi, vemos a necessidade de discutir essas questões tanto dentro quanto fora dos contextos escolares.

Agora, começamos a ver escolas levantando o problema do assédio sexual. Os programas que tratam do assédio sexual nas escolas chegaram à conclusão de que essa questão não pode jamais ser separada da problemática mais abrangente de eqüidade de gênero em educação (Larkin, 1997). O assédio sexual é reflexo da desvalorização das meninas, e ocorre tanto dentro quanto fora do ambiente escolar. Também começamos a ver surgir uma grande variedade de material sobre assédio sexual para educadores. No Canadá, há material à disposição dos educadores, tanto em âmbito do ensino fundamental quanto do ensino médio.

A eqüidade de gênero e as questões do assédio devem ser tratadas na educação para a paz (Larkin, 1997). Também há muito trabalho a ser feito na área da violência masculina fora das estruturas educacionais. Prisões, órgãos de serviço social e clínicas de psicoterapia também precisam preparar-se para lidar com a onipresença dos problemas que esse tipo de violência produz.

Além de enfrentar a violência dos homens contra as mulheres e as crianças, também precisamos enfrentar a enorme violência que os homens perpetram uns contra os outros. É preciso haver espaços educacionais, tanto dentro quanto fora das escolas, que discutam a misoginia destrutiva do papel de socialização do homem em nossa sociedade. Para a maioria dos homens, principalmente dos homens jovens, a insegurança em relação à masculinidade é um problema constante (Kaufman, 1997). Michael Kaufman enfatiza o estado de terror que faz parte do regime de socialização masculina. Diz o seguinte:

> Há um terror enorme de que outros meninos cheguem a descobrir seus medos. Há, também, enorme pavor do ridículo e da violência nas mãos de outros meninos. Há um medo enorme de outros homens [...]. Temos uma palavra para definir esse medo de outros homens: homofobia. É claro que o termo "homofobia" costuma ser usado para se referir ao medo ou horror a *gays*, lésbicas e bissexuais. Não gostaria que perdêssemos de vista esse significado específico e importante, mas acho que essa forma determinada da homofobia dos homens é produto de um medo mais abrangente de outros homens e do medo de não ser "suficientemente masculino". Numa cultura que define a masculinidade como a capacidade de dominar as mulheres, de dominar outros homens, de controlar as próprias emoções turbulentas e de manifestar a heterossexualidade compulsória em nossa sociedade, não é de surpreender que, para muitos homens, principalmente quando são jovens, exista um ódio ativo contra a homossexualidade. (Kaufman, 1997: 17)

Não é meu objetivo mergulhar, aqui, nas profundezas e complexidades de um programa que trate da violência dos homens. O que é importante a essa altura para o leitor é reconhecer que qualquer programa detalhado que lide com a violência em nossa sociedade deve tratar, necessariamente, da socialização violenta dos homens.

Parte III
Criar

Capítulo 6

O contexto planetário da criatividade: a visão educacional num contexto cosmológico*

> Se não vivermos nossa vida com um mínimo de consciência cosmológica, arriscamo-nos a nos fragmentar em mundos diminutos. Porque podemos ser enganados e levados a pensar que nossa vida acontece em entidades políticas, como o Estado ou uma nação, ou que os principais interesses da vida têm a ver com a realidade econômica do modo de vida consumista. Na verdade, vivemos em meio a imensidões, e estamos intrincadamente ligados a um grande drama cósmico. (Swimme, 1996: 60)

Introdução

Acabamos de fazer uma crítica radical e fundamental à educação convencional das últimas décadas do século XX. Chamei sua atenção para os graves perigos de participar de projetos educacionais que simplesmente promovem as atividades do novo mercado econômico

---

* O "contexto cosmológico" apresentado neste capítulo é fortemente influenciado pelo trabalho de Thomas Berry. Por diversos anos, Thomas Berry e eu nos encontramos e discutimos, extensamente, a visão cosmológica dele, que culminou na obra *The Universe Story* [A história do universo], publicada em conjunto com Brian Swimme. Na última seção deste livro, faço um entrelaçamento das idéias cosmológicas de Berry a um contexto educacional. Faço isso elaborando e interpretando seus "Doze Princípios", que em sua forma original precederam *The Universe Story*.

global. Freqüentemente, uma fotografia do planeta tirada do espaço sideral é usada como logotipo para representar a atividade econômica transnacional. Fala-se do planeta como um globo, mas isso é insuficiente para suas dimensões. O globo, tal como apresentado pelo empresário, dá uma impressão de algo conectado pela iniciativa humana ou pelas comunicações humanas. Companhias como a IBM e a American Telephone and Telegraph fazem publicidade dizendo que unem o globo em função de suas atividades e sistemas de comunicação empresariais. Deixando de lado a idéia do globo como simplesmente terreno do empreendimento econômico, é possível encarar nosso planeta Terra como uma unidade multiforme, tal qual antes de os seres humanos o habitarem. Somos mais criaturas planetárias do que globais. Nosso planeta Terra ocupa um lugar no universo. Precisamos desesperadamente de uma consciência planetária que nos situe nos processos criativos no desenrolar da história do universo. Não precisamos de consciência da globalização. Essa afirmação necessita de detalhamento e de justificativa.

Hoje precisamos de um tipo particular de criatividade em nossas atividades educacionais: a educação convencional, ao longo do século XX, não nos preparou para esse momento, com todos os seus perigos e promessas. A aventura humana sempre foi um processo turbulento, mas isso parece especialmente verdade em nosso tempo. Podemos perceber que nossa violência destrutiva, assim como vastas forças criadoras, impregnam todas as atividades humanas e todas as formas terrestres de existência. Vivemos num mundo de forças difíceis de compreender. Dentro desse redemoinho de forças, a partir do qual tanto a estrutura da Terra quanto a história humana são feitas, é importante que nunca haja domínio absoluto de uma dessas forças em oposição à outra. A dificuldade dos últimos séculos é que, mediante a ciência e a tecnologia, obtivemos controle extraordinário sobre outras forças, principalmente as do mundo natural. O resultado foi um domínio perigoso e precário da Terra que, durante algum tempo, acarretou conseqüências tanto positivas quanto negativas. Teve início uma fase complicada da história humana. Coragem, inventividade e poder manifestaram-se para conseguir o que jamais sonharíamos em séculos anteriores. Controlamos a energia nuclear. Viajamos para o espaço sideral. Conhecemos o processo da codificação genética. Estamos prestes a destruir a capacidade que a Terra tem de sustentar nossa espécie e todo o mundo biótico.

Infelizmente, ainda não está claro, neste momento, se estamos ou não despertando para o fato de nossa própria vulnerabilidade e para as conseqüências de nossas atividades. Se isso estivesse começando a acontecer, estaríamos prestes a produzir um tipo de reflexão que a humanidade ocidental não conhece há séculos. Talvez seja, até, uma reflexão nunca feita. Na sabedoria nascida dessa reflexão está a esperança para o futuro, tanto da comunidade humana quanto dos processos terrestres.

Como a principal área de perturbação é a biosfera da Terra, é no reino da biologia que grande parte da reflexão mais significativa acontece. Dessa reflexão nasceu a percepção de que toda a Terra pode ser vista como uma única realidade orgânica. Os componentes da Terra são interdependentes e delicadamente sintonizados uns com os outros em seu funcionamento vital. Isso constitui um eco impressionante, ouvido através dos séculos, não só da experiência de Platão diante do universo como um único organismo vital, mas também de um novo despertar da experiência primordial dos seres humanos, quando a consciência despertou pela primeira vez dentro deles. Ao entrar na metafase das ciências biológicas, conseguimos adentrar uma nova era da Terra, um novo período da história humana, uma nova interação criativa das forças conflitantes que nos rodeiam. (Swimme, 1984)

Tal é nosso momento histórico, um momento precioso em que a antiga comunhão do ser humano com o mundo natural tem nova expressão. Thomas Berry (1993) chamou a década terminal do século XX de "um momento de graça". Ele diz, basicamente, que momentos de grande perigo também podem ser considerados oportunidades criativas. Não podemos mais falar do fim da história, escreveram Ilya Prigogine e Isabelle Stengers (1984), "só do fim de histórias". Em nossa situação atual, poderíamos dizer que vivemos entre histórias, a história moderna e uma nova história que ainda não compreendemos bem, mas que, apesar disso, devemos imaginar como será. Essa é a parte "criativa" da idéia de educação que nos desafia, neste momento, a sobreviver, a criticar nosso estado disfuncional corrente e a imaginar e criar estruturas vibrantes para satisfazer nossas necessidades vitais.

Consciência planetária: a necessidade de um contexto cosmológico

A cultura ocidental moderna, provavelmente, é a primeira cultura a tentar sobreviver sem uma visão geral do cosmo. Na verdade, como vimos no Capítulo 3, houve um desencantamento com o contexto cosmológico que surgiu no pensamento ocidental moderno. Muitas vezes, de nosso ponto de vista ocidental, consideramos retrógradas culturas com uma cosmologia mais ampla inserida em estruturas míticas. A maior parte de nossas ciências sociais, no final do século XIX, consideravam primitivos os povos com interpretações míticas do universo. Isso serviu a mais de um objetivo. Do ponto de vista científico, estabeleceu o pensamento científico moderno como superior ao de outras culturas da época. O rótulo de primitivo também deu às culturas européias pretexto e justificativa para seu imperialismo e colonialismo (Said, 1993).

Agora, vivenciamos um período de transição comparável, se não for mais dramático ainda, à grande mudança que ocorreu no mundo medieval e que o levou a desembocar no mundo moderno. Estamos na transição do modernismo, que descrevi no Capítulo 3, para a visão de mundo pós-moderna, cujas características só percebemos vagamente a esta altura. Chamo o movimento rumo à perspectiva pós-moderna de período ecozóico. A estrutura educacional apropriada para o movimento desse período deve ser visionária e transformadora e claramente direcionar-se para além das perspectivas educacionais convencionais que cultivamos durante muitos séculos. Sabemos que qualquer coisa próxima de uma "grande narrativa" será vista com uma suspeita muito grande. A crítica pós-moderna das "grandes narrativas" parece não só desconfiada das narrativas do passado, mas também, em seu momento desconstrutivo, desconfiada das "grandes narrativas" sugeridas para o futuro. Donna Haraway (1991) diz que todas as grandes narrativas que se apresentam como histórias verdadeiras constituem, potencialmente, fonte de violência e de opressão. Afirma que a diferença, e não os pontos comuns de uma universalidade, é a lente analítica e crítica de que precisamos para entender a sociedade. Esse tipo de crítica expõe-nos aos perigos éticos inerentes e potenciais em qualquer grande nova visão, inclusive aquela que apresento neste capítulo. Discordo de Haraway, em minhas tentativas atuais de oferecer uma cosmologia mais abrangente, porque acho que a diferença deve, em última instância, ser compreendida de maneira integral. Por isso, acredito que existem razões muito convincentes para tentar o que David Griffin (1988b) chama de visão reconstrutiva pós-moderna. É algo que precisa ser feito com humildade e abertura. À luz das conseqüências destrutivas da grande narrativa do mercado global, é necessário criar, com a devida precaução, uma visão abrangente, em termos de alcance e de magnitude, para contrapor ao sistema monológico totalizante e destrutivo da visão de mercado. Mas essa não é toda a história que justifica a aventura de uma nova visão. Como diz o filósofo Arran Gare,

> não basta defender uma nova cosmologia em oposição à cosmologia que sustentou a modernidade. É necessário articulá-la de tal maneira que ela questione, efetivamente, a cultura hegemônica, para que possa orientar as pessoas na prática, em sua vida cotidiana, no sentido de criar uma civilização ambientalmente sustentável. Para fazer isso, será necessário outra grande narrativa, formulada em termos da cosmologia embasada numa filosofia do processo. (Gare, 1995: 139)

Quando Gare usa a palavra "processo", entendo-a como sinônimo do quero dizer com visão transformadora. Gare observa, também, o paradoxo resultante de nossa perda de fé nas grandes narrativas e, de certa forma, em todas as narrativas. O que essa perda de fé revelou foi a importância das narrativas para a constituição de sujeitos, de organizações sociais e de sociedades. Essas narrativas, mesmo em seus estertores, mostram que só sabemos o que fazer quando sabemos de que história ou histórias fazemos parte. A partir dessa base de sustentação, saber o que fazer a respeito da crise ambiental requer a criação de histórias não apenas que os indivíduos possam ouvir e participar, mas que também lhes revelem por que há problemas neste momento, como surgiram, como podem ser resolvidos e que papel os indivíduos podem desempenhar em sua resolução (Gare, 1995). Histórias pessoais e biorregionais são necessárias, mas não suficientes. Dado o ímpeto presente da visão competitiva transnacional, é preciso mais. Precisamos de histórias de poder e de complexidade suficientes para orientar as pessoas a uma ação efetiva, no sentido de superar os problemas ambientais, de discutir os múltiplos problemas criados pela destruição ambiental, de revelar que possibilidades existem de transformá-los e de mostrar às pessoas o papel que podem desempenhar nesse projeto. O alcance e a magnitude de um projeto desses não podem ser subestimados, como Arran Gare deixa claro:

> Para que essas histórias "funcionem," para que inspirem as pessoas a levá-las a sério, para definir sua vida e vivê-la de acordo com seus termos, elas devem ser capazes de enfrentar e de interpretar as histórias segundo as quais as pessoas definem-se, no presente, optando por viver de forma ambientalmente destrutiva. Também é importante revelar como o poder opera e mostrar por que os indivíduos preocupados com a crise global do meio ambiente são incapazes de relacionar efetivamente sua própria vida a esses problemas. Uma grande narrativa deve ajudar as pessoas a compreender a relação entre as histórias segundo as quais se definem como indivíduos e as histórias segundo as quais os grupos se constituem e definem seus objetivos, que vão de famílias, comunidades locais, organizações e formações discursivas até nações, organizações internacionais e a humanidade como um todo. (Gare, 1995: 140)

O que se segue é a grande narrativa tal como articulada em várias publicações por Thomas Berry (1988) e Brian Swimme (1984; 1996). É preciso entender, claramente, que os autores não vêem a sua história do universo como a narrativa definitiva. Nas discussões com Thomas Berry, ele deixa claro que a história do universo nunca poderá ser contada de uma vez por todas. O universo é um texto sem um contexto. Assim, a diversidade das histórias das origens e do universo é um monte de histórias dentro da História. A História, com letra maiúscula, é o terreno em que nascem todas as histórias que já foram contadas ao longo das eras. Em cada uma delas, o universo cria impactos diferentes, únicos, na consciência das pessoas. A história científica do universo que articulamos em nosso tempo é uma tradução única, que só podia acontecer em nosso tempo. A base empírica da história torna-a muito atraente para a visão de mundo moderna. A história que vou contar agora é o contexto cosmológico que acho que deve acompanhar a visão educacional com uma visão mais ampla para um contexto planetário.*

A história do universo

Quando sugiro a obra de Brian Swimme e de Thomas Berry (1992) que conta *a história do universo*, faço isso de forma provisória e com humildade. Ela tem grandeza para mim, em seu alcance e magnitude, mas não é uma "grande narrativa" que substitua outras histórias das origens. Tal fato é prontamente reconhecido por Swimme (1996: X) ao ligar sua obra com as tradições mais antigas da sabedoria: "Pode ser demais esperar que a própria ciência se transforme numa tradição de sabedoria, mas talvez já estejamos vendo a criação de uma cosmologia abrangente, uma cosmologia baseada em nossa compreensão contemporânea do universo e, apesar disso, sutil o bastante para interagir harmoniosamente com as tradições culturais mais antigas".

Não conheço, na íntegra, todas as histórias das origens que existem nem sua complexidade. São produto de uma miríade de pessoas do planeta. Minha opção por uma história específica das origens deve ser compreendida à luz de minha situação. Minha formação acadêmica está impregnada das tradições do Ocidente. Não quero ser descartado por causa de minha formação. Caiba ao leitor julgar se, em última instância, exerço minha profissão de forma crítica e reflexiva. Depois de fazer essa ressalva, emprego a obra de Swimme e Berry (1992),

---

* Enquanto este livro estava no prelo, deparei-me com a obra de Donald W. Oliver e Kathleen Waldron Gershman (1989), que oferece uma perspectiva cosmológica muito interessante, inspirada pela filosofia do processo de Alfred North Whitehead. Embora meu ponto de partida seja diferente do deles, eles estão na mesma direção que estou sugerindo tomar aqui. Que mil flores cosmológicas floresçam!

The Universe Story [A história do universo], como meu ponto de partida para um contexto cosmológico mais amplo. Descobri que ele desemboca num sistema de significado mais abrangente, o qual, assim espero, criará um contexto planetário orgânico para as atividades educacionais que transcende a visão míope do mercado global. A forma de história que será apresentada resumidamente deriva de algumas obras recentes nas áreas da astronomia, da física e da história cultural. Nesse sentido, está dentro de uma perspectiva científica ocidental. Claro que é apenas uma forma de contar a história do universo. Minha opção por essa orientação cosmológica não exclui outras versões da história do universo. Um sentimento de pluralidade e de diversidade deve ser enfatizado quando nos envolvemos com histórias abrangentes. Apresento somente alguns exemplos.

O leitor pode achar interessante ler *Gaia: The Human Journey from Chaos to Cosmos* [Gaia: jornada humana do caos ao cosmo] (1989), de Elisabet Sahtouris, ou *Amerindian Autohistory* [Auto-história ameríndia] (1992), do indígena e historiador canadense George Sioui. O leitor talvez também queira conhecer os diálogos vibrantes que agora estão tendo lugar entre os velhos nativos norte-americanos e os físicos modernos. Por exemplo: um físico contemporâneo que trabalhou com Albert Einstein observou que muitas línguas de aborígenes dos Estados Unidos contêm em sua estrutura, bem como em suas faculdades expressivas, uma sofisticada compreensão pós-einsteiniana do universo, que o inglês em geral não consegue captar (Ross, 1996).

Tendo em mente essa compreensão da qual acabamos de falar, este capítulo passa a descrever e a resumir algumas das características apresentadas por Berry (1988; 1989) em várias obras independentes, além dos frutos da atividade conjunta de Swimme e Berry (1992). Meu ponto de partida é criar uma visão cosmológica por meio de uma interpretação e desenvolvimento da visão de Berry (1989), os Doze Princípios para a Compreensão do Universo. Esses princípios descrevem os processos evolutivos e dinâmicos da vida do universo, do planeta Terra e do desenvolvimento intra e interespécies do ser humano no interior dos processos evolutivos. Os doze princípios são apresentados a seguir.

Os doze princípios

1. A melhor forma de compreender o universo em sua plena extensão no espaço e em sua seqüência de transformações no tempo é como "história". Pela primeira vez, contamos com uma história do século XX com precisão científica obtida pela observação empírica. A dificuldade é que os cientistas, até recentemente, apresentaram essa história somente nos aspectos físicos, não em toda a profundidade de sua realidade, nem com toda sua riqueza de significado. Tomada isoladamente, a maior necessidade para a sobrevivência da Terra ou da comunidade humana é uma narrativa integrada da Grande História do Universo. Essa história deve oferecer a nosso tempo o que as grandes histórias míticas dos tempos antigos ofereceram como fonte de orientação e de energização da aventura humana.

2. O universo é uma unidade, uma comunidade de seres que interagem e que estão, geneticamente, relacionados e ligados por uma relação inseparável no espaço e no tempo.

3. As vozes. O universo como um todo e em suas várias formas de expressão fala conosco de si e dos profundos mistérios da existência. Tudo irradia uma manifestação de si e do mistério numinoso que todas as coisas carregam. Essa capacidade de autodesenvolvimento ordenado, de auto-expressão e de presença íntima para outras formas de ser devem ser consideradas uma dimensão psíquica onipresente do universo desde o princípio.

4. As três tendências básicas do universo em todos os planos da realidade são diferenciação, subjetividade e comunhão. Essas tendências identificam a realidade, os valores e as direções segundo as quais o universo avança.

5. O universo tem um aspecto violento e um aspecto harmonioso; mas é consistentemente criativo no contexto mais amplo de seu desenvolvimento.

6. A Terra, com seu sistema solar, é uma comunidade que cria a si mesma, que propaga a si mesma, que alimenta a si mesma, que educa a si mesma, que governa a si mesma, que cura a si mesma e que realiza a si mesma. Todos os sistemas de vida particulares devem in-

tegrar seu *modus operandi* ao complexo maior dos sistemas mutuamente dependentes da Terra.

7. O ser humano surge nos sistemas de vida da Terra como aquele ser em quem o universo reflete-se e celebra-se, numa forma especial de autopercepção consciente. O ser humano é geneticamente codificado para participar de uma codificação cultural transgenética inventada pela comunidade humana com uma diversidade notável nas várias regiões da Terra. Essa diversidade de desenvolvimentos culturais dos vários povos da Terra é comunicada à sucessão de gerações mediante processos educacionais formais e informais.

8. Domesticação. A transição de uma presença integradora no mundo natural até os primórdios de aldeias permanentes e de controle das forças da Terra por meio da agricultura e domesticação dos animais teve lugar há cerca de 12 mil anos. Esse período, em geral conhecido como neolítico, foi também o começo da cerâmica, da fabricação de tapetes e tecidos e de novas formas de empregar instrumentos de pedra. As principais forças modeladoras das sociedades humanas manifestaram-se nessa época nos processos intelectuais, imaginativos e emocionais que, desde então, caracterizaram as várias sociedades humanas.

9. A civilização clássica. Esse é o período da alienação progressiva do ser humano em relação ao mundo natural, embora desde o começo as formas básicas do desenvolvimento humano estivessem em íntima associação com os ritmos do universo. O surgimento das cidades com grandes populações, a expressão religiosa mais elaborada em ritual e arquitetura, a extensão da reflexão intelectual, religiosa e moral, o desenvolvimento de órgãos sociais especializados, a expansão do governo centralizado, a invenção da escrita e a maior habilidade tecnológica: esses processos concentraram-se no Mediterrâneo oriental, no vale do Indo e, mais tarde, no vale do Ganges e no rio Amarelo, do norte da China. Mais tarde, concentraram-se nas áreas da Europa e do Mediterrâneo ocidental. E, também, na América Central e do Sul.

10. A fase científico-tecnológico-industrial do desenvolvimento humano tem seus primórdios na Europa e na América do Norte. Nesse período, começou a pilhagem violenta da Terra. O funcionamento

do planeta foi alterado profunda e permanentemente pela atividade humana em termos de seu equilíbrio químico, de sua estrutura geológica e de seus sistemas biológicos. A atmosfera e a água foram extensamente poluídas. Os solos foram arrasados pela erosão, pela construção de estradas, por fábricas, por ruas comerciais e práticas de descarte do lixo. A mística anterior a respeito da Terra desapareceu da consciência.

11. A era ecozóica. No período que ora adentramos, procuramos uma nova intimidade para o funcionamento integrado do mundo natural. O antropocentrismo dominante da fase científica e tecnológica está sendo substituído pelo ecocentrismo por uma questão de necessidade. Estamos agora na fase inaugural desse período e testemunhamos a instituição de novos programas que visam integrar as tecnologias humanas com as tecnologias do mundo natural. A consciência de uma ordem social superior interespécies começa a surgir.

12. A grande liturgia. A comunidade ecológica que começa a desenvolver-se precisa de uma mística que lhe ofereça um estado de grande exaltação apropriado à existência num universo estupendo e num planeta glorioso como este em que vivemos. Tal estado de coisas pode ser obtido mediante a renovação da associação humana com a grande liturgia cósmica na seqüência permanente de aurora e crepúsculo, bem como na grande seqüência sazonal e nos grandes ciclos hidrológicos. Isso faz lembrar as antigas celebrações rituais do período clássico, embora agora essas celebrações venham a acontecer dentro de uma nova história do universo e de seu surgimento por meio de processos evolutivos.

Os princípios citados acima indicam os processos evolutivos e dinâmicos da vida do universo e do planeta Terra bem como o desenvolvimento intra e interespécies do ser humano de acordo com os processos evolutivos.

Esses doze princípios foram desenvolvidos e aprofundados na obra de Swimme e Berry, posteriormente elaborada, *The Universe Story* [A história do Universo] (1992). O desenvolvimento dos quatro primeiros princípios é o tema deste capítulo.

O Princípio 1 situa a história nas profundezas das origens. A "história do universo" começa com o Big Bang. Aqui a história do universo é contada remontando a 15 bilhões de anos, quando um grande clarão encheu o vasto mar do espaço infinito. Em cada fase de desenvolvimento da existência, uma energia primordial resplandeceu, energia esta que nunca mais se manifestaria com tanta intensidade. Com esse acontecimento inacreditável, o universo expandiu-se em todas as direções e, à medida que hádrons e léptons energizados entraram numa forma de existência estável, logo participaram do nascimento dos primeiros seres atômicos, o hidrogênio e o hélio. Depois, as estrelas adquiriram forma como oceanos de fogo no céu e passaram por uma série de transformações. Algumas acabaram explodindo e tornando-se poeira estelar, a partir da qual o sistema solar e a Terra adquiriram forma. A Terra tem expressão única com suas estruturas rochosas e cristalinas e com a variedade e esplendor dos seres vivos, até que surgiram os seres humanos. Esse é o momento em que o universo em desenvolvimento torna-se consciente de si mesmo. Temos o universo em nosso ser, assim como o universo nos tem em seu ser. Os dois têm uma presença total um para o outro e para aquele mistério mais profundo do qual tanto o universo quanto nós nascemos (Swimme e Berry, 1992).

Em contraste com a alienação e o isolamento, a história do universo traz consigo um sentimento profundo da dimensão relacional do processo evolutivo. Essa é a principal característica do Princípio 2, integração.

Falar do universo como uma unidade significa que ele constitui uma totalidade dinâmica que não pode ser explicada pelas partes que o constituem. Significa, também, que o universo é coerente em termos de todas as suas ações. Segue-se, daí, que as várias atividades do universo são interdependentes e, por isso, não podem ser consideradas umas sem as outras. O universo age de maneira integral. O estudo sistemático do universo como um todo requer uma perspectiva cosmológica interdisciplinar por natureza. Nossa discussão anterior do moderno concluiu que há um verdadeiro eclipse do pensamento cosmológico em nossa visão de mundo e herança ocidentais. Stephen Toulmin (1985), em sua discussão a respeito da perda da percepção cosmológica, afirma que as ciências naturais procederam a uma fragmentação sistemática e, por isso, pensar "o Todo" deixou de ser tratado como matéria de responsabilidade de qualquer disciplina isolada.

Segue-se daí que, se estamos discutindo o universo como algo inteiro ou como *totalidade*, tentamos fazer uma revisão de toda uma percepção cosmológica. Em qualquer nível de análise ou de integração do universo, consideramos uma comunidade de seres que interagem e que estão geneticamente relacionados e ligados por uma relação inseparável no espaço e no tempo. Portanto, falamos de um universo que evolui simultaneamente no espaço e no tempo. O universo, nas palavras do físico David Bohm (1988), funciona como uma totalidade sem emendas. Quando falamos de um universo de desenvolvimento temporal, confirmamos a idéia de que o *universo* é uma comunidade de seres que interagem e que estão geneticamente relacionados e ligados por uma relação inseparável no espaço e no tempo. O universo age de formas inteligíveis em todos os níveis de interação. Quando falamos do surgimento do universo a partir da bola de fogo primordial, não nos referimos a um surgimento aleatório. Parece haver um ordenamento criativo em todos os níveis de interatividade. O próprio universo é o nome desse ordenamento criativo. Podemos dizer, então, que o Sol, a Terra e os planetas têm entre si relações impossíveis de desfazer, porque o universo os mantém ligados. O mesmo pode ser dito da Via Láctea, a nossa galáxia, em relação a todas as outras galáxias conhecidas. Aqui, também, dizemos que o universo faz isso como um fator de sua atividade primordial irredutível. O universo confirma a idéia de que tudo só existe e só pode ser compreendido no contexto das relações. Nada existe isoladamente.

Quando dizem que o universo funciona como uma unidade no tempo e no espaço, Swimme e Berry (1992) estão falando de um universo que não só é presente simultaneamente para si mesmo, mas também presente para si no decorrer do tempo. É isso o que se quer dizer com um universo de desenvolvimento temporal. De acordo com a perspectiva de desenvolvimento temporal, segue-se a noção de um processo evolutivo. Carl Sagan, em seu livro *Cosmos* (1980), diz que os seres humanos são o produto de estrelas mortas. Somos um dos muitos resultados da evolução do universo. Nesse caso, a energia primordial da bola de fogo é a energia de todas as formas de vida. Aquela mesma energia da bola de fogo atua na evolução presente do universo. Nosso universo, como nós, é um ser de desenvolvimento temporal. Nosso planeta é o reultado da evolução das estrelas. Sabemos que esse processo ocorreu, mas desconhecemos exatamente como. Também podemos dizer que a mesma energia que evoluiu e que se transformou em estrelas assumiu, com o passar do tempo, um rosto humano (Swimme e Berry, 1992).

O que, então, queremos dizer ao afirmar que o universo é uma comunidade de seres *que interagem entre si* e que *estão geneticamente relacionados?* O universo enquanto comunidade que interage confirma a realidade de que o universo é uma realidade integral, na qual todos os elementos estão mutuamente presentes no espaço e no tempo. Assim, há uma presença mútua em relação a todas as outras partes; há uma mutualidade de ação (interação). Essa presença mútua de cada elemento em relação a todos os outros pode ser no presente (isto é, simultânea ou no mesmo espaço), ou uma presença mútua que se revela com o passar do tempo. A idéia de um desdobramento temporal introduz no quadro a presença mútua com uma dimensão evolutiva, que revela uma seqüência genética irreversível no tempo. Voltando mais uma vez à bola de fogo ou ao Big Bang, podemos ver o universo começando com uma partícula numinosa, expandindo-se numa bola de fogo, constelando-se em galáxias e, depois, numa segunda geração de sistemas planetários, explodindo em vida e cintilando com uma autopercepção consciente. Esse processo genético também é prova da dimensão integrada das relações do universo. Swimme e Berry afirmam que a história do universo é uma história integrada, não apenas uma série de ocorrências no tempo. Apresentam o olho humano como exemplo. Aqui temos as partículas elementares da bola de fogo que se estabilizaram e a criação elementar da supernova; temos a arquitetura molecular dos primeiros organismos. Quando abrimos os olhos e captamos a luz, estamos usando um procedimento quase idêntico àquele inventado pelas plantas para captar a luz do Sol. As moléculas de nossos olhos agem de forma semelhante às das moléculas das folhas das plantas, porque nossas estruturas moleculares derivam das delas. Todos os atos de inteligência do passado estão depositados em camadas na realidade presente. Quando Swimme e Berry dizem que "o universo age", referem-se a todo o universo vivo, o presente bem como o passado.

A partir daqui, podemos concluir que nosso planeta Terra é uma unidade integral, em que cada ser do planeta está implícito na existência e no funcionamento de todos os outros. Agora entendemos o planeta como uma entidade auto-reguladora, na qual existe uma "teia da vida" que só pode ser compreendida como uma totalidade. Há um mistério incrivelmente intrincado que liga tudo a tudo o mais no planeta. Como seres humanos, somos influenciados pelos menores organismos presentes na Terra desde seus primórdios. No Princípio 3, chamamos isso de Voz.

Desse modo, vemos que a história dos seres humanos na Terra é recente, e a dimensão psíquica revelada é uma dimensão que permite à psique tomar consciência de si mesma. Carl Sagan atribui à espécie humana a responsabilidade por sua faculdade psíquica peculiar:

> Pois somos a encarnação local do Cosmo desenvolvido até a consciência de si. Começamos a contemplar nossas origens: a substância das estrelas refletindo sobre as estrelas; conjuntos organizados de dez quaquilhões de átomos considerando a evolução dos átomos, remontando ao início de sua longa viagem, por meio da qual, aqui, por fim, surgiu a consciência. Devemos lealdade à espécie e ao planeta. Falamos em nome da Terra. Nossa obrigação de sobreviver não é só por nossa causa, mas também pelo Cosmo, antigo e vasto, do qual surgimos. (Sagan, 1980: 345)

Recentemente, passamos a conhecer a Terra dentro do contexto de um conhecimento mais abrangente do próprio universo. Berry (1988) apresenta a idéia de que, por meio de nossas ciências observacionais, começamos a entender como foi exatamente que a Terra surgiu dos processos mais amplos do universo, como a vida apareceu e, finalmente, como nós próprios nascemos. Mas se temos um saber científico desse porte, em geral sabemos muito pouco sobre qualquer sentimento profundo da mística da Terra e, em geral, falta-nos profundidade de compreensão. Berry procura ter essa compreensão quando nos chama a atenção para as estrelas do céu, para os pássaros em vôo lúdico pelo ar, para os peixes em suas perambulações serenas pelo mar, para as flores que se abrem nos campos. Diz ele que, quando sentimos o perfume da madressilva de manhã, quando ouvimos o canto das cigarras e vemos os vagalumes trocando sinais, nossa sensação mais imediata é do mistério profundo das coisas.

Apesar dessas possibilidades de profundeza e de compreensão, a sensação de mistério é difícil para nós. Berry (1988) acha que não entendemos mais as vozes do mundo circundante que falam conosco. Nossas intensas preocupações científicas, combinadas à nossa implacável exploração comercial do planeta deixaram-nos insensíveis para a comunicação profunda nos planos emocional, estético, mítico e místico que o mundo natural tenta estabelecer conosco. Berry chama os seres humanos de criaturas autistas, tão hermeticamente fechadas em si mesmas que não conseguem sair e nada mais consegue entrar. Atualmente, encontramo-nos tão circunscritos a nosso mundo humano que, enquanto sociedade, perdemos quase completamente nossa intimidade com o mundo natural. Quando crianças, somos alfabetizados e aprendemos a descodificar a linguagem humana escrita, mas continuamos analfabetos em termos da linguagem do mundo que nos rodeia. Também somos socializados na comunidade humana, ao mesmo tempo que continuamos alienados da sociedade maior dos seres vivos.

O Princípio 4 apresenta onde estão os valores. Swimme e Berry (1992) afirmam que os valores são determinados pela sensibilidade humana em resposta às necessidades criadoras de um universo em desenvolvimento. Em seu plano mais fundamental, o universo produz variedade em todas as suas criações. Diferenças de desenvolvimento podem ser vistas não apenas nos indivíduos, mas também nas estruturas sociais e nos períodos históricos. Os seres humanos enfrentam um problema nesse contexto criador, porque não existe um modelo absoluto para o desenvolvimento individual. A realização pessoal implica um esforço criativo único em resposta a todas as forças interiores e exteriores que fazem parte da vida de cada um. Além disso, em relação a cada era histórica e a cada forma cultural, existe a necessidade de criar uma realidade para a qual não há modelo pré-formado; não há respostas definitivas, apenas a luta para seguir em frente um momento após o outro e para abrir-se simplesmente para uma vida maior.

O universo é visto como coerente e inteligível em toda sua extensão espacial e em toda a seqüência de seu desenvolvimento temporal. A primeira impressão que se impõe à consciência humana é a de uma teia de relações que é a matriz para o surgimento da vida. Há uma nova compreensão dos valores, a qual volta para nós a fim de considerarmos a importância do contexto mais tradicional como fonte de entendimento e de valor. É da maior importância que as próximas gerações tomem consciência dessa história mais ampla e dos valores sagrados presentes na seqüência em expansão durante toda a escala de tempo da existência do mundo. Nesse contexto, todas as questões humanas, todas as profissões, ocupações e atividades ganham significado preciso, à medida que intensificam esse mundo de intercomunhão subjetiva que surge dentro da amplitude total da realidade. Nessa história, é possível criar uma estrutura de conhecimento com seu significado humano a partir da física do universo e de sua química, passando pela geologia, pela biologia, pela economia, pelo comércio e assim por diante, até abranger todos os estudos por meio dos quais desempenhamos nosso papel no processo terrestre. Nesse processo maior, Swimme e Berry (1992) consideram que não há outra forma de orientar as atividades humanas a não ser mediante a descoberta do papel humano nesse grande processo evolutivo.

O Princípio 4 diz que há três tendências básicas inter-relacionadas no universo em todos os níveis da realidade. São elas a diferenciação, a subjetividade e a comunhão. Essas tendências identificam a realidade, os valores e as direções que o universo toma (T. Berry, 1989). Ter em mente esse contexto abrangente é importante em qualquer reflexão sobre as atividades humanas, pois só dessa forma é que criaremos um referencial satisfatório em nossa busca de uma presença viável dos seres humanos na dinâmica maior do universo. Existe o pressuposto de que o próprio universo é a realidade e o valor permanentes, mesmo que se expresse como uma seqüência contínua de transformações. No contexto da transformação, Swimme e Berry (1992) dizem que uma profunda patologia cultural surgiu na sociedade ocidental, patologia esta que agora se encontra espalhada por todo o planeta. A exploração industrial está saqueando selvagemente a Terra inteira. Milhares de venenos desconhecidos em outras épocas saturam o ar, a água e o solo. O *hábitat* de um vasto número de espécies vivas agora constata que o mal feito ao mundo natural volta para ameaçar a própria espécie humana em escala colossal (Brown, 1988).

Nossas discussões anteriores sobre a atual crise planetária mostram que estamos em crise planetária. A essa altura da evolução do planeta, temos a audácia de dizer que a crise planetária é fruto de nossa consciência limitada. Parece que estamos presos à consciência limitada de nossos atos em relação ao planeta e ao universo. A identificação da pessoa com o planeta deriva de nossa relação com a Terra e com o universo enquanto totalidade. As experiências fundamentais de todas as grandes religiões apontam para uma relação íntima entre a pessoa e o cosmo. A intimidade dessa relação permite-nos dizer que "as necessidades do planeta são as necessidades da pessoa". Podemos ampliar essa relação dizendo que "os direitos da pessoa são os direitos do planeta" (Roszak, 1978). Se essa relação existir realmente, é possível dizer que o desenvolvimento pessoal está integralmente conectado ao desenvolvimento planetário.

A diferenciação pode ser vista tanto na energia articulada das constelações que chamamos de partículas elementares e seres atômicos quanto nas estruturas radiosas do mundo animado e na complexidade dos sistemas planetários. Descobrimos um universo de variedade infinita. O universo é tão variado que a história da humanidade pode ser vista como uma diferenciação cada vez maior da consciência. Assim sendo, a espécie humana pode ser vista como uma espécie que surgiu na Terra como matriz: a presença dos seres humanos é apenas uma articulação particular da infinitude de diferenciações do universo. Além disso, vemos na espécie humana uma variedade infinita de pessoas que têm uma articulação própria e exclusiva em contextos culturais e biológicos. Referimo-nos a esse tipo de articulação chamando-os de gênero, raça ou etnia. Além do mais, toda pessoa faz parte de uma diferenciação infinita da espécie humana. Por isso, podemos dizer, em âmbito pessoal, que todo indivíduo é uma expressão única do desenvolvimento do universo.

A subjetividade significa que o universo consiste em sujeitos: centros de sensibilidade e de espontaneidade. Teilhard de Chardin (1959) refere-se à subjetividade como "o dentro das coisas". O poeta Gerard Manley Hopkins (1959) chamou essa dimensão da subjetividade de "paisagem interior". A noção de *sujeito* é fonte autônoma de atividade no universo. A idéia de alma também parece apropriada aqui. Portanto, poderíamos dizer que os seres humanos compartilham a subjetividade com as plantas, com os animais e com os elementos (Swimme e Berry, 1992). A espontaneidade refere-se à capacidade de auto-organização de um universo vivo em todos os níveis. A subjetividade do ser humano pode ser vista em nosso conceito do "eu humano" como o centro de atividades auto-organizadoras e auto-reguladoras, que podem ser observadas na organização das atividades biológicas e culturais da espécie humana.

É importante considerar "sensibilidade" paralelamente à subjetividade para termos um entendimento pleno do uso que aqui fazemos do termo. A questão espinhosa a discutir é a linha divisória entre seres sensíveis e insensíveis. Como vimos, Descartes traça a linha no nível do ser humano. A ciência contemporânea é mais abrangente, incluindo mamíferos como as baleias e os golfinhos. Swimme e Berry (1992) pressupõem que toda matéria visível tem a dimensão da sensibilidade, pelo menos epigeneticamente. Com base na noção de epigênese, podemos dizer que a inteligência e a sensibilidade existiam em forma latente desde o nascimento do universo. A interpretação de epigênese (que as qualidades surgem de capacidades latentes das formas) também fala da relação direta entre as capacidades da Terra primitiva e a ausência absoluta de sensibilidade potencial nessas capacidades. Por isso, pressupomos que as pedras, o ar e a água, pelo simples fato de serem o que são, desabrocham como seres sensíveis. No mínimo, podemos dizer que a experiência futura, em forma latente, fazia parte da atividade de uma pedra. Ao atribuir sensibilidade e espontaneidade a toda matéria, ficamos com a impressão de que existe uma dimensão de subjetividade presente na própria matéria em todos os níveis. Segundo esse ponto de vista, pode-se considerar que todos os aspectos do mundo natural têm intimidade. Isso nos permite concluir que todos os aspectos do mundo natural podem ser considerados "você". A hipótese Gaia (Lovelock, 1988) dá-nos motivos para pressupor que a própria Terra é uma entidade viva, espontânea e sensível à qual podemos nos dirigir com termos íntimos. Se esse for o caso, então o mundo pessoal estende-se para além da comunidade humana. Falaremos a respeito disso mais adiante.

A comunhão corresponde à dimensão relacional profunda de toda a realidade. Ser é ser em relação. Grande parte de nossa existência chega à plenitude suprema nas relações com o outro. A complexidade de nosso mundo pessoal está incrustada na comunidade. Podemos ver isso nos rituais intrincados de acasalamento que o mundo natural inventou. Grande parte das plumas, das cores, das danças e das músicas do mundo é resultado de nossas relações de verdadeira intimidade. A energia que nós e outros animais consagramos a esse trabalho de relacionamento do ser e a atenção que damos à nossa aparência física revelam o significado supremo da experiência de comunhão (Swimme e Berry, 1992).

A perda da relação e a subseqüente alienação é uma espécie de mal supremo do universo. Swimme e Berry (1992) dizem que estar trancado num mundo privado, estar privado da intimidade com outros seres, ser incapaz de desfrutar a alegria da presença mútua foram, em épocas anteriores, a própria essência da danação. Hoje chamamos essa danação de alienação. A alienação é cultivada quando há ênfase extrema na individuação no processo de diferenciação, ou quando a base de nossa subjetividade é solapada (O'Sullivan, 1984; 1990). A primeira caracteriza-se como egocentrismo, enquanto a segunda caracteriza-se como autismo. O que vemos, hoje, nos valores ocidentais contemporâneos é a personificação da alienação. Assim sendo, num mundo de vasta diversidade, com sua promessa de uma rede de relações igualmente vasta e diversificada, os seres humanos modernos estão trancados num mundo de egocentrismo e de autismo, incapazes de qualquer contato profundo ou constante com o mundo fora do eu. Mesmo quando existe senso comunitário, a comunidade limita-se ao humano; o mundo que não é humano fica excluído. Esse senso truncado de comunidade é chamado de antropocentrismo. Seu equivalente subjetivo é o individualismo, o alienante exagero do processo de diferenciação, considerado independentemente da *comunhão*. Em meu trabalho na área de educação crítica, achei muito importante discutir o desenvolvimento histórico da idéia do individualismo por causa de seu valor central na consciência moderna. Além disso, precisamos avaliar, em âmbito pessoal, o efeito profundo que o valor do *individualismo* tem no contexto do desencantamento.

A definição moderna de indivíduo como unidade social autônoma é produto do consenso obtido pela teoria social liberal. Segundo a teoria social liberal, os indivíduos são mônadas autônomas e separadas, únicas para si mesmas. A posição primária de "estado de natureza" é caracterizada por Hobbes como solitária, em que o indivíduo estabelece contratos sociais em função da sobrevivência. A criação da sociedade baseia-se num arranjo contratual de entidades individuais separadas, as quais, nas palavras de Hobbes, são átomos sociais. Essa atomização, tão característica da idéia liberal de individualismo, teve implicações profundas para o pensamento moderno (O'Sullivan, 1990).

> Quando Locke aplicou sua teoria da natureza humana aos fenômenos sociais, foi guiado pela crença de que existem leis da natureza governando a sociedade humana semelhantes àquelas que governam o universo físico. Assim como os átomos do gás chegam a um estado de equilíbrio, os seres humanos individuais poderiam começar a viver uma vida organizada em uma sociedade em "estado de natureza". Desse modo, a função do governo não seria impor leis às pessoas, mas sim descobrir e fazer vigorar as leis naturais que existiam antes de haver qualquer Estado. Segundo Locke, essas leis naturais incluíam a liberdade e a igualdade de todos os indivíduos, bem como o direito à propriedade, que representava os frutos do trabalho de uma pessoa. (Capra, 1983: 79)

O lado negativo do individualismo está sendo sentido, agora, em todos os níveis da vida cultural. O indivíduo enclausurado em si mesmo — que acabamos de descrever — tem implicações profundas para a perda do sentido cosmológico que liga os indivíduos a uma comunidade mais ampla e, depois, ao próprio universo.

A visão educacional num contexto planetário

O astronauta Gus Grissom fez a seguinte observação ao olhar para a Terra do espaço sideral: "Há uma claridade, um brilho no espaço que simplesmente não existe na Terra, mesmo num dia de verão sem nuvens nas Montanhas Rochosas, e em nenhum outro lugar percebe-se tão plenamente a majestade de nossa Terra, nem se sente tamanha reverente admiração diante da idéia de que é apenas um de milhares incontáveis de planetas" (citado em Kelley, 1988: 18).

Aqui Grisson está falando de uma compreensão planetária. Acredito que a visão educacional do século 21 precisa ser criada dentro de um contexto planetário. Vivemos em um planeta, não em um globo. Quando examinamos a história do universo que acabamos de contar, deparamo-nos com uma totalidade orgânica, não com um mapa cartológico. Somos uma espécie que vive num planeta chamado "Terra", e todas as energias vivas e vitais surgem nesse contexto cosmológico orgânico. O globo é um construto do artifício humano. Antes de 1492, os procedimentos cartográficos para mapear rotas comerciais eram planos, horizontais. Para os europeus, Colombo transformou os sistemas de mapeamento para o comércio, passando-os de superfície plana para globo. O globo é um mecanismo de mapeamento feito para o comércio de hoje. A linguagem da globalização tem, sobretudo, objetivos comerciais. Em relação a todas as grandes questões que discutimos nos capítulos da Parte II: Crítica, a linguagem da globalização era o pano de fundo. A principal mudança, neste nosso tempo, é que as estruturas de poder do globo passaram das mãos da empresa estatal nacional (inclusive da empresa militar) para as mãos das empresas transnacionais. No mundo inteiro, neste momento, os governos de Estados-nação estão sendo entregues às empresas transnacionais (Barnet e Cavanagh, 1994; Clarke, 1997; Clarke e Barlow, 1997). Portanto, não podemos dispensar a linguagem global, e é absolutamente necessário que ela seja tema de uma crítica profunda da ordem cultural em âmbito mundial. Ao mesmo tempo, não podemos nos deixar confinar a visões de globalização nem mesmo como corretivo. Em nível planetário, passamos da geosfera para a biosfera. Jeremy Rifkin refere-se a isso como "política biosférica":

> A transição de uma imagem mecanicista para uma imagem organicista da Terra e da mudança concomitante da atenção da geosfera para a biosfera altera fundamentalmente a percepção humana do tempo, na qual se baseiam todas as definições da segurança humana [...]. A estrutura linear da política geosférica terá de ser encurvada até assumir a forma dos arcos cíclicos dos processos biosféricos. A idéia de um índice sempre crescente de produção e de consumo que corre para a

cornucópia inesgotável do futuro levou-nos à presente crise ambiental e econômica. Em nome do progresso, hipotecamos o futuro de nosso planeta e tornamos muito menos seguro o mundo de nossos filhos. Reorientar a estrutura temporal da cultura humana para torná-la compatível com os ciclos circadiano, lunar e anual da biosfera significará repensar as características mais essenciais de nossos valores temporais. (Rifkin, 1991: 264-5).

Como a história do universo que acabamos de contar pode nos dar o senso de direção temporal que Rifkin acha necessário? Eu diria que a história do universo é capaz de ajudar a orientar e a dirigir nossa visão educacional. Provê a base de uma cosmologia funcional para uma visão planetária. A história evoca a energia criadora. Nesse contexto, os estudantes precisam, sobretudo, de uma força de atração que os hipnotize e motive. O objetivo fundamental da história do universo é possibilitar-nos interagir mais criativamente com os processos emergentes do universo como os experienciamos hoje (T. Berry, 1988). Potencialmente, essa história não somente propicia a compreensão e o senso de direção de que precisamos, mas também evoca a energia necessária para criar essa nova situação. É preciso repetir muitas e muitas vezes que não estamos, agora, diante de mais uma mudança histórica ou alteração cultural como aquelas vivenciadas no passado. As mudanças que ora enfrentamos são de uma ordem de magnitude geológica e biológica. A visão educacional precisa estar à altura disso.

Essa perspectiva de desenvolvimento temporal que surge, gerada pela história do universo, tem implicações profundas para uma visão educacional. A educação não pode mais ser considerada um processo fechado de acumulação de conhecimento. Não existe um currículo tradicional que resista à prova do tempo. Novos desafios educacionais surgem com a evolução constante da vida. Quando e se algum dia tivermos condições de olhar para trás e avaliar o momento atual, veremos que demos nossa resposta criativa à evolução constante da vida como um todo. Uma perspectiva de desenvolvimento temporal não nos permite dizer que "não há nada de novo debaixo do Sol". O que agora começamos a entender é que já percorremos esse caminho e que o ensino do final do século XX tem seus desafios particulares que só acontecem uma vez. Assim sendo, quando o educador insiste que embasemos nossa visão educacional num contexto de desenvolvimento temporal, criamos uma tradição que procura *insights* educacionais dentro do conhecimento mais avançado que temos do universo.

Um maior aprofundamento do Princípio 3 pode nos levar a entender que, agora, a educação precisa de uma viagem rumo à intimidade com o universo. O contexto planetário da educação permite esse tipo de viagem. A tradição educacional do Ocidente chegou ao pólo oposto da intimidade. Na verdade, nossa viagem educacional tem sido uma peregrinação rumo ao estranhamento. Fomos ensinados a nos enxergar como criaturas separadas e distanciadas do mundo natural. Quando falamos a respeito de nossa existência, referimo-nos a ela como algo destacado e separado do universo e do mundo natural. As perspectivas ecológicas mais profundas aliam-se por meio do que aceitam e do que rejeitam:

> Em contraste com o ambientalismo reformista que só procura tratar alguns dos sintomas da crise ambiental, a ecologia de perspectivas mais profundas questiona as premissas e os valores fundamentais da civilização contemporânea. Nossa cultura tecnológica cooptou e absorveu todas as outras críticas, de modo que partes podem ser questionadas, mas não o todo, ao passo que a ecologia profunda, enquanto fonte de pensamento revolucionário, sujeita o âmago de nossa existência social e de nosso pensamento a um exame penetrante. A ecologia profunda reconhece que nada menos que uma revolução total da consciência terá efeito duradouro no sentido de preservar os sistemas que sustentam a vida de nosso planeta. (Seed e Macy, 1988: 38)

Em seu estudo das muitas facetas das perspectivas da ecologia profunda, Devall e Sessions (1985) discutem a obra do poeta Robinson Jeffers. Observando que a poesia de Jeffers foi extremamente influenciada pelo seu local de residência, no litoral californiano do Big Sur, afirmam que ela deu *voz* aos rios, às montanhas e aos falcões daquela localidade. Devall e Sessions mostram a visão de mundo de Jeffers:

> Acredito que o universo é um ser único, e todas as partes são expressões diferentes da mesma energia, todas em comunicação umas com as

outras, sendo, portanto, partes de uma única totalidade orgânica. (Acho que isso é física e religião também.) As partes podem mudar, ficar ultrapassadas ou morrer; pessoas e raças e rochas ou estrelas, nenhuma delas me parece importante em si, mas apenas em relação à totalidade. A totalidade é tão bela como todas as suas partes, e eu sinto, de fato, tão intensamente que sou levado a amá-la e a pensar nela como divina. Parece-me que só essa totalidade merece o tipo mais profundo de amor; e há paz, liberdade, eu diria uma espécie de salvação em exteriorizar as afeições direcionando-as para esse único Deus, em vez de voltá-los para dentro, para o próprio eu, para a humanidade ou para as imaginações e abstrações humanas — o mundo dos espíritos. (Devall e Sessions, 1985: 101-2)

Jeffers representa uma forma de panteísmo que pode ser problemático para alguns leitores. Aqui não é o lugar apropriado para discutir sua visão de mundo. Mesmo assim, vemos em seu pensamento uma percepção daquilo que chamo de horizonte cosmológico.

O movimento rumo à era ecozóica vai ter, por sua própria natureza, uma direção criativa. Apesar de estarmos falando de uma visão que abarca tudo, precisamos estar constantemente conscientes de que a história evolutiva que surge é, em todos os níveis, uma história de diferenciação, subjetividade e comunhão. O reencantamento com o mundo natural não será conseguido a partir de um retorno a formas mais antigas de pensar e de agir. Não teremos condições de romantizar nem de imitar a mística de participação no mundo dos povos indígenas. Não podemos copiar sistemas de visão de mundo que não ocupamos ou nos quais não vivemos. Mesmo assim, temos de nos apropriar de certos aspectos da sabedoria do passado. Precisamos fazer uma sóbria contabilidade da sabedoria e da sagacidade das culturas que nos precederam. Embora as tradições mágicas, religiosas e místicas tenham sido presa de erros e de distorções do espírito, tinham consciência da inserção orgânica da humanidade num sistema complexo e natural. Esse tipo de visão não abole a modernidade, mas pode ajudar-nos a transcendê-la. O maior problema, para nós, é descobrir como recapturar sabedorias mais antigas de forma madura (Berman, 1981; 1989). Começamos a ver tentativas de reabsorção da sabedoria aborígene procurando descolonizar a mentalidade eurocêntrica da cultura ocidental (Graveline, 1998). Além disso, os cientistas modernos estão começando a entender que a sabedoria indígena tradicional costuma ser extremamente sofisticada e de considerável valor prático. A ciência nativa que precedeu nossos sistemas ocidentais desenvolveu sistemas para identificar, nomear e classificar solos, plantas, insetos e outros elementos dos ambientes locais e para deles extrair benefícios médicos e econômicos (Knudtson e Suzuki, 1992).

Em virtude da compreensão profunda que têm de processos terrestres e de um quadro de referências que tem como base uma visão planetária, será prudente e sábio que os educadores prestem muita atenção à sabedoria indígena, justamente por causa dessa rica e variada ênfase planetária que possuem. Neste momento, nossa história cultural com os indígenas, os primeiros povos das Américas, está marcada pela arrogância e desrespeito por uma visão de mundo que, em sua maior parte, não é compreendida nem valorizada. Agora, começamos a perceber, com a ajuda da desconstrução pós-moderna, que ignoramos visões de mundo ricas em importância cosmológica. O resumo que fizemos acima da visão de mundo dos povos indígenas pode nos dar uma nova forma de apreciar a importância histórica e contemporânea das cosmologias nativas. Uma educação pós-moderna, inserida num horizonte ecozóico, abarcará e estará engajada com o significado profundo do saber indígena. Deveria ser, de fato, do interesse educacional estabelecer um diálogo com as perspectivas de mundo dotadas de ricas cosmologias. O resultado de tais diálogos seria, sem dúvida, ilimitado. Esse tipo de educação não seria uma romantização do *modus vivendis* dos nativos. Esperamos que sejam criadas perspectivas novas e mais enriquecedoras. Para a especificidade de nossa visão de mundo educacional, isso constituiria uma abertura e uma valorização de outras visões de mundo e de outros povos. Seria um exercício de humildade cultural que tem demorado muito a começar.

Outra dimensão da visão educacional deriva do pressuposto de que o educador fundamental é toda a comunidade terrestre. Nosso interesse pelo mundo natural baseia-se em sua utilidade, e falta-nos a percepção de que o mundo da natureza no qual estamos inseridos é muito mais que sua margem utilitária. O desencantamento do mundo natural deixou-nos com uma visão desse mundo baseada, principalmente, em suas dimensões físicas. Há uma sensação de necessidade urgente de uma perspectiva mais ampla que a física, porque nossas perspectivas científicas predominantes desenvolveram um volume colossal de informações sobre o mundo natural em seus aspectos físicos e sobre nossas capacidades correspondentes de controlá-lo. Essas são uma perspectiva e uma visão muito unilaterais, que afetam nossos programas educacionais em seus níveis mais profundos. O que está sendo sugerido, atualmente, nos círculos educacionais diz respeito a princípios tradicionais ou reformistas. Como já dissemos, essa consciência cosmológica profunda pode ser vista de forma mais vívida na tradição oral dos povos primitivos, em que há a celebração das maravilhas do mundo natural. Ela também conta com os mais célebres escritores naturalistas do continente norte-americano do século XXI e da primeira parte do século XX. Dentre eles, homens como Thoreau, Whitman e Muir, bem como textos mais recentes de Edward Abbey (1982) e Aldo Leopold (1949). Nesse sentido, também podemos incluir escritores como Barry Lopez (1986), Loren Eiseley (1960; 1972; 1978) e Lewis Thomas (1975; 1980, 1984).

A tradição ecofeminista também parece ter profunda sensibilidade para a comunicação e a vontade de dar voz ao mundo natural. É possível vislumbrar coisas assim em escritoras tão diferentes como Rachel Carson (1962), a naturalista Annie Dillard (1974; 1983) ou a ecofeminista e naturalista Deloris La Chapelle (1988). Esta última criou rituais que levam à ligação com a Terra para restaurar essa identificação perdida com o mundo natural. Quando pensamos em naturalistas que se tornaram celebridades, só encontramos a presença de homens. Com o advento do movimento ecofeminista, começamos a perceber que as vozes das mulheres não têm sido ouvidas. As poetisas sensíveis às vozes do mundo natural parecem existir em grande número, se procurarmos com cuidado. Hoje, há uma poderosa voz feminina falando em nome do mundo natural (Griffin, 1978; 1995). A obra mais recente de Susan Griffin, *The Eros of Everyday Life* [O eros da vida cotidiana] (1995) contém a percepção e a necessidade de nos conectarmos outra vez com o mundo natural, proposta que estou tentando defender aqui. O que é importante na obra de Griffin é que ela se conecta claramente com o mundo natural e com os movimentos sociais humanistas. Mostra-nos uma consciência nascente que surge em meio à necessidade de cuidar do mundo natural e de cuidar da sociedade humana:

> Se a consciência humana for capaz de religar-se não somente ao corpo humano, mas também ao corpo da Terra, o que parece incipiente nessa reunião é a possibilidade de recuperar o significado da existência, que impregnará todo tipo de encontro entre o eu e o universo, até os atos mais triviais, com eros, com um amor palpável que é sagrado. (S. Griffin, 1995: 9)

Agora começamos a perceber uma trama de pensamento produzida por diversas vozes, trama esta que dá a impressão de haver uma conexão mais ampla e mais profunda com a Terra e com seu lugar na história maior do universo. Prestar atenção a essas vozes é da maior importância para os que buscam uma visão alternativa ao mercado global. A primeira vê a Terra como uma presença sagrada no universo; a segunda trata a Terra simplesmente como matéria inerte para a exploração humana.

O que isso sugere em termos das necessidades educacionais do presente momento? O que é preciso para uma perspectiva planetária da educação, em todos os níveis, é uma reorientação profunda de nosso pensamento, sintoma de uma "mudança de paradigma". Robert Ornstein e Paul Ehrlich (1989) sugerem que precisamos de uma mudança radical em nossa forma habitual de encarar a nós mesmos e o nosso meio ambiente. Acham que temos de nos enxergar com uma visão muito ampla e de compreender a história evolutiva de milhões de anos, em vez de assimilar a história efêmera que nos é ensinada. Thomas Berry (1988), ao discutir a educação em nível pós-ensino fundamental, sugere que algo parecido com a história do universo constituiria o contexto apropriado para todo o processo educacional. Sugere uma seqüência de cursos. O primeiro apresentaria a seqüência das fases do processo evolutivo que abarca a história do universo. Nesse caso, veríamos, em sua expansão, a formação dos sistemas galáticos, a formação da Terra no interior do sistema solar, o surgimento da vida em toda sua variedade sobre a Terra, o nascimento da consciência e o desenvolvimento cultural humano.

O segundo curso discutiria os processos culturais humanos e levaria o estudante a analisar um desenvolvimento humano abrangente em seus estágios históricos, bem como em sua diferenciação cultural. O estudante seria incentivado a perceber a continuidade de seu próprio desenvolvimento pessoal no desenvolvimento anterior do universo, da Terra e de toda a história humana. Em relação a uma consciência planetária, Berry (1988) afirma que esse processo de aprendizado promoveria a conexão da identidade pessoal com seu tempo histórico e seu espaço cultural.

Um terceiro curso discutiria os aspectos históricos diferenciados das grandes culturas clássicas que dominaram o desenvolvimento humano durante os últimos milênios. Embora essas culturas tenham se diferenciado amplamente nas estruturas culturais que cobrem o planeta, realizaram certas façanhas definitivas no mundo eurasiano, americano e africano. Em diferentes partes do mundo, uma ênfase especial pode ser dada ao conhecimento das tradições espirituais, das quais são herdeiros.

Um quarto curso sugerido por Berry é o estudo da fase científico-tecnológica de desenvolvimento. O que está especificamente em observação durante essa fase recente da história é o domínio do ser humano sobre o mundo natural. Isso culminou no declínio da percepção dos aspectos numinosos do mundo natural em favor de uma preocupação dominante com a razão humana, o poder humano e a visão mecanicista do universo. Correspondente a tudo isso, esse período de estudo testemunha uma profunda consciência social, na qual nosso globo é afetado por ajustes políticos, sociais, econômicos e religiosos que abalaram o planeta com uma severidade ímpar.

Berry também propõe que o currículo examine de perto o que ele chama de período ecozóico emergente. Aqui Berry nos pede para retornar, de forma renovada, a uma consciência planetária que desafie a visão globalizante que temos criticado ao longo de todo este livro. Berry acha que esse estudo deveria voltar-se para o restabelecimento do humano em seu contexto natural. Nesse currículo, deveria haver constante preocupação com o funcionamento integrado da biosfera, com medidas para remediar o mal já feito à dinâmica da Terra e promoção de uma ordem econômica renovável por meio da integração do ser humano aos ciclos sempre repetidos do mundo natural, sustentados como são pela energia solar.

Finalmente, um sexto curso trataria da origem e da identificação dos valores. Esse curso procuraria descobrir, em nossa experiência do universo, o que exatamente poderia ser o fundamento dos valores. Esse fundamento dos valores forneceria um contexto humano e planetário para o desafio criativo que ora enfrentamos. Berry acha que o próprio processo educacional teria, com esse programa geral, um contexto de significado cultural, histórico e cosmológico que poderia ser aceito em larga escala por pessoas dos mais variados panos de fundo étnicos.

Se examinarmos o impulso geral do ensino médio nas sociedades ocidentais, veremos quanto o impacto profundo da globalização influenciou a estrutura onírica do ensino contemporâneo. No passado, o ensino público dedicava-se às necessidades dos Estados-nação. Com o advento da globalização, o ensino público passou a ser um novo terreno para as atividades do lucro privado. A ascendência recente de governos neoliberais, como nos Estados Unidos, no Canadá, na Nova Zelândia, no México e no Chile, para citar apenas alguns, testemunhou o advento da privatização do ensino público. Esses tipos de governo adotaram plataformas nacionais que têm a mesma orientação das demandas do mercado de trabalho das grandes empresas transnacionais, ao mesmo tempo que deixam de lado os compromissos de financiar o ensino público. Essa tendência leva todos os setores do ensino público a seguir rumo à privatização, colocando lenta e seguramente a educação sob a hegemonia da agenda empresarial. O que é preciso apontar enfaticamente, aqui, é o fato gritante de que a visão empresarial é destituída de qualquer coisa que se pareça com a consciência planetária da qual tratamos neste capítulo. Mas, em nome da justiça, é preciso dizer, também, que há uma alfabetização inteiramente convergente, incentivada pela agenda das empresas globalizantes. É a alfabetização do lucro e da vantagem. Os governos que adotam uma agenda neoliberal, como o atual governo progressista-conservador de Ontário, Canadá, atacam o ensino tradicional e sugerem que o currículo seja drasticamente modificado para atender as necessidades das empresas privadas. Um autor de Ontário que escreve sobre educação artística capta bem esse clima:

> Bem-vindo ao novo dogma educacional. As coisas podem estar indo de mal a pior nas escolas mas o remédio infalível para elas é ter computadores [...]. Empresas dessa área, futuristas e simpatizantes da indústria de tecnologia da informação, uma indústria de US$ 1,4 trilhão, lembram-nos constantemente de que, se nossas escolas não se plugarem à rede, e logo, nossos filhos vão acabar puxando carroça e dormindo embaixo de viadutos.
>
> Se o financiamento não fosse problema, os computadores nas escolas seriam um experimento interessante, como a TV e a apresentação de filmes nos anos 1960. Mas, na maioria das escolas públicas, comprar uma tecnologia nova e dispendiosa em geral significa deixar de lado uma outra coisa.

A concessão é feita, muitas vezes, a expensas da educação artística, da música, da educação física e da educação ambiental, para citar apenas algumas das perdas.

Para promover uma educação transformadora inserida numa programação de "consciência planetária", é preciso, necessariamente, uma visão que resista às visões empresariais segundo as quais o planeta pode ser infinitamente explorado. Grande parte desse ensino de resistência já foi sugerida nos capítulos anteriores. Ao mesmo tempo, um programa mais positivo de ensino público deve ser apresentado, que incentive uma educação sustentável dentro de uma visão planetária.

Como no caso dos programas de ensino superior já propostos, um conjunto similar de interesses é apropriado para a educação de nível médio. Este capítulo sugere que toda educação seja ambientada num contexto cosmológico. Esse contexto mais amplo libera-nos imediatamente das pressões contemporâneas do mercado global. A história do universo não é apenas a história dos mercados. É uma história dinâmica das origens e da criatividade. A criatividade implícita em contar a história do universo é que abre nossa mente para uma visão educacional que expande nossa consciência cultural e nos dá certa liberdade para manter distância das exigências imperialistas de nossa atual mania de globalização. Se o universo for considerado o contexto último de todo ensino, então um curso que trate dos processos de desenvolvimento do universo é essencial. Também é preciso haver cursos afins e complementares ligados ao universo. Astronomia, geologia, ciências evolutivas da vida, tanto na química quanto na biologia, dirigem-se para um estágio mais crucial num currículo do ensino médio. Estudos da história da Terra que girem em torno do que os povos nativos chamam de círculo da vida desembocam numa história da diversidade que respeita e identifica a incrível variedade de plantas e outros seres vivos que habitam esse planeta. Todos os cursos que, de alguma forma, tratam de um contexto planetário também precisarão enfatizar a interdependência de todos os seres vivos. O tempo despendido na expansão visionária tem valor intrínseco. Serve, também, para contrabalançar a visão unilateral de nossa atual cosmologia fragmentada de mecanicismo, domínio e exploração. É possível criar uma consciência planetária que se espalhe pelas estruturas míticas dos primeiros povos americanos. Uma combinação de ciência indígena com geologia contemporânea é, agora, uma nova área de estudos, e seu resultado deve ser tema de cursos que tratem de questões planetárias.

A área da alfabetização também deve ser reexaminada na revisão do ensino de nosso tempo. As formas anteriores de familiarização com a palavra escrita e com os números ainda são importantes para o ensino e são os tipos de conhecimento mais valorizados pelo ensino convencional. No Capítulo 4, discutimos em detalhe o sentido de uma educação de resistência sob o título de "alfabetização em mídia". No presente contexto, precisamos de um novo enfoque de alfabetização relacionado às questões planetárias. Nesse sentido, David Orr (1992) usa o termo "alfabetização ecológica". Em relação a uma alfabetização em termos do planeta, gostaria de dizer que a última parte desta obra será, em parte, um exercício de alfabetização em ecologia da Terra.

Uma forma muito importante para desenvolver uma consciência planetária concreta é ampliar a sensibilidade e o conhecimento da biorregião em que a pessoa vive. Sugiro que coloquemos nossas propostas curriculares no contexto da biorregião. A ênfase no conhecimento da biorregião é uma força que pode contrabalançar o movimento em direção à globalização, porque o conhecimento do local de nascimento, do contexto local, está no âmago da ênfase biorregional (Sale, 1980; 1985; Plant, 1989). O contexto para uma alfabetização biorregional é fornecido pelo próprio esplendor da Terra. Ao introduzir a idéia da biorregião, Thomas Berry (1988) afirma que o contexto terrestre não só ativa nossas faculdades interiores, como também fornece nosso alimento físico. O ar, a água, o solo e as sementes que proporcionam nosso sustento básico e a luz do sol que derrama sua energia sobre a paisagem são elementos integrados ao *modus operandi* de uma Terra frutífera. O físico e o espiritual estão interligados nesse processo vivo. Enquanto a integridade desse processo for preservada, teremos ar para respirar, água para beber e alimento nutritivo para comer.

A dificuldade surgiu com nossa subversão dessa vida comunitária integrada, supostamente em nosso benefício. Nesse processo, desagregamos o próprio sistema da vida. Nossas tecnologias realmente não funcionam em harmonia com as tecnologias da Terra. Invadimos o solo com substâncias químicas para obrigá-lo a produzir além de suas possibilidades naturais. Tendo perdido a capacidade de invocar as forças naturais, procuramos impor modelos mecanicistas aos processos vitais pela violência. O resultado desses atos é que, agora, vivemos num mundo de fertilidade cada vez menor, um mundo arrasado, um mundo cuja pureza e vitalidade se dissiparam.

Berry (1988) propõe que incentivemos uma interação com a comunidade da Terra, como membros que dela participam, e que incentivemos o progresso e a prosperidade das comunidades biorregionais das quais fazemos parte. Observamos, aqui, que uma biorregião é uma área geográfica identificável de sistemas vivos interativos que é relativamente auto-sustentável nos processos de renovação constante da natureza. A diversidade das funções vitais concretiza-se, não enquanto indivíduos ou enquanto espécies, nem mesmo enquanto seres orgânicos, mas enquanto comunidade que abrange os componentes físicos bem como orgânicos da região. Thomas Berry (1988) identifica a biorregião como uma entidade que propaga a si mesma, que alimenta a si mesma, que educa a si mesma, que governa a si mesma, que cura a si mesma e que realiza a si mesma. Afirma que todo componente dos sistemas da vida deve integrar seu funcionamento ao da comunidade para sobreviver de maneira realmente efetiva.

A primeira função, a autopropagação, exige nosso reconhecimento dos direitos de toda espécie a seu *hábitat*, a suas rotas migratórias, a seu lugar na comunidade. A biorregião é o ambiente doméstico da comunidade, assim como o lar é o ambiente doméstico da família. A comunidade perpetua-se por meio de gerações sucessivas exatamente enquanto comunidade. Tanto em termos de espécies quanto de números, é preciso manter certo equilíbrio. Que os seres humanos assumam o direito de ocupar a Terra excluindo outras formas de vidas do *hábitat* necessário a sua sobrevivência é ofender a comunidade em sua estrutura mais profunda. Além do mais, é declarar uma guerra que os seres humanos não têm como vencer, pois eles próprios dependem, em última instância, exatamente daqueles seres vivos que destroem.

A segunda função da entidade biorregional — alimentar-se — requer que os membros da comunidade sustentem-se uns aos outros de acordo com os modelos estabelecidos pelo mundo natural para o bem-estar da comunidade, como um todo, e de cada membro em particular. Segundo esse modelo, a expansão de toda espécie é limitada por formas de vida ou condições opostas, de modo que nenhum ser vivo ou grupo de seres vivos domine outro. Nesse funcionamento da comunidade, inclui-se, no que se refere aos seres humanos, todo o mundo da coleta de alimentos, da agricultura, do comércio e da economia. As várias comunidades biorregionais do mundo natural podem ser consideradas tanto empreendimentos comerciais como processos biológicos. Até no mundo natural há constante intercâmbio de valores, acumulação de capital e busca de formas mais econômicas de fazer as coisas. A Terra é nosso melhor modelo para qualquer empreendimento comercial. Realiza suas operações com uma economia e produtividade muito superiores às das instituições humanas e administra seu sistema com um mínimo de entropia. Na natureza, não existe nenhum lixo estéril ou tóxico nem detritos que não se decompõem, como aqueles produzidos pelos seres humanos.

A terceira função da entidade biorregional é educar a si mesma por meio de uma estruturação física, química, biológica e cultural. Cada uma requer as outras para sua existência e realização plena. Todo o processo evolutivo pode ser considerado a façanha mais extraordinária de auto-educação por parte do planeta Terra e de suas unidades biorregionais distintas. Um aspecto importante desse processo de auto-educação é a abordagem experimental de seus procedimentos. A Terra e cada uma de suas biorregiões realizou incontáveis bilhões de experimentos para criar o sistema de vida que existe hoje. Portanto, os processos auto-educativos observados no mundo natural são um modelo para o ser humano. Atualmente não há outra forma de os seres humanos se educarem, tanto para a sobrevivência quanto para sua realização plena, além da instrução que o mundo natural lhes dá.

A quarta função da entidade biorregional é a autogestão. Cada comunidade regional de vida dispõe de uma ordem funcional integral, não como uma imposição externa, mas sim como uma organização interna da comunidade, que possibilita que seus membros participem do governo e cheguem à plenitude da expressão de vida própria de cada um. Na maior parte do mundo, esse governo é presidido pela seqüência sazonal da expressão de vida, que provê a ordem do florescimento e da renovação exuberante da vida. Os seres humanos inseriram-se tradicionalmente nesse processo comunitário por meio de suas celebrações rituais, que não são apenas atividades humanas, mas também expressões de toda a comunidade participativa. Nas deliberações humanas, os diversos membros da comunidade devem estar representados (T. Berry, 1988).

A quinta função da comunidade biorregional é curar a si mesma. A comunidade contém não apenas as energias nutridoras necessárias a todos os seus membros, mas também as faculdades especiais de regeneração. São indispensáveis quando as florestas são arrasadas por grandes tempestades, quando períodos de seca acabam com o verde dos campos ou quando nuvens de gafanhotos atacam uma região deixando-a devastada. Em todos esses casos, a comunidade da vida ajusta-se, mergulha mais fundo em suas faculdades regenerativas e chega à cura. Há recuperação, quer o dano seja a um único indivíduo, quer a uma área inteira da comunidade. Os seres humanos também sabem que sua cura acontece graças à submissão à disciplina da comunidade e à distribuição de suas faculdades nutridoras e curativas.

A sexta função da vida comunitária é sua atividade auto-realizadora. A comunidade chega à plenitude em todos os seus componentes: nos campos cobertos de flores, nos grandes carvalhos, no vôo do pardal, na baleia que vem à superfície ou em qualquer das outras expressões do mundo natural. Há, também, as variações sazonais da plena realização comunitária, a misteriosa renovação da época da primavera. Na celebração consciente do mistério numinoso do universo manifesto nos atributos específicos de cada comunidade regional, o ser humano desempenha o papel que lhe cabe, expresso em liturgias religiosas, em festivais nas praças, em solenidades da assembléia política, em todas as manifestações lúdicas, na música e na dança, em todas as artes visuais e performáticas. De todo esse conjunto, nasce a identidade cultural da biorregião.

Na aceitação e na realização plena do papel educativo de todas essas seis funções da comunidade está o mundo que resistirá e transcenderá as forças da globalização. Essa mudança a que nos referimos é a de um antropocentrismo explorador para um biocentrismo participativo.

Finalmente nos voltamos para o ensino fundamental e para o mundo da infância. Deparamo-nos, freqüentemente, com a idéia de que o mundo da criança é limitado e provinciano. A partir desse conceito do horizonte infantil, podemos ser levados a acreditar que as faculdades das crianças não estão suficientemente desenvolvidas para que enfrentem o universo, porém tal conceito não parece ter base real. Uma de nossas grandes educadoras infantis, Maria Montessori (1973), achava que a criança deve vivenciar o universo no nível mais profundo de seu ser para ter uma base educacional profunda. À primeira vista, contar "a Grande História do Universo", enquanto objetivo fundamental para a educação de crianças pequenas, pode soar a alguns leitores meio artificial e forçado. No entanto, Maria Montessori promove o contexto cosmológico como tema fundamental para educação infantil entre a idade de seis e doze anos. Encoraja-nos a dar às crianças uma visão total do universo. Essa visão do todo, mostrando que todas as coisas fazem parte do universo e se inter-relacionam para formar uma unidade integral, foi considerada por Montessori instrumento para ajudar a colocar a mente infantil em foco. Ela também impede as crianças de perambularem numa busca aleatória de conhecimento. O que Montessori observa é que, sem essa âncora, há perda da visão de conjunto, o que leva à fragmentação da mente da criança. As crianças ficam satisfeitas ao descobrir que estão centradas no universo, não em seu próprio ego. Essa capacidade de centrar-se na história do universo tem profundas conseqüências educacionais:

> Quando a idéia do universo é apresentada à criança da forma certa, faz mais por ela do que apenas despertar seu interesse. Produzirá admiração e assombro, sentimentos mais elevados do que o simples interesse, e bem mais gratificantes. O saber que então adquire é organizado e sistemático, sua inteligência torna-se inteira e completa por causa da visão do todo que lhe foi apresentada, e seus interesses espalham-se por tudo, pois tudo está ligado e tem seu lugar no universo no qual sua mente está centrada. (Montessori, 1973: 10)

Para Montessori, a educação com base numa história cósmica não é grande novidade em nosso tempo, ao contrário. Sempre que há educação, na verdadeira acepção do termo, acontece uma conexão vital com histórias que contam a criação do mundo e com o lugar do ser humano dentro dele. Esses mitos da criação podem, então, ser desenvolvidos num plano científico que aprofunde e amplie todas as atividades pré-científicas anteriores. O mais importante, a nosso ver, é que "o sonho é o combustível da ação". Montessori enfatiza extremamente o cultivo da imaginação e, em particular, o papel de contar a história do universo. A visão imaginativa é bem diferente da mera percepção do objeto, pois a imaginação não tem limites. Ela também liga o cultivo da imaginação à inteligência do aluno.

Também é possível vislumbrar na obra pioneira de Edith Cobb, em seu livro *The Ecology of Imagination in Childhood* [A ecologia da imaginação na infância] (1977), a importância da percepção que a criança tem do mundo natural para o desenvolvimento do pensamento criativo e inspirado na vida adulta. Por meio da investigação das lembranças, Cobb acredita que a criança parece experimentar uma sensação momentânea de descontinuidade, uma sensação reveladora de continuidade e uma imersão de todo seu ser no mundo exterior de formas, cores e movimentos, numa dimensão temporal não particularizada. Cobb vê essas coisas como fenômenos naturais, parte da capacidade de crescimento do sistema nervoso central. Ela afirma que a sensação da criança de que o tempo e o espaço foram momentaneamente suspensos parece universal e não deve ser rejeitada como uma bela lembrança. Embora seja único, esse tipo de estudo não é definitivo; tem-se essa impressão ao ler o *Oxford Book of Mystical Poetry* [O livro de Poesia Mística de Oxford], no qual se percebe que poetas místicos como Blake, Wordsworth, Manley Hopkins e outros tiveram experiências semelhantes. A ode de Wordsworth intitulada Intimações de Imortalidade nas Lembranças da Primeira Infância mostra o sentido mais profundo da ligação cósmica da infância:

> Our birth is but a sleep and a forgetting:
> The Soul that rises from us, our life's Star,
> Hath had elsewhere its setting,
> And cometh from afar:
> Not in entire forgetfulness,
> And not in utter nakedness,
> But trailing clouds of glory do we come
> From God, who is our home:
> Heaven lies about us in our infancy!
> Shades of the prison-house begin to close
> Upon the growing Boy,
> But he beholds the light, and whence it flows,
> He sees it in his joy;
> The Youth, who daily farther from the East
> Must travel, still is Nature's Priest,
> And by the vision splendid
> Is on his way attended;
> At length the Man perceives it die away,
> And fade into the light of common day.*

---

* O nascimento é apenas sono e esquecimento:
A Alma que surge de nós, a Estrela de nossa vida,
Teve seu berço em outro lugar.
E nos vem de muito longe:
Não inteiramente esquecidos,

Com essa ode, podemos perceber o horizonte amplificado da criança. Sabendo que esse horizonte existe, devemos nos preparar educacionalmente para entrar numa nova visão da comunidade da Terra, o que implica um desafio interessante para os educadores em relação ao alcance de nosso senso comunitário. Charlene Spretnak apresenta essa questão ao educador e passa a falar, com detalhes, de sua própria versão da resposta:

> E se fôssemos educados a alimentar a consciência das relações que não podemos desfazer? Na verdade, se permitiria que as crianças pequenas mantivessem com sua percepção natural do mundo como um reino de relações inerentes, em vez de sofrer o processo educacional de substituir o holismo pela noção de que a mente é totalmente isolada em cada um de nós, e não imanente à rede biológica mais ampla. As crianças pequenas têm uma ligação mágica com outras pessoas, animais, árvores e flores que poderia, com o passar dos anos, num sistema educacional de base cosmológica, ser gradativamente ampliada para abranger o conhecimento das maneiras pelas quais essas relações são exploradas pela matemática, pela ciência, pela literatura, pelas ciências sociais, pela música, pelas artes plásticas e assim por diante. (Spretnak, 1991: 188-9)

Não cabe a mim escrever sobre a forma pela qual uma visão mais ampla da educação fundamental seria inserida no contexto planetá-

---

> E não inteiramente nus,
> Mas envoltos em nuvens de glória saímos
> De Deus, que é nosso lar:
> O Céu está à nossa volta na infância!
> Sombras da prisão começam a se fechar
> Sobre o Menino que vai crescendo,
> Mas ele contempla a luz e, quando ela flui,
> Ele a vê em sua alegria.
> O Jovem, que a cada dia se distancia do Leste
> Tem de viajar, ainda é um sacerdote da Natureza.
> E pela visão esplêndida
> É acompanhado em seu caminho;
> Por fim, o Homem a vê desvanecer
> E desaparecer na luz do cotidiano. (Tradução livre)

rio. Apesar disso, sugiro àqueles interessados nesse tema a leitura de *The Universal Schoolhouse* [O edifício escolar universal] (1994), de James Moffet, assim como a obra pioneira de David Hutchinson (1998), ambas muito esclarecedoras.

Resumo

Neste capítulo, procurei oferecer ao leitor um contexto para uma visão educacional inserida numa cosmologia funcional destinado a dar início a uma profunda consciência planetária. Tal consciência busca adotar uma visão da Terra muito diferente da atual, que considera o planeta um mercado global. Ao longo de todo este livro, enfatizo a necessidade de ir além das visões educacionais que fazem parte da economia de mercado global. Isso é vital por causa de nossa postura cultural viciada, no presente momento, de uma visão truncada de nosso lugar no universo mais amplo e de nossa avaliação limitada, enquanto espécie, de nosso lugar na Terra. Não foi meu objetivo, aqui, apresentar uma receita fácil para uma nova visão da educação com sensibilidade planetária. Ao mesmo tempo, para ser justo com o leitor, depois de ouvir todas as minhas críticas ao ensino convencional, é preciso oferecer-lhe uma história provisória do universo que ofereça uma visão suscetível de correção e de ampliação. Como faço meu trabalho de uma posição privilegiada, tenho dificuldade em dar idéia da diversidade que há ao contar essa longa história, tal qual a que acabei de apresentar. É importante compreender que é preciso ter em mente o local onde a história foi criada e contada. Deixo em aberto ao leitor um ponto no qual possa entrar na história segundo seus próprios termos. O mundo majoritário, o minoritário, o do gênero, o da classe, o da raça e dos povos, todos devem ser levados em conta. Aludi a algumas dessas diferentes instâncias neste capítulo ao discutir as visões de mundo dos povos indígenas, dos partidários da ecologia profunda e das ecofeministas.

Minha próxima tarefa é mostrar como o arco maior da história da Terra está integralmente relacionado com a história do universo; como ambas essas histórias estão integradas ao desdobramento da história humana e de nossa própria história pessoal.

Capítulo 7

Educação para o desenvolvimento integral

Este capítulo contém uma discussão abrangente da noção de "desenvolvimento integral". As palavras "integral" e "desenvolvimento" foram escolhidas com o maior cuidado. Apesar da análise bastante crítica do conceito de desenvolvimento, no Capítulo 2, ainda existe uma necessidade básica de preservar um conceito de desenvolvimento em nossa discussão de uma visão da educação transformadora ecozóica. Uma coisa é criticar rigorosamente as concepções ocidentais de desenvolvimento, outra é tentar conceber a educação sem um conceito amplo de desenvolvimento. Portanto, se minha discussão a respeito da educação pretende incluir um conceito de desenvolvimento, é necessário articulá-lo de forma que transcenda as limitações das idéias ocidentais. O que pretendo fazer neste capítulo é, por conseguinte, definir o "desenvolvimento integral" e ligá-lo aos processos evolutivos e criadores do universo, do planeta, da comunidade terrestre, da comunidade humana e do mundo pessoal. O desenvolvimento integral deve ser compreendido como uma totalidade dinâmica que abrange o universo inteiro e a consciência vital existente dentro de nós e, ao mesmo tempo, em tudo o que nos cerca. Portanto, o desenvolvimento engloba nossa entrada nessa grande alma do mundo, ou *anima mundi* (Sardello, 1994).

A idéia fundamental de desenvolvimento pressupõe que todos os processos vitais são sempre estados dinâmicos de crescimento, decadência e transformação. As idéias de evolução e de desenvolvimento são lados diferentes de uma mesma dinâmica subjacente. Evolução significa, basicamente, que todos os seres vivos evoluem e superam a si mesmos. Desenvolvimento conota a energia dinâmica que impulsiona o movimento de formas em evolução. A palavra crescimento é usada como sinônimo de desenvolvimento quando as formas em evolução passam para planos superiores de complexidade de integração e podem ser vistas como tais. Uso o termo desenvolvimento integral, em vez de desenvolvimento holístico ou integrado, por causa da dinâmica criativa e da natureza evolutiva dos processos. O termo holístico dá indevida ênfase à harmonia e à integração. A idéia que tenho do termo integral é que ele conota uma tensão evolutiva dinâmica de elementos que se mantêm juntos num movimento dialético tanto de harmonia quanto de desarmonia. Um modelo integral de desenvolvimento será gerador e infinito, oferecendo uma compreensão dos processos evolutivos que incluem um papel crítico à ênfase na transformação dos sistemas em evolução. Aqui me baseio na teoria das "estruturas dissipativas", de Illya Prigogine e Isabelle Stengers (1984), ao criar uma nova ciência da totalidade com base no caos.

Para compreender a natureza fundamental da teoria das estruturas dissipativas de Prigogine e Stengers, temos de trabalhar com o pressuposto de que todas as formas em evolução são sistemas abertos, cujos desenhos ou estruturas são mantidos por uma dissipação contínua (consumo) de energia. As estruturas dissipativas baseiam-se no que Prigogine e Stengers chamam de princípio da ordem por meio da flutuação. De um ponto de vista evolutivo, essas flutuações explicam processos irreversíveis na natureza e o movimento em direção a ordens cada vez mais elevadas de vida. Todos os sistemas, inclusive os seres humanos, contêm subsistemas em contínua flutuação. Todas as estruturas dissipativas podem muito bem ser descritas como um sistema integral de *totalidade em processo*. O desenvolvimento integral refere-se a uma forma de vincular os processos envolvidos na organização de um sistema ou estrutura. Podemos observar que todo sistema vivo está conectado em vários pontos; quanto mais complexa a estrutura viva dissipativa, tanto mais energia faz-se necessária para manter suas conexões. A qualquer momento, todo sistema pode operar em estado de equilíbrio ou de desequilíbrio. O fluxo contínuo de energia por meio de um sistema produz flutuações em seu interior, muitas das quais são absorvidas ou ajustadas sem alterar a integridade estrutural do sistema. Mas, quando as flutuações do sistema atingem nível crítico, o sistema fica tão turbulento que os antigos pontos de conexão não funcionam mais; o sistema transforma-se numa ordem superior com pontos de conexão novos e diferentes. A dissipação de energia cria o potencial para o reordenamento súbito do sistema. As partes reordenam-se numa nova totalidade, e o sistema parte para uma ordem superior. Cada novo nível é mais integrado e conectado do que o precedente e requer maior fluxo de energia para manter-se. Toda vez que há alguma transformação, o sistema fica menos estável e, por isso, suscetível a mais mudanças (Prigogine e Stengers, 1984). Pode-se dizer que desenvolvimento promove mais desenvolvimento.

Em função das atuais idéias a respeito dos processos evolutivos, agora podemos avaliar a necessidade de ter em mente certa concepção de desenvolvimento mesmo que, em alguns casos, nosso uso ocidental da idéia a tenha levado ao descrédito.

Desenvolvimento integral e criatividade

O quinto princípio de Thomas Berry (1989) diz respeito ao desenvolvimento e à criatividade. O universo possui tanto um aspecto violento como harmonioso, mas é consistentemente criativo no círculo mais abrangente de seu desenvolvimento. Poderíamos dizer que a evolução não se arrisca a abandonar-se ao desdobramento plácido de estruturas. Parece que os processos da evolução concretizam-se como um surgimento dinâmico, que implica tanto estabilidade quanto desequilíbrio. A partir da discussão que acabamos de fazer sobre a teoria dos sistemas dissipativos, compreendemos que, quando um sistema vai além de sua estrutura presente em direção a novas ordens de auto-organização, torna-se criativo em sua auto-organização. Esse processo é chamado de autopoiesis. A autopoiesis refere-se à característica dos sistemas vivos de se renovar continuamente e de regular esse processo de forma que mantenha a integridade da estrutura (Jantsch, 1984). Agora seria interessante ligar a conexão mais abrangente do significado que damos a desenvolvimento integral com os processos expansivos da criatividade incrustados no desdobramento da história do universo.

Toda a seqüência criativa do desenvolvimento evolutivo, desde os primórdios, revela-se nos três princípios básicos apresentados por Thomas Berry (1989), os quais, só para lembrar, são diferenciação, subjetividade e comunhão. Esses três princípios existem como processos evolutivos emergentes e dinâmicos e, em nível mais fundamental, definem a própria essência da criatividade. Quando falamos sobre a criatividade contemporânea, notamos que ela consiste em ativar, expressar e realizar o processo do universo, da Terra, da vida e do humano dentro das possibilidades do momento histórico. Nosso próprio momento histórico exige que enfrentemos os processos *autopoiéticos* e auto-reguladores de nosso sistema planetário. Enquanto seres humanos, agora temos necessidade de uma consciência que nos permita ver nossa auto-regulação no interior dos processos *autopoiéticos* mais amplos da Terra, nossa matriz, ou, se quiserem, nossa mãe. Nossa discussão da idéia do desenvolvimento integral tem por objetivo vê-la, inicialmente, à luz dos princípios de diferenciação, de subjetividade e de comunhão.

O universo não se transformou num borrão homogêneo, mas sim num mundo de seres identificáveis e estruturados, radiantes com sua inteligibilidade interna e identidade individual. O que esse princípio de diferenciação implica, essencialmente, é sensibilidade à variedade em todos os níveis do processo evolutivo. O princípio da subjetividade aponta para a interioridade dos processos diferenciados. Enquanto a diferenciação distingue uns dos outros, a subjetividade dá identidade e formação interior, espontaneidade interna, o eu que habita dentro de todo ser, sua proximidade do mistério supremo. A subjetividade expressa a natureza autopoiética dos seres vivos. Desse mundo interior de auto-regulação nasce a liberdade, tão mínima em sua primeira expressão física que parece não existir, embora sua presença seja revelada como a seqüência ascendente, à medida que acontecem processos que levam à variedade das formas vivas e, por fim, ao ser humano, em que uma liberdade interna de ordem superior é atingida.

É no contexto do humano que o princípio da subjetividade assume um contexto psicológico. Certamente, o domínio da psicologia fenomenológica está muito intimamente ligado a aspectos da subjetividade e da consciência (O'Sullivan, 1990). Apesar disso, é apropriado incluir a área da psicologia do desenvolvimento cognitivo em nossa definição de subjetividade. Aqui estamos falando da obra seminal de Chomsky na linguagem, de Piaget no desenvolvimento cognitivo e de Kohlberg na área do desenvolvimento moral (ver O'Sullivan, 1990). O problema que vemos em todos os autores que acabamos de citar é não haver uma dimensão profundamente relacional em suas teorias e o fato de elas ignorarem o elemento comunidade, nosso terceiro princípio fundamental. Assim, a psicologia, tal como se desenvolve hoje, absolutiza a subjetividade em detrimento da diferenciação e da comunidade.

Finalmente, o princípio da comunhão é generalizado na evolução emergente do universo. Já existe, pela força da gravidade e de outras ligações energéticas, uma comunhão entre as realidades articuladas do universo. A estrutura atômica é, em seu interior, uma comunhão de partículas. O mesmo acontece com as estrelas agrupadas em suas galáxias, com os componentes do planeta Terra, com os vários seres vivos interligados numa teia de vida duradoura. Da mesma forma se dá com o ser humano. Aquilo que ocorre com a comunhão também se passa com a diferenciação e a subjetividade. Atinge sua expressão mais elevada na consciência humana, no centro da atração emocional e no sentimento estético do ser humano. Não devemos subestimar a importância de nosso senso de comunhão para as necessidades mais profundas de nossa existência. É fundamentalmente importante compreender o que a perda da comunhão significa para nós em nosso cotidiano. A complexidade de nosso mundo pessoal está incrustada na comunidade. Grande parte de nossa existência chega à sua plenitude nas relações mútuas. Podemos perceber isso nos intrincados rituais de acasalamento que o mundo natural inventou. Grande parte da plumagem, das cores, das danças e dos cantos do mundo derivam de nossas relações de verdadeira intimidade. A energia que nós e os outros animais usamos nesse exercício de afinidade do ser, a atenção que damos à nossa aparência física, revela o significado último da experiência de comunhão.

O desenvolvimento integral e a dinâmica auto-reguladora do sistema terrestre

A partir da herança científica do mundo ocidental moderno, encaramos a Terra como uma entidade inerte totalmente passível de controle e de estratagemas humanos. Estamos só começando a tomar consciência do fato de que a Terra tem uma trajetória evolutiva mais profunda, a qual vai muito além de quaisquer desígnios humanos que tenhamos para ela. Nosso saber científico mais recente levou-nos a uma compreensão do planeta que revela uma capacidade muito mais sutil de autopoiesis e de auto-regulagem. A hipótese Gaia serve de exemplo para ilustrar esse tópico. Formulada por um bioquímico inglês, James Lovelock (1979; 1988), afirma que o planeta Terra é uma entidade viva com suas próprias capacidades únicas de auto-organização e de auto-regulação. As capacidades auto-reguladoras do planeta podem ser vistas na dinâmica de seus sinais vitais, especificamente na regularidade da temperatura da superfície do planeta. Parece que a temperatura média terrestre varia entre 15,5°C e 37,7°C. Apesar de mudanças drásticas na atmosfera, a temperatura média manteve-se dentro desses limites durante centenas de milhões de anos. Se, em qualquer momento da história da Terra, a temperatura tivesse ultrapassado esses limites, a vida teria se extinguido.

A estabilização da concentração de oxigênio na atmosfera da Terra é de cerca de 21%. Parece que esse equilíbrio ótimo é necessário à manutenção da vida. Se a quantidade de oxigênio atmosférico ficasse abaixo dos 21%, animais e insetos maiores não teriam energia suficiente para sobreviver. Se a quantidade de oxigênio na atmosfera ultrapasse 21%, a vegetação úmida seria queimada.

Parece que também há uma regulação da quantidade de sal nos oceanos. Atualmente, os oceanos contêm cerca de 3,4% de sal. Essa proporção particular mantém-se constante mesmo que o sal esteja sendo diluído pelos rios continuamente. Se essa proporção fosse maior ou menor que o limite de 3,4%, a vida na Terra seria radicalmente diferente, e a maior parte dela provavelmente se extinguiria.

A presença de uma pequena quantidade de amônia na atmosfera é necessária para neutralizar os ácidos sulfúrico e nítrico, que são muito fortes. Os resultados dessa neutralização é que a chuva e o solo mantêm níveis ótimos de acidez para a preservação da vida.

Finalmente, a existência da camada de ozônio na atmosfera superior da Terra protege a vida na superfície do planeta dos efeitos perniciosos da radiação ultravioleta, que prejudica as moléculas essenciais à vida.

A hipótese Gaia postulada por Lovelock (1979; 1988) é apenas um exemplo de que a Terra possui capacidade auto-reguladora. Alguns contestariam dizendo que a manutenção da vida em nosso planeta seria resultado de mera coincidência, não de processos homeostáticos auto-reguladores da Terra. Se compararmos tais sistemas com nossas funções corporais, a coincidência parece demasiada. Nosso corpo atua de maneira ordenada e, ao que parece, isso tem um propósito. Suar, comer, tremer e respirar parecem coordenados aos processos integrais que preservam nossa homeostase e que nos ajudam a sobreviver e a crescer. Como esses processos autopoiéticos atuam no nível do funcionamento do corpo, certamente não parece absurda a sugestão de Lovelock de que haja processos auto-reguladores semelhantes em âmbito planetário. A hipótese Gaia apresentada por Lovelock pressupõe que a Terra seja um sistema auto-regulador e auto-sustentado, ajustando constantemente seus processos químicos, físicos e biológicos para preservar a vida e sua evolução contínua.

A esta altura, gostaria de discutir as atividades da espécie humana dentro da dinâmica auto-reguladora de nosso planeta. Se pensarmos em nossa atual presença na face da Terra, o leitor pode considerar nossas atividades de interação com o planeta do ponto de vista da dinâmica dos sistemas dissipativos discutidos acima. Peter Russell, em *The Global Brain* [O cérebro global], faz a seguinte observação:

> Olhando para a humanidade do ponto de vista dos sistemas dissipativos, é possível concluir que as duas principais características de uma grande flutuação parecem presentes: o aumento por meio do fluxo de

energia e matéria combinado a uma elevada entropia. Agora, consumimos energia e matéria como nunca, com todos os problemas subseqüentes de escassez e de esgotamento de recursos. Ao mesmo tempo, a entropia produzida pela humanidade aumentou consideravelmente, resultando numa desordem crescente tanto na sociedade quanto no meio ambiente. (Russell, 1983: 65-6)

Russell acredita que a presença humana na Terra parece aproximar-se rapidamente do ponto de ruptura que leva a dois resultados possíveis: desintegração ou superação. Um dos pressupostos deste livro é que estamos num período de grande dissipação, ao qual chamei de cenozóico terminal. Temos de compreender tanto as possibilidades quanto a precariedade de nossa situação. Se chegarmos a uma superação, entraremos num novo sistema de desenvolvimento integral, ao qual chamei de período ecozóico. Se tomarmos essa direção, teremos de nos livrar dos antigos sistemas de desenvolvimento que trataram nossa matriz terrestre de tal maneira que ora colocam em risco a continuidade de nossa presença no planeta. As intenções humanas voltadas para um desenvolvimento integral que nos permita realizar nosso projeto de espécie, numa relação entre os seres humanos e a Terra que leve ao florescimento de ambos, exige que nos tornemos agudamente conscientes das poderosas atividades auto-reguladoras inerentes aos processos evolutivos do *modus operandi* da Terra. O sexto princípio de Thomas Berry (1989) trata da natureza da autopoiesis da Terra. Ele sugere que esse planeta, dentro do sistema solar, é uma comunidade que cria a si mesma, propaga a si mesmo, alimento a si mesmo, educa a si mesmo, governa a si mesmo, cura a si mesmo e realiza a si mesmo. Além disso, todos os sistemas de vida particulares devem integrar seu *modus operandi* a esse complexo maior de sistemas terrestres mutuamente dependentes. Portanto, a Terra é uma entidade dinâmica e organizada no universo, dotada de seu próprio centro de organização e de desenvolvimento.

A capacidade que a Terra tem de *alimentar a si mesma* baseia-se em nossa compreensão de que o universo é energia em atividade. Ao definir a Terra dentro do sistema solar, precisamos pensar em termos do que ela faz. O mais fundamental é o fato de que, dentro do sistema solar, ela se alimenta a si mesma. O alimento constitui o sistema Terra/Sol consumindo a si mesmo. A luz solar, nascida da fusão nuclear, transforma-se na folha verde, na raiz, nos frutos florescentes, que se transformam na carne e no sangue dos animais, que se transformam nos filamentos genéticos constelados dos procariontes, que se transformam nos elementos do ar, que se transformam na folha iluminada pelo Sol. Carvalhos, baleias, pingüins e folhas de grama existem graças à participação nesses ciclos de auto-alimentação que formam o sistema Terra/Sol, no qual o que é lixo para uma espécie transforma-se em alimento para outra, de modo que o ciclo da vida repete-se infinitamente numa seqüência ininterrupta de transformação.

A Terra enquanto entidade que *educa a si mesma* pressupõe que o aprendizado por meio de processos evolutivos é um processo de auto-educação. É exatamente a dimensão educativa da Terra que lhe dá tanto brilho e esplendor quando comparada a qualquer outro planeta. Essa sondagem, sensibilidade e capacidade genética de recordação pode ser considerada nossa faculdade suprema; e, enquanto seres humanos com nosso prolongado período de aprendizagem, precisamos refletir, particularmente, sobre a natureza da educação que ocorre como parte do processo comunitário.

A Terra enquanto entidade que *governa a si mesma* indica que a comunidade terrestre precisa integrar a espécie humana à comunidade terrestre a seu redor; a integração começa com o respeito generalizado por todas as espécies do mundo vivo. O mundo natural, antes do surgimento do ser humano, era uma comunidade inteiramente participativa de espécies qualitativamente diferentes. Cada espécie governa a totalidade e é governada por ela.

Finalmente, a Terra enquanto entidade que *cura a si mesma* significa que a comunidade terrestre contém, em si, capacidades especiais de regeneração. Isso implica duas dimensões interligadas: a necessidade de recuperar a Terra como um todo e a necessidade de recuperar a humanidade como uma espécie em particular. Em ambos os aspectos dessa empreitada o contexto da recuperação é o universo como um todo. As capacidades de cura, de regeneração e de renovação estão enraizadas nas realidades primordiais do universo, da Terra e da espécie humana.

O surgimento do ser humano e o desenvolvimento integral

Precisamos compreender a presença humana na Terra como parte integral dos processos evolutivos do universo e da evolução do planeta. De acordo com o sétimo princípio de Thomas Berry (1989), existe uma articulação referente ao surgimento do ser humano. Segundo Berry, o ser humano aparece nos sistemas vivos da Terra como aquele ser em quem o universo reflete e celebra a si mesmo com uma modalidade especial de autoconsciência. Em geral, o ser humano é codificado no sentido de realizar outras codificações transgenéticas inventadas pela comunidade humana com uma diversidade extraordinária nas várias regiões da Terra. Tal diversidade comunica-se às gerações sucessivas tanto mediante processos educativos formais quanto informais.

Os seres humanos surgem nos processos evolutivos como uma espécie única do planeta. Em termos evolutivos mais amplos, os seres humanos são uma espécie de um único lugar, de um único tempo. Ao dizer isso, reconhecemos que o ser humano surge num momento específico do desenvolvimento do universo e também que se restringe a um lugar específico. Quando dizemos lugar, reconhecemos que os seres humanos são criaturas que pertencem exclusivamente ao planeta Terra. Isso significa que, no desdobramento do universo, os seres humanos surgem num momento e num lugar específico. Nós, enquanto espécie, somos criaturas peculiares à Terra. Somos a criação, no tempo, do processo de desenvolvimento particular desse planeta. Embora digamos que a Terra é um evento de um único lugar e de um único tempo na evolução do universo, também podemos dizer que a espécie humana é única em seu tempo e lugar no desenvolvimento cósmico. Enquanto a Terra não estivesse saturada de vida em sua atordoante complexidade de formas, uma espécie como a humana não poderia surgir. O ser humano não é apenas absolutamente terrestre, no sentido de que toda molécula, todo órgão e todo modelo de ação fisiológica foram tecidos a partir dos fios vivos de nosso planeta; também podemos dizer que o ser humano é uma expressão de um momento específico da Terra em sua exuberante existência de 4 milhões de anos, quando os continentes chegaram a uma complexidade ecossistêmica nunca alcançada e que, tanto quanto sabemos, nunca mais será experimentada. De um paraíso de beleza e elegância, a Terra parece ter superado a si mesma, mais uma vez, com uma auto-expressão estática que chamamos de ser humano.

A Terra é o *locus* central do processo evolutivo de nosso sistema planetário. Parece que a possibilidade de existência da Terra estava contida na evolução das galáxias e dos elementos; em segundo lugar, vemos seu nascimento real na evolução do sistema solar; em terceiro, ela é o receptáculo da vida em toda a sua variedade; e, em quarto, gera a evolução da consciência e o desenvolvimento cultural da ordem humana.

É especialmente importante nesta discussão reconhecer a unidade desse processo total a partir daquele primeiro momento inimaginável da criação cósmica até o presente. Essa corrente ininterrupta de relações é cada vez mais evidente para os cientistas, embora, em última instância, escape à formulação ou à compreensão científica. Em virtude de suas relações, tudo está intimamente presente em tudo o mais no universo. Nada é completamente ele mesmo sem todo o resto. Essa unidade prevalece sobre os limites do espaço e do tempo. O universo é tanto comunhão quanto comunidade. Nós mesmos somos essa comunhão com uma modalidade especial de consciência reflexiva.

A invenção da comunidade humana Instintivamente, os seres humanos vêem-se como uma modalidade de ser do universo bem como seres distintos presentes no universo. É isso o que queremos dizer quando falamos de existência. O surgimento do ser humano constituiu um momento transformador para a Terra, bem como para si mesmo. Como se dá com qualquer espécie, havia a necessidade de criar um nicho, uma posição sustentável na comunidade maior da vida, a necessidade de alimento, de abrigo e de roupas. Havia a necessidade de segurança, e de ter um contexto familiar e comunitário. Essa necessidade de comunidade foi muito especial no caso dos seres humanos, pois estes articulam uma modalidade única de ser, a capacidade de pensar e de falar, de ter prazer estético, sensibilidade emocional e juízo moral. Essas faculdades combinam-se num modelo cultural que estabelece o ser humano com suas qualidades identificadoras específicas.

Seja qual for o grau de refinamento cultural do ser humano, seu alimento e base de sustentação — tanto físicos quanto psíquicos — derivam do meio ambiente natural que o cerca. Em seus primórdios, a sociedade humana era parte integral da comunidade mais ampla de seres vivos e da comunidade ainda mais ampla que era a Terra como um todo, composta de todos os elementos geológicos, biológicos e humanos. Quanto exatamente durou essa harmonia inicial dos primórdios é algo que não sabemos; só conhecemos os últimos 100 mil anos do período paleolítico. Há cerca de 10 mil anos surgiu o neolítico e, depois, vieram as civilizações clássicas. Basta dizer aqui que, com as civilizações clássicas e geralmente letradas dos últimos 5 mil anos, desenvolveram-se os grandes mundos culturais do ser humano e as vastas e poderosas instituições sociais, através das quais o ser humano começou a oprimir e até a destruir outros seres vivos.

Precisamos ter muita consciência, neste momento da história da Terra, de que a presença humana no planeta assumiu grande variedade e diversidade de formas ao longo de sua breve história evolutiva. Parece que somos uma espécie ilimitada que tem a capacidade de inventar a si mesma de muitas maneiras. A razão pela qual enfatizo a inventividade da relação humanidade/Terra é sensibilizar o leitor para o fato de que nos inventamos e reinventamos muitas vezes no decorrer de nossa breve história nesta Terra. Hoje, precisamos da capacidade de projetar uma nova visão de nós mesmos em relação à nossa presença nessa Terra. Em nossa era moderna, inventamos instrumentos e dispositivos que nos levam a um desastre no contexto terrestre. Neste momento, nossa esperança gira em torno da capacidade que temos de evocar nossa inventividade e criatividade para forjar uma presença mutuamente proveitosa em termos de uma relação integral humanidade/Terra.

Que o ser humano nasce do processo planetário e que depende do processo planetário com suas leis básicas de desenvolvimento é algo óbvio, principalmente durante as primeiras fases da aventura humana. Mais que outros seres vivos, a humanidade teve de descobrir sua identidade própria e seu papel na dinâmica terrestre e na comunidade da vida, tanto mediante processos instintivos quanto racionais. Os seres humanos precisaram estruturar para si uma idéia do mundo natural, de como ele surgiu, de como funciona e do papel apropriado para eles nesse mundo. Essas percepções foram apresentadas em narrativas que contavam a criação do universo e nos eventos que conduziram ao presente. Nesse contexto, a humanidade podia continuar sua auto-identificação e a criação de modelos de ação coordenados ao universo a sua volta.

A diferença entre essas narrativas resultou na variedade dos modos de vida e, por outro lado, intensificou essa diversidade de formas pelas quais os vários povos relacionavam-se uns com os outros, com o mundo natural a seu redor e com os poderes numinosos que constituíam sua explanação final do surgimento do universo e de seus modelos de atividade. Mediante seus vários mitos e rituais, com base, em grande parte, nas transformações sazonais do mundo natural, as várias sociedades estabeleceram sua presença funcional no universo circundante. As diferenças entre esses mitos e rituais refletem a diversidade da experiência de vida dos vários povos e as características especiais da região geográfica que habitavam.

A invenção neolítica. Segundo o Princípio 8, a domesticação representa uma transição da presença integral no mundo natural para os primórdios das aldeias permanentes e do controle das forças da Terra por meio da agricultura e da domesticação dos animais (T. Berry, 1989). A domesticação parece ter começado há mais ou menos 12 mil anos.

Com o surgimento da linguagem, a história da comunidade humana passou a ser a busca de um nicho cultural ecológico apropriado na vida terrestre. Essa busca levanta algumas questões fundamentais em relação ao lugar ocupado pelos seres humanos na ordem natural. Com a domesticação, vemos um processo de desenvolvimento dos seres humanos que tenta forjar um lugar dentro do mundo natural (Swimme e Berry, 1992). É preciso prestar atenção a certos aspectos históricos da domesticação para sublinhar sua importância. Temos razões para supor que os primeiros seres humanos da Terra eram caçadores e coletores que viajavam em grupos de vinte a quarenta membros. As coordenadas temporais dos seres humanos, nessa fase, levam-nos a 20 mil anos atrás. A essa altura, uma mudança dramática afetou a presença dos seres humanos para sempre no tocante a sua relação com o mundo natural. Uma nova faculdade estava sendo exercida pelo ser humano, e esse exercício teve conseqüências profundas que alteraram a história da Terra. Estamos nos referindo, aqui, à capacidade humana de domesticar o mundo de formas específicas. Em outras palavras, a domesticação envolve a alteração da estrutura genética de plantas e de animais. Desde o começo, isso aconteceu sem percepção consciente nem premeditação. Mas, se examinarmos a história da domesticação até o presente, o que está em jogo é uma inversão dramática em termos de premeditação, de modo que, agora, temos uma ciência incrivelmente bem desenvolvida, a "engenharia genética". Poderíamos dizer que a domesticação tem origens humildes. A primeira domesticação de animais provavelmente aconteceu há 20 mil anos. Sabendo que o ser humano moderno remonta a cerca de 50 mil anos, e partindo do pressuposto de que houve pouco ou nenhum cultivo da terra nos 30 mil primeiros anos, podemos começar a avaliar o grau de progresso da compreensão humana necessário para haver a domesticação.

Em seus estágios embrionários, a domesticação não passava da preferência do caçador por um determinado animal ou espécies de animais. A domesticação desenvolveu-se mais quando os seres humanos passaram a criar os animais.

Da mesma forma, as primeiras coletas de plantas e de sementes feitas pela humanidade desenvolveram-se a ponto de surgir a ligação entre as pequenas lanugens das plantas e as plantas da estação seguinte. O que começou como um evento naturalíssimo — proteção do rebanho contra a luz do sol, lançamento de sementes no chão — acabou na transformação completa do planeta. A espécie humana é a única do planeta que desenvolveu a domesticação a ponto de torná-la uma ciência sistematicamente controlada. A engenharia genética não passa de um exemplo de domesticação mais integralmente controlada. O que a natureza fez espontaneamente agora a humanidade pode realizar com a mais completa deliberação e dispêndio de energia física e psíquica, levando àquelas tensões sociais insuportáveis que ora testemunhamos. Foi nesse ponto que a espécie humana encontrou dificuldade em criar um nicho próprio para si no mundo natural. Por ser difícil encontrá-lo, os seres humanos às vezes são chamados de *alienígenas naturais* (Evernden, 1983). Em sua totalidade, a domesticação tornou-se uma faca de dois gumes. Ao mesmo tempo que os seres humanos apropriavam-se de alimentos e de outros materiais para a melhoria de sua vida, acabaram com a vitalidade natural da Terra. Por exemplo: compare aqui as características das espécies selvagens de animais com as espécies domesticadas. Por meio do processo de domesticação, temos uma percepção consciente e auto-reflexiva que pode ser considerada criativa, na medida em que grande variedade de plantas e de animais foi criada. Entretanto, a natureza exuberante de 4 milhões de anos foi substituída pela plasticidade bovina de espécies animais (Swimme e Berry, 1992). Com a domesticação das estruturas genéticas de plantas e de animais, podemos ver que a espécie humana também altera sua natureza num sentido fundamental. Com a domesticação, testemunhamos uma transformação, cuja magnitude altera a própria natureza da comunidade humana. Exatamente pelo fato de a domesticação ter levado a espécies diferentes, a relações diferentes entre o humano e o não-humano e entre os próprios seres humanos, a destinos diferentes para as espécies animais e para o mundo vegetal bem como para os mundos humanos, podemos considerar a dinâmica da domesticação como uma das macrotransições do universo. Na verdade, com o desenvolvimento científico da engenharia genética, há mais uma intrusão do ser humano nos processos naturais. É uma responsabilidade colossal ter desenvolvido a capacidade de alterar radicalmente os processos vitais.

As civilizações clássicas. A domesticação prosseguiu até o que passou a ser conhecido como "civilização". O nono princípio levanta a discussão das civilizações clássicas (T. Berry, 1989). Os processos mais distintos que ocorreram nesse período de transição deram-se na região conhecida como Europa Antiga, uma região de forma oval, cujo eixo vai do meio da península italiana até o rio Dneiper, uma área identificada em certo detalhe nos estudos de Marija Gimbutas (1974) e nos comentários de Riane Eisler (1988). Ali, durante vários milhares de anos, desde cerca de 6500 a.C. até 3500 a.C., uma civilização evoluiu, a qual parece não ter tido as dimensões bélicas e agressivas e a opressão social que vemos nas civilizações posteriores que surgiram mais para o leste. As armas e as muralhas dessas civilizações do Oriente parecem ter desaparecido no período inicial, antes do advento do que é chamado de civilização européia ocidental. A estrutura e o *modus operandi* social dessas civilizações que cultuavam a Deusa parecem ter sido mais integrais ao que se refere a suas relações masculino-feminino. Eram, também, sociedades mais participativas em comparação com as sociedades surgidas de estruturas hierárquicas.

Além de suas conquistas sociais, esse período distinguiu-se por suas grandes realizações intelectuais e culturais, bem como por suas belas obras de arte e auto-expressão mítica e ritual extremamente desenvolvida. Essa primeira civilização alcançou seu apogeu em Creta, no século 4 a.C. Sua importância histórica é tão grande que é preciso fazer uma reavaliação das possibilidades culturais da humanidade em termos de sua capacidade de auto-expressão pacífica. A civilização desse período oferece um modelo com o qual as civilizações posteriores precisam ser comparadas. Em sua expressão mais plena, a civilização cretense pode ter alcançado um apogeu de humanidade nunca superado no mundo ocidental em suas dimensões estéticas, prosperidade de seu povo, harmonia social e beleza sublime de sua auto-expressão mítica e ritual. Que essa tenha sido uma civilização que cultuava a Deusa é algo particularmente significativo (Eisler, 1988). As civilizações que se seguiram tomaram um caminho muito diferente. Não é nossa intenção, aqui, articular um discurso histórico de muitas civilizações primitivas. Essas civilizações remontam à Suméria e às primeiras civilizações européias e nativas de várias partes do mundo. Fazem-nos passar por todas as religiões modernas. O importante é que a seqüência inteira de mudanças seja compreendida como o intervalo entre os primórdios da domesticação e o surgimento das ciências. É o emergir da visão de mundo que, a partir de então, daria início à sujeição final da esfera terrestre, da esfera aquática, da atmosfera e da esfera da vida pela mente-espaço.

Independentemente das primeiras manifestações da Europa Antiga, principalmente da brilhante civilização de Creta, o período das civilizações clássicas estendeu-se de 3500 a.C. até 1600 d.C. Esse período civilizatório dos últimos 5 mil anos é visto, agora, em suas dimensões abrangentes como uma parte identificável do processo humano que existe nos parâmetros do final do neolítico, que remonta a 5 mil anos atrás, e como a era científico-industrial, que começou há cerca de 300 anos.

Esse período deve ser considerado uma fase biológica da história da Terra, uma vez que o processo civilizatório constituiu uma transformação não só do ser humano, mas também dos ecossistemas do planeta. O período clássico abrange uma fase de 5 mil anos da história da Terra, período em que a vida dos continentes, bem como as estruturas e o funcionamento desses sistemas de vida foram profundamente influenciados pela presença humana. O processo civilizatório introduz uma nova fase na história da Terra. É preciso ter em mente esses vários desdobramentos, uma vez que o planeta, enquanto modalidade integral de ser, é afetado em sua totalidade pelas transformações que ocorrem em qualquer de suas partes.

O mundo moderno. O décimo princípio levanta uma discussão a respeito do mundo ocidental moderno (T. Berry, 1989). No movimento que desembocou no mundo moderno, iniciado nos séculos XVI e XVII, o Ocidente começou a investigar a Terra e o universo de modo a superar em importância todas as outras investigações dessa natureza feitas em épocas anteriores. Por mais insubstituíveis que sejam as percepções e perspectivas das civilizações clássicas, aqui surgiu uma nova forma de saber que ultrapassou os horizontes do pensamento tradicional. Discutimos extensamente esse horizonte particular em sua dimensão modernista no Capítulo 3. Já dissemos que a visão de mundo modernista exerceu enorme influência sobre nossa relação com o mundo natural. O pensamento modernista foi particularmente eficiente para compreender a dinâmica física do universo. É possível, assim, concluir que a aventura da ciência moderna levou o entendimento humano a um ponto em que os seres humanos, agora, têm de enfrentar a possibilidade de finalmente compreender por completo a verdadeira dinâmica do universo, não mediante a fantasia pura, ou a especulação ociosa, ou a invenção mítica, ou a filosofia abstrata, mas por meio de uma teoria quantitativa racional ligada a dados empíricos reais e refinada por eles.

O modernismo desencadeou essa tempestade de confiança quando os europeus descobriram o caminho que levava a uma nova compreensão do universo. Já vimos que a mudança de consciência resultante da visão modernista exigia que o saber tradicional, bem como as formas tradicionais de chegar ao conhecimento, fossem questionadas ou inteiramente descartadas. O conhecimento científico levou à frustração sociedades pré-modernas em todos os lugares. A ciência passou a ser adversária da religião, causa de colapso moral, desintegração das antigas ordens sociais bem como fonte de confusão psicológica e de perturbação emocional. O modernismo, que nasceu da atividade científica, destruiu ou distorceu a economia, o direito e a política pré-modernos.

O significado pleno da atividade científica é multivalente e cheio de contradições e paradoxos. A abordagem científica do conhecimento assumiu uma dimensão agressiva desde o começo. A orientação mecanicista de grande parte da ciência moderna extirpou a alma do mundo e, com isso, eliminou, durante séculos, a rica experiência emocional de comunhão que os povos pré-modernos desfrutaram com o mundo natural. E, ao conceber o mundo como máquina, os seres humanos moldados pela ciência moderna ficaram livres para manipular a natureza da forma que desejassem, sem consideração pelo mundo não humano. Com o apogeu do modernismo, encontramo-nos em meio à maior transformação da consciência — considerada isoladamente — ocorrida desde o surgimento da espécie humana, certamente uma transformação tão importante quanto a que aconteceu com o surgimento das grandes civilizações. Essa percepção do grande evento que é o universo, do grande evento que é a Terra e do grande evento que é a forma humana de vida é de tal impacto que altera a consciência humana em escala comparável à das experiências clássicas de revelação do passado, por meio das quais os primeiros códigos culturais foram estabelecidos.

A transformação rumo à consciência de desenvolvimento temporal pode ser considerada um momento de mutação da ordem terrestre-humana. Surgiu um novo paradigma ou visão de mundo a respeito do que é ser humano, e é por isso que é tão importante, tão sofrido, tão demolidor. Podemos considerar esse evento uma mutação de toda a ordem, porque embora o conhecimento tenha surgido originalmente num contexto cultural ocidental, não está relacionado a nenhuma cultura tradicional. Sustenta-se em sua própria evidência e conquistou importância universal. A transformação pode ser interpretada como um avanço no controle das energias. A partir do controle do músculo animal, passamos a explorar a energia do vento e das águas dos rios, a usar o vapor, a explorar o fogo do petróleo, a controlar as energias nucleares e, agora, a controlar os ordenamentos genéticos. Essas mudanças transformaram profundamente o tecido social dos seres humanos e alteraram de forma igualmente dramática as ligações entre os seres humanos e o mundo não-humano. É provável que as transformações industriais, com seu movimento rumo às cidades, com sua burocratização generalizada, com seu afastamento maciço do solo e dos ritmos sazonais e aproximação da fábrica e de suas máquinas, seja a transformação mais extensa da história humana. Nem a transição para fora do mundo natural e a concomitante adoção de um modo de vida domesticado rivaliza com a modernidade enquanto mudança mais desintegradora da humanidade.

Atualmente, a comunidade humana está tão envolvida nos processos científicos e tecnológicos que não temos como nos afastar deles, mesmo que agora se saiba que as conquistas desejáveis são inseparáveis de uma miríade de efeitos indesejáveis. A vida humana passou a dispor de vantagens maravilhosas graças a esses recursos junto a enormes dificuldades. Na verdade, foi a partir das proezas extraordinárias da ciência e da tecnologia que muitas de nossas dificuldades atuais surgiram. Podemos ver esse tipo de coisa no aumento da população ocorrido no mundo inteiro. Esse processo levou, ao menos temporariamente, a mais empobrecimento e, até, a um impasse em nossas tentativas de aumentar o bem-estar humano. Se levarmos tudo isso em conta ao considerarmos a deterioração da biosfera da Terra e a deterioração de muitas fases da vida humana nas últimas décadas, surgem questões graves em relação ao significado mais abrangente da ciência e da tecnologia e à maneira pela qual podem funcionar no futuro, caso quisermos evitar maior deterioração da qualidade da vida humana e introduzir melhorias.

Desenvolvimento pós-moderno. Nos primeiros capítulos deste livro, caracterizei nossa situação histórica atual como o estágio terminal do cenozóico dentro do arco mais abrangente da história da Terra, que abarcou o humano e o pré-humano. O surgimento do ser humano no fluxo evolutivo do desenvolvimento criativo do planeta foi caracterizado pelas diversas formas da participação humana nos processos terrestres. Como acabamos de ver, nossas formas modernas de participação humana na Terra tornaram-se problemáticas e disfuncionais. A presença humana moderna parece ter destruído nossa conexão integral com os processos mais abrangentes do planeta. Nossos atuais sistemas de desenvolvimento deixaram-nos defasados em relação aos processos evolutivos mais abrangentes da Terra propriamente dita. O estágio terminal de hoje pode ser caracterizado por um estágio de entropia e de dissipação elevadas. A exploração industrial arrasou o planeta. Milhares de venenos e substâncias tóxicas saturam o ar, a água e o solo. O mal crescente feito ao mundo natural, em uma abrangente escala, está começando a ameaçar a própria espécie humana.

Dissemos que, a essa altura da evolução da Terra, a crise global é uma conseqüência de nossa consciência limitada. A identificação da pessoa com o planeta decorre de uma consciência elevada de que a identidade pessoal está interligada ao planeta e ao universo como um todo. Todas as grandes religiões falam de uma relação íntima entre o indivíduo e o cosmo. Por conseguinte, podemos dizer que o desenvolvimento pessoal está integralmente relacionado ao desenvolvimento planetário. As conexões integrais que tivemos com a matriz terrestre no passado parecem ter sido rompidas e fragmentadas. Precisamos entender a natureza precária do projeto humano a essa altura e, ao mesmo tempo, assumir inteira responsabilidade por seu resultado final. Nossas responsabilidades precisam fazer parte de nossa percepção consciente e precisam ser assumidas com o entendimento de que são o compromisso educacional mais importante de nosso tempo.

O desenvolvimento humano integral

O desenvolvimento humano integral alia o desenvolvimento mais completo do eu primordial à estrutura profunda do cosmo. É incrível pensar que você e eu estávamos presentes lá, na bola de fogo primordial. Há uma espécie de recordação biológica no útero de nossa mãe que nos lembra de que tivemos vestígios de guelras e de caudas e nadadeiras no lugar das mãos. Nesse momento, nosso próprio ser é uma presença do passado (Sheldrake, 1988). Temos dentro de nós uma sabedoria profunda e uma ligação com nossa inacreditável história evolutiva, uma criatividade interior da qual bebemos, de momento a momento, e cuja engenhosidade deve deixar-nos assombrados e humildes.

Como já foi dito, nosso passado recente foi testemunha de um eclipse do senso cosmológico. Nesse contexto, o desenvolvimento de um quadro de valores sofreu as limitações da visão de mundo restrita que o modernismo representa atualmente. Nesse contexto, a ética era antropomórfica. Acho que as dimensões cosmológicas da história do universo requerem uma nova síntese de valores que especifique um código de ética coerente com a história cosmológica. O que se faz necessário, a essa altura, é uma abordagem ética que leve em consideração as espécies como um todo. Precisamos de uma série de diretrizes para que nossas reflexões possam ser seguidas pelos seres humanos de todos os lugares, independentemente de raça, de cultura ou de posição social. Como conseguir isso?

No contexto da história do universo, o bem ou ação moral é aquilo que intensifica, amplia ou completa o desenvolvimento da Terra e do universo no sentido da diferenciação, da subjetividade e da comunidade. As atividades que retardam, obstruem ou destroem a diferenciação, a subjetividade e a comunidade são consideradas ações questionáveis. O que se pode ver, nessa orientação, é que o significado de ação moral não se restringe ao ser humano: abarca todos os aspectos da vida terrestre. Assim, a ética é estruturada dentro de uma cosmologia funcional que nasce da história mais abrangente do universo e da Terra. A tarefa cosmológica inserida no processo de *diferenciação* é articular, no sentido mais desenvolvido possível, quem somos enquanto pessoas e quem enquanto comunidades específicas. Por conseguinte, podemos dizer que toda pessoa tem um dom e um destino que precisam manifestar-se. Além disso, toda comunidade tem um dom e um destino que precisa de uma forma. Esse destino está em aberto, não é algo determinado de antemão. A natureza radical da diferenciação é a criatividade que traz consigo a carga de ser e de vir a ser, diferente de tudo o mais no universo. Poderíamos acrescentar, ainda, que o fato de uma pessoa ou comunidade tornar-se ela mesma significa tornar-se distinta, única, de forma diferente de tudo o que existe no presente e de tudo o que já existiu no passado ou que existirá no futuro. Isso quer dizer que aquilo que uma pessoa traz para qualquer relação não pode ser dado por mais ninguém no universo. O mesmo se pode dizer a respeito das comunidades. Todo indivíduo ou comunidade contribui de modo único para toda relação de que participa (Swimme e Berry, 1992).

O imperativo ético da *subjetividade* tem duas tarefas para sua concretização. A primeira é ativar o leque total da sensibilidade própria do ser humano. Enquanto espécie, o ser humano entra no mundo dramaticamente incompleto. Nosso pleno desenvolvimento só acontece depois de uma vida inteira. Para o ser humano, o desenvolvimento significa que as sensibilidades humanas são despertadas e aprofundadas por meio do aprendizado, a fim de que nós também possamos sentir o universo. A segunda tarefa é satisfazer a necessidade de uma atuação mais completa, tal como é possível pelo aprofundamento de nossas sensibilidades. Atuação completa significa que, por meio de nosso desenvolvimento e plenitude, tornamo-nos centros autônomos de ação. O desenvolvimento dessa autonomia significa que nós, enquanto pessoas, levamo-nos a sério no tocante a nosso destino enquanto criadores do universo. Agora podemos ver que nossa evolução enquanto espécie tem uma influência muito, muito grande. Somos co-autores do universo, o qual, em todos os momentos e em toda sua plenitude, pode entrar em ação em cada pessoa particular e somente em cada um desses seres em particular. É preciso apropriar-se desse poder com a consciência de seu significado na Terra como um todo, em vez de afastar-se dele, ou de banalizá-lo ou de fazer de conta que ele não existe (Swimme e Berry, 1992).

Finalmente, a *comunidade* torna-se um imperativo ético, no sentido cosmológico, com nossa compreensão de que todo ser humano precisa ter consciência direta de suas ligações indissolúveis com o universo, direta principalmente por meio do lugar onde vivemos. Descobrir que as realidades dessa ligação inquebrantável tomam forma em nosso sistema nervoso central, na inteligência acumulada de nosso corpo — tanto o corpo individual quanto o corpo do ecossistema — é descobrir que todo o universo está interligado mediante o profundo mistério da comunhão. Estabelecer uma relação não significa entrar em harmonia. Há relações formadas pela discórdia, pelo conflito, pelo medo. Apesar disso, mesmo em relações difíceis, existe a capacidade de agir criativamente. Precisamos dessa capacidade para nos relacionar em momentos de discórdia bem como em momentos de harmonia.

No âmbito humano, essa tarefa de relacionar-se é um desafio supremo, pois a existência duradoura da sociedade humana depende de sólidas relações face a face. Grande parte da civilização e da religião preocupa-se, basicamente, com as capacidades abrangentes das relações. Precisamos desenvolver nossa habilidade de estabelecer uma relação com o leque total das interações humanas e de estabelecer relações participativas com os poderes colossais do universo.

As atuais instituições do modernismo alimentaram uma percepção profundamente truncada do eu, o que causou grande sofrimento e fragmentação em nosso século (Bellah, 1985). Christopher Lasch (1978) chama esse auto-enclausuramento niilista de "eu mínimo". Além disso, de uma perspectiva educacional, a ligação entre o eu mínimo e a visão de mundo mecanicista tem implicações muito profundas sobre a forma de experienciar o mundo natural e de agir sobre ele. Segundo a visão de mundo mecanicista e individualista, que entende a natureza como um mecanismo, vemos, em última instância, a subversão da comunidade viva integral, supostamente em nosso benefício. No processo, demolimos o próprio sistema da vida. Nossas tecnologias não atuam em harmonia com as tecnologias da Terra. Com substâncias químicas, obrigamos o solo a produzir além de seu ritmo natural. Tendo perdido nossa capacidade de invocar as forças naturais, procuramos impor, pela violência, modelos mecanicistas aos processos vitais. Em conseqüência desses atos, agora vivemos de fertilidade cada vez menor, um mundo devastado, um mundo cuja pureza e capacidade de gerar a vida foram dissipadas. Essa dissipação que ora vivemos como crise ambiental é mais que uma crise tecnológica em seu nível mais profundo. A posição do individualismo e a estruturação do mundo a partir do "eu mínimo" é uma crise de significado do sentido cosmológico perdido, que existiu no final do extinto período cenozóico. Num nível fundamental, a defesa do meio ambiente é uma defesa do cosmo, não apenas uma defesa do cenário, da paisagem (Evernden, 1985).

A matriz primordial: o mundo pessoal enquanto totalidade relacional

Quando examinamos com cuidado o desenvolvimento da teoria social e política do Ocidente, com sua grande ênfase no crescimento autônomo de mônadas individuais, não é surpreendente que nossas teorias e práticas destinadas a compreender o mundo pessoal sejam distorcidas e acabem se tornando concepções que mostram as marcas do "eu mínimo". Em minhas obras sobre psicologia crítica (O'Sullivan, 1984; 1990), procurei realçar ao máximo a idéia de que o mundo pessoal deve ser visto, em seu nível mais profundo, como uma totalidade relacional. Para mim, a idéia básica subjacente ao indivíduo enquanto totalidade relacional é que não existe percepção de pessoa sem percepção de comunidade. O desenvolvimento pessoal é um processo complexo que envolve relações dinâmicas intrincadas de diferenciação, subjetividade e comunhão.

Para dar início a uma discussão do desenvolvimento do mundo pessoal e para inseri-lo na matriz da comunidade, é necessário introduzir a noção de reciprocidade. Minha obra nessa área inspira-se no filósofo John MacMurray (1957; 1961), que entende que o desenvolvimento da pessoa envolve um tipo de reciprocidade por meio do qual a pessoa é, ao mesmo tempo, sujeito e objeto, abarcando simultaneamente ambas as modalidades.

Graças a pesquisas recentes sobre o desenvolvimento dos bebês, sabemos que eles se envolvem num processo relacional com seus responsáveis primários, o que dá ao observador a percepção de uma forma de intencionalidade conjunta entre a criança e a pessoa que cuida dela. Quando esse processo está indo bem, a criança parece florescer. Enquanto pessoas, parece que temos profunda necessidade primordial de reconhecimento recíproco; na ausência desse aspecto de sociabilidade profunda num estágio inicial vulnerável, parece haver uma quebra no desenvolvimento que pode ser devastadora. Parece que os seres humanos têm uma verdadeira compulsão para compartilhar seu entendimento consciente e suas emoções da maneira mais íntima possível. Aqui, intimidade significa uma presença, um para o outro, nos níveis mais profundos da subjetividade. É claro que cada espécie leva dentro de si uma codificação enraizada de suas responsabilidades pelo desdobramento dos processos vitais exclusivamente seus. Apesar disso, também temos consciência muito clara de que existe uma percepção interespécies, a qual, desde os primórdios, abre-nos para um mundo maior. Esse senso mais abrangente de conexão com todas as forças do mundo é uma matriz primária de todo nosso desenvolvimento subseqüente. Chamaria isso de nosso direito inato ou de inocência original, em que as forças do universo pairam a nossa volta para nos ajudar nessa viagem maravilhosa que é o dom da vida. No mundo moderno, limitamos nossa visão da profunda dimensão relacional de toda realidade ao que os povos indígenas chamam de "todos os meus parentes". Nossas relações, embora importantes no interior de nossa espécie, limitaram o apreço que temos pela sacralidade da vida. Embora a família humana, em suas muitas manifestações, ofereça a matriz primária inicial para a proteção e o desenvolvimento da vida humana, temos consciência do que Chellis Glendinning (1995) chama de *matriz primordial* ou *matriz primária* inicial, que nos insere tanto em profundidade quanto em extensão no contexto mais amplo tanto de nosso planeta quanto do universo.

Stanislav Grof (1985) ajuda-nos a compreender essa matriz com um mapa que acompanha o processo de nosso desenvolvimento desde o começo de nossa história perinatal. Nos primeiros estágios do desenvolvimento, Grof fala de uma matriz perinatal. Nos estágios mais iniciais da vida, a matriz primária, constituída por pessoas nutridoras que cuidam de nós, dá-nos a sensação de fazer parte de algo maior e de segurança no mundo, o que constrói uma confiança e uma fé básicas no processo vital. A conscientização é uma consciência de eu-em-nós. Se tudo for bem nesses estágios iniciais após o nascimento e logo em seguida, a lição dessa iniciação é a descoberta da sensação de fazer parte de algo maior e de interligação que leva ao desenvolvimento subseqüente.

Com o advento do segundo estágio da matriz, temos o potencial de desenvolvimento do senso de integridade pessoal, de ter um centro, de ter capacidade: o potencial da consciência do eu. É a isso que me refiro quando falo do desenvolvimento do mundo pessoal. O terreno do desenvolvimento pessoal contém uma estrutura de dependência, de modo que crescemos e aprendemos a funcionar bem, a satisfazer as demandas da vida cotidiana e a participar de forma plena na vida comunitária.

O último estágio ajuda-nos a crescer até alcançar a consciência que nos permite chegar a uma visão e ao significado das coisas a partir de estados incomuns de consciência. É uma consciência que Grof (1985) chama de transpessoal e descreve como "somos todos um". Há uma unidade de ser na qual o eu é o mundo e o mundo é o eu. Vou chamar esse nível transpessoal de consciência do eu ecológico. É preciso entender, aqui, que todos esses estágios podem e devem ser experienciados em todos os níveis de nosso desenvolvimento, desde a mais tenra infância até a vida adulta. Por exemplo: o leitor não deve ser levado a pensar que o último estágio do transpessoal de Groff é apenas um estágio ou processo adulto. Há ampla evidência de que as crianças têm, muitas vezes, uma percepção profunda do transpessoal. A presença das culturas indígenas diante do mundo natural baseia-se num senso cosmológico profundo. A bênção omaha é uma bênção de nascimento que apresenta a criança ao cosmo. Tive duas oportunidades de ver Thomas Berry batizar uma criança com a invocação da Oração Omaha. Sua invocação foi a seguinte:

Escutem-me, ó Sol, ó Lua, ó Estrelas, todos vocês que se movem no céu,
Peço que me escutem!
Em meio a vocês surgiu uma nova vida.
Consintam, eu imploro,
Em tornar seu caminho fácil de trilhar,
para que essa nova vida possa alcançar o topo da primeira colina.

Escutem-me, ó Ventos, Nuvens, Chuva, todos vocês que se movem no ar,
Peço que me escutem!
Em meio a vocês surgiu uma nova vida.
Tornem seu caminho fácil de trilhar,
para que essa nova vida possa alcançar o topo da segunda colina.

Escutem-me, Montanhas, Vales, Rios, Lagos, Árvores, Gramas, todos vocês da Terra,
Peço que me escutem!
Em meio a vocês surgiu uma nova vida.
Tornem seu caminho fácil de trilhar,
para que essa nova vida possa alcançar o topo da terceira colina.

Escutem-me, ó Pássaros, grandes e pequenos, que voam no ar,
Escutem-me, ó Animais, grandes e pequenos, que moram na floresta,
Escutem-me, ó Insetos que deslizam pelas gramas e pelas tocas do chão,
Peço que me escutem!
Em meio a vocês surgiu uma nova vida.
Tornem seu caminho fácil de trilhar,
Para que essa nova vida possa alcançar o topo da quarta colina.

Escutem-me todos vocês do céu, todos vocês do ar, todos vocês da Terra,
Peço que me escutem!
Em meio a vocês surgiu uma nova vida.
Consintam, consintam todos vocês, eu imploro,
Em tornar seu caminho fácil de trilhar —
Assim essa nova vida vai chegar além das quatro colinas!

Trauma e violação: a desintegração da matriz primordial

É absolutamente essencial compreender que qualquer ultraje contínuo à matriz primária do processo de crescimento e desenvolvimento pode ter conseqüências devastadoras para a vida humana. A ruptura resultante de alguma falha na conexão pode resultar em trauma. As experiências mais cruciais do trauma psicológico são a perda de autoridade e de conexão com os outros (Herman, 1992). As cicatrizes pessoais profundas em decorrência da ruptura com a matriz primária agora são mais bem compreendidas pelo estudo do que é chamado de síndrome de estresse pós-traumático. Durante as duas últimas décadas, houve estudos detalhados e pesquisas clínicas com vítimas de estresse traumático. A fragmentação e perda de conexão com a matriz primária resultam do estresse traumático devido à violência doméstica e ao abuso infantil, à neurose de guerra, ao terror político e à devastação ambiental. Violação é violência sob qualquer de suas muitas manifestações, e agora estamos começando a entender os pontos em comum entre sobreviventes de estupro e veteranos de guerra, entre mulheres espancadas e prisioneiros políticos, entre sobreviventes dos vastos campos de concentração criados pelos tiranos que governam nações e sobreviventes dos pequenos campos de concentração criados por tiranos domésticos (Herman, 1992). Agora estamos começando a entender que a história da civilização ocidental criou um abismo profundo entre o ser humano e o mundo natural em todas as suas manifestações não humanas. Enquanto seres humanos, começamos a entender quanto é vital para nossa vida a conexão com o mundo natural. Chellis Glendinning, psicóloga ecofeminista, dá-nos uma idéia do alcance e da magnitude da conexão e da sensação de falta de um lar que surge com essa perda histórica de conexão:

> Como somos criaturas que nasceram para viver em participação vital no mundo natural, a violação disso forma a base do *trauma original*, que é a eliminação sistemática de nossa vida, de nossa participação elíptica no mundo natural, antigamente ponto pacífico — o afastamento das gavinhas das texturas terrestres, das estações do ano, do Sol e das estrelas, de levar nossos filhos no colo para atravessar os rios, de caçar animais sagrados, do poder da força da vida. É um corte que, no mundo

ocidental, iniciou lenta e sutilmente, a princípio, com a domesticação de plantas e de animais, ganhou intensidade com o surgimento das civilizações em larga escala e desenvolveu-se numa proporção patológica com a sociedade tecnológica de massa — até que hoje você e eu conseguimos viver uma semana ou um mês inteiro sem sequer sentir o perfume de uma árvore, sem ver a passagem da Lua, sem encontrar um animal selvagem e sem, menos ainda, conhecer o espírito desses seres ou compreender as interligações entre o destino deles e o nosso. O trauma original é a desorientação que sentimos, consciente ou não, porque não vivemos num mundo natural. É o desalojamento psíquico, o exílio inerente à vida civilizada. É a falta que sentimos de um lar. (Glendinning, 1995: 64)

A descrição do trauma produzido pela sensação de falta de um lar de que fala Glendinning não pode ser ignorada em nossa discussão do estresse traumático. Novamente despertamos para a sensação de perda que sentimos por estar separados da matriz profundamente nutridora que o mundo natural oferece ao ser humano em sua viagem pela vida. Uma relação de comunhão é um antídoto para o eu encapsulado do ser humano pós-moderno. Requer a expansão de nossos horizontes atuais de autodesenvolvimento rumo a um eu ecológico mais amplo.

Educar para a consciência planetária: o desenvolvimento do eu ecológico

Uma relação consigo mesmo e com o mundo fundamentada na integridade obtida por meio de uma associação ativa, em lugar da construção de fronteiras, é um desafio para o eu mínimo e encapsulado do pós-modernismo. Ir além do eu individualista ou do eu mínimo requer uma percepção expansiva do eu que vamos chamar de "eu ecológico". Esse *eu ecológico* integra as dimensões básicas de diferenciação, de subjetividade e de comunhão. Chega-se a ele dinamicamente, por meio de um processo de identificação. Portanto, o eu ecológico é um processo de identificação. Warwick Fox (1990) sugere que existem três tipos gerais básicos para a experiência de comunidade que podem entrar em jogo numa identificação ecológica: o *pessoal*, o *ontológico* e o *cosmológico*.

A identificação de base pessoal refere-se a experiências de comunidade com outras entidades que acontecem graças ao processo de envolvimento pessoal com essas entidades. A identificação pessoal refere-se não só a entidades concretas, como amigos, pais, relações amorosas, animais de estimação etc., mas também a entidades mais abstratas, como a escola, clube, o país, a nação ou o continente. Chamamos de *pessoal* esse processo de identificação porque o experienciamos como parte de nossa identidade, e qualquer investida contra sua integridade é traduzida como uma investida pessoal contra nós (W. Fox, 1990).

A identificação de base pessoal contrasta com a identificação de base ontológica e cosmológica quando caracterizamos as duas últimas como *transpessoais*. As relações transpessoais de identidade não são primariamente uma função dos contatos ou relações pessoais dessa ou daquela pessoa ou instituição. A *identificação ontológica*, enquanto identificação transpessoal, designa experiências de comunhão e de percepção de pontos comuns "com tudo o que existe graças à compreensão profunda do fato de que as coisas simplesmente são". Warwick Fox explica a identificação ontológica da seguinte maneira:

> A idéia básica que procuro comunicar ao me referir à identificação de base ontológica é o fato — absolutamente assombroso — de que as coisas *são* impressas em algumas pessoas de forma tão profunda que tudo o que existe parece destacar-se como um primeiro plano contra o pano de fundo da inexistência, do vácuo ou do vazio — um pano de fundo no qual o primeiro plano destaca-se a cada momento. Essa sensação de excepcionalidade ou de natureza privilegiada de tudo o que existe significa que "o ambiente" ou "o mundo em geral" é experienciado não como simples pano de fundo em relação a nosso ego privilegiado e àquelas entidades que essas pessoas mais gostariam de representar, mas sim como uma expressão ou manifestação de *Ser* (isto é, de existência *per se*), como nós mesmos somos. Talvez todos nós tenhamos experienciado esse estado de ser, essa sensação de comunidade com tudo o que é simplesmente em virtude do fato de que tudo existe, em certos momentos. As coisas são! Algo existe, não é o nada! Impressionante! (W. Fox, 1990: 251)

Esse tipo de identificação pode ser alcançado por quase todos em raras ocasiões, mas, para ter uma identificação ontológica consistente e de longo prazo, parece que um caminho de rigoroso desenvolvimento espiritual é um pré-requisito necessário. Esse tipo de identificação mantém uma identificação profunda com tudo o que existe. Envolve uma abertura radical à totalidade da existência e coloca em um nível profundo de identificação as questões mais provincianas da identificação pessoal.

A *identificação cosmológica* refere-se a experiências de comunhão e comunalidade que surgem da percepção profunda do fato de que nós e todas as outras manifestações da existência (isto é, diferenciação) nascemos dos desdobramentos de uma única realidade (W. Fox, 1990). Esse tipo de percepção ou de identificação pode ser alcançado mediante uma incorporação empática de cosmologias mitológicas, religiosas ou científicas. Theilhard de Chardin refere-se a essa identificação cósmica como um processo gerador infinito:

> Quanto mais ampla e profundamente compreendemos a matéria por meio de métodos cada vez mais potentes, tanto mais nos confundimos com a interdependência de suas partes. Cada elemento do cosmo está inegavelmente ligado a todos os demais: abaixo de si pelo fenômeno misterioso da "composição", que o faz existir pelo ápice de um todo organizado; e a todos acima de si por meio da influência de unidades de ordem superior que o incorporam e que o dominam com vistas a seus próprios fins. (de Chardin, 1959: 256)

Identificamos essa orientação cosmológica com a história do universo. Existem relatos variados dessa percepção profunda dos processos do universo e de nossa identificação com o processo que se desdobra. Esse enraizamento no processo cósmico inteiro é, obviamente, fonte de energias formidáveis.

Podemos perceber essa identificação nas visões de mundo da maioria dos povos indígenas, mas também no taoísmo e em perspectivas evolutivas modernas de personalidades como de Chardin (1959), Prigogine e Stengers (1984) ou Jantsch (1984), para citar apenas alguns. O mais importante para nosso tempo é a história cosmológica, cuja origem está nas descobertas da ciência moderna. Essa conclusão não é, de forma alguma, uma formulação definitiva da história do universo. Mesmo com a força de nossas visões atuais da evolução cósmica, sabemos que, com o passar do tempo, haverá a necessidade de alterações e de modificações em aspectos cruciais. O que podemos dizer com prudência, a essa altura, é que há certa solidez numa direção geral, mesmo que algumas especificidades sejam alteradas, modificadas ou revistas.

> Ainda temos todos os motivos para acreditar que as visões particulares que suplantarem essas visões estarão inteiramente de acordo com a idéia muito mais geral de que todas as entidades do universo são aspectos de uma única realidade em desdobramento, a qual se torna cada vez mais diferenciada com o passar do tempo. A justificativa dessa confiança não está apenas no fato de que *todas* as evidências em *todas* as disciplinas científicas apontam para essa direção geral, mas também no fato de que até os questionamentos científicos mais radicais (isto é, empiricamente testáveis) de nossas visões científicas atuais também apontam para essa direção geral. (W. Fox, 1990: 254)

O que está em jogo, em última instância, não é a história evolutiva, mas sim os *mecanismos da evolução*, como, por exemplo, saber quais são os processos subjacentes à *diferenciação* crescente do universo com o decorrer do tempo (W. Fox, 1990; Sahtouris, 1989).

O quadro dessa identificação cosmológica que acabamos de descrever traz consigo uma exigência histórica extraordinária para a espécie humana. Nossa dificuldade atual é que só concebemos o universo em suas dimensões físicas. Perdemos a consciência de que o universo, desde os primórdios, é uma realidade psíquico-espiritual, bem como material-física. Toda a trajetória do processo evolutivo tem sido no sentido de possibilitar ao universo encontrar sua expressão no florescimento de seres vivos e nas várias modalidades de consciência que se manifestam por toda a Terra. A Terra está integrada a si mesma por meio de toda sua extensão espacial e na seqüência total de suas transformações no tempo. O elevado componente espiritual existe desde o começo, bem como todos os seres vivos que encontraram alguma forma de expressão em período posterior. O universo de hoje é a bola de fogo em sua forma desenvolvida, ao passo que a bola de fogo é o presente em sua forma primordial. A imensa curvatura do espaço mantém todas as coisas juntas num abraço suficientemente apertado para dar integridade estrutural ao universo, mas deixando lugar suficiente para que o universo continue seu desenvolvimento. Nesse contexto, precisamos articular-nos com uma nova avaliação de nossa identidade cosmocêntrica. Em nós e mediante nossa observação empírica, o cosmo aproxima-se de si mesmo em seu momento supremo de auto-reflexão.

Além dessa identidade cósmica, o ser humano enquanto espécie merece uma atenção particular. Falamos muito de nós como indivíduos, como nações ou culturas, ou como grupos étnicos. Falamos de projetos multinacionais e até de associações humanas globais. Mas isso é diferente de nos considerar uma espécie. Nossos problemas são, basicamente, problemas da espécie. Isso está claro em todos os aspectos do humano. Há, de fato, grande dificuldade para sabermos exatamente como criar um contexto viável para uma modalidade própria e sustentável de ser humano. Mas de uma coisa podemos ter certeza: nosso futuro é inseparável do futuro da comunidade mais ampla da vida que nos originou e que nos sustenta em todas as expressões de nossa qualidade de vida humana; em nossa sensibilidade estética e emocional, em nossa percepção intelectual, em nosso senso do sagrado bem como em nossa alimentação física e em nossa saúde corporal.

Swimme e Berry (1992) fornecem um contexto cosmológico para a sobrevivência, crítica e visão de nosso momento histórico. Apresentam a idéia de que nossa ética começa onde o universo começa, exatamente onde cada um de nós principiou sua existência quando o universo surgiu. Não foi somente nossa forma física que começou com a origem do universo; nossa forma espiritual também teve início naquele momento. O mesmo se deu com a formação ética do universo, governada por três princípios básicos: diferenciação, subjetividade e comunhão.

Nosso curso atual é uma violação de todos esses princípios em sua manifestação mais primordial. Enquanto a direção básica do processo evolutivo é rumo à diferenciação constante dentro da ordem do universo, nosso mundo moderno dirige-se para as monoculturas. Essa é a direção inerente à máquina e à toda a era industrial. Requer padronização, um processo invariável de multiplicação sem enriquecimento de sentido. Num contexto ético aceitável, reconheceríamos que as propriedades particulares de cada realidade determinam seu valor absoluto, tanto para o indivíduo quanto para a comunidade. Elas se realizam umas nas outras. A violação do indivíduo é uma investida contra a comunidade.

Um segundo imperativo ético derivado do processo cosmológico é a descoberta de que todo indivíduo não só é diferente de todos os outros seres do universo, como também tem sua própria articulação interior. Todo ser, em suas profundidades subjetivas, contém o mistério numinoso do qual o universo nasce. Algo que poderíamos identificar como a profundidade sagrada do indivíduo.

Um terceiro imperativo ético derivado de nosso processo cosmológico é a descoberta de que todo o universo está interligado de tal maneira que a presença de cada indivíduo é sentida em todo o leque espacial e temporal do universo. Essa capacidade de interligação dos componentes do universo uns com os outros permite a existência da enorme variedade de seres nessa deslumbrante profusão que vemos a nosso redor.

O imperativo ético do presente é que essa viagem continue em direção ao futuro com a integridade do desenvolvimento dos sistemas de vida da Terra que, no momento, têm sua sobrevivência ameaçada. O grande fracasso ético de nosso tempo é o término dessa viagem para tantos dos mais brilhantes membros da comunidade da vida. O fato horrendo de nosso tempo é que estamos, como disse Norman Myers (1984), num espasmo de extinção que provavelmente vai gerar "o maior de todos os retrocessos" para a abundância e diversidade da vida, desde as primeiras faíscas incertas da vida, há quase 4 bilhões de anos. O trabalho, os cuidados e a energia despendidos durante alguns bilhões de anos e depois de bilhões incontáveis de experimentos para criar uma Terra tão esplendorosa estão sendo anulados em menos de um século do que consideramos o progresso rumo a uma vida melhor num mundo melhor. "O mundo arruinado" e "o país das maravilhas" parecem ter trocado de lugar.

O Conselho de Todos os Seres: um ritual educativo que promove a identidade ecológica

O Conselho de Todos os Seres refere-se à realização de certo ritual e de uma série de processos e práticas de grupo cujo objetivo é alimentar a sensação de ter uma identidade pessoal mais ampla, chamada de "eu ecológico". Alimentar esse senso de identidade por meio do ritual tem sido tarefa de vários ecologistas profundos e ativistas ambientais em sua obra intitulada *Thinking Like a Mountain: Towards a Council of All Beings* [Pensar como uma montanha: rumo a um conselho de todos os seres] (Seed e Macy, 1988). O valor educativo dessa obra está em sua tentativa de criar rituais que afirmam a interligação do mundo humano com o mundo não-humano. Os autores dessa obra observam que existem muitas formas de evocar o profundo senso de identidade chamado de eu ecológico. Os métodos que evocam a experiência da identidade ecológica vão da oração e da poesia a buscas de visão em lugares ermos e à ação direta em defesa da Terra. Os autores dizem que precisamos de uma "educação afetiva" que alimente a identidade ecológica. Essa educação precisa ter como base o desejo intencional de voltar a unir-se com a natureza nos níveis mais profundos da consciência evolutiva. O que se segue é uma descrição sucinta dos processos de identidade ecológica que o Conselho de Todos os Seres procura promover com o mundo biótico mais amplo que existe fora das fronteiras do humano.

Abrir-se para os processos do Conselho envolve a realização de uma série de exercícios em grupo, que ajudam a cultivar a consciência de ser humano na teia da vida. Essa consciência pode ser alcançada por meio de meditações orientadas sobre a "Recordação Evolutiva", seguidas de um período numa área de floresta ou num lugar virgem, em busca do ser não humano (animal, planta, rio, montanha), no qual alguma conexão faz-se sentir e que a pessoa representará no Conselho. Pede-se a todo participante que fabrique uma máscara ou outra representação desse ser, a fim de ajudar os participantes nos dias subseqüentes a se desprenderem de sua identificação exclusivamente humana.

A reunião do Conselho começa ao meio-dia. Todos os participantes ficam sabendo que estão reunidos para assumir a mais sagrada das responsabilidades: representar no Conselho de Todos os Seres todas as espécies e todas as características naturais da Terra. Os participantes são levados a entender que estão reunidos ali para considerar a guerra travada contra nós pelos seres humanos — a destruição de sistemas de manutenção das espécies e paisagens e as ameaças à própria existência da biosfera, e para pensar no que podemos fazer a respeito dessas coisas. Usando meditações orientadas e rituais, os participantes aprendem a entrar e a sair de sua humanidade, a afrouxar seu senso de identidade sentindo o pó das estrelas fluir por suas veias, "lembrando" a viagem evolutiva que "eles" fizeram durante esses 4,5 bilhões de anos de existência orgânica. Aprendem a se desprender do eu culturalmente condicionado e a sentir a interpenetração de toda a natureza. Na realidade, não há fronteiras. Eu *sou* o mundo lá fora. Nós *somos* o mundo lá fora.

Quando a identificação evolutiva se completa, o Conselho reúne-se para o ritual central do desespero. Nele, os seres reunidos gritam uns aos outros e, através uns dos outros, para a Terra inteira, tudo o que descobriram sobre as ameaças à Terra e às criaturas que fazem parte dela. Expressões de sofrimento, pesar, desespero e fúria são incentivadas.

Finalmente, a conclusão do Conselho inicia com exercícios, rituais e meditações preparatórios. Quando o Conselho se reúne, é feito um convite para alguns dos presentes assumam sua identidade humana e ouçam, em nome de todos os seres humanos, a voz das outras 10 milhões de espécies. Fazem com que os seres humanos fiquem sabendo o que sentem em relação ao que está acontecendo e como se sentem em relação a todo o drama humano. É encorajada a expressão de sentimentos de todos os participantes. Mais tarde, o grupo se reúne, em sua condição de seres humanos, e pedem à Terra que lhes dê poder para representar, a partir daquele momento, os interesses de miríades de espécies em suas relações com os outros seres humanos.

Esse ritual, em particular, é um exemplo limitado de como alimentar um senso de identidade ecológica. É um exemplo de processo adulto de aprendizagem. Eu não gostaria que o leitor ficasse com a impressão de que a identidade ecológica é uma tarefa educacional somente para adultos. Temos muita consciência de que as crianças têm capacidade extremamente aguçada de identificar-se com "a teia da vida". Isso torna o objetivo educacional de "alfabetização ecológica" um processo para a vida toda.

Capítulo 8

Educação para a qualidade de vida: a visão ecozóica transformadora

*Diga-me, o que planeja fazer
com sua única vida absurda e preciosa?*

Mary Oliver

Nosso mundo, o lugar onde nos encontramos e onde vivemos os acontecimentos significativos de nossa existência, manda-nos sinais de perigo. Temos de reconhecer que o planeta que habitamos está em apuros. É difícil ir a qualquer lugar hoje em dia e não deparar com as feridas de nosso mundo e com a destruição da própria trama da vida. Para nós, o grande desafio é ter a coragem de abraçar este mundo e deixá-lo entrar em nosso coração. Nossos problemas atuais não são passíveis de remédios nem de soluções fáceis. Nós, do mundo minoritário (Primeiro Mundo), temos de enfrentar e de resolver os problemas de qualidade de vida que criamos para nós mesmos e, também, assumir a responsabilidade pelo quanto esse modo de vida degradou o modo de vida de inúmeros povos do mundo majoritário e de nosso próprio mundo. O resultado final, em termos da economia do mercado global, é o lucro. A meta mais importante de todas é o crescimento econômico vinculado ao Produto Nacional Bruto (PNB). Vendemos esse sonho de lucro a nosso mundo pelo fetichismo da mercadoria. A força de trabalho ocidental comprou a idéia de "padrão de vida", mas essa é apenas uma frase comparativa para dizer se nosso poder aquisitivo aumentou ou diminuiu em potencial salarial. Padrão de vida não quer dizer qualidade de vida. Nossa visão de mercado econômico deixou toda nossa cultura com uma crise de significado e um sentimento profundo de falta de um lar. Michael Lerner (1996) afirma que, em última instância, temos fome é de significado e de propósito de vida. Nossos valores culturais, fixados pelo mercado, aprisionaram-nos num cinismo colossal que nos leva a questionar se existe significado mais profundo e propósito maior na vida além do interesse material. O resultado de todo esse materialismo e glorificação do interesse egoísta é que agora estamos num mundo cheio de desconfiança mútua e de interesses egoístas (Lerner, 1996).

Quando se pede às pessoas que reflitam seriamente sobre sua vida, é surpreendente o que elas consideram realmente importante. O consumo não é uma prioridade absoluta. As coisas que as pessoas acham significativas em sua vida são a prática religiosa, a conversa, a família e as reuniões da comunidade, teatro, música, dança, literatura, esportes, poesia, atividades artísticas e criativas, educação e apreciação da natureza (Durning, 1992). O que é evidente é que a maioria das pessoas, até mesmo em nossa sociedade ocidental, está insatisfeita e alienada da cornucópia das mercadorias. Ironicamente, isso levou, na América do Norte e em outros lugares, a uma grande virada em direção à direita política e ao fascismo. Michael Lerner (1996) adverte que perderemos algumas percepções importantes sobre as necessidades profundas das pessoas se deixarmos de lado a compreensão da direita política de nossos dias. Nem ele nem eu concordamos com a natureza profundamente xenofóbica, sexista, racista e homofóbica desse movimento, ora muito poderoso. Apesar disso, a compreensão e a reflexão cuidadosa sobre a conquista do terreno do propósito moral por parte da direita podem nos fazer parar para pensar no fracasso de movimentos sociais mais democráticos, no sentido de inspirar e de tocar a imaginação popular.

A direita política realizou uma verdadeira proeza em termos de prestidigitação, pois conseguiu convencer grande número de pessoas que seus programas satisfazem necessidades profundas e, ao mesmo tempo, afastam temores. A direita política apresentou um programa ao povo que lhe dá uma dimensão afetiva e a sensação de fazer parte de uma comunidade, aparentemente necessidades de fato bem arraigadas, mas atribuiu um valor ao afeto que só pode ser obtido mediante a volta à agenda tradicional da comunidade dominada pelo patriarcado e pela Igreja. Ao mesmo tempo, aderiu incondicionalmente aos programas neoliberais da economia de livre mercado, os quais invalidam a política de comunidade estável no plano da vida cotidiana (Giddens, 1994).

Segundo o quadro de referências de uma política mais progressista e do senso ilimitado de comunidade, os valores afetivos não precisam ser associados a comunidades repressivas. Mas não foi isso o que aconteceu. A razão parece ser que, quando a solução social-democrata faz parte de um quadro de mercado competitivo, funcionando mais como restrição do que como encarnação de um novo modo de vida, os valores centrais do individualismo de mercado acabam predominando sobre os valores afetivos implícitos nos programas social-democráticos. Lerner (1996) conclui que as categorias estabelecidas pelo liberalismo eram inadequadas para compreender a ascensão do fascismo nas décadas de 1920 e 1930, e continuaram insuficientes para nossa compreensão da ascensão dos movimentos da ala direita em todo o mundo industrial avançado no final da década de 1990. Quando Lerner reflete sobre os movimentos progressistas da esquerda, percebe inadequações semelhantes, porque a esquerda política arriscou suas contraposições mais sérias no liberalismo. Ele vê certos traços em comum entre esses adversários. Sugere que, em momentos de maior popularidade, a esquerda, muitas vezes, esteve à altura da dimensão do significado de sua atividade política, mas nunca incorporou à sua teoria a compreensão da legitimidade da necessidade de reconhecimento ou de afeto, menos ainda a fome de significado ético ou espiritual.

Nos capítulos introdutórios, cheguei a conclusões semelhantes. Na discussão do estágio terminal do cenozóico, período de desintegração histórica que experienciamos ativamente agora, observei que nenhuma das tradições políticas que conhecemos conseguiu responder às exigências de nossos tempos. Precisamos de uma nova política visionária que certamente contenha o que Lerner (1996) chama de política da esperança e do sentido de vida. Embora tal política tenha de discutir as necessidades mais profundas da comunidade humana, será insuficiente se não adotar a comunidade maior da Terra, em que os seres humanos fazem parte de um sistema mais completo, que é o tecido da vida. Precisamos manter nosso mundo conectado à comunidade biótica mais ampla e adentrar nesse mundo o mais intimamente possível. Isso está de acordo com o décimo primeiro princípio de Thomas Berry (1989).

Necessitamos de uma visão ecozóica transformadora. Nossos corações precisam entrar em comunhão com o mundo e lutar por ele como se fosse parte de nosso eu íntimo. Precisamos começar a ver, hoje, que nosso mundo tem, dentro de si, uma interioridade e uma subjetividade profundas que nos permitem falar na existênncia de uma *anima mundi*.* O mundo tem alma e é uma matriz primordial para que entremos e cresçamos na corrente da vida. O psicólogo Mihaly Csikszentmihalyi dedicou mais de duas décadas ao estudo das condições que tornam a vida das pessoas feliz e plena. Uma coisa ficou clara depois de seus abrangentes estudos: o dinheiro e o consumo não foram considerados o fundamento básico para uma vida feliz e plena. Sua obra é, ao mesmo tempo, pioneira e visionária na área da "qualidade de vida" (Csikszentmihalyi, 1990; 1993; 1997). Educação para a qualidade de vida é nossa forma de crescer para a vida com energia, vitalidade e alegria, o que Csikszentmihalyi identifica como "fluxo". O fluxo é um estado de consciência genuíno que nos envolve nos recessos mais profundos da concentração, levando-nos a tal concentração que equivale a uma absorção absoluta, ao êxtase absoluto. Esse tipo de absorção é o fundamento para experiências de qualidade em nossa vida (Csikszentmihalyi, 1990). A vida mais plena possível é aquela em que existe a noção das necessidades humanas e que respeita a diferenciação, a subjetividade e a comunhão, tanto no interior da comunidade humana quanto, de forma mais ampla, na própria vida na Terra e no próprio universo. Anthony Giddens refere-se a essa orien-

---

* Não uso o termo no sentido empregado por Jung ou por autores recentes que tratam sobre a alma. Veja, por exemplo, Sardello (1995).

tação como a "política da vida" (Giddens, 1991; 1994). Para tanto, desenvolve a questão de "Como devemos viver?" numa ordem pós-tradicional, na qual a criação de formas de vida moralmente justificáveis promoverá a auto-realização no contexto da interdependência global. É para esses tipos de interesse que nos voltaremos agora.

As necessidades humanas: uma concepção geradora do direito natural

A idéia de direito natural está ligada à concepção de um universo organizado. A compreensão do conceito de direito natural vem depois do discernimento da regularidade, da sucessão, da repetição dos fenômenos naturais, da existência de ciclos e da capacidade de fazer previsões com base na existência de inter-relações no mundo físico. No pensamento ocidental, desde épocas tão remotas quanto a de Aristóteles, vemos a natureza ser tratada como fonte de justiça, mesmo quando, além da natureza, existem concepções legais de justiça. As teorias do direito natural originaram-se na filosofia da Grécia antiga. A partir da Renascença, foram usadas como argumento em favor da doutrina política liberal. Houve um ressurgimento dessa linha no raciocínio contemporâneo (Runes, 1955). Para Aristóteles, cabe aos seres humanos discernir, pela observação e pela interrogação à natureza, o que é natural e o que está em conformidade com sua ordem. O direito natural consiste, precisamente, em descobrir que a justiça está em harmonia com a ordem natural e que, por conseguinte, tem base objetiva (Wiener, 1973).

Na ética, na jurisprudência e na teoria política do Ocidente, uma certa forma de direito natural e de raciocínio foi adotada como fundamento de uma ordem moral. Embora o conceito tenha sido, freqüentemente, a fonte que alimentou o senso de ordem com base na autoridade hierárquica e tenha sido usado como sistema para justificar e fazer arranjos arbitrários parecerem naturais (a escravidão, por exemplo, faz parte de uma ordem natural para Aristóteles), não devemos abandoná-lo. Consideremos uma perspectiva do direito natural geradora, dinâmica e sensível a mudanças evolutivas. Começaremos pela perspectiva do direito natural desenvolvida por Roberto Mangabeira

Unger, em sua obra *Knowledge and Politics* [Saber e política] (1975). Sua posição a respeito de uma perspectiva não estática do direito natural é clara:

> Não se baseia na noção de que a humanidade como um todo, e cada membro, em particular, tenha uma essência ou compreensão essencial que, de alguma forma, permeie a história e a biografia. Em vez disso, parte da idéia de que a experiência distintiva da personalidade é a de confrontar certa série de problemas inteligíveis, inter-relacionados, que surgem no trato da pessoa com a natureza, com os outros e consigo mesma. Na medida em que tanto o problema quanto as formas ideais de responder a eles são contínuos no tempo e no espaço, pode-se falar de uma natureza humana e de um bem universal. Mas continuidade não significa permanência. (Unger, 1975: 215)

Minha orientação, semelhante à de Unger acima, adota a posição de que o direito natural respeita os processos evolutivos, é ilimitado e gerador e tem compreensão histórica de desenvolvimento temporal. Agora, passamos à razão para seguir essa linha de raciocínio.

Meu pressuposto básico, neste capítulo, é que uma educação afinada com a *qualidade de vida* deve ter como fundamento as necessidades humanas genuínas. Quando nos abrimos para considerar o terreno das necessidades humanas e para refletir sobre o que são exatamente, também temos de introduzir a consideração de que essas necessidades têm base na interioridade profunda de nossa natureza. Thomas Berry (1988; 1989) chega a ponto de dizer que a estrutura profunda de nossas necessidades está, em última instância, inserida nos processos mais amplos da Terra e estendem-se, mais ainda, ao próprio universo. Neste planeta, há um complexo fantástico de códigos genéticos tão completamente inter-relacionados que cada um depende de todos os outros. A esfera cultural transgenética do ser humano permite a nossa espécie desenvolver-se livremente de formas que nos ajudam a constituir uma identidade única e irrepetível no tempo e no espaço. Além disso, nosso código cultural ajuda-nos a expandir as atividades de nossa espécie na linguagem e na imaginação. A esse processo criativo e imaginativo chamamos de *cultura humana*. A codificação cultural é uma parte geradora de nossa natureza, a qual passamos a identificar como uma segunda natureza. A dimensão geradora da codificação cultural é vista na diversidade dos modelos com que nos deparamos em certo nível de desenvolvimento cultural e, também, nas mudanças evolutivas da história nos estágios da cultura humana que designei acima como o paleolítico, o neolítico, as civilizações clássicas, a era científica moderna e a era ecozóica que está começando.

Em qualquer momento dado do tempo, todo organismo age no interior de uma estrutura de limitações e de possibilidades. É a isso que me refiro ao dizer que estamos sujeitos à nossa natureza pessoal. Parte de nossa estrutura também é de desenvolvimento temporal. Em qualquer momento ou período de tempo dado, as estruturas subjacentes de organismos e espécies têm a marca dos hábitos do passado, os quais permitem que os hábitos naturais sejam formados pela estrutura do organismo com sua história. Rupert Sheldrake (1994) chama essa presença do passado de campo morfogênico. O que Sheldrake está dizendo, basicamente, é que não existem leis pré-formadas nem finais na natureza. De acordo com a forma como as conhecemos agora e como as conhecemos antes, as leis da natureza têm uma dimensão ilimitada e geradora. Portanto, mesmo que todos os organismos sigam modelos históricos de restrições e de possibilidades naturais, fazem isso num sistema aberto de evolução que lhes permite ter tanto estabilidade quanto criatividade. Mas a inovação não é arbitrária nem aleatória. Mesmo nos processos criativos, vemos estabilidades construídas por causa de hábitos acumulados do passado. Quanto mais vezes um modelo de desenvolvimento repetir-se, tanto mais será repetido novamente. Sheldrake postula que os campos mórficos são meios através dos quais os hábitos das espécies são adquiridos, mantidos e herdados. Sheldrake também apresenta uma teoria evolutiva geradora do hábito dizendo que todo o processo evolutivo, em todos os níveis, envolve uma interação entre criatividade e hábito. Afirma que, sem criatividade, não surgiria nenhum hábito novo; desse modo, a natureza seguiria modelos repetitivos e se comportaria como se fosse governada por leis não evolutivas. Inversamente, sem a influência controladora da formação de hábitos, a criatividade seria um processo caótico, no qual nada nunca se estabilizaria (Sheldrake, 1994).

Como eu disse ao longo de todo este livro, vivenciamos um período da história humana e terrestre em estado de transformação radical. Alguns dos modelos habituais herdados do passado tornaram-se disfuncionais para nossas atuais circunstâncias. Estamos sendo levados, pela necessidade, a inventar novos modos de vida para sobreviver de maneira que tenhamos uma qualidade de vida sustentável. Acho que não seremos capazes de enfrentar o momento histórico presente com respostas superficiais a nossas dificuldades. Agora, tomamos consciência de que a escala ocidental do progresso e do desenvolvimento não está afinada com a escala humana e, aliás, nem com a escala da Terra. Nossa tarefa é aprofundar a compreensão do desenvolvimento de maneira a levar em conta o espectro mais amplo das necessidades humanas.

O desenvolvimento em escala humana: um modelo gerador de necessidades humanas naturais

Inspiro-me bastante no modelo bem criativo do desenvolvimento em escala humana apresentado por Manfred Max-Neef e Martin Hopenhayen (1989). O leitor deve entender que não uso esse modelo como concepção definitiva das necessidades humanas, mas sim como forma de ampliar e de aprofundar a compreensão que o leitor pode ter da complexidade das necessidades humanas e de como tais necessidades fornecem a base para nossa compreensão de qualidade de vida. É indispensável entender, desde o início de minha discussão, que esse modelo é mais uma sugestão do que uma formulação definitiva ou final das necessidades humanas. Apesar disso, ao oferecer uma concepção radicalmente nova de desenvolvimento, os autores desse modelo deixam claro que, em nossa situação atual, parece que estamos perdendo a capacidade de sonhar. Segundo minha perspectiva, acredito que os autores criam uma concepção muito ousada e imaginativa das necessidades humanas, que vai servir de heurística para algumas das idéias que tento desenvolver neste capítulo. Minha visão da importância da obra de Max-Neef e Hopenhayen (1989) baseia-se na forma como complementa minha própria concepção de desenvolvimento integral. Sua concepção de desenvolvimento concentra-se e baseia-se na satisfação de necessidades humanas fundamentais, na geração de níveis crescentes de autoconfiança, na construção de articulações orgânicas das pessoas com a natureza e a tecnologia, de processos globais com atividade local, do pessoal com o social, do planejamento com a autonomia e da sociedade civil com o Estado. Max-Neef e Hopenhayen afirmam que o melhor desenvolvimento possível é aquele que mais promove a melhoria da qualidade de vida das pessoas.

Um dos pressupostos do desenvolvimento em escala humana é que as necessidades humanas não devem ser consideradas isoladamente e que a melhor forma de vê-las é como um sistema no qual todas elas estão inter-relacionadas e são interativas. É de importância vital compreender que as necessidades humanas, em seu sistema integral, não são consideradas hierarquicamente organizadas. A satisfação das necessidades opera, ao contrário, como simultaneidades, complementaridades e equilíbrios. Esses autores organizaram as necessidades em duas categorias: a existencial e a axiológica, numa matriz que pode ser vista na Tabela 8.1. A matriz dessa tabela mostra como as necessidades existenciais de Ser, Ter, Fazer e Interagir relacionam-se com as necessidades axiológicas de Subsistência, Proteção, Afeto, Compreensão, Participação, Ócio, Criação, Identidade e Liberdade. Os autores fazem outra distinção importante entre necessidades e meios de satisfação. Afirmam que alimento e abrigo não devem ser vistos como necessidades e, sim, como meios de satisfazer a necessidade fundamental de Subsistência. Da mesma forma, a educação (tanto formal quanto informal), o estudo, a investigação, a estimulação inicial e a meditação são vistos como meios de satisfazer a necessidade de Compreensão. Os sistemas de cura e os sistemas de saúde preventiva são vistos como meios de satisfazer a necessidade de Proteção. As necessidades e os meios de satisfazer as necessidades não se relacionam na base de uma correspondência unitária. Desse modo, um meio de satisfação pode contribuir, simultaneamente, para o atendimento de várias necessidades e, inversamente, uma necessidade pode requerer vários meios de satisfação para ser atendida.

Tabela 8-1. Matriz de necessidades e modos de satisfazê-las

As necessidades segundo as categorias axiológicas	As necessidades segundo as categorias existenciais			
	Ser	Ter	Fazer	Interagir
Subsistência	Saúde física, saúde mental, equilíbrio, senso de humor, adaptabilidade	Alimento, abrigo, trabalho	Alimentar-se, procriar, descansar, trabalhar	Meio ambiente vivo, ambiente social
Proteção	Receber cuidados, adaptabilidade, autonomia, equilíbrio, solidariedade	Sistemas de seguro, poupança, previdência social, sistemas de saúde, direitos, família, trabalho	Cooperar, prevenir, planejar, cuidar de alguém, curar, ajudar	Espaço vital, ambiente social, moradia
Afeto	Auto-estima, solidariedade, respeito, tolerância, generosidade, receptividade, paixão, determinação, sensualidade, senso de humor	Amizades, família, parcerias, relações com a natureza	Fazer amor, carícias, expressar emoções, partilhar, cuidar dos outros, cultivar, apreciar	Privacidade, intimidade, lar, espaços de interação
Compreensão	Consciência crítica, receptividade, curiosidade, assombro, disciplina, intuição, racionalidade	Literatura, professores, método, políticas educacionais, políticas de comunicação	Investigar, estudar, experimentar, educar, analisar, mediar	Ambientes de interação formativa, escolas, universidades, academias, grupos, comunidades, família
Participação	Adaptabilidade, receptividade, solidariedade, boa vontade, determinação, dedicação, respeito, paixão, senso de humor	Direitos, responsabilidades, deveres, privilégios, trabalho	Afiliar-se, cooperar, propor, partilhar, discordar, obedecer, interagir, concordar, expressar opiniões	Ambientes de interação participativa, partidos, associações, igrejas, comunidades, vizinhos, família

As necessidades segundo as categorias axiológicas	As necessidades segundo as categorias existenciais			
	Ser	Ter	Fazer	Interagir
Ócio	Curiosidade, receptividade, imaginação, inquietude, senso de humor, tranqüilidade, sensualidade	Jogos, espetáculos, clubes, festas, paz de espírito	Devanear, ruminar, sonhar, lembrar dos velhos tempos, dar livre curso às fantasias, relembrar, relaxar, divertir-se, brincar	Privacidade, intimidade, espaços para a proximidade, tempo livre, meio ambiente circundante, paisagens
Criação	Paixão, determinação, intuição, imaginação, ousadia, racionalidade, autonomia, inventividade, curiosidade	Habilidades, qualificações, método, trabalho	Trabalhar, inventar, construir, desenhar, compor, interpretar	Ambientes de produção e *feedback*, oficinas de trabalho, grupos culturais, públicos, espaços para a expressão, liberdade temporal
Identidade	Sensação de fazer parte de algo maior, consistência, diferenciação, auto-estima, assertividade	Símbolos, linguagem, religião, hábitos, costumes, grupos de referência, sexualidade, valores, normas, memória histórica, trabalho	Comprometer-se, integrar-se, enfrentar, tomar decisões, conhecer-se, reconhecer-se, realizar-se, crescer	Ritmos sociais, ambientes do cotidiano, ambientes dos quais a pessoa faz parte, estágios de maturação

As necessidades segundo as categorias axiológicas	As necessidades segundo as categorias existenciais			
	Ser	Ter	Fazer	Interagir
Liberdade	Autonomia, auto-estima, determinação, paixão, assertividade, abertura mental, ousadia, rebeldia, tolerância	Direitos iguais	Discordar, escolher, ser diferente, correr riscos, desenvolver a consciência, comprometer-se, desobedecer	Plasticidade temporal/ espacial

Nota: A coluna SER registra *atributos*, pessoais ou coletivos, expressos como substantivos. A coluna TER registra *intuições, normas, mecanismos, ferramentas* (não em sentido material), *leis* etc. expressos com uma palavra ou mais. A coluna INTERAGIR registra *locais* e *ambientes* (como tempos e espaços). Representa o *estar* do espanhol ou o *befinden* do alemão, no sentido de tempo ou espaço. Como não temos palavra correspondente em inglês, *interacting* = INTERAGIR foi escolhida *à faut de mieux*.

Mais dois postulados são apresentados em relação à distinção necessidade-meio de satisfação. O primeiro é que as necessidades humanas fundamentais são finitas, poucas e classificáveis. O segundo é que as necessidades humanas fundamentais são as mesmas em todas as culturas e em todos os períodos históricos. Somos uma espécie. As mudanças que de fato acontecem, tanto no decorrer do tempo quanto nas culturas, são formas e meios pelos quais as necessidades são satisfeitas.

Todo e qualquer sistema econômico, político e social adota diversos métodos para a satisfação de suas necessidades. Identificar como as necessidades são satisfeitas numa cultura é uma forma de definir essa cultura.

Esse modelo é bem sutil ao lidar com as questões espinhosas de nosso tempo. Um bom exemplo é dado por Max-Neff e Hopenhayen (1989) ao examinar o fenômeno complexo da pobreza mundial. Sua análise aumenta a compreensão desse conceito. Tradicionalmente, o conceito de pobreza limita-se às dificuldades de pessoas que ficam abaixo de certo limite de renda. Criticando essa concepção como economicista, esses autores sugerem que a pobreza não é singular; estamos lidando com pobrezas. Declaram que, quando qualquer uma das necessidades humanas fundamentais não é satisfeita, temos um estado real de pobreza humana. Alguns exemplos são a pobreza de subsistência (que se deve à insuficiência de renda, alimento ou abrigo), de proteção (que decorre de sistemas de saúde precários, de violência e da corrida armamentista), de afeto (resultado de autoritarismo, opressão, relações de exploração com o ambiente natural), de compreensão (por causa da marginalização e discriminação de mulheres, crianças e minorias), de identidade (devido à imposição de valores alienígenas a culturas locais e regionais, à migração forçada, ao exílio político). Max-Neef e Hopenhayen afirmam que toda pobreza gera patologias. Seu modelo lida com patologias econômicas, como o desemprego, a dívida externa, a hiperinflação; com patologias políticas, como o medo, tanto em nível individual quanto coletivo, eufemismos (como, por exemplo, chamar um míssil balístico de pacificador) e violência, marginalização e exílio.

A matriz das necessidades e o modo de satisfazê-las podem servir de exercício para um diagnóstico individual e cultural. Proponho usar essa escala como instrumento de diagnóstico reflexivo para avaliar o quanto nossa cultura satisfaz a complexidade das necessidades humanas.

Educação para a comunidade e sensação de ter um lugar no mundo

Por existirem subculturas até no seio de uma sociedade afluente como a nossa, falo, aqui, de culturas de permanência, porque o tópico precisa de tratamento diferenciado. Quando me refiro a uma cultura de permanência, estou falando do conjunto de necessidades humanas fundamentais apresentadas na Tabela 8.1. Nossa sociedade torna-se cada vez mais alienada e desenraizada para as pessoas que nela vivem. Por causa do desperdício da economia de consumo, parece que nos acostumamos a um modo de vida com valores superficiais, que põe o consumo de produtos no topo da hierarquia de valores. Já disse, no Capítulo 4, que os modos de vida consumistas não levam à plenitude e têm uma deficiência muito grave em sua capacidade de satisfazer necessidades humanas fundamentais. Quando me refiro à necessidade de uma cultura de permanência, estou falando de um senso de continuidade no meio ambiente, onde há objetos que têm um valor humano constante e duradouro e em qe haja uma comunidade com profunda sensação de estar no mundo e de nele ter um lugar. Em relação a ambas as coisas, as sociedades afluentes modernas cultivaram a sensação de impermanência ao sublinhar uma economia de produtos submetidos à obsolescência planejada e a um tipo de mobilidade que obriga o norte-americano médio a mudar-se pelo menos dez vezes durante a vida. As comunidades desse tipo satisfazem, parcialmente, a necessidade que temos de subsistência, mas ela é complicada por modelos de hiperconsumo que truncam a necessidade de proteção, porque nos tornamos vítimas das mazelas da riqueza, como doenças cardíacas, ataques do coração e hipertensão. O lado alienado e anêmico de grande parte de nossa vida comunitária, hoje, também frustra nossa necessidade de identidade, principalmente por causa do ritmo social dos ambientes do cotidiano.

A necessidade de ter senso de comunidade e um lugar no mundo é particularmente aguda em nossa cultura. Wendell Berry (1978) afirma que nossa economia, governos e sistemas educacionais não funcionam de acordo com o pressuposto de que a comunidade tem valor. A respeito da sensação de ter um lugar no mundo, David Orr caracteriza nossa cultura como sem lugar, que consome grande quantidade de tempo e de energia para ir de um local a outro. A mobilidade acelerada da vida moderna põe-nos em contato com rodovias e aeroportos, nos quais passamos incontáveis horas de nossa vida. Comentando sobre a qualidade da vida contemporânea, Orr (1992: 127) reflete: "Nossa vida é vivida em meio a expressões arquitetônicas da falta de lugar: a rua comercial, o apartamento, o anúncio de néon, a torre de vidro dos escritórios e o desenvolvimento homogeneizado — nada disso encoraja muito a sensação de ter raízes, responsabilidade de fazer parte de algo maior".

Boa parte de nosso mundo imediato tem as necessidades suprimidas por outros lugares. Resíduos tóxicos e radiativos, lixo, esgoto e restos industriais são mandados para longe de nosso meio ambiente imediato e, sem que grande parte da população saiba, despachados para outro lugar.

Em conseqüência da globalização, a falta de raízes, a transitoriedade e a expropriação são o destino de um número crescente de comunidades; pessoas mudam-se em busca de melhores empregos; grandes empresas mudam-se em busca de trabalho mais barato. Os produtos para consumo andam milhares de quilômetros para chegar aos mercados globais; a moda transforma-se a cada estação; e os bairros onde as pessoas cresceram mudam numa única geração. A sensação de fazer parte de uma comunidade estável e a segurança perdem-se na confusão da mudança e da mobilidade aceleradas. O resultado é a experiência de perda de conexão com o lugar onde vivemos, com as próprias pessoas e com o mundo natural que nos cerca (Nozick, 1992). Na situação econômica atual de globalização, nossa sensação de ter um lugar no mundo está fraturada em conseqüência da desintegração das comunidades no mundo inteiro. Marcia Nozick, em *No Place Like Home* [Nenhum lugar como a minha casa] (1992), articula vários fatores que levam a vida comunitária do Canadá a proporções de crise. As causas incipientes são a desindustrialização econômica, que deixa milhares de pessoas, em cidades pequenas e em comunidades urbanas de todo o país, desempregadas devido ao fechamento de fábricas; a degradação ambiental em proporções de crise, que envenena nossos suprimentos locais de água e o ar que respiramos, nas cidades grandes, com a poluição ambiental, o desperdício consumista e a autopoluição; a perda de controle local sobre nossas comunidades, com importantes decisões econômicas e políticas sendo tomadas por escalões mais elevados de governo ou por empresas cuja cúpula administrativa está sediada em outras localidades — pessoas sem nenhuma ligação com a comunidade, exceto para obter lucros ou administrar pessoas. Degradação social e falta de satisfação das necessidades humanas básicas, de modo que um número crescente de pessoas fica marginalizado, alienado, sem teto, sem emprego, com fome e vivendo em situação precária; erosão da identidade local e da diversidade cultural, à medida que nos conformamos aos valores homogêneos da aldeia global.

A magnitude de nossa necessidade de sentir que temos um lugar no mundo é semelhante ao que outros membros do mundo natural sentem como *hábitat* estável. Embora os seres humanos pareçam incrivelmente flexíveis em seu modo de vida, precisamos de um lugar que satisfaça nossa necessidade de proteção, de afeto, de compreensão, de participação, de ócio, de criação, de identidade e de liberdade (ver Tabela 8.1). Para satisfazê-las, hoje em dia, é preciso achar uma alternativa à globalização irrestrita que ajude na criação de um senso de comunidade e de ter um lugar no mundo que atenda a algumas de nossas necessidades fundamentais tolhidas pela presente economia mundial.

As instituições educacionais de todos os níveis precisam desempenhar um papel crucial no sentido de alimentar o senso de comunidade e de ter um lugar no mundo. Isso pode ser feito se tivermos, como parte do currículo, estudos da "biorregião". O estudo biorregional abrangeria um estudo da terra e um estudo da história das comunidades e dos povos que ocuparam a região. A educação com o objetivo de cultivar o senso histórico de uma área permite às pessoas ter lealdade e comprometimento com o lugar onde vivem.

Numa época em que não se pode mais contar com a economia global para prover as necessidades básicas da vida, o cultivo da sensação de ter um lugar no mundo construiu, dentro de si, uma forma de corrigir as excentricidades da globalização. A educação voltada para a sensação de ter um lugar no mundo não tem só uma história da qual falar; tem também uma história a criar. Nesse último contexto, a educação voltada para o local onde as pessoas vivem incentiva toda comunidade identificada consigo mesma a construir-se junto com a meta educacional de promover uma economia local independente, capaz de fornecer bens e serviços para seus membros.

Educação para as comunidades da diversidade

As comunidades podem ter um senso de permanência e de lugar e, apesar disso, carecerem de um ingrediente essencial ao mundo moderno: o interesse e a tolerância pela diferença e pela diversidade. Um dos problemas perenes que as comunidades humanas enfrentaram no passado e que ainda enfrentam no presente é um senso de solidariedade com a comunidade como um grupo distinto e restrito ao mesmo tempo que se exclui e degrada um grupo de fora. Os sentimentos profundos envolvidos nesse processo são vistos no ódio e na paranóia que flagelaram a história humana até o presente momento. Podemos citar a Bósnia, Ruanda e a Irlanda do Norte como exemplos de conflitos profundos que disseminaram o ódio entre grupos e comunidades. Embora as razões desse ódio intergrupal e inter-racial sejam complexas e diversificadas, sabemos que é um problema sem fronteiras geográficas, culturais ou históricas. No final do século XX, a violência decorrente desse tipo de ódio às vezes resultou em genocídio. No século XX, as pretensões de progresso são desmascaradas quando vemos a violência perpetrada contra povos de todo o planeta. Percebemos o medo da diferença na xenofobia, no racismo, no sexismo, na homofobia e no fundamentalismo religioso. Freqüentemente, esses *ismos* se fundem, mas o resultado final é tratar impiedosamente outro grupo humano com base em uma ou outra diferença. O que se nota, nas políticas de exclusão, é a sensação de que o mundo seria melhor, de uma forma ou de outra, se houvesse convergência rumo à monocultura. A idéia de Hitler de que havia uma raça superior e a idéia de limpeza étnica são expressões disso. Graças à melhor evidência científica de que dispomos hoje, sabemos que as diferenças entre os povos não se baseiam em nenhuma superioridade biológica de um grupo em relação a outro. Numa antologia excelente, intitulada *On Prejudice: A Global Perspective* [Sobre o preconceito: uma perspectiva global], Daniela Gioseffi argumenta contra uma visão da diferença que defende a superioridade racial:

> Não existe diferença primária, física ou biológica, entre judeus e alemães, africanos, europeus ou asiáticos, pois todas as supostas raças da humanidade estão inextricavelmente misturadas, tendo brotado do mesmo tronco genético que se originou em algum lugar há cerca de 250 mil anos no coração da África. Todos nascemos da mesma criação natural. Em síntese, sem a combinação de terra e água, sem o *barro* a partir do qual todas as sementes e criaturas vivas crescem, não haveria vida

em parte alguma da Terra. Essa não é, evidentemente, uma visão "afrocêntrica", mas sim um fato biogenético, não tendo nenhuma relação com valores culturais de nenhuma nação em particular, nem com juízos de valor de qualquer tipo. É irônico que os "carecas" neonazistas ou os caluniadores da Ku Klux Klan usem a expressão "gente de barro" como termo pejorativo, uma vez que, sem o barro fértil da criação, não existiria nenhum tipo de vida na Terra. (Gioseffi, 1993: xi)

Continuando essa articulação da diferença, podemos examinar os três princípios de diferenciação, de subjetividade e de comunhão sob um prisma reflexivo para examinar a diferença e a diversidade. Conside-se, em primeiro lugar, uma comunidade fechada hipotética como uma comunidade predominantemente branca com valores religiosos fundamentalistas. É provável que uma comunidade dessa natureza terá pouca tolerância a pessoas de cor e exercerá o fanatismo religioso, e é provável que tenha uma estrutura patriarcal que trata as mulheres de forma opressiva. Quando uma comunidade carece de tolerância com a diferenciação interna, constrói estruturas hierárquicas opressivas que levam à violência e ao fanatismo. Quando as estruturas hierárquicas estão presentes, não existe noção do leque de subjetividade que comunidade poderia oferecer. O grupo dominante não tem ouvidos para a riqueza das diferenças codificadas no mundo subjetivo dos seres humanos, dotados de sentidos de interioridade única. A subjetividade refere-se à profunda interioridade de todos os seres. Também pode ser considerada o aspecto da personalidade humana que se baseia no mistério supremo. No passado, essa dimensão era chamada de alma. Não somos só manifestamente diferentes; todo ser humano tem uma intencionalidade profunda enriquecida por sua própria história no mundo. As profundezas infinitas de todos os seres humanos de diferentes raças, sexos, orientações sexual, religiões etc. requerem um senso de respeito e de reverência. A rica textura da vida individual desaparece com a intolerância racial. Só agora começamos a avaliar quanto se perdeu por causa da arrogância de nossa herança colonial, que houve por bem destruir a criatividade e a espiritualidade incríveis das culturas indígenas. Uma comunidade que combate a diferenciação e é autista em relação à profunda interioridade de todos os seres (subjetividade) não tem criatividade e, em geral, lida com a diferença na base da violência, tanto física quanto psíquica.

O exemplo que dei acima é hipotético. Apesar disso, constitui um dos muitos exemplos de intolerância e de exclusão que vemos no mundo de hoje. O mundo global, em cuja direção seguimos, tem um imperativo educacional: todos os membros do planeta precisam viver em comunidades mais inclusivas. Inclusão não implica violação de fronteiras. Inclusão significa abertura para a variedade e a diferença, com o propósito de incluir todos de maneira que respeite a singularidade de cada um deles. Assim, educar para uma comunidade inclusiva é abrir para o sentido mais pleno da diferenciação e também para o senso do mistério profundo de cada pessoa quando o princípio da subjetividade é respeitado. É importante compreender, aqui, que as comunidades inclusivas não funcionam com base na uniformidade e, sim, na criatividade da diferença. No mundo de hoje, a inclusão não é criada num vácuo. A maioria dos grupos e comunidades apresenta um grau diferente de inclusão. O movimento rumo à inclusão, no sentido que ora consideramos, exige o enfrentamento das iniqüidades do poder, o que nos afasta do domínio e da subordinação e leva-nos em direção às questões da eqüidade e da participação igualitária no poder em termos de vida grupal e comunitária.

Um dos problemas perenes da vida comunitária é a presença das diferenças de poder que levam a estruturas de opressão e de dominação. Podemos ver a opressão e a dominação tanto entre grupos humanos quanto no interior de cada um deles. Existem estruturas de opressão e de dominação em todos os níveis de interação humana, e eles parecem presentes na história humana desde seus primórdios. Se consideramos a história do colonialismo e do imperialismo de nosso passado histórico ocidental, vemos que a cultura do Ocidente penetrou em outras heranças culturais de forma extremamente prepotente e manipuladora. Historicamente, a entrada das nações ocidentais na África, na Ásia, no Extremo Oriente e nas Américas introduziu nessas culturas condições de violência e de exploração que atendem pelo nome de colonialismo e imperialismo. A extrema arrogância da cultura ocidental teve manifestações diferentes, dependendo da potência colonial e, também, dos povos colonizados. A arrogância cultural do

Ocidente manifestou-se pela atitude de que a cultura ocidental era superior a todas as outras com as quais entrou em contato. Embora parte da dominação colonial tenha sido efetivada pela força e coação física, houve, também, uma violência psíquica, com a qual a interioridade profunda dos outros povos e culturas foi violada. Quando falo de interioridade profunda, refiro-me ao princípio da subjetividade. A herança cultural e a religião permitiram ao Ocidente considerar outras heranças culturais pagãs e inferiores. O que aconteceu, muitas vezes, foi que, no processo de negar a interioridade profunda e a subjetividade das outras culturas, nossos antepassados chegaram à conclusão de que eram inferiores e selvagens. A obra dos missionários é um subtexto importante da herança colonial. Sem subestimar a dominação puramente física da cultura ocidental por meio da força e da intimidação, a violação psíquica de outras culturas é um assassinato da alma. Desse modo, os sistemas do colonialismo e do imperialismo levaram-nos a uma relação com outros povos e comunidades que se baseava na violência física e psíquica. Essa violência não era exercida apenas de fora, também foi internalizada. O colonialismo levou ao racismo internalizado pela cultura dominada. Esse tipo de síntese comunitária tem suas raízes em conjuntos de relações humanas fundamentados na dominação e na subordinação. A relação de subordinação foi internalizada pela cultura dominada. É preciso observar, também, que sempre houve resistência a esse processo, que muitas vezes foi a base da mudança que levou a um tipo qualquer de transformação nas relações e até à derrocada da dominação. Duas formas historicamente predominantes do colonialismo e do racismo concomitante foram aquelas contra os povos da África e os povos indígenas das Américas e de outros lugares. O resultado desses processos de dominação foi a escravidão e o genocídio.

O colonialismo também tem sido praticado no interior da cultura ocidental. A primeira investida colonial dos ingleses foi contra a ilha vizinha da Irlanda. A cultura anglo-saxônica dos ingleses era marcadamente diferente da cultura dos povos celtas da Irlanda. Os ingleses consideravam os irlandeses selvagens e era assim que o historiador da rainha, no reinado de Elizabeth, no século XVI, referia-se a eles (Dawson, 1956). Essa herança colonial levou os irlandeses a sofrer horrivelmente durante séculos, sofrimento do qual os povos celtas dessa ilha ainda tentam se recuperar. A Irlanda foi a primeira colônia britânica e, conforme se vê na Irlanda do Norte, será a última.

Um dos mecanismos de dominação e de subordinação é aquele conhecido por "dividir para governar". Aqui, o grupo dominante põe os subordinados uns contra os outros. Na Irlanda do Norte, os ingleses transplantaram um povo de herança protestante para o meio de uma população predominantemente católica. Também favoreceram o grupo protestante em termos de uso da terra, de *status* social e de privilégio econômico. Podemos perceber essa herança na Irlanda do Norte, onde o ódio e a intolerância entre grupos têm sido o legado dos descendentes do colonialismo inglês. O ódio religioso encoberta complexos fatores psíquicos e econômicos que os ingleses deixaram na esteira de suas práticas colonialistas. A projeção em outro grupo é um fator psíquico importante no preconceito e no ódio racial. A dinâmica da projeção opera tanto no âmbito de nação quanto no de indivíduos (Gioseffi, 1993). A Irlanda não é um exemplo singular desse tipo de dominação colonialista. Testemunhamos isso também na Ásia, na África, no Caribe e em todos os lugares onde os ingleses aplicaram esse princípio.

É interessante observar que a história colonialista da cultura ocidental tem certos vieses irônicos no impulso colonialista-imperialista que se realizaram historicamente. Por exemplo: nas Américas, o continente foi dividido em Norte e Sul pelas quatro maiores potências colonialistas do século XV. Os ingleses e os franceses dominaram o hemisfério norte, e o Império Espanhol e os portugueses dominaram o sul. Todas essas potências ocidentais trataram os povos indígenas das Américas como selvagens e subumanos e estabeleceram relações inacreditavelmente opressivas de dominação e subordinação com esses povos nativos. Por sua vez, na América do Norte, os ingleses passaram a dominar os franceses, e o hemisfério norte passou a dominar o sul.

É importante compreender, ao dar esses exemplos, a arrogância profunda de nossa tradição colonialista de dominação. Quando pensamos em todos os povos que habitaram essa Terra, tanto no passado quanto no presente, temos de entender que toda e qualquer pessoa e grupo é resultado da criatividade de bilhões de anos de evolução. Ter a arrogância cultural de pensar que a criatividade do universo deu superioridade a um grupo em detrimento de outro é conseqüência de uma incrível inflação dos próprios dons culturais. Começamos a entender, no final do século XX, que a variedade de culturas é a expressão incrível das capacidades mais profundas de diferenciação, de subjetividade e de comunhão que o universo oferece a nossa espécie. Nosso formidável desafio educacional é pensar uma "comunidade mundial" que respeite a diversidade dos povos de forma não dominadora e igualitária, e ir em sua direção. Esse é um dos maiores desafios educacionais que enfrentamos no mundo de hoje. Devíamos lutar, em âmbito planetário de envolvimento de nossa espécie, por uma comunidade que mantenha sua coesão sem entrar em colapso e sem apagar a diversidade humana. Desse modo, nossa comunidade planetária, dentro de um contexto humano, deve manter simultaneamente — e com criatividade — as tensões da diferenciação, da subjetividade e da comunhão. Quando essas tensões são desfeitas, tomamos a direção da monocultura e da perda da criatividade da espécie. Também temos o feio espectro do racismo e da xenofobia cultural. Nessas circunstâncias, somos constantemente flagelados pelo horror do genocídio. Em nível menos extremo, deparamo-nos com a marginalização de povos, o que acabou aumentando as violações dos direitos humanos, principalmente naquelas regiões do mundo sujeitas à exploração econômica do Ocidente. Em relação aos povos marginalizados e subordinados, quase nenhuma necessidade humana básica está sendo satisfeita. Por exemplo: os povos indígenas de todo o globo sofrem violações de direitos humanos que não atendem às suas necessidades de subsistência, proteção, afeto, compreensão, participação, ócio, criação, identidade e liberdade insatisfeitas em todos os níveis da categoria existencial (ver a Tabela 8.1).

Quando nos voltamos para as relações intragrupos no interior das comunidades, vimos, em capítulo anterior, que as mulheres de toda a Terra sofrem nas mãos de homens sob as estruturas de dominação e de subordinação do patriarcado. Esse tipo de dominação acontece em todas as culturas e raças do mundo moderno, bem como em todas as classes e faixas etárias. A estrutura do patriarcado opera em nível global. Uma educação planetária deve procurar resistir e transformar as instituições do patriarcado. As mulheres de toda a Terra estão submetidas a estruturas de dominação patriarcal e são vítimas da violência masculina generalizada. Ao mesmo tempo, a estrutura da violência masculina opera de formas diversas nas diferentes culturas e, também, de formas diversificadas no interior de uma mesma sociedade. O que sabemos, a partir da literatura sobre mulheres discutida em capítulos anteriores, é que os papéis de gênero deixam as mulheres em posições subordinadas nos planos estruturais do patriarcado e que essas condições de opressão operam em nível global. A socialização patriarcal molda a consciência tanto de homens como de mulheres não com resultados uniformes entre os indivíduos, é claro, mas com uma orientação geral. Uma constante mensagem de subordinação é dirigida às mulheres, oriunda de grande número de fontes, dando às mulheres a impressão de que não devem ser levadas a sério. Isso acontece no comércio, na medicina e no governo, para citar apenas algumas instituições. Charlene Spretnak apresenta um quadro com algumas das conseqüências da dominação e da subordinação patriarcal para ambos os sexos:

> Mesmo dentro dos limites das representações do corpo feminino aprovadas pelo patriarcado, as mensagens culturais dizem à mulher que ela é inadequada — precisa ter os pés amarrados ou usar saltos altos, precisa de espartilhos, de sutiãs com enchimento, de cabelos tingidos e até de cirurgia plástica. Depressão, medo, total falta de auto-estima são temas psicológicos comuns para as mulheres criadas no patriarcado. Para os homens criados nessas sociedades, a obsessão fundamental é "não serem mulheres" — não se envolverem emocionalmente em suas relações pessoais, não serem "vulneráveis" por causa da empatia, não serem fisicamente fracos (valorizam principalmente a força da parte superior do corpo), não serem dóceis. Autonomia é o objetivo, e há uma grande pressão no sentido de se distinguir da massa. A vida costuma ser experienciada como competitiva, atomizada e alienante [...]. Ódio, medo e solidão são os temas psicológicos comuns para os homens criados no patriarcado; o distanciamento dos sentimentos é a estratégia aceitável para enfrentar a vida. (Spretnak, 1991: 119-20)

Como vimos acima, as estruturas de dominação e de subordinação que existem sob o patriarcado deixam os homens num nível de superficialidade emocional, enquanto a contribuição das mulheres é ignorada e marginalizada. O caminho educacional que liberta da dominação patriarcal, levando a relações mais eqüitativas entre homens e mulheres, abrirá novas áreas de diversidade, tanto para as mulheres quanto para os homens. Isso posto, é preciso compreender que a questão de gênero precisa ser considerada junto a outras questões de discriminação com base em raça, cultura e orientação sexual. Se isso não acontece, essas diferenças entram em competição com o gênero e umas com as outras. Se prestarmos atenção à discriminação de gênero sem prestar atenção ao racismo, é provável que o racismo ou a dominação racista acabem acontecendo. O mesmo se aplica à orientação sexual, uma área diferencial para a qual nos voltaremos agora.

Sabemos que, ao longo da história e até o presente, algumas pessoas desejaram e mantiveram relações de intimidade, sexuais ou não, com pessoas do mesmo sexo e outras fizeram o mesmo com pessoas do sexo oposto, ou com ambos os sexos, em toda cultura e época sobre as quais existem quaisquer documentos históricos ou antropológicos (Wishik e Pierce, 1995). Também sabemos que as categorias que descrevem a diversidade sexual são usadas para oprimir e para criar dominação e subordinação. Podemos dizer com certeza que, na cultura ocidental, a heterossexualidade é a norma, e as outras formas de orientação sexual sofrem severa marginalização. Nossa própria cultura define a heterossexualidade e a homossexualidade como pólos opostos, e existe uma tendência a negar a existência da bissexualidade ou de outras orientações ou identidades sexuais. Estigmatizamos a homossexualidade e a bissexualidade atribuindo-lhes conseqüências sociais, econômicas e religiosas negativas (Wishik e Pierce, 1995). A heterossexualidade compulsória constitui a base do sistema de sexo/gênero de nossa cultura e causou danos sociais e individuais incríveis a pessoas cuja orientação sexual as coloca em posição de subordinação (isto é, *gays*, lésbicas e pessoas de orientação bissexual). As sociedades heterossexualmente dominantes tornam muito difícil a aceitação de qualquer orientação e identidade que não seja a heterossexual. A heterossexualidade compulsiva atribui uma posição de dominação aos heterossexuais e de subordinação às lésbicas, *gays* e bissexuais. É sustentada por uma hierarquia rígida entre heterossexualidade e homossexualidade e pela negação da existência da bissexualidade. Aqui, também, a questão da diversidade adquire a maior importância. Começamos a perceber uma transição, um distanciamento da modalidade dominante da heterossexualidade dominante. Nosso passado recente foi caracterizado por uma negação quase total da existência da diversidade sexual ou, quando essa existência era reconhecida, fazia-se acompanhar de juízos de valor negativos sobre as orientações não heterossexuais. Hoje começamos a aceitar que nosso mundo contém tipos diferentes de orientação sexual e um leque de modos de vida culturais que permitem a presença visível de *gays*, lésbicas e bissexuais como parte de um sentido mais amplo de comunidade. Questionar a heterossexualidade compulsória por meio da educação é abrir as pessoas para um senso comunitário mais inclusivo, em que as várias orientações sexuais são aceitas como parte da diversidade de uma comunidade.

Para encerrar esta seção sobre a educação para a diversidade, gostaria de deixar o leitor com um tema que apareceu muitas vezes neste livro. A globalização das metas educacionais não leva à consciência de um mundo mais amplo e diversificado. Essa é a incrível ironia do processo de globalização. O que parece acontecer com o avanço da globalização é o desenvolvimento simultâneo de uma monocultura. É urgentemente necessário, em nosso atual momento histórico, é uma educação que se contraponha às forças da monocultura e que abra a todos nós para a cultura planetária mais rica da diversidade.

Educação e necessidade de cultura cívica

As culturas de permanência dotadas de sentido de comunidade e de lugar no mundo são as infra-estruturas básicas com autoridade para um envolvimento maior com comunidades mais amplas de participação. Em nosso mundo globalmente integrado de hoje, não é possível restringir nem truncar nosso envolvimento com o mundo exterior a nossa comunidade imediata. Apesar da importância do envolvimento e da participação que parecem necessários em nosso mundo moderno, as pessoas e as comunidades são alienadas e destituídas de poder por muitas instituições que afetam seu mundo. Há a sensação de falta de conexão com os processos políticos das sociedades supostamente democráticas que explicam a privação dos direitos civis. Não somos mais tratados como *cidadãos*. Numa cultura em que predomina o consumo, agora respondemos pelo nome de *consumidores*. A falta de participação nos processos eleitorais, tanto da política municipal quanto regional e nacional, é evidente. Num país como os Estados Unidos, quase metade dos eleitores abstém-se de votar nas eleições nacionais.

A intrusão das empresas transnacionais no âmbito das comunidades locais desestabilizou o senso de segurança econômica das pessoas. As empresas transnacionais mudam-se por qualquer ninharia e não têm nenhum interesse pelas comunidades, exceto as cifras das margens de lucro. Os meios de comunicação de massa, como já disse, criam uma cultura a partir de si mesmos. A saturação da cultura de massa levou ao declínio da vida pública das comunidades.

As reações à globalização, ao governo burocrático e à comunidade sem poder criadas pelos meios de comunicação de massa são estruturas intermediárias que servem de ponte entre a comunidade local e as estruturas globais mais abrangentes. Chamamos essas estruturas intermediárias de culturas ou sociedades civis. A necessidade dessas estruturas intermediárias é uma resposta às exigências de nossa atual situação global. É preciso haver uma cidadania alerta e consciente; isso é claro quando avaliamos as condições do mundo global para as quais parece que nos dirigimos. A noção de cidadania volta para o primeiro plano. Uma cidadania alerta é o último obstáculo para as atividades de políticos e de instituições comerciais e financeiras. Um governo efetivo vai depender de os indivíduos exercerem seus direitos e responsabilidades, como fiscalizar atividades dos governos e fazer pressão para garantir que o exercício do direito internacional não seja violado. Bons "cidadãos do mundo" se recusarão a deixar-se influenciar pela propaganda dos governos ou da mídia. Serão sensíveis à necessidade de correspondência entre o consumismo e o desenvolvimento sustentável e usarão seu poder de voto para garantir que as políticas econômicas e financeiras reflitam uma boa administração dos recursos do planeta.

O conceito de cidadania reintroduz a idéia de sociedade civil, que, embora não seja uma idéia recente, parece ter ressurgido nos últimos vinte e cinco anos como um conceito útil para descrever o espaço autônomo para a atividade, organização e teorização do cidadão (Hall e O'Sullivan, 1995). A esfera da sociedade civil abarca uma série de associações privadas autogeridas voltadas para objetivos públicos fora do aparato formal do Estado e sem um interesse direto pelo lucro econômico. Há uma associação mundial chamada Civicus, que tentou articular o papel e a visão de muitos milhares de associações. O educador de adultos Budd Hall (1996) acredita que as associações da sociedade civil podem ser divididas em pelo menos duas correntes. A primeira é identificada como a somatória das formas locais, nacionais e regionais de estruturas da sociedade civil, cuja tarefa é criar formas de fortalecer a comunicação, a coordenação e a reflexão entre as associações individuais já existentes. Dentre elas, temos enfermeiras, profissionais de saúde pública, assistentes sociais e professores que fazem numerosas articulações com colegas de mesma mentalidade no mundo inteiro. Além das que citamos, toda uma nova geração de associações da sociedade civil foi criada tanto nos países ricos como pobres durante as décadas de 1970 e 1980: as onipresentes ONGs ou organizações não-governamentais.

A segunda corrente de construção civil identificada por Hall é representada por aquelas associações de especificidade em nível global. Dentre elas, temos o boicote ao leite da Nestlé, numerosas associações ambientais, como o Greenpeace e a *Worldwide Fund for Nature* [Fundo Mundial para a Natureza], associações de mulheres, grupos pacifistas e uma miríade de outros grupos que surgiram nos espaços de a ação do cidadão do mundo. Não se pode atribuir uma identidade nacional ou local a muitas dessas associações. São chamadas, freqüentemente, de ONGIs ou organizações não-governamentais internacionais (Hall, 1996).

Essas duas correntes de cultura cívica satisfazem inúmeras necessidades humanas básicas. As diferenças entre as muitas associações também determinam os tipos e modelos de necessidades humanas que estão sendo atendidas. Se voltarmos à Tabela 8.1, lembraremos que as necessidades de subsistência, proteção, compreensão, participação, identidade e liberdade são algumas das necessidades fundamentais que as associações procuram satisfazer com as várias formas de realizar seu trabalho.

É importante entender que as associações de cultura cívica muitas vezes funcionam independentemente das associações de empresas transnacionais bem como de governos e têm uma visão de mundo muito diferente. Por exemplo: quando são feitas as reuniões de cúpula do G-7, há uma outra associação que não é governamental nem empresarial que faz reuniões paralelas: a TOES (*The Other Economic Summit* [A Outra Cúpula Econômica]), constituída de ONGs do mundo inteiro. Procura apresentar uma visão econômica alternativa que se contrapõe às visões de globalização da corrente dominante prevalecentes no G-7. É a reunião de muitas e diversas associações de grupos ecológicos e feministas do mundo majoritário defensoras dos direitos humanos e congêneres. Discutem as perspectivas de muitos problemas importantes que são ignorados.

A Reunião de Cúpula da Terra realizada no Brasil, em 1992, foi outro exemplo de ocorrência simultânea de duas reuniões de cúpula. A principal reunião organizou-se em torno dos temas da ecologia e da biodiversidade, com a participação de todos os países membros da ONU. A reunião de cúpula alternativa, chamada de Fórum Social Mundial, teve uma resposta incrível das ONGs do mundo inteiro. Compareceram cerca de 1.500 grupos de aproximadamente 163 países. Os eventos do Fórum Social Mundial consistiram em reuniões, *workshops*, debates, formação e participação em redes, seminários. O Fórum Social Mundial alternativo discutiu questões físicas, espirituais e políticas ignoradas pela Reunião de Cúpula da Terra. O Fórum Internacional concentrou-se na educação e produziu um Tratado sobre Educação Ambiental para Sociedades Sustentáveis e Responsabilidade Global. Esse tratado foi aprovado por consenso por ONGs dos cinco continentes. Apresentaram dezesseis princípios de educação ambiental justos e sustentáveis. Cito-os aqui porque representam a grande simpatia educacional deste livro e também constituem um exemplo concreto de uma visão educacional transformadora.

1. A educação é um direito de todos; todos somos alunos e educadores.
2. A educação ambiental, seja formal, não formal ou informal, deve se basear no pensamento crítico e inovador em qualquer lugar ou época, promovendo a transformação e a construção da sociedade.
3. A educação ambiental é tanto individual quanto coletiva. Sua meta é desenvolver a cidadania local e global com respeito pela autodeterminação e soberania das nações.
4. A educação ambiental não é neutra, mas sim baseada em valores. É um ato em favor da transformação social.
5. A educação ambiental deve envolver uma abordagem holística e, por conseguinte, destaque interdisciplinar da relação entre os seres humanos e destes com a natureza e com o universo.
6. A educação ambiental deve incentivar a solidariedade, a igualdade e o respeito pelos direitos humanos, envolvendo estratégias democráticas e um clima de abertura em relação ao intercâmbio cultural.
7. A educação ambiental deve tratar de questões globais críticas, de suas causas e inter-relações com uma abordagem sistêmica e nos seus contextos social e histórico. Questões fundamentais a respeito do desenvolvimento e do meio ambiente, como população, saúde, paz, direitos humanos, democracia, fome, degradação da flora e da fauna, devem ser entendidas de acordo com essa perspectiva.
8. A educação ambiental deve facilitar a parceria entre iguais nos processos de tomada de decisões em todos os níveis e estágios.
9. A educação ambiental deve recuperar, reconhecer, respeitar, refletir e utilizar a história indígena e as culturas locais, além de promover a diversidade cultural, lingüística e ecológica. Isso implica aceitar a perspectiva histórica dos povos nativos como uma forma de mudar as abordagens etnocêntricas bem como de incentivar a educação bilíngüe.
10. A educação ambiental deve dar autoridade a todos os povos e promover oportunidades para a participação e mudança democrática dos grupos sociais locais. Isso significa que as comunidades têm de recuperar o controle sobre o seu destino.
11. A educação ambiental valoriza todas as diferentes formas de conhecimento. O saber é diversificado, cumulativo e socialmente produzido e não deve ser patenteado nem monopolizado.
12. A educação ambiental deve ser concebida de maneira que possibilite que as pessoas resolvam os conflitos de forma justa e humana.

13. A educação ambiental deve estimular o diálogo e a cooperação entre indivíduos e instituições com vistas a criar novos modos de vida que se baseiem na satisfação das necessidades básicas de todos, independentemente de diferenças étnicas, de gênero, de idade, de religião, de classe ou físicas e mentais.
14. A educação ambiental requer a democratização dos meios de comunicação de massa e seu compromisso com os interesses de todos os setores da sociedade. A comunicação é um direito inalienável, e os meios de comunicação de massa devem ser transformados em um dos principais canais da educação, não se prestando a disseminar informações por meio de uma base igualitária, mas também por meio de intercâmbio de recursos, valores e experiências.
15. A educação ambiental deve integrar conhecimento, qualificação e habilidade, valores, atitudes e atos. Deve converter toda oportunidade em experiência educativa de sociedades sustentáveis.
16. A educação deve ajudar a desenvolver uma consciência ética a sobre todas as formas de vida com as quais os seres humanos compartilham este planeta, bem como respeito por todos os ciclos de vida e limites à exploração de outros seres vivos pelos seres humanos.

Fonte: Environmental Education for Sustainable Societies and Global Responsibility (1993).

É importante notar que esses dezesseis princípios educacionais apresentados pelo Fórum Internacional no Rio constituem uma visão educacional das associações de grupos locais de todo o mundo. Têm uma consciência planetária, mas também exigem tanto justiça social humana quanto senso de justiça relativo ao mundo natural mais amplo. Esses princípios articulam a necessidade de diversidade do saber que respeita a sabedoria indígena e local. A meta do Tratado sobre Educação Ambiental para Sociedades Sustentáveis e Responsabilidade Global é conseguir o envolvimento de povos de todo o globo numa resposta alternativa de grupos locais ao modelo de globalização competitivo na educação. Nesse sentido, esse tratado mostra como a presença da cultura cívica pode forjar uma visão transformadora da educação que tem, em primeiro plano, as necessidades do planeta e de todos os seus povos.

A capacidade de ter autoridade para ser um cidadão numa cultura cívica mais ampla atende a muitas necessidades humanas importantes e fundamentais. Se voltarmos à Tabela 8.1, veremos que as necessidades axiológicas de Compreensão, Participação, Criação, Identidade e Liberdade são satisfeitas pela participação numa cultura cívica. As necessidades existenciais interagindo com as axiológicas abrangem todo o espectro de Ser, Ter, Fazer, Interagir. Quando essas necessidades são satisfeitas, em sua interação complexa há um senso de participação que aceita agentes autorizados em intercâmbio (isto é, solidariedade). Acredito que a resistência básica aos resultados negativos da globalização transnacional tem sua origem numa cultura cívica extremamente capacitada, que opera em âmbito global.

Educação e diversidade biocêntrica: a necessidade humana de diversidade no mundo natural

O desencantamento com o mundo natural que identificamos como projeto moderno nos Capítulos 2 e 3 resultou num processo dinâmico que colocou os seres humanos em situação de antagonismo em relação ao mundo natural. No período moderno, concentramos todo nosso senso de valor no projeto histórico humano. Atualmente, estamos num processo de afastamento do mundo externo à esfera humana, tanto por meio de um distanciamento beligerante quanto pela construção de um muro de indiferença. Esse resultado é um dos principais componentes do projeto moderno. Começamos a entender o custo desse projeto do modernismo. O mundo natural externo à esfera humana degradou-se seriamente, e agora vivenciamos uma relação claramente disfuncional com o mundo natural. Nossa percepção do mundo natural fora da escala humana é de que ele constitui um objeto a ser manipulado e explorado para os desígnios humanos. Thomas Berry (1988) afirma que o ser humano está autista e que perdemos nossa percepção do mistério insondável a nossa volta. Não entendemos mais as vozes que falam conosco no mundo que nos cerca. A intensidade de nossas preocupações científicas combinada a nossa impiedosa exploração comercial do planeta deixaram-nos num estado de insensibilidade para com o mundo natural em termos de comunicação emocional, estética, mítica e mística mais profunda. Assim como os autistas ficam tão profundamente encerrados dentro de si que não conseguem sair e não permitem que nada entre, também estamos encerrados, agora, em nosso mundo moderno e, enquanto sociedade, perdemos a intimidade com o mundo natural. A educação moderna das sociedades industriais é uma viagem para longe da intimidade e em direção ao estranhamento. Fomos ensinados a nos ver como criaturas separadas e distanciadas do mundo natural. Quando falamos de nossa existência, falamos como se estivéssemos longe e separados do universo e do mundo natural. Esse é o desencantamento de que falei no Capítulo 3. Dessa perspectiva, a consciência humana é consciente, na medida em que é vista como separada do universo e do mundo natural. Quando refletimos sobre a visão de mundo ocidental, vemos o mundo exterior à consciência humana como silencioso e inerte, matéria sem vida a ser manipulada e controlada a nosso bel-prazer. O mundo exterior à consciência humana é um objeto a ser usado como nossa espécie quiser e nos termos de nossas necessidades e preferências. A única intimidade que existe nessa visão de mundo é a humana. Estamos encerrados no antropocentrismo. A única voz além da nossa é a humana; todos os outros aspectos do mundo natural são silenciosos. Como encaramos o universo não humano como sendo mudo, segue-se daí que não temos capacidade de ter intimidade com o mundo natural. Não temos consciência de viver na superfície das coisas. Isso faz parte da arrogância da educação ocidental. Consideramos as culturas que têm intimidade com o mundo natural exterior à consciência humana como primitivas e subdesenvolvidas. Vemos isso claramente no caso dos povos indígenas, cuja intimidade com o mundo natural e cuja proximidade e respeito pelo mundo animal e vegetal são considerados retrógrados pela visão moderna. Nós, da tradição científica do Ocidente moderno, não conseguimos entender que temos uma capacidade muito limitada de comunhão com o mundo que não pertence ao âmbito humano; fomos educados a ver a realidade humana somente como um mundo de sujeitos.

E se o universo for uma comunhão de sujeitos e não uma série de objetos? Agora, esse senso de comunhão com o mundo natural precisa tornar-se fundamental para nossa experiência educativa (*Environmental Education for Sustainable Societies and Global Responsabilitiy* [Educação ambiental para sociedades sustentáveis e responsabilidade global]

(1993). Precisamos nos afastar da visão antropocêntrica e nos voltar para uma visão biocêntrica da realidade e dos valores. Isso começa com a aceitação do fato de que a vida comunitária, a comunidade de todas as espécies vivas, é o valor mais alto, e a maior preocupação do ser humano deve ser a preservação e a promoção dessa vida comunitária mais ampla. Quando pensamos que o universo é uma comunhão de sujeitos e não um conjunto de objetos, começamos a considerar sagrada a interioridade profunda de todos os aspectos do ser. Como diz Charlene Spretnak (1991), "os seres humanos não são os únicos sujeitos do universo". Ela sugere que cabe a nossa sensibilidade imaginar o próprio universo como um grande sujeito. Um envolvimento maior com o mundo natural em termos de sua própria subjetividade profunda abre-nos para um novo conceito de intimidade. Quando cultivamos a intimidade com o mundo natural, começamos a perceber uma consciência diferenciada do mundo além dos limites humanos. A sensibilidade ao mundo animal e vegetal gera uma consciência que traz à tona a sensibilidade para os ritmos mais profundos do mundo biótico. Agora os seres humanos têm condições de estabelecer uma relação com o mundo natural que respeite a subjetividade e a interioridade profundas de todos os aspectos da realidade. Com essa consciência diferenciada e mais ampla, vem a maior capacidade de encarar toda a realidade como uma presença diferente e, ao mesmo tempo, como uma presença subjetiva. Com a expansão dessa sensibilidade e dessa consciência, começamos a desenvolver uma postura interior que permite profunda compreensão relacional de tudo o que podemos experimentar dentro e fora de nós.

Podemos dizer, para terminar esta seção, que uma visão transformadora da educação deve ser construída sobre os processos fundamentais do universo: diferenciação, subjetividade e comunhão. Ela permite uma articulação simultânea tanto da diferença quanto dos pontos comuns. A criatividade comunitária deve basear-se no respeito e na reverência pela comunidade biótica mais ampla, a teia da vida (Spretnak, 1991).

Como conclusão, terminei este livro examinando os elementos essenciais de uma espiritualidade que sustenta e que nutre a *estrutura onírica* necessária à visão transformdora.

Epílogo

Acender o fogo da alma: a educação do espírito humano em nosso tempo

A Grande Liturgia. A comunidade ecológica recém-nascida precisa de uma mística que proporcione a grande exaltação apropriada à existência de um universo tão estupendo como o nosso e de um planeta tão glorioso quanto este em que vivemos. Pode ser encontrada na renovação do intercâmbio dos seres humanos com a grande liturgia cósmica, na seqüência diária de aurora e crepúsculo, bem como na grande seqüência sazonal e nos grandes ciclos hidrológicos. Isso faz lembrar as antigas celebrações rituais do período clássico, mesmo que agora elas sejam feitas dentro de uma nova história do universo e de sua formação pelos processos evolutivos (Thomas Berry, 1989: 2).

> We shall not cease from exploration
> And the end of all our exploring
> Will be to arrive where we started
> And know the place for the first time*
>
> (T. S. Eliot, *Four Quartets* [Quatro Quartetos])

---

* Não devemos cessar a exploração;
O fim de todo o nosso trabalho
É chegar ao ponto de partida
E conhecer o lugar pela primeira vez.

A meu ver, qualquer discussão em profundidade da "educação transformadora" deve tratar do tema da espiritualidade, e os educadores devem assumir o trabalho de desenvolvimento do espírito em nível mais fundamental. A educação contemporânea sofre profundamente com o eclipse da dimensão espiritual de nosso mundo e universo. Em nosso tempo, a espiritualidade foi seriamente comprometida por sua identificação com as religiões institucionalizadas.

Gostaria de deixar claro para o leitor, desde o começo da discussão sobre espiritualidade, que não considero, nem por um momento, que espiritualidade seja sinônimo de religião institucionalizada. A religião não será louvada nem demonizada aqui. Quando digo que espiritualidade não é religião, estou sublinhando que a espiritualidade não é província exclusiva da religião. A espiritualidade refere-se aos recursos mais profundos do espírito humano e envolve dimensões não físicas, imateriais de nosso ser: as energias, essências e partes de nós que existiam antes e que existirão depois da desintegração do corpo. A religião procura institucionalizar a espiritualidade e, em muitos casos, isso é feito mais pela perpetuação da instituição do que pelo bem-estar explícito do indivíduo (Weil, 1997).

Assumo, aqui, a postura de que a "globalização" está se tornando uma religião, não uma religião que cultiva o espírito humano; na verdade, perverte o espírito humano com sua ênfase chocante nos bens materiais. O que está acontecendo em nosso tempo sob a capa da "globalização" é nada menos que o assassinato da alma. É algo generalizado e parece mover-se com a velocidade de um câncer agressivo. O movimento rumo à "globalização" da economia mundial é, com toda a certeza, um câncer no espírito humano. Ao mesmo tempo, dada nossa posição na ordem planetária, à medida que nossa alma deteriora, devastamos o mundo do espírito. Começamos a ver, hoje, em algumas áreas, certa sensibilidade pela perda da alma do mundo. Os escritos recentes de Thomas Moore (1992; 1994) sobre o lugar da alma na vida cotidiana tiveram enorme público na América do Norte e em vários lugares. Outros escritores estão discutindo temas semelhantes sobre a alma: James Hillman, em *The Soul Code* [O código da alma] (1996), e Robert Sardello, em *Facing the Word with Soul* [Enfrenta o mundo com alma] (1994) e *Love and the Soul* [O amor e a alma] (1995). Há uma discussão mais enérgica e rigorosa da importância da vida espiritual no mundo moderno em numerosas obras de Ken Wilber. O que achei fascinante na obra desse autor — e que pode ser visto imediatamente em sua obra mais recente, intitulada *The Eye of the Spirit* [O olho do espírito] (1997) — é sua abordagem integral da espiritualidade, que abarca muitas disciplinas e que produz um panorama de preocupações lançando de novo a questão da centralidade e da importância suprema do espírito em nosso mundo moderno.

Minha forma de abordar o tema da alma e do espírito consiste em usar como base os três princípios: diferenciação, subjetividade e comunhão. No que se refere à diferenciação, digo ao leitor que toda discussão da espiritualidade hoje, no contexto da educação ou em qualquer outro, tem de respeitar a incrível riqueza e diversidade de expressão espiritual presentes na família humana. Essa riqueza é evidente nas diversas expressões do espírito humano vistas nas muitas religiões do mundo. Também se manifesta nas várias expressões da espiritualidade fora das religiões institucionalizadas. É preciso dizer enfaticamente — por causa da tendência à monocultura de nosso tempo — que a variedade é o sal da vida nessa esfera. O fundamentalismo religioso, seja cristão, judaico ou islâmico, é um curto-circuito nervoso no *modus operandi* do espírito humano. O desejo de que só exista uma religião, uma cultura, uma economia mundial globalizada é uma aberração e uma sentença de morte para o espírito humano e, quando o espírito humano fecha-se dessa maneira, estamos realmente nas garras do perigo. Há grandes semelhanças em todas as formas de fundamentalismo (Lerner, 1996).

A diversidade é um dos ingredientes necessários à espiritualidade saudável, mas, apesar disso, só toca a superfície se não levarmos em conta a dimensão profunda da espiritualidade que identifico com o princípio da subjetividade. Falei de diversas formas dessa dimensão ao longo de todo o livro. Em nosso contexto atual, a subjetividade representa aquela dimensão da interioridade profunda que identificamos com a idéia de alma. Já falei dessa profunda dimensão da subjetividade no contexto da interioridade, da autopoiesis, da paisagem interior. Quando observamos as coisas em sua diversidade, precisamos ir além da superfície das diferenças para apreciar a interioridade profunda de toda a criação. O olho é um órgão que parece nos levar para a interioridade profunda de todas as coisas. Quando olhamos nos olhos de uma pessoa ou animal, tomamos consciência da dimensão profunda da criação. Falamos constantemente do olho como a janela da alma. É exatamente isso o que ele é. Experimente por si mesmo a profunda sensação de mistério que se sente ao olhar nos olhos de uma criança recém-nascida. Pegue um animal de estimação, se você tiver o privilégio de conviver com um deles, e explore o mistério profundo do que é evocado pelo olhar do animal. O significado profundo do desenvolvimento da percepção de algo dentro das coisas, de uma "paisagem interior", permite-nos refletir sobre a profundidade maior da idéia de que somos uma comunhão de sujeitos, não um amontoado de objetos.

Aqui é vital para o leitor compreender que, quando uso o termo alma como sujeito, não estou pensando numa realidade ou essência pré-formada. Há um dinamismo na minha versão que abrange a natureza autopoiética da subjetividade. A autopoiesis refere-se à profunda capacidade de regeneração de todas as estruturas vivas que mantém e aumenta a integridade das estruturas vitais. É essa dimensão de interioridade que, às vezes, dizemos ser o alimento da alma. Em nosso tempo, estamos vivendo praticamente uma epidemia de fome em relação ao alimento de nossa alma. Você se lembra — no Capítulo 7, sobre o desenvolvimento integral — das limitações da cultura de consumo de nosso tempo em satisfazer nossas necessidades mais profundas?

Nossa subjetividade não se desenvolve num vácuo. Sabemos muito claramente que a alma é alimentada pela comunidade. A principal matriz de que falei no Capítulo 7 aponta para a dimensão relacional profunda de toda realidade. Somos pessoas não em nós mesmos, mas em comunidade. Essa dimensão relacional profunda de toda realidade é chamada pelos povos indígenas de "todos os meus parentes". Hoje é absolutamente necessário entender que, para haver desenvolvimento espiritual, é preciso haver alimento, tanto na macro quanto na microfase da comunidade. Nosso espírito está incrustado em muitos níveis da comunidade. Somos membros da comunidade universal, da comunidade terrestre, da comunidade animal e da comunidade humana.

Nossa relação com a comunidade universal envolve-nos no contexto mais amplo que o espírito humano tem condições de entender. Thomas Berry (1988) fala do universo como um texto sem um contexto. Somos membros da comunidade universal que nos produz com a substância das estrelas. O universo é a realidade sagrada primordial. Nas palavras de Thomas Berry, tornamo-nos sagrados por meio de nossa participação na dimensão sagrada do próprio universo. Todos os povos, desde tempos imemoriais, mostraram interesse vital por sua relação com o universo. Mitos maravilhosos foram concebidos por diversos povos de toda a Terra, celebrando a história de nossa origem de acordo com sua compreensão. A percepção da grandeza do universo é alimento para a alma. Sua grandeza assombrosa deixa-nos, ao mesmo tempo, sem fôlego e energizados.

Antes de sermos humanos, somos criaturas terrestres. Nossa alma é alimentada pela matriz da Terra, dotada de incrível variedade e de grandeza inigualável. A paisagem da Terra é um rico alimento para o espírito humano. Thomas Berry (comunicado pessoal, 1989) traça um paralelo com a paisagem lunar. Afirma que, se fôssemos criaturas lunares, nossa alma sentiria a desolação da paisagem da Lua. Nosso planeta tem uma variedade e uma interioridade maravilhosas, que alimentam o espírito humano. Quando essa matriz é poluída e aviltada ou se torna tóxica, há um efeito concomitante no desenvolvimento do espírito humano. Falar da Terra como nossa mãe, como é comum entre os povos nativos, não é exatamente uma metáfora. É totalmente adequado nos referirmos à Terra como nossa mãe quando falamos de um contexto da comunidade terrestre. A alimentação que a Terra dá, enquanto matriz primordial de nossa espécie, assim como de muitas outras, torna a escolha do termo "mãe" correta e apropriada. Enquanto seres terrestres, somos uma espécie entre as espécies. Enfatizar a importância de compreender esse fato nunca será demais. Swimme e Berry (1992) acreditam que nunca teremos idéia de todo o significado do ajustamento humano nessa nova era biológica enquanto não começarmos a pensar na humanidade como uma espécie entre espécies. Já pensamos nos seres humanos enquanto nações, enquanto culturas, enquanto grupos étnicos, enquanto associações internacionais e até enquanto comunidade humana global, mas nenhuma dessas categorias articula a questão atual de ser humano-Terra com tanta precisão quanto pensar na humanidade como uma espécie entre as espécies.

Esse equívoco a respeito de nossa posição tem tido efeitos que vão além do nível da espécie. A influência humana da era industrial desfez o equilíbrio do planeta, levando-o para uma fase de extinção que batizei de cenozóico terminal. A desolação do espírito humano que hoje testemunhamos reflete em nossa alma com a destruição de nossa matriz primordial. O que vai volta. A visão que o Ocidente industrial tem da Terra é que ela é um objeto separado do eu humano, possível de ser manipulado e explorado para satisfazer nossa ganância. Essa visão do planeta como objeto significa que, enquanto povo histórico, ignoramos a sabedoria de nossa herança ancestral. Com isso, demos início a um processo de destruição de nosso hábitat ou matriz que, agora, atingiu proporções perigosas. Perdemos a conexão espiritual com a Terra e reduzimos o crescimento de nosso espírito. O horizonte cultural do Ocidente está destruindo a dimensão espiritual de nossa vida e, por causa da globalização crescente, atrapalhamos o desenvolvimento espiritual de outros povos invadindo sua cultura e sua vida. A histórica invasão cultural da vida dos povos indígenas, tanto no passado quanto no presente, é um caso em pauta. A incrível resistência dos povos nativos, que se reapropriam ativamente de suas tradições, dá esperanças de que a invasão seja impedida. Para que isso seja possível hoje em dia, precisamos seguir o exemplo dos povos nativos em sua tenacidade na preservação da integridade de seu mundo espiritual.

Quando nos voltamos para a comunidade humana, imediatamente percebemos que a matriz da vida comunitária pode promover ou prejudicar o desenvolvimento do espírito. Agora, adquirimos plena consciência da importância da matriz primordial da comunidade humana para o desenvolvimento normal do espírito. Quando há alguma violação da matriz primordial, descobrimos que o espírito humano fica gravemente comprometido. O termo esquizofrenia refere-se, na verdade, à condição de um espírito alquebrado. Segundo os evangelhos cristãos, quando se agride uma criança, a transgressão da ordem natural das coisas é tão grande que até um Jesus compassivo diria que qualquer ser humano que faça mal a uma criança merece que se lhe amarrem uma pedra no pescoço e que o joguem no mar.

Sabendo o que sabemos hoje sobre a importância da matriz da comunidade humana para o desenvolvimento do espírito humano, é incrível que o sistema econômico globalizado pisoteie algumas de nossas necessidades humanas mais vitais. Como nosso sistema econômico global julga a si mesmo apenas em termos de lucro, o envolvimento do espírito humano é totalmente ignorado quando ele faz suas contas.

Não há lugar na economia mundial governada pela motivação do lucro para o cultivo e promoção da vida espiritual. Lazer, contemplação e silêncio não têm valor nesse sistema, porque nenhuma dessas atividades é governada pela motivação do lucro. As pessoas que cultivam sua vida espiritual são vistas como improdutivas ou subdesenvolvidas. Nossa economia mundial enfatiza somente as necessidades e carências materiais, e não existe preocupação com a fome que as pessoas chamam de fome do espírito. Do ponto de vista educacional, nossa situação atual requer transformações. Nossa primeira tarefa, a mais importante da vida, é assumir nosso destino espiritual. Essas não são palavras freqüentes na educação. Apesar disso, começamos a vislumbrar um interesse na área da educação no sentido de considerá-la uma empreitada espiritual (Palmer, 1993; R. Miller, 1993; Moffett, 1994). Aqui também os povos indígenas são exemplares. Uma das tradições das culturas indígenas é a "busca da visão". Tom Brown Jr. (1988: 4) sublinha sua importância: "Existe um mundo além de nossas experiências físicas, mentais e emocionais do cotidiano. É um mundo que vai além dos cinco sentidos, diferente do reino da imaginação. É o mundo do invisível e do eterno, do espírito e da visão".

Nessa busca da visão, a pessoa tem de ter uma visão em sua vida que lhe permita seguir sua vocação e cumprir seu destino. Posso dizer que a busca da visão não se concentra no destino econômico. Com isso em mente, vemos que é vital ter uma vida comunitária que reconheça a importância do crescimento de nosso espírito.

A diversidade da expressão espiritual

Dentro da comunidade humana, encontramos no passado e vivemos no presente uma grande diversidade de expressões da espiritualidade. Parece natural que os seres humanos de todas as idades expressem a dimensão sagrada da vida. Embora tais manifestações do sagrado sejam dramaticamente diferentes, o fato da presença do sagrada na vida humana parece incontestável. Também reconhecemos que nosso lugar no universo existe num contexto de desenvolvimento temporal, ao qual o sagrado também está sujeito. Por isso, devíamos esperar — adotar, na verdade — a visão de que a dimensão sagrada da vida tem o colorido e a diversidade da própria criatividade do universo em ação. Essa espiritualidade também satisfaz as necessidades particulares de nossas atuais condições planetárias.

Não há espiritualidade hoje que, em si mesma, possa ter pretensões de representar toda a experiência do espírito humano. Qualquer pretensão nesse sentido é, ao mesmo tempo, equivocada e perigosa. A presente escalada dos diversos fundamentalismos é um caso em pauta. Precisamos de uma espiritualidade cujo alcance e magnitude nos despertem para o esplendor e a felicidade do universo. Precisamos de uma espiritualidade que se enraíze numa visão biocêntrica e que nos mantenha vitalmente conectados ao mundo natural e ao desenvolvimento do universo. Precisamos de uma espiritualidade encantada, que nos desperte para a dimensão fantástica de nossa experiência dentro desse grande mistério no qual nascemos. Precisamos de uma espiritualidade encarnada que conecte nosso corpo ao mistério profundo das coisas. Precisamos de uma espiritualidade que expresse as múltiplas facetas do humano (diferenciação), que seja a manifestação das profundezas de nossa interioridade (subjetividade) e de uma dimensão relacional que nos permita enraizar nossa vida nas múltiplas expressões da comunidade, abrindo-nos para uma visão mais profunda do fato de que somos membros de uma grande comunidade planetária. Matthew Fox dá-nos idéia da magnitude assombrosa da criação e de nosso lugar nela ao falar sobre a percepção do povo lakota a respeito do universo e de seu entendimento de "todos os meus parentes":

> A criação são todas as coisas e somos nós. Nós na relação com todas as coisas. Sempre que fuma o cachimbo sagrado ou sai da tenda do suor, o povo lakota reza por "todos os seus parentes". "Todos os meus paren-

tes" é uma alusão a todos os seres, a todas as coisas, as que vemos e as que não vemos; as galáxias rodopiantes e os sóis ardentes, os buracos negros e os microorganismos, as árvores e as estrelas, os peixes e as baleias, os lobos e os botos, as flores e as pedras, a lava derretida e as altas montanhas de picos cobertos de neve, as crianças que tivemos e os filhos delas, e os filhos delas e os filhos delas e os filhos delas. A mãe solteira desempregada e o estudante universitário, o camponês e o proprietário de terras, a rã no lago e a serpente na grama, as cores de um brilhante dia de sol e a escuridão suprema de uma floresta tropical à noite, a plumagem de papagaios multicoloridos e o som de um tambor africano, a *kiva* dos hopis e a maravilha da catedral de Chartres, a animação da cidade de Nova York e o desespero de uma prisão superlotada também fazem parte. (M. Fox, 1991: 7-8)

A própria magnificência da criação evoca a diversidade de expressões para a celebração desse grande mistério. Portanto, não é de surpreender que as pessoas celebrem a existência de diversas formas ao longo do tempo e na variedade dos espaços. Sabemos que isso é verdade.

As diversas expressões de mitos e histórias são fruto de modos de vida distintos que, por sua vez, ajudam a aperfeiçoar os modos de vida com os quais os vários povos da Terra relacionaram-se uns com os outros, com o mundo natural a sua volta e com as potências numinosas que fornecem sua explicação última para o surgimento do universo e de seus tipos de atividade. As diferenças entre esses mitos e rituais refletem a diversidade da experiência de vida dos vários povos e as características especiais da área geográfica que habitaram. Os mitos e rituais deram sentido a sua vida e evocaram a energia psíquica necessária para enfrentar os terrores inerentes à condição humana (Swimme e Berry, 1992). Swimme e Berry (1992) dizem que o processo de civilização é uma extensão do processo de seleção natural que acontece constantemente não apenas na espécie humana, mas também nas várias divisões tribais e civilizacionais do humano. Assim como a comunidade humana vem sendo constantemente selecionada entre os sistemas vivos do planeta, as estruturas civilizacionais também estão num processo de seleção contínuo em meio ao grande leque de possibilidades. Portanto, temos condições de entender a múltipla variedade de expressões da espiritualidade que existiu ao longo do tempo e na diversidade dos espaços. Também não é de surpreender que, em nossa atual realidade histórica, existam diversidades que expressem a plenitude do espírito humano em nosso tempo. Ao enfatizar algumas dessas expressões, já observamos que é necessário fazer uma distinção entre espiritualidade e religião. Embora a religião não impeça a espiritualidade, também não esgota suas possibilidades. Nossa época recebeu o legado das religiões e da ciência antropocêntricas que nos deixaram rituais que não se referem à nossa relação com a Terra em toda a sua plenitude.

Na situação histórica em que nos encontramos, começamos a ver formas de espiritualidade e os rituais que as acompanham afirmando a inter-relação entre o mundo humano e o mundo não humano. Também testemunhamos avanços científicos que promovem uma espiritualidade que nos conecta com o universo maior e com seus mistérios. *The Universe Story* [A história do universo], de Brian Swimme e Thomas Berry (1992); *The Hidden Heart of the Cosmos* [O coração secreto do cosmo], de Brian Swimme (1996); *The Rebirth of Nature and God* [O renascimento da natureza e de Deus] (1994), de Rupert Sheldrake; *God and the New Physics* [Deus e a nova física] (1984), de Paul Davies; *Gaia: The Human Journey from Chaos to Cosmos* [Gaia: a viagem humana do caos ao cosmo] (1989), de Elisabet Sahtourist; *Microcosmos* (1987), de Lynn Margulis; *Cosmos* (1980), de Carl Sagan; e *The Ages of Gaia* [As eras de Gaia] (1988), de J. E. Lovelock são exemplos desse tipo de inter-relação.

Os escritores da área da ecologia profunda também estão tentando criar rituais para inspirar a compreensão do sentido da interioridade (subjetividade) de todas as coisas. Com perspectivas bem diferentes das religiões formais, ecologistas profundos, como John Seed e Joanna Macy, Pat Flemming e Arne Nasess (Seed e Macy, 1988), tentaram desenvolver rituais para inspirar a experiência da ecologia profunda, que vão de orações à poesia, de buscas da visão em regiões virgens à ação direta em defesa da Terra.

As escritoras ecofeministas também estão preparando o terreno da espiritualidade que reflete as necessidades profundas tanto de mulheres quanto de homens. Dentre elas estão escritoras como Susan

Griffin (1978; 1995); Starhawk (1997), Riane Eisler (1988), Judith Plant (1989), Charlene Spretnak (1991) e outras (Diamond e Ornstein, 1990; La Chapelle, 1988). A espiritualidade das mulheres, com toda sua diversidade, abre portas para uma espiritualidade da encarnação, para a espiritualidade da Deusa e para a recuperação da visão de que o corpo da Terra e o corpo humano são sagrados em iguais proporções (Stone, 1976; Eisler, 1988; Starhawk, 1979).

A espiritualidade dos povos indígenas das Américas começa a ser valorizada depois de 500 anos de chacina (Mander, 1991; McGaa, 1990; Storm, 1972; Willoya, 1962; Peterson, 1990). Os próprios povos nativos que vivem no mundo contemporâneo descobrem e resgatam sua sabedoria ancestral como corretivo para a fúria da psique ocidental. A importância dessa espiritualidade única, tão afinada com os processos do universo e com a Terra, também começa a ser percebida por outros povos que tentam desenvolver uma espiritualidade baseada na Terra. Os povos nativos comportam-se com prudência e generosidade ao partilhar sua sabedoria ancestral. Charlene Spretnak, em seu livro *States of Grace: The Recovery of Meaning in the Postmodern Age* [Estados de graça: a recuperação do significado na era pós-moderna] (1991), dá uma idéia muito clara da espiritualidade nativa e mostra uma forma autêntica de povos não nativos se relacionarem com ela:

> Em nosso continente, as nações de nativos americanos mantiveram práticas ininterruptas da espiritualidade com base na Terra durante mais de vinte mil anos. Desde o contato com os invasores europeus, que começou há quinhentos anos, as práticas espirituais dos povos nativos foram, muitas vezes, alvo de políticas de erradicação, para que seu tecido cultural se desfizesse e para que os índios se tornassem meras peças de um jogo fragmentado do mundo moderno. Centenas de nativos não só preservaram suas práticas espirituais em condições absolutamente adversas, como ainda estão dispostos até a partilhar alguns de seus ensinamentos com a cultura dominante, acreditando que não é tarde demais, mesmo agora, para todos os povos cultivarem uma percepção amorosa do resto do mundo natural e de mudar nossa forma de viver em função disso. Lutando para recuperar a conexão perdida entre a modernidade e o resto da natureza, ansiando por curar nossa alienação debilitante, podemos inspirar-nos nas formas de ser engenhosamente infundidas com sensibilidade, humildade e amor pela teia da vida. (Spretnak, 1991: 89)

Com isso em mente, foi muito importante o evento histórico de setembro de 1977, quando alguns *haudenosaunees* apresentaram uma série de textos às ONGs das Nações Unidas em Genebra. Os *haudenosaunees* — conhecidos também como as Seis Nações da Confederação Iroquesa — já foram, um dia, um povo poderoso que vivia na região nordeste do continente norte-americano, cruzando as fronteiras do que agora é o Canadá e os Estados Unidos. Os textos dos *haudenosaunees* foram uma resposta a um pedido dessas ONGs para que povos indígenas falassem sobre a gravidade da opressão dos 500 anos pós-contato. Os textos preparados receberam o título de *Apelo Básico à Consciência* e transmitem o ponto de vista dos povos indígenas, sua impressão de que hoje os seres humanos maltratam uns aos outros, o planeta em que vivemos e a si mesmos. O *Apelo Básico à Consciência* identifica, claramente, a civilização ocidental com o próprio processo de maus-tratos à humanidade e à natureza. As perspectivas do *Apelo Básico* são geológicas; o ser humano moderno é um bebê, ocupando uma fração de tempo no vasto leque da experiência humana. O *Apelo* é, em última instância, um apelo para despertar a consciência da Sagrada Teia da Vida no Universo.

Embora eu faça uma distinção entre espiritualidade e religião, seria um equívoco sugerir ao leitor que elas sejam categorias mutuamente exclusivas. A religião parece constituir uma faca de dois gumes, tanto na vida espiritual quanto na vida pública. As maiores críticas às religiões organizadas são que elas promovem o conservadorismo social antagônico à criatividade que sufoca a vida do espírito. Embora isso seja verdade em muitos casos, essa não é a história *toda*. Conquanto grande parte da religião convencional atue na área do controle social, é preciso reconhecer, também, que os movimentos religiosos têm sido o cerne de transformações sociais e de visão revolucionária. Guenter Lewy, em sua obra *Religion and Revolution* [Religião e revolução] (1974), demonstra, de forma muito convincente, que a religião também pode ser uma força para movimentos revolucionários contra a autoridade opressiva. No continente americano, vimos que uma certa leitura do evangelho cristão abriu as portas para um espírito religioso que girou em torno de libertar os povos da opressão (Gutierrez, 1973). A revolução sandinista da Nicarágua tinha raízes profundas nos princípios cristãos da libertação (M. Fox, 1991). Também vemos, na América do Norte, um tipo de espiritualidade chamado de "espiritualidade da criação". Matthew Fox escreveu numerosos livros sobre a espiritualidade da criação, nos quais combina o misticismo cristão com as lutas contemporâneas por justiça social, com o feminismo e com o ambientalismo (1991; 1988; 1983). Em *Befriending the Earth: A Theology of Reconciliation Between Humans and the Earth* [Amizade com a Terra: uma teologia da reconciliação entre os seres humanos e a Terra] (1991), de Thomas Berry, vemos um horizonte complementar a Fox, no qual a espiritualidade da criação cristã é oferecida à reflexão.

A obra de Michael Lerner, em *The Politics of Meaning* [A política do significado] (1996) e *Jewish Renewal: A Path to Healing and Transformation* [Renovação judaica: um caminho para a cura e a transformação] (1994), é uma tentativa de um intelectual, psicoterapeuta e ativista social judeu, de discutir as principais questões que levantei neste livro com base na perspectiva de um judeu ortodoxo convicto e praticante. Nesses dois livros, Lerner fala das grandes questões da globalização, da ecologia, do racismo, do sexismo e da estrutura de classe. A obra de Lerner não é importante só porque trata de questões sociais, mas também por discutir a relevância de uma base espiritual para a nossa vida. Além disso, fala sobre a renovação religiosa judaica a partir da tradição de um judeu ortodoxo, com uma sinceridade e um envolvimento cativantes. Lerner mostra uma dimensão da espiritualidade que vincula as tradições proféticas do judaísmo a uma espiritualidade que trata de nossas necessidades históricas atuais. Sua obra também permite ao leitor não-judeu, como eu, vislumbrar a riqueza dos recursos que a tradição judaica oferece a nosso mundo. No contexto da educação, as obras recentes de Philip Wexler (1996) e Ann Adelson (1995) também são sugestivas.

Nós, do Ocidente, fomos apresentados às tradições orientais do islamismo (Said, 1979), do hinduísmo e do budismo. Essas tradições oferecem grandes riquezas em termos de meditação e de contemplação. A obra de meu falecido amigo, Madan Handa, que escrevia usando o pseudônimo de Maitreya, mostra uma visão do sagrado que começa com a inspiração do hinduísmo, mas depois se abre para perspectivas que vão além dessa tradição. Tanto a obra de Maitreya (1988) quanto a de Sri Aurobindo (McDermott, 1987) oferecem ao leitor a rica experiência das profundezas das tradições do hinduísmo e a capacidade de essa religião discutir algumas das grandes questões enfrentadas pelo mundo moderno. Também estamos diante das incríveis riquezas das tradições do budismo na vida profissional do Dalai Lama (1982; 1996), Thich Nhat Hanh (1992; 1994; 1996) e Joanna Macy (1983; 1989; 1991). Aqui, também, há tanto especificidade quanto universalidade, as quais permitem que essa rica tradição discuta algumas das grandes questões espirituais de nosso tempo. O continente africano também expressa as diversidades religiosas de seus muitos povos. Religião e espiritualidade sempre foram parte importante da vida cotidiana dos povos africanos (Smart, 1997). As culturas da África tradicional espiritualizam seu universo e dotam de poderes sobrenaturais as forças que os ameaçam. O intelectual africano George Dei (1995b) observa que as ontologias dos indígenas africanos expressam a essência da relação do indivíduo com a sociedade e com o mundo natural.

É importante compreender, aqui, a capacidade mais profunda de todas as tradições religiosas de se renovar e de se abrir para novos tipos de visão voltados para o desenvolvimento do espírito humano. É realmente maravilhoso ver um pensador de uma tradição espiritual dispor-se a considerar as profundezas de outras tradições. Por exemplo: em *The Good Heart: A Buddhist Perspective on the Teachings of Jesus* [O bom coração: uma visão budista sobre os ensinamentos de Jesus] (1996), vemos sua eminência, o Dalai Lama, explorar e comentar passagens célebres de cada um dos quatro evangelhos cristãos e traçar correspondências extraordinárias entre as narrativas da vida de Jesus e do Buda. Em *Mystic and Zen Masters* {Mística e mestres zen] vemos as reflexões de um monge cristão sobre a riqueza das tradições orientais de espiritualidade (Merton, 1973). Basicamente, o que ele diz é que estamos num momento da história em que as tradições diferenciadas da espiritualidade encontram-se e, sem perder a singularidade de uma tradição espiritual, estão aprofundando umas às outras.

O que concluímos, aqui, em relação à diversidade e à vida espiritual, é que a riqueza da Terra deve ser objeto de reflexão das ricas oferendas das diversas tradições espirituais. Sem perder a integridade de nenhuma tradição isolada, devemos entender que qualquer recuo em direção a uma espiritualidade monocultural, como vemos nos fundamentalismos de hoje, terá conseqüências muito destrutivas. Em relação às espiritualidades de nossos dias, a direção corrente é "deixar mil flores se abrirem". Enquanto seres humanos, seguimos rumo a uma dimensão extremamente diferenciada que tem a expectativa de rica diferenciação, uma dimensão profunda de interioridade e de subjetividade nunca imaginada e uma comunhão que nos possibilita entrar nos recessos mais profundos da história de nosso universo. A última coisa de que precisamos é de um colapso nervoso, que o é que acho que representa o surgimento do fundamentalismo.

Reverência e mistério

O filósofo Gabriel Marcel fez, certa vez, a distinção entre um problema e um mistério. Um problema é um enigma finito que existe para ser resolvido, enquanto um mistério é uma infinitude sobre a qual é preciso deter-se sem a plenitude das respostas. Outro filósofo, Alfred North Whitehead, falando certa vez a respeito da filosofia, disse que "ela começa no assombro e termina no assombro". Quantos filósofos fariam uma declaração dessas hoje em dia? Vivemos num mundo que banalizou o assombro e acabamos tentando reinventar a Disneylândia ou viver uma "realidade virtual" (Mander, 1991). O sentimento de reverência experimentado quando olhamos para o céu numa noite estrelada diminui, pois agora consideramos o céu um desafio à nossa imaginação industrial e militar. O impulso ocidental que levou à exploração do planeta, agora, é o combustível de nossa ambição para explorar as estrelas e os confins do espaço sideral. Apesar disso, continuamos voltando para o sagrado e para o sentimento de reverência a que o universo nos convida. Temos, acredito eu, o que Rudolf Otto (1969) chama de "senso do sagrado". É uma percepção da dimensão numinosa de toda a realidade, um sentimento que, quando vivido, deixa-nos sem fôlego. Tal sentimento é freqüentemente combinado com gratidão por fazer parte de um grande mistério.

Essa sensação de deslumbramento e de reverência parece fazer parte de nossa resposta ao real e está presente desde o nascimento.

Certamente a encontramos no olhar dos jovens e, sem dúvida alguma, nos jovens de coração. A percepção do numinoso está presente e ativada em todos os planos. Não se confina somente a um órgão dos sentidos e é ativada pela visão, pelo som, pelo toque e por todas as formas da sensibilidade. Na educação, é preciso deixar nosso senso de reverência dirigir a compreensão, e é preciso resistir às tentativas de restrição nascidas da superficialidade da visão de mercado. A visão expansiva de nossa história de origem é um corretivo para a visão monocultural e convergente do mercado global. As obras de Swimme e Berry (1992) e de Elisabet Sahtouris (1989) são apenas dois exemplos que ilustram essa direção. Brian Swimme, em *The Hidden Heart of the Cosmos* [O coração secreto do cosmo] (1996), sugere que meditemos, por algum momento, sobre algumas das descobertas que fizemos sobre o cosmo como uma tentativa de unificação. Essa tentativa concretiza-se em perguntas como "O que significa existir, como ser humano, nesse universo em expansão?", "Qual é o nosso papel aqui?", "Qual é o nosso destino?"

Esse senso de destino que nasce de uma meditação profunda sobre o cosmo existiu entre todos os povos de todas as épocas. Teve uma manifestação particular nos povos nativos das Américas. Thomas Berry (1988) observa que os povos indígenas das Américas têm um tipo especial de misticismo da natureza. A percepção da presença numinosa em toda a ordem cósmica criou, entre os povos indígenas, uma das formas mais integrais de espiritualidade de que temos notícia. A grande visão de Black Elk (Alce Negro) é uma das mais empolgantes que há do cosmo e do lugar humano no círculo da vida. As incríveis dimensões proféticas dessa visão são espantosas, porque ela prevê, no começo do século XX, o que aconteceu no final desse século (Neihardt, 1972).

O senso de reverência evocado pelo universo, em si, também tem particular ressonância na beleza espantosa da própria Terra. Vemos isso de forma muito tocante nas reflexões dos astronautas e cosmonautas que se aventuraram no espaço sideral. Esses homens (quase todos eram homens) deixaram a Terra para viajar pelo espaço sideral como criaturas da Guerra Fria e voltaram como criaturas do planeta. As reflexões dos astronautas sobre sua viagem ao espaço passaram de militarismo a misticismo. Parece que o senso de reverência evocado pela beleza estonteante da Terra impedia a identificação com o Estado-nação. Todos pareciam identificar-se como criaturas terrestres no fim de suas incríveis viagens (Kelley, 1988). Os dois casos em pauta:

> À noite, a Terra parece mais mágica ainda do que durante o dia. Sempre há uma tempestade desabando em algum lugar. Os clarões dos relâmpagos, às vezes, cobrem até um quarto de um continente. No começo, vemos isso como uma perturbação natural, a erupção de salpicos como um espetáculo majestoso. À bordo da espaçonave, é tranqüilo. Não dá para ouvir o ribombar dos trovões nem para sentir as lufadas de vento, e dá a impressão de que tudo é calmo, apenas um jogo de luzes. De repente, contra nossa vontade, imaginamos que o relâmpago vem não de uma tempestade natural, mas da explosão de bombas. Não. Isso nunca deveria acontecer. Que apenas os relâmpagos e as luzes do norte façam cintilar nossa jóia preciosa. (Vladimir Shatalov, URSS; citado por Kelley, 1988: 36).
>
> Olha-se pela janela e vê-se, no negrume do espaço, a uma distância de 400 milhões de quilômetros, a mais bela estrela do céu. Não se está suficientemente perto de nenhum outro planeta para vê-lo de pólo a pólo, nem para ver os oceanos e continentes de ponta a ponta, e é possível vê-la girar sem que haja cordas para suspendê-la, movendo-se numa escuridão praticamente inconcebível. (Eugene Cernan, EUA; citado em Kelley, 1988: 54)

Agora começamos a ver alguns textos excelentes que intensificam nossa percepção da dimensão numinosa do planeta. As obras que citei aqui são apenas um pequeno exemplo de uma série bem maior de contribuições que parecem multiplicar-se diariamente. *The Blue Planet: A Celebration of the Earth* [O planeta azul: uma celebração da Terra] (1983), de Louise Young, é, nada mais nada menos, que uma história da Terra e a história da vida. Com detalhes vibrantes e uma prosa de grande beleza, essa autora apresenta ao leitor as descobertas revolucionárias da geologia que nos ensinam que a Terra é um conjunto dinâmico de matéria e de energia em constante evolução. Uma introdução maravilhosa à ciência geológica, que leva o leitor a perceber a natureza assombrosa de nosso belo planeta. *Landscapes of the Interior* [Paisagens do interior] (1995), de Don Gayton, com dezessete ensaios, explora a viagem particular que sonda as profundezas da ligação do ser humano com a natureza. O texto de Gayton expõe o leitor à mística singular do continente norte-americano. O leitor também ficará impressionado com o texto de Derrick Jensen, Listening to the Land [Ouvir a Terra] (1996). Jensen compila conversas com ambientalistas, teólogos, nativos americanos, psicólogos, feministas, autores que escrevem sobre a natureza e ritualistas e explora com eles uma compreensão mais profunda do mundo natural. Por fim, a obra mais recente de Paul Devereux, *Re-Visioning the Earth: A Guide to Opening the Healing Channels Between Mind and Nature* [Reencontro com a Terra: um guia para abrir os canais curativos entre a mente e a natureza] (1996), é um guia prático para usar poder e energia para nos curar emocional, mental e espiritualmente. O fundamental dessa obra é que ela inspira o sentimento de assombro.

Todas as obras que citei até agora não pertencem ao domínio profissional da educação. Precisamos cultivar, num contexto educacional, autores que mostrem a importância do senso do numinoso em educação. Dois educadores norte-americanos de nossos dias me vêm à mente. Meu colega John Miller, educador bastante familiarizado com as práticas contemplativas tanto da cultura ocidental quanto da oriental. Em seu livro *The Contemplative Practitioner* [O praticante da contemplação] (1994), John Miller fala da importância de uma dimensão contemplativa na educação. Depois de refletir sobre a obra de David Schon, Miller diz que a educação deve ter uma dimensão contemplativa que seja um complemento ao processo de reflexão na educação:

> Mas será que a reflexão é o bastante? Eu diria que há um elemento necessário à boa prática e que não está incluído no conceito de reflexão. É claro que estamos falando de um outro nível da experiência que está além da experiência sensorial, e até da reflexão. Esse terceiro nível contribui para a visão holística da experiência pela conexão com o ser. Esse nível, o nível do *praticante contemplativo*, é viabilizado através de várias formas de contemplação, como a meditação e o mito. (J. Miller, 1994)

Miller entra numa área da educação que certamente se contrapõe ao cerne das exigências do mercado. Meditação e mercado são coisas que não se misturam.

Em uma obra recente, *The Moral and Spiritual Crisis of Education* [A crise moral e espiritual da educação] (1989), David Purpel afirma que, como educadores, temos a responsabilidade específica de forjar um amplo sistema educacional de crenças que sempre leve em conta os problemas envolvidos nessa tentativa, bem como os problemas inerentes a não fazer essa tentativa. O credo e os objetivos são os seguintes:

1. Estudo e contemplação do admirável, da maravilha e do mistério do universo. Purpel observa que, enquanto educadores, temos a responsabilidade de estudar o mundo e o universo que habitamos e de compartilhar nossas reações de forma autência e racional; ao mesmo tempo, temos a responsabilidade de ter consciência e de dividir com nossos alunos o processo de nossas observações. Afirma que podemos e devemos confrontar essa realidade como um reflexo de nossa juventude relativa enquanto espécie num universo que conta seus aniversários na casa dos bilhões. Assim, ficamos devidamente humildes, como todo noviço deve ficar, mas, apesar disso, mantendo a confiança de que, com o tempo, chegaremos a conhecer mais e mais, e talvez numa velocidade acelerada. Por mais paradoxal que seja, nossa explosão de conhecimento levou a uma percepção mais profunda do mistério dos mais fundamentais processos da origem e do destino. Os educadores devem, obrigatoriamente, fornecer um contexto básico para seus programas de estudos e, como parte desse contexto, precisamos estabelecer a realidade do imenso mistério que cerca nossa existência de uma complexidade espantosa. Esse contexto é crucial, pois não só nos situa como observadores interessados do mistério, mas também como um aspecto do mistério. Assim, temos de estabelecer desde o começo nossa dimensão ontológica (somos pessoas engajadas num processo de definir nosso ser). Além disso, esse contexto ajuda a mostrar que tal processo é permanente, repleto de incertezas e, por conseguinte, requer saber, reflexão e pesquisa sérios. É, ainda, um contexto que pressupõe que, nesse processo, sempre temos de ter em mente a profundidade da tarefa e a modéstia de nosso progresso. Dessa forma, também vislumbramos nossas responsabilidades — somos chamados a responder por nossa situação, pois se nós, seres humanos, quisermos sobreviver, teremos de responder por ela (Purpel, 1989).

2. Cultivo e promoção do processo de criação de significado. Como em nosso próprio contexto da história do universo, Purpel afirma que não somos simplesmente uma espécie preocupada com a sobrevivência. Além disso, somos uma espécie decidida a criar sistemas de pensamento que expliquem nosso passado e que orientem nosso persente e futuro.

Quando os educadores examinam os vários sistemas de pensamento, deparam-se com o mesmo tipo de diversidade e de complexidade de explanações cósmicas. Paralelamente, os educadores também devem tratar do contexto do significado no qual as atividades educacionais serão realizadas. A meta educacional não é tanto ensinar determinado sistema de pensamento, mas sim ensinar para o processo de responder a esse desafio. Os educadores devem lembrar-se, e lembrar seus alunos, de que toda civilização ou cultura é uma construção humana, e é responsabilidade humana criar ou recriar a cultura; por isso, é desonestidade intelectual promover a idéia de que instituições, valores e crenças culturais são dados. Em grande medida, embora certamente não responsável pela criação de nossa vida, criamos nossa cultura e nossa cultura nos cria. Vivemos numa relação dialética com o mistério, com a natureza e com a cultura. Portanto, reconhecendo nosso papel importante, mas limitado, no vasto teatro da existência, cabe a nós assumir nossas responsabilidades criativas.

Os educadores devem nos ajudar a entender a natureza desse processo criativo aguçando nossas faculdades criativas e expondo-nos a uma grande variedade de criações culturais. Precisamos de uma cultura que nos ajude não só a viver, mas também a ver a multiplicidade e a criatividade de todas as construções culturais no quadro que chamamos de vida. O processo educacional fundamenta-se numa noção muito básica: o mundo faz sentido e estamos envolvidos tanto em detectar quanto em criar esse sentido. Praticamente desde o começo de sua vida, as pessoas tentam compreender e controlar seu mundo, e as instituições educacionais devem elaborar e incentivar tais impulsos. Isso não significa que os educadores devem, seja de que maneira for, encorajar o solipsismo e o comodismo. Ao contrário, deveriam sublinhar a base coletivamente humana de nossa cultura, considerando a subjetividade e a imaginação não tanto como algo a ser canalizado para a auto-expressão, mas sim como dimensões necessárias ao impulso de criar uma vida que tenha significado moral (Purpel, 1989: 114-5).

3. *Cultivo e a Promoção do conceito de unidade da natureza e do homem com a responsabilidade concomitante de lutar pela harmonia, pela paz e pela justiça.* Segundo o credo de Purpel, essa concepção de unidade e seu cultivo é a afirmação pessoal do mistério e da dádiva da grande história. A afirmação envolve a aceitação de princípios cosmológicos e morais básicos. O que está implícito, aqui, é a aceitação básica da crença de que existe um sentido último, no qual estamos essencialmente ligados uns aos outros, à natureza e ao universo. Em seu sentido mais profundo, essa é a condição *sine qua non* da *identificação cosmológica*. Nela percebemos um processo integral, que contém simultaneamente paz, harmonia e justiça social. O pressuposto, aqui, é um universo de harmonia e de significado, no qual todo ser humano tem valor inerente e no qual a dignidade de todos os elementos do universo está significativamente inter-relacionada. Purpel afirma que a harmonia, por definição, requer justiça e paz — a dignidade é indivisível. É bom lembrar que Purple não cai na armadilha do antropomorfismo. Ele observa que:

> Precisamos ter em mente nosso lugar no mundo e nossa relação com a natureza, principalmente no que diz respeito as nossas responsabilidades no sentido de preservar e de enriquecer o meio ambiente. Temos de enfrentar sem hipérboles a forma pela qual nós, enquanto espécie, ameaçamos não apenas certas instituições sociais, mas também a própria existência do planeta enquanto organismo vivo. Nossa luta é para participar do impulso cósmico de criar uma ecologia de felicidade, amor e justiça naturais, humanos e universais ou, como às vezes a chamamos, de harmonia. Na verdade, vemos possibilidades grandiosas e empolgantes surgindo nessa área com as tentativas extraordinárias de despertar a consciência, representadas tanto pelo movimento das mulheres quanto dos movimentos ecológicos. Esses dois movimentos amplos têm, em seu centro, uma preocupação fundamental com a intimidade e a harmonia, com base no reconhecimento de nossa interdependência e em nossa visão de totalidade. (Purpel, 1989: 116)

4. *Cultivo, promoção e desenvolvimento de um mito cultural que sirva de base para a fé na capacidade humana de participar da criação de um mun-*

do de justiça, compaixão, cuidado com o outro, amor e felicidade. Aqui, também, os educadores assumem uma postura de afirmação não apenas desses princípios morais, mas também de sua dimensão "sagrada". Purpel observa que os educadores podem aceitar e agir de acordo com os princípios morais do amor, da justiça e da compaixão e da felicidade para todos. Ao mesmo tempo, é importante que todos aceitem as enormes dificuldades inerentes às formas pelás quais esses termos são definidos, vividos e implementados.

5. *Cultivo, promoção e desenvolvimento de ideais de comunidade, compaixão e interdependência segundo as tradições dos princípios democráticos.* Purpel afirma que nós, educadores, devemos celebrar essa tradição e, enquanto educadores, devemos ter em mente os problemas, as dificuldades e as complexidades que surgem e que a continuarão existir em conseqüência dessa orientação moral. Certamente, não há contradição em afirmar os princípios e intenções gerais da democracia e em ter em mente seus problemas. Na verdade, é o próprio espírito da democracia que permite e, na verdade, que encoraja a reflexão crítica constante e a livre investigação de pessoas livres. Também precisamos ter sempre em mente que é preciso considerar o significado das instituições democráticas no contexto particular das realidades sociais e políticas de momentos históricos específicos. (Purpel, 1989: 117-18).

6. *Cultivo, promoção e desenvolvimento de atitudes de indignação e responsabilidade diante da injustiça e da opressão.* Mas indignar-se com a opressão é uma resposta intelectual e racional numa situação em que nossos valores mais elevados estão sendo violados. Devemos ter muito cuidado quando toleramos certas violações por considerá-las pouco importantes ou modestas, como um "nível aceitável" de desemprego.

Purpel (1989) afirma que esses objetivos são de tal natureza que evocam pressupostos, crenças e valores. Em sua opinião, os valores e atitudes representados por esses objetivos derivam das dimensões do consenso cultural geral, que podem servir como uma declaração de nosso senso do "sagrado", de nossos mitos e de nossa plataforma de crenças.

Eros

Audre Lorde, em seu provocativo ensaio intitulado *The Uses of the Erotic: The Erotic as Power* [Os usos do erótico: o erótico enquanto poder] (1978), observa que a palavra "erótico" deriva do termo grego *eros* e é a personificação do amor em todos os seus aspectos. Sua idéia do erótico é falar dele como uma afirmação da força da vida; que a energia criadora dá poder e autoridade. Essa energia capacitadora chega a nós de forma encarnada. A ligação de *eros* com paixão é percebida quando entendemos que o erótico não se limita a poder sexual; é uma força propulsora que leva todos os seres vivos a saírem de um estado de mera potencialidade para a realidade. Em The Passionate Life [A vida passional], Sam Keen (1994) define *eros* como aquela força da vida que leva os pássaros a migrar e os dentes-de-leão a se abrir. A visão de mundo ocidental coloca-nos numa relação ambígua e contraditória com as forças vitais mais profundas de *eros*. Eros é questionado em nossa cultura, e temos uma longa história de separação entre o espírito e nossas formas naturais.

No Capítulo 3, afirmei que o cerne do pensamento ocidental levou a uma divisão entre espírito e natureza. Ralph Metzner (1993), em excelente artigo sobre esse tópico, dá uma idéia do surgimento dessa divisão:

> Temos uma crença profundamente arraigada de que nossa vida espiritual, nossas práticas espirituais, devem tender à direção oposta à da natureza. O espírito, imaginamos nós, eleva-se rumo a esferas transcendentais, ao passo que a natureza, que inclui nossas sensações ou sentimentos corporais, submerge ou puxa-nos para baixo [...]. A onipresença profundamente arraigada desse dualismo espírito-natureza na consciência européia é tal que é difícil, para nós, imaginar que poderia ser diferente [...]. Suas conseqüências desastrosas tornam-se claras quando refletimos sobre o fato de que, quando nos sentimos mental e espiritualmente separados de nossa própria natureza (corpo, sensações etc.), essa separação é projetada para fora, de modo que pensemos em nós como criaturas separadas do grande reino da natureza, da Terra, de tudo a nossa volta. Todas as culturas ocidentais — essas grandes civilizações das quais tanto nos orgulhamos, em sua visão de mundo religiosa bem como científica e

humanista — têm esse dualismo. O mundo material é inerte, insensível e sem espiritualidade, e nenhum tipo de psique ou de comunicação espiritual entre os seres humanos e a Terra ou a natureza é possível, segundo essa visão de mundo. (Metzner, 1993: 6)

A história de nossa cultura é uma história de desencarnação. Separamos a mente da matéria, as emoções da razão, o corpo do espírito. Parece que as culturas patriarcais têm uma longa tradição de separar o corpo do espírito (Spretnak, 1978). Octavio Paz (1995) observa que a cultura grega, muito antes do cristianismo, tinha uma desconfiança profunda do corpo em relação ao amor carnal. Platão considerava a relação carnal uma degenerescência. Depois dos gregos, a cultura cristã continuou reificando a diferença entre o corpo e o espírito, vendo-os em guerra um com o outro. Em nossa própria época, nossos sistemas de conhecimento também nos levaram progressivamente a nos afastar da natureza, uma postura que nos permite viver em mundos de realidades abstratas desencarnadas (realidade virtual). À medida que mergulhamos nos recessos mais profundos da mente, na realidade virtual, deixamos o mundo natural para trás. Precisamos refletir sobre a direção em que isso está nos levando, e com que finalidade.

No começo de nossa discussão, é necessário fazer algumas distinções iniciais na relação entre espírito e matéria. Ken Wilber (1995) faz uma distinção importante entre três visões de mundo diferentes a respeito da relação entre natureza e espírito. A primeira visão de mundo é a "indissociação" mágica, em que o espírito é simplesmente equiparado à natureza (algo deste mundo). A segunda visão de mundo é a dissociação mítica, na qual natureza e espírito estão ontologicamente separados ou divorciados (o outro mundo). A terceira é o misticismo mediúnico, na qual a natureza é uma expressão perfeita do espírito (conjugação deste mundo e do outro).

Nossa visão de mundo ocidental é exemplificada pela segunda visão de mundo, a da dissociação mítica. Fomos ensinados a separar nossa mente, nosso corpo e nosso espírito nessa cultura, e isso foi feito mediante a educação religiosa, a educação científica e nossas instituições educacionais. A divisão é um dado em nossas instituições educacionais de ensino superior. *bell hooks* fala da academia:

Os professores raramente falam do lugar de *eros* ou do erótico em nossas salas de aula. Treinados no contexto filosófico do dualismo metafísico ocidental, muitos de nós aceitaram a noção de que existe uma divisão entre o corpo e a mente. Acreditando nisso, os indivíduos entram na sala de aula para ensinar como se apenas a mente estivesse presente, não o corpo. Chamar a atenção para o corpo é trair o legado de repressão e de negação transmitido pelos profissionais que vieram antes de nós, em geral brancos e do sexo masculino. (*hooks*, 1994: 191)

Toda a trajetória da cultura ocidental procura criar a divisão natureza/espírito e arrancar nossos sentidos de nós (Berman, 1989). As pessoas que escrevem sobre o erótico falam, muitas vezes, por experiência em primeira mão, sobre a forma com que essa divisão entrou em sua vida. Alice Walker (1997) explica a divisão em sua vida pessoal como resultado de sua exposição ao cristianismo patriarcal. Em seu recente livro de ensaios sobre ativismo político, ela explora sua consciência, que começou na infância, das limitações da religião que herdou com sua degradação do eu mais natural e instintivo, que ela identifica como seu eu pagão. Segundo a opinião das mulheres, são freqüentes as tentativas de equiparar pornografia e erotismo. Audre Lorde (1978) afirma tenazmente que erotismo e pornografia são vivências diametralmente opostas do sexual. Ao contrário da pornografia, o erótico revela a natureza profundamente relacional da encarnação. Lorde conta como o erótico funciona para ela no nível profundamente pessoal. Uma longa citação se faz necessária:

> O erótico funciona, para mim, de muitas formas, e a primeira é o poder que surge de partilhar profundamente qualquer coisa com outra pessoa. Compartilhar a felicidade, seja física, emocional, psíquica ou intelectual, constrói uma ponte entre as duas pessoas que pode ser a base para compreender muito do que não é partilhado entre elas, e reduz a ameaça de suas diferenças.
> Outra forma importante da conexão erótica é a ênfase direta e corajosa em minha capacidade de ser feliz. Da maneira como meu corpo vai em direção à música e abre-se em resposta, acompanhando seus ritmos mais profundos, assim todos os níveis nos quais sinto também se abrem para a experiência eroticamente gratificante, quer seja dançar, montar uma estante, escrever um poema, examinar uma idéia.

A autoconexão partilhada é uma medida da felicidade que eu sei que sou capaz de sentir, um lembrete de minha capacidade de sentir. Esse conhecimento profundo e insubstituível de minha capacidade de ser feliz vem para exigir de toda a minha vida que ela seja vivida com a consciência de que essa satisfação é possível e não tem de ser chamada de casamento, nem de deus, nem de vida após a morte.

Esse é um dos motivos pelos quais o erótico é tão temido e tão freqüentemente relegado apenas ao quarto de dormir, quando chega a ser reconhecido. Pois depois que começamos a sentir profundamente todos os aspectos de nossa vida, começamos a exigir de nós mesmos e das atividades de nossa vida uma sintonia com essa felicidade que sabemos de que somos capazes. Nosso conhecimento erótico dá-nos poder, torna-se uma lente através da qual examinamos todos os aspectos de nossa existência, obrigando-nos a avaliar esses aspectos honestamente em termos de seu significado relativo em nossa vida. (Lorde, 1978: 5)

Susan Griffin, em *The Eros of Everyday Life* [O erotismo da vida cotidiana] (1995), fala da profunda dimensão relacional do erotismo e o conecta à comunidade e ao sagrado. Também ela traça um paralelo sobre a convergência da ecologia e da justiça social à luz do erótico:

Há um eros presente em todo encontro, e isso também é sagrado. Só é preciso ouvir internamente as histórias e ressonâncias da palavra que usamos para a experiência religiosa. Em sânscrito, a palavra *satsang*, em geral traduzida como "encontro", significa literalmente "reunião de deuses". Em nossa língua, a palavra "comum" está ligada pela palavra "comunicar" a "comunhão" [...]. Existir num estado de comunhão é ter consciência da natureza da existência. É onde a ecologia e a justiça social convergem, com a consciência de que a vida é vivida em comum. Quer saibamos, quer não, existimos porque trocamos, porque nos damos presentes. Saber disso é tão crucial para a condição da alma quanto sua prática é para o corpo. (Griffin, 1995: 150)

Com a obra de Susan Griffin (1978; 1995), Riane Eisler (1988), Octavio Paz (1995), Sam Keen (1994) e outros, começamos a ressacralizar o erótico, e isso inclui os aspectos mais ternos e mais apaixonados de nossa sexualidade. Para isso, será preciso, dada a própria necessidade da predominância das normas masculinas e patriarcais sobre sexualidade, haver uma revisão radical e fundamental da relação dos homens com as mulheres. A dominação masculina é a norma operante de nossa cultura. Segundo o quadro de referências patriarcal, o corpo das mulheres não só não é sagrado; nem sequer lhes pertence. O desejo profundo de prazer mútuo é confiscado nesse tipo de relação de dominação. Nessa estrutura normativa, o corpo dos homens e das mulheres não está disponível para o prazer mútuo. Em vez disso, vemos uma atitude invasiva, manipuladora e dominadora em relação ao corpo das mulheres. Em vez de uma relação de prazer e de deleite mútuo, os homens relacionam-se com as mulheres mais em termos de poder que de prazer. A confusão entre violência sexual masculina e *eros* é uma representação completamente equivocada das paixões eróticas. O estupro não é um exemplo de paixão, mas sim de abuso de poder. O estupro é dessacralização pura e simples.

O prazer profundo que nosso corpo nos permite ter num abraço mútuo permite-nos sentir a felicidade profunda que nossa existência tem para nos dar apesar de todas as dificuldades e sofrimentos. Ao celebrar o erótico, não descartamos a necessidade de estruturas míticas que levem em conta o sofrimento, as dores e a morte como parte dos ciclos da natureza e da vida. A experiência do sagrado nos encontros eróticos da vida do dia-a-dia deve ser parte da celebração de nossa existência cotidiana. O teólogo Carter Heyward traça o seguinte paralelo importante:

> À medida que começamos a vivenciar o sagrado, começamos a nos perceber como sagrados e a imaginar-nos partilhando a criação um do outro e a nossa felicidade comum. À medida que reconhecemos os rostos do Sagrado no rosto de nossos amantes e amigos, bem como no nosso, passamos a nos sentir à vontade com nosso eu corporal — sensuais, conectados e com poder. Tornamo-nos canais uns para os outros de uma sabedoria e um prazer em cuja existência até então não ousávamos acreditar. (Heyward, 1989: 102)

Vamos ter de desenvolver histórias de origem que descrevam nossa chegada a esse mundo com prazer e alegria, não com sofrimento e pecado. Em contraste com as imagens de nossa presente cultura de violência, Riane Eisler encoraja a criação de imagens que espiritualizem o erótico, em vez de erotizar a violência e a dominação. Diz ela:

> Velas, música, flores e vinho — essas coisas todos nós sabemos que são a essência do romance, do sexo e do amor. Mas velas, flores, música e vinho também são a essência do ritual religioso, de nossos ritos mais sagrados.
> Por que existe algo em comum muito surpreendente, embora raramente percebido? Será puramente acidental que *paixão* seja uma palavra que usamos tanto para experiências sexuais quanto místicas? Ou será que existe uma ligação esquecida há muito tempo, mas poderosa até hoje? Será que o anseio de tantos homens e mulheres por sexo como algo belo e mágico poderia ser nosso impulso reprimido, há tanto tempo, de ir em busca de uma forma mais espiritual e, ao mesmo tempo, mais intensamente apaixonada de expressar o sexo e o amor? (Eisler, 1995: 15)

A respeito dessas questões, é preciso entender que, em nossa época, estamos num momento muito importante de opção, um divisor de águas cultural. Ao mesmo tempo, acho que devemos recuperar o juízo e assumir plenamente nossos sentidos; há forças que estão criando um novo senso espacial chamado "ciberespaço". Esse mundo não se conecta a todos os nossos sentidos; convida-nos a entrar num mundo diferente daquele que nossos sentidos nos permitiram em sua longa viagem evolutiva. Em vez de explorar a realidade, motivo pelo qual os processos de evolução nos deram nossos sentidos, agora podemos criar realidades programadas no ciberespaço. Como na área da engenharia genética, essa modalidade da presença humana assume caráter de demiurgo. A realidade virtual é uma invenção humana que nos convida a ver as maravilhas de nossa mente em seu encontro com o *cyborg*, aquela criatura parte máquina, parte gente. Mas, em última análise, não é a realidade da plenitude de nossos sentidos. Mesmo assim, o mundo virtual contém a promessa de que é possível criar um mundo a partir da riqueza do mundo natural. Isso pode ser visto no mundo erótico da Internet. Hoje, navegando pela Internet, somos convidados a um banquete de pornografia, um banquete nunca antes tão variado. Mas a saturação da Internet com pornografia é apenas uma extensão de nossos sistemas atuais de dominação patriarcal. A sensualidade no ciberespaço traz consigo os mesmos sistemas de poder e de desencarnação, e os mesmos sistemas de falta de direitos das mulheres que nossa cultura atual incentiva.

Portanto, não se pode esperar que a felicidade de uma vida erótica plena nos seja dada pela realidade virtual. Eros tem de ser desfrutado e celebrado relacional e corporalmente e com o pleno usufruto de todos os sentidos. O ritual exige o corpo inteiro e precisa da plenitude de todos os sentidos. Seu profundo impulso relacional expande a percepção da presença corporal até a comunidade mais ampla da vida. Essa expansão do eu não é a expansão da mente, como na realidade virtual, e sim uma expansão e intensificação moldada em parte pela experiência do extático, que acompanha as dádivas do ritual, o assombro e a reverência. A vivência do erótico também cria novas possibilidades numa vida entendida cada vez mais como um processo relacional e infinitamente criativo limitado apenas pelo tempo e pela dinâmica humana (Spretnak, 1978).

Santuário e silêncio

Nosso mundo moderno está sobrecarregado de estímulos e de propaganda. Agora, é possível assistir à televisão em muitas partes do mundo durante vinte e quatro horas por dia. Estamos constantemente sofrendo o bombardeio de publicidade e de mercadorias à venda. Muitos de nós têm dificuldade em ficar sozinhos. Embora exista uma dimensão relacional profunda em toda realidade, ela não atenua outra realidade muito fundamental de nossa vida. Assim como os seres humanos têm necessidade de estar em relação, também precisam, de forma igualmente profunda, de silêncio. Todos achamos necessário estar a sós e em silêncio (Storr, 1988). Precisamos de santuários em que possamos ficar em silêncio. De acordo com os padrões de mercado de hoje, o silêncio não tem valor. O silêncio não é produtivo. Não aumenta o produto nacional bruto. De forma essencial, o silêncio melhora nossa qualidade de vida. Voltando ao capítulo sobre desenvolvimento integral, vemos que a necessidade de silêncio favorece algumas de nossas necessidades fundamentais relacionadas a apenas ser. O silêncio possibilita-nos santificar nossa vida. O silêncio nos permite chegar à percepção da sacralidade de nossa existência. Precisamos reservar momentos e lugares para estarmos sós e em silêncio. Os lugares para se estar em silêncio são chamados de santuários. Não cabe a mim dizer a ninguém durante quanto tempo ou em que lugar o silêncio deve ser cultivado em sua vida. Tudo quanto desejo aqui é reconhecer a importância fundamental do silêncio em nossa vida e, também, reconhecer a necessidade de um lugar à parte para seu cultivo. O santuário é a matriz da alma.

Celebração

Sempre chega um dia de nossa vida em que nos tornarmos conscientes de que simplesmente *somos*. Não pedimos para estar aqui, não optamos por estar aqui, simplesmente estamos aqui. Alguns de nós chegam ao mundo com o pleno usufruto e potência de todos os sentidos, outros não. Alguns de nós nascem em meio à riqueza e à abundância, outros em meio à pobreza e à necessidade. Todos entramos na vida com variações de cor de pele, gêneros sexuais e etnias diferentes. Todos passamos a vida em diferentes partes do mundo e em diferentes posições sociais. Todos vivemos a vida de acordo com as matrizes de visões de mundo diferentes. Apesar de toda variedade e diferenças, temos uma coisa em comum. Todos recebemos *a dádiva da vida*. Embora todos vivenciem a dor e o sofrimento, provavelmente sem nenhuma justiça aparente, todos sentimos, em certos momentos da vida, a alegria de simplesmente existir. A dádiva da vida é tão preciosa que superamos grandes dificuldades para continuar vivos e ver o que nossa existência nos reserva no futuro. Não sentimos alegria por viver sozinhos. Desde os primórdios de nossas origens, sentimos a alegria de viver na matriz da vida comunitária. A expressão alegria de viver é o âmago daquilo que chamamos de celebração. Brian Swimme e Thomas Berry vêem a "celebração" no âmago do próprio universo. Dizem que, se tivessem de escolher uma única expressão para definir todo o universo, seria "celebração":

O aspecto assombroso do universo encontra-se em modalidades qualitativamente diferentes de expressão em toda a ordem cósmica, mas principalmente no planeta Terra. Não há ser que não participe dessa experiência e que não a espelhe de forma singular em si mesmo e, apesar disso, numa relação profunda com a unidade mais abrangente do próprio universo. Nesse contexto de celebração, encontramos a nós mesmos, o componente humano dessa comunidade celebratória. Nosso papel especial, aqui, é possibilitar que toda essa comunidade reflita sobre si e sobre seu mais profundo mistério e que os celebre com uma modalidade especial de percepção autoconsciente. (Swimme e Berry, 1992: 264)

A celebração deve ser feita em todos os níveis de nossa percepção consciente. Desde tempos imemoriais, a experiência celebratória é sempre associada ao senso do sagrado. Essa percepção da dimensão numinosa de toda existência é vista em todas as expressões culturais do sagrado. Os povos nativos das Américas celebravam sua alegria e gratidão pela existência com seu notável senso de participação numa única comunidade com todo o leque de seres do mundo natural à sua volta ("todos os meus parentes"). Percebemos em suas idéias sobre o cosmo que toda a realidade é vista dentro desse "círculo da vida".

Encontramos motivos para celebração em eventos fundamentais e significativos como os rituais do solstício, do equinócio, dos nascimentos, casamentos e funerais que incluem um grande número de amigos e familiares. A perda de nosso senso de lugar no cosmo e a perda correspondente do ritual relativo à nossa participação no grande mistério da vida são significativas. A incapacidade de expressar nosso êxtase e gratidão pela *dádiva da vida* constitui uma perda de sentido em nossa vocação e lugar nos processos mais amplos da existência. Estamos num momento incrível da história da Terra e temos de captar o sentido da vida celebrando a plenitude de nossa vida, tanto no tempo quanto no espaço. A celebração é parte essencial do ritual da vida. Como criaturas do milênio, temos de nos lembrar de que estamos diante de uma grande obra. É uma felicidade fazer parte dessa grandeza.

Bibliografia

ABBEY, Edward. *Down the River*. Nova York: Dutton, 1982.
ABRAM, David. *The Spell of the Sensuous*. Nova York: Vintage Books, 1996.
ADAMS, Henry. *The Education of Henry Adams*. Nova York. Random House-Modern Library, 1931 (1918).
ADELSON, Ann. *Now What? Developing Our Future*. Dissertação de mestrado. Universidade de Toronto, 1995.
APPLE, Michael. *Ideology and the Curriculum*. Londres: Routledege and Kegan Paul, 1979.
ARONOWITZ, Stanley; GIROUX, Henry. *Postmodern Education*. Mineapólis: University of Minnesota Press, 1991.
_____. *Education Still Under Siege*. Toronto: OISE Press, 1993.
BARNET, Richard. The End of Jobs. *Harper's Magazine*, set. 1993, p. 18-24.
BARNET, R.; CAVANAGH, John. *Global Dreams: Imperial Corporations and the New World Order*. Toronto: Simon and Schuster, 1994.
Basic Call to Consciousness: Akwesasne Notes. Rooseveltown, NY: Mohawk Nation, 1978.
BATESON, Gregory. *Steps in an Ecology of Mind*. Nova York: Ballantine, 1972.
_____. *Mind in Nature: A Necessary Unity*. Nova York: Bantam, 1980.
BELLAH, R. *Habits of the Heart*. Nova York: Harper and Row/Perennial Library, 1985.
BERMAN, Morris. *The Reenchantment of the World*. Ithaca, NY: Cornell University Press, 1981.
_____. *Coming to Our Senses: Body and Spirit in the Hidden History of West*. Nova York: Bantam, 1989.
BERNANOS, Georges. *Diary of a Country Priest*. Nova York: Macmillan, 1937.
BERRY, Thomas. *The Dream of the Earth*. San Francisco: Sierra Club Books, 1988.
_____. Twelve Principles for Understanding the Universe and the Role of the Human in the Universe. *Teilhard Perspective* 22. 1, jul. 1989, p. 1-3.

BERRY, Thomas. *Befriending the Earth: A Theology of Reconciliation Between Humans and the Earth.* Mystic, CT: Twenty-Third Publications, 1991.

_____. A Moment of Grace: The Terminal Decade of the Twentieth Century. Madan Handa Memorial Lecture, Toronto, 1993.

BERRY, Wendell. *Home Economics.* San Francisco: North Point Press, 1978.

BERTELL, Rosalie. *No Immediate Danger. Prognosis for a Radioactive Earth.* Toronto: Women's Educational Press, 1985.

BHABHA, Homi. The Other Question: Difference, Discrimination and the Discourse of Colonialism. In: FERGUSON, Russell; GEVER, Martha; MINH-HÁ, Trinh; WEST, Cornell (orgs.). *Out There: Marginalization and Contemporary Culture,* Cambridge, MA: MIT Press, 1990.

BICKMORE, Alan. *The Closing of the American Mind.* Nova York: Simon and Schuster, 1997.

BOHM, David. Postmodern Science in a Postmodern World. In: GRIFFIN, David (org.). *The Reenchantment of Science: Postmodern Proposals.* Nova York: State University of New York Press, 1988.

BOHM, David; PEAT David. *Science, Order and Creativity.* Toronto: Bantam, 1987.

BOTTOMORE, T. (org.). *A Dictionary of Marxist Thought.* Cambridge: MA: Harvard University Press, 1983.

BOURDIEU, T.; PASSERON, J. C. *Reproduction in Education, Society and Culture.* Beverly Hills, CA: Sage Publications, 1977.

BOWERS, C. A. *Critical Essays on Education, Modernity, and the Recovery of the Ecological Imperative.* Nova York: Teachers' College/Colombia Press, 1993a.

_____. *Education, Cultural Myths, and the Ecological Crisis.* Albany, NY: State University of New York Press, 1993b.

BOWLES, Samuel; GINTIS, Herbert. *Schooling in Capitalist America.* Nova York: Basic Books, 1976.

BRENES-CASTRO, Abelardo. *Declaration of Human Responsibilities for Peace and Sustainable Development.* Costa Rica: University of Peace, 1988.

_____. (org.). *Uma Experiencia Pionera: programa Cultura de Paz y Demoicracia em America Central.* Costa Rica: University of Peace, 1996.

BRIGGS, John; PEAT, David. *Turbulent Mirror: An Illustrated Guide to Chaos Theory and the Science of Wholeness.* Nova York: Harper and Row, 1989.

BROWN, Lester R. et al. (orgs.). *State of the World, 1988: A Worldwatch Institute Report on Progress Toward a Sustainable Society.* Nova York: W. W. Norton, 1988.

_____. *State of the World, 1990: A Worldwatch Institute Report on Progress Toward a Sustainable Society.* Nova York: W. W. Norton, 1990.

_____. *State of the World, 1991: A Worldwatch Institute Report on Progress Toward a Sustainable Society.* Nova York: W. W. Norton, 1991.

_____. *State of the World, 1996: A Worldwatch Institute Report on Progress Toward a Sustainable Society.* Nova York: W. W. Norton, 1996.

BROWN Jr., Tom. *The Vision.* Nova York: Berkley Books, 1988.

BRUNDLAND, H. *Our Common Future: The World Commission on Environment and Development.* Oxford: Oxford University Press, 1987.

BURGER, Julian (Org.). *The Gaia Atlas of First Peoples: A Global Human Rights Report on Societies in Danger,* In: MILLER, Marc et. al. (orgs.). Boston: Beacon Press, 1990.

CAMPBELL, Joseph. *The Power of Myth.* Nova York: Doubleday, 1988.

CAPRA, Fritjof. *The Turning Point.* Nova York: Simon and Schuster, 1983.

CARSON, Rachel. *Silent Spring.* Cambridge, MA: Riverside Press, 1962.

CHOMSKY, Noam. *Necessary Illusions.* Montreal: CBC Publications, 1989a.

_____. *The Washington Connection and Third World Fascism.* Montreal: Black Rose Press, 1989b.

_____. *Media Control: The Spiritual Achievement of Propaganda.* Nova York: Several Stories Press, 1997.

CLARKE, Tony. *Silent Coup: Confronting the Big Business Takeover of Canada.* Toronto: James Lorimer and Co., 1997.

CLARKE, Tony; BARLOW, Maude. *MAI: The Multilateral Agreement on Investment and the Threat to Canadian Sovereignty.* Toronto: Stoddart, 1997.

CLAY, Jason. "Looking back to go forward: Predicting and Preventing Human rights Violatins." In: MILLER, Marc et al. (orgs.). *State of the Peoples: A Global Human Rights Report on Societies in Danger,* Boston: Beacon Press, 1993.

CLOVER, Darlene; FOLLEN, Shirley; HALL Budd. *The Nature of Transformation: Environmental Adult and Popular Education.* Toronto: University of Toronto Press, 1998.

COBB, Edith. *The Ecology of Imagination in Childhood.* Nova York: Colombia University Press, 1977.

COCKBURN, Alexander. Beat the Devil. *The Nation,* v. 1, n. 3, 1994, p. 405.

COHN, Carol. In the Rational World of Defense Intellectuais. *Signs,* v. 12, 1987, p. 4.

COLLINS, Michael. *Adult Education as Vocation: A Critical Role for the Adult Educator.* Nova York: Routledege, 1991.

_____. Critical Commentaries on the Role of Adult Educators. In: WELTON, Michael (org.). In: *Defense of the Life World: Critical Perspectives on Adult Learning.* Albany, NY: SUNY Press, 1995.

CONNELL, Robert; KESSLER, D.; DOWSETT, G. W. & ASHENDEN G. W. *Making the Difference: Schools, Families and Social Divison.* Boston: George Allen and Unwin, 1983.

COX, R. W. The Global Political Economy and Social Choice. In: DRACHE, D.; GERTLER, M. (orgs.). *The New Era of Social Competition: State Policy and Market Power,* Montreal: McGill-Queens University Press, 1991.

CREMIN, Lawrence. *The Transformation of The School.* Nova York: Vintage, 1964.

CREMIN, Lawrence. *Traditions of American Education.* Nova York: Basic Books, 1976.

CSIKSZENTMIHALI, Mihaly. *Flow: The Psychology of Optimal Experience.* Nova York: Harper Perennial, 1990.

_____. *The Evolving Self: A Psychology For The Third Millenium.* Nova York: Harper Perennial, 1993.

_____. *The Finding Flow: The Psychology of Engagement with Everyday Life.* Nova York: Basic Books, 1997.

CUSHMAN, Phillip. Why is the Self Empty: Toward a Historically Situated Psychology. *American Psychologist 45.5*, p. 599-610, 1990.

DALAI LAMA. *Essence of Refined Gold.* Ithaca, NY: Snow Lion Publications, 1982.

_____. *The Good Heart: A Buddhist Perspective on the Teaching of Jesus.* Boston: Wisdom Publications, 1996.

DALE, Roger; ESLAND, Geoff (orgs.). *Schooling and Capitalism: A Sociological Reader.* Londres: Routgledge and Kegan Paul, 1976.

DALY, Herman E. *Toward a Steady-State Economy.* San Francisco: Freeman, 1973.

DALY, Herman E.; COBB John. *For the Common Good: Redirecting the Economy Toward Community, the Environment, and a Sustainable Development.* Boston: Beacon Press, 1989.

DAVIES, Paul. *God and the New Physics.* Londres: Penguin Books, 1984.

DAWSON, Christopher. *The Dynamics of World History.* Nova York: Sheed and Ward, 1956.

DE CHARDIN, Teilhard. *The Phenomenon of Man.* Nova York: Harper Torchbacks, 1959.

DEI, George. Anti-Racist Education: Working Across Differences. *Orbit 25*, p. 2, 1994.

_____. *Drop Out or Push Out? The Dynamics of Black Students' Disengagement from School: A Report.* Toronto: Ontario Institute for Studies in Education, 1995a.

_____. Indigenous Knowledge as an Empowerment Tool. In: SINGH, N. & TTI, V. (orgs.). *Empowerment: Towards Sustainable Development.* Toronto: Fernwood, 1995b.

_____. *Anti-Racism Education: Theory and Practice.* Halifax, Nova Escócia: Fernwood, 1996.

DE LONE, Richard. *Small Futures: Children, Inequality, and the Limits of Liberal Reform.* Nova York: Harcourt Brace Jovanovich, 1979.

DEVALL, Bill. *Simple in Means, Rich in Ends.* Salt Lake City: Peregrine Smith, 1988.

DEVALL, Bill; SESSIONS, George. *Deep Ecology: Living as if Nature Mattered.* Salt Lake City: Peregrine Smith, 1985.

DEVEREUX, Paul. *Re-Visioning the Earth: A Guide to Opening the Healing Channels Between Mind and Nature.* Nova York: Simon and Schuster, 1996.

DEWEY, John. What Psychology Can Do For the Teacher. In: ARCHAMBAULT, R. (org.). *John Dewey on Education: Selected Writings.* Nova York: Random House, 1963.

DEWEY, John. *Democracy and Education*. Nova York: Free Press, 1966.

Dialogue: Newsletter of the University of Peace. San José, Costa Rica: Peace University, 1996.

DIAMOND, Irene; ORNSTEIN, A. *Reweaving the World: The Emergence of Ecofeminism*. San Francisco: Sierra Club Books, 1990.

DILLARD, Annie. *Pilgrim at Tinker Creek*. Nova York: Harper and Row, 1974.

_____. *Teaching a Stone to Talk: Expeditions and Encounters*. Nova York: Harper and Row, 1983.

Distress Signals. Vídeo. John Waler (diretor). National Film Board of Canada, 17 dez., 1986.

DURNING, Alan. Asking How Much is Enough? In: BROWN, Lester R. et al. (orgs.). *State of the World, 1991: A Worldwatch Institute Report on Progress Toward a Sustainable Society*. Nova York: W. W. Norton, 1991.

_____. *How Much is Enough: The Consumer Society and the Future of the Earth*. Nova York: W. W. Norton, 1992.

DYSON, Freeman. *Weapons and Hope*. Nova York: Harper Collophon, 1985.

EHRLICH, Paul R. & EHRLICH, Anne H. *Extinction: The Causes and Consequences of the Disappearance of Species*. Nova York: Random House, 1981.

EISELEY, Loren. *The Immense Journey*. Nova York: Random House, 1960.

_____. *The Unexpect Universe*. Nova York: Harcourt Brace Jovanovich, 1972.

_____. *The Star Thrower*. Nova York: Times Books, 1978.

EISLER, Riane. *The Chalice and the Blade: Our History, Our Future*. San Francisco: Harper and Row, 1988.

_____. *Sacred Pleasure: Sex, Myth, and the Politics of the Body*. San Francisco: Harper and Row, 1995.

EISLER, Riane; LOYE, David. *The Partnership Way*. San Francisco: Harper and Row, 1990.

EKINS, Paul Hillman. *The Gaia Atlas of Green Economics*. Toronto: Anchor Books, 1992.

ELIADE, Mircea. *Cosmos and History: The Myth of Eternal Return*. Nova York: Harper Torchbooks, 1959.

ELIOT, T. S. *The Complete Poems and Plays of T. S. Eliot*. Londres: Faber and Faber, 1969.

ELLUL, Jaques. *The Technological Society*. Nova York: Vintage/Random House, 1964.

Environmental Education for Sustainable Societies and Global Responsibility. Environmental Education Treaty, Brasil, 1993.

EPP-TIESSEN, Ester. Project Ploughshares. Dissertação. Waterloo, Ontário, 1990.

EVEREET-GREEN, Robert. Arts, Not IBM, Makes Kids Smarter. *Toronto Star*, 17 nov. 1997.

EVERNDEN, Neil. *The Natural Alien*. Toronto: University of Toronto Press, 1985.

EWEN, Stuart. *Captains of Consciousness: Advertising and the Social Roots of Consumer Culture*. Nova York: McGraw Hill, 1976.

FISKE, John. *Reading Television*. Londres: Methuen, 1978.

FOLEY, Griff. *Adult Education and Capitalist Reorganization*. Sidney, Austrália: University of Technology, 1993.

FOX, Matthew. *Original Blessing? A Primer in Creation Spiritutality*. Santa Fé: Bear and Co, 1983.

_____. *The Coming of the Cosmic Christ*. San Francisco: Harper and Row, 1988.

_____. *Creation Spirituality*. San Francisco: Harper San Francisco, 1991.

FOX, Stephen. *John Muir and His Legacy The American Conservation Movement*. Boston: Little, Brown, 1981.

FOX, Warwick. *Toward Transpersonal Ecology*. Boston: Shambhala, 1990.

FREIRE, Paulo. *The Pedagogy of the Oppressed*. Nova York: Seabury Press, 1970.

FRENCH, Marilyn. *The War Against Women*. Toronto: Summit, 1992.

FRYE, Marilyn. *The Politics of Reality*. Freedom, CA: Crossing Press, 1983.

GALTUNG, Johann. *Environment, Development, and Military Activity*. Oslo: Universitetsforlaget, 1982.

GARE, Arran. *Postmodernism and the Environmental Crisis*. Nova York: Routledege, 1995.

GAYTON, Don (org.). *Landscapes of the Interior: Re-Explorations of Nature and the Human Spirit*. Gabriola Island, CB: New Society Publishers, 1996.

GEORGESCU-ROEGEN, Nicholas. *The Entropy Law and the Economic Process*. Cambridge. MA: Harvard University Press, 1971.

GERBNER, George. "Cultural Indicators: The Case of Violence in Television Drama." *Annals of the American Association of Political and Social Scienc*, v. 338, p. 23, 1970.

GIDDENS, Anthony. *The Consequences of Modernity*. Stanford, CA: Stanford University Press, 1990.

_____. *Modernity and Self Identity: Self and Society in the Late Modern Age*. Stanford, CA: Stanford University Press, 1991.

_____. *Beyond Left and Right: The Future of Radical Politics*. Stanford, CA: Stanford University Press, 1994.

GIMBUTAS, Marija. *The Gods and Goddesses of Old Europe, 7000 ato 3500 B.C.: Myths, Legends, and Cult Images*. Londres e Berkeley, CA: Thames and Hudson e University of California Press, 1974.

GINSBERG, Morris. Progress in the Modern Era. In: WIENER, Philip (org.). *Dictionary of the History of Ideas*. Nova York: Charles Scribner and Sons, 1973, p. 633-50.

GIOSEFFI, Daniela (org.). *On Prejudice: A Global Perspective*. Nova York: Anchor Books, 1993.

GLENDINNING, Chellis. *My Name is Chellis and I'm Recovering from Western Civilization*. Boston: Shambhala, 1995.

GOLDSON, Rose. *The Show and Tell Machine*. Nova York: Delta, 1977.

GOUREVITCH, Phillip. Rwanda: A Case of Genocide. *New Yorker*, mar. 1995, p. 41-84.

GRAMSCI, Antonio. *Selections from Prison Notebooks*. Nova York: International Publishers, 1971.

GRANT, George. *Modernity and Responsibility*. Toronto: University of Toronto Press, 1983.

GRAVELINE, Fyre Jean. *Circle Works: Transforming Eurocentric Consciousness*. Halifax, Nova Escócia: Fernwood, 1998.

GRIFFIN, David (org.). *The Reenchantment of Science: Postmodern Proposals*. Nova York: SUNY Press, 1988a.

_____. (org.). *Spirituality and Society: Postmodern Visions*. Nova York: SUNY Press, 1988b.

_____. (org.). *Sacred Interconnections*. Albany, NY: State University of New York Press, 1990.

GRIFFIN, Susan. *Woman and Nature: The Roaring Inside Her*. Nova York: Harper and Row, 1978.

_____. *The Eros of Everyday Life*. Nova York: Doubleday, 1995.

GROFL, Stanislav. *Beyond the Brain*. Albany, NY: State University of New York Press, 1985.

GUTIERREZ, G. *A Theology of Liberation*. Marynoll, NY: Orbis Books, 1973.

HALL, Budd. Adult Education, Globalization and the Development of Global Civil Society. *World Congress of Comparative Education* [Congresso Mundial de Educação Comparativa], 1996.

HALL, Budd; O'SULLIVAN, Edmund V. Transformative Learning: Contexts and Practices. In: SINGH, N. & TITI, V. (orgs.). *Empowerment: Toward Sustainable Development*. Toronto: Fernwood, 1995.

HANDA, Madan. *Manifesto for a Peaceful World Order: A Gandhian Perspective*. Toronto: Cosmic Way Publications, 1982.

HARAWAY, Donna. *Simians, Cyborgs and Women: The Reinvention of Nature*. Nova York: Routledge, 1991.

HARMAN, Willis. *Global Mind Change: The Promise of the Last Years of the Twentieth Century*. Indianpolis: Knowledge Systems Inc., 1988.

HART, Mechhithild. Working and Education for Life. In: WELTON, Michael (org.). *Defense of the Life World: Critical Perspectives on Adult Learning*. Albany, NY: SUNY Press, 1995.

HENDERSON, Hazel. *Creating Alternative Futures*. Boston: Perigtine Books, 1992.

HERMAN, Edward; CHOMSKY, Noam. *Manufacturing of Consent*. Nova York: Pantheon Books, 1988.

HERMAN, Judith. *Trauma and Recovery: The Aftermath of Violence from Domestic Abuse and Political Terror*. Nova York: Basic Books, 1992.

HEYWARD, Carter. *Touching On Strength*. San francisco: Harper, 1989.

HILLMAN, Janes. *The Soul's Code: In Search of Character and Calling.* Nova York: Random House, 1996.

HOFSTADTER, Richard. *Social Darwinism in American Thought.* Nova York: George Braziller, 1955.

HOLLAND, Joe; HENRIOT, Peter. *Social Analysis: Linking Faith and Social Justice.* Washington, DC: Orbis, 1984.

HOOKS, bell. *Teaching to Transgress.* Nova York: Routledge, 1994.

HOPKINS, Gerard Manley. *The Journals and Papers of Gerard Manley Hopkins.* Toronto: Oxford University Press, 1959.

HURTIG, M. *The Betrayal of Canada.* Toronto: Stoddart, 1991.

HUTCHINS, Robert Maynard. *A General Introduction to the Great Books and to a Liberal Education.* Toronto: Encyclopaedia Britannica, 1959.

HUTCHINSON, David. *Growing Up Greed.* Nova York: Teachers College Press, 1998.

ISLA, Ana. *Downplaying Ecological Stress: Debt-for-Nature Swaps.* Dissertação inédita. Toronto, 1996.

JANTSCH, Erich. *The Self-Organizing Universe: Scientific and Human Implications of the Emerging Paradigm of Evolution.* Nova York: Pergamon Press, 1984.

JENSEN, Derrick. Listening to the Land. In: GAYTON, Don (org.). *Landscapes of the Interior: Re-Explorations of Nature and the Human Spirit.* Gabriola Island, Colúmbia Britânica: New Society Publishers, 1996.

KAPLAN, Robert D. The Coming of Anarchy. *Atlantic Monthly,* fev. 1994, p. 44-76.

KATZ, Michael. *The Irony of Early School Reform.* Cambridge, MA: Harvard University Press, 1968.

KAUFMAN, Michael. Working with Young Men to End Sexism. *Orbit,* v. 28, n. 1, p. 14-17, 1997.

KEEN, Sam. *Hymns to an Unknown God.* Nova York: Bantam, 1994.

KELLEY, Kevin (org.). *The Home Planet.* Don Mills, Ontário: Addison-Wesley, 1988.

KENNEDY, Paul. *Preparing fot the Twenty-First Century.* Nova York: Harper, 1993.

KNOWLES, Malcolm. *Using Learning Contracts: Pratical Approaches to Individualizing and Structuring Learning.* San Francisco: Josey-Bass, 1986.

KNUDSTON, Peter; SUZUKI, David. *The Wisdom of Elders.* Toronto: Stoddart, 1992.

KORTEN, D. *People Centered Development: An Alternative for a World in Crisis.* Manila, Filipinas: People Centered Development Forum, 1991.

_____. *When Corporations Rule the World.* West Hartford, CT: Kumarian Press, 1995.

KOTHARI, Rajni. *Transformation and Survival: In Search of Humane World Order.* Déli: Ajanta Publications, 1988.

KROPOTKIN, P. *Mutual Aid.* Brighton: Horizon Press, 1895.

LA CHAPELLE, Dolores. *Sacrad Land, Sacred Sex, Rapture of the Deep: Concerning Deep Ecology and Celebrating Life.* Silverton, CO: Fine Hill Arts, 1988.

LARKIN, June. Confronting Sexual Harassment in Schools. *Orbit,* v. 28, n. 1, 1997.

LASCH, Christopher. *The Culture of Narcisism.* Nova York: W. W. Norton, 1978.

_____. Progress: The Last Superstition. *Tikkun,* v. 4, n. 3, maio/jun. 1989, p. 27-30.

LATOUCHE, Serge. *In the Wake of the Affluent Society: An Exploration of Post-Development.* Londres: Zed Books, 1993.

LEOPOLD, Aldo. *A Sand County Almanac.* Nova York: Oxford University Press, 1949.

LERNER, Michael. *Jewish Renewal: A Path to Healing and Transformation.* Nova York: Grosset/Putnam, 1994.

_____. *The Politics of Meaning.* Reading, MA: Addison-Wesley, 1996.

LEWY, Guenter. *Religion and Revolution.* Nova York: Oxford University Press, 1974.

LIFTON, Robert Jay. *The Protean Self.* Nova York: Basic Books, 1993.

LIVINGSTONE, David (org.). *Critical Pedagogy and Cultural Power.* South Hadley, MA: Bergin and Garvey, 1987.

LOPEZ, Barry Holstun. *Arctic Dreams.* Nova York: Charles Scribner and Sons, 1986.

LORDE, Audre. *The Uses of the Erotic: the Erotic as Power.* Nova York: Out and Out Books, 1978.

_____. Age, Race, Class, and Sex: Women Redefining Difference. In: FERGUSON, Russell; Gever, MARTHA; MINH-HA, TRINH & WEST, Cornell (orgs.). *Out There: Marginalization and Contemporary Culture.* Cambridge, MA: MIT Press, 1990.

LOVELOCK, James E. *Gaia: A New Look at Life on Earth.* Nova York: Oxford University Press, 1979.

_____. *Gaia: A Model for Planetary and Cellular Survival.* Boston, MA: Lindisfarne Press, 1987.

_____. *The Ages of Gaia: A Biography of our Living Earth.* Boston, MA: Lindisfarne Press, 1988.

LYNN, Marion & O'NEILL, Eimear. Families, Power, and Violence. In: DUFFY, Ann; MANDELL, Mancy (orgs.). *Canadian Families: Diversity, Conflict, and Change.* Toronto: Harcourt Brace, p. 271-305, 1995.

LYONS, Thomas; O'SULLIVAN, Edmund. Educating for a Glboal Perspective. *Orbit,* n. 1, 1992.

McDERMORT, R. (org.). *The Essential Aurobindo.* Rochester, VT: Inner Tradition/Lindisfarne Press, 1987.

McGAA, Ed; MAN, Eagle. *Mother Earth Spirituality: Native American Paths to Healing Ourselves and Our World.* San Francisco: Harper San Francisco, 1990.

McKIBBEN, Bill. *The End of Nature.* Nova York: Random House, 1989.

MacMURRAY, John. *The Self as Agent.* Londres: Faber and Faber, 1957.

_____. *Persons in Relation.* Londres: Faber and Faber, 1961.

McPHAIL, Thomas. *Electronic Colonialism.* Beverly Hill, CA: Sage Publications, 1981.

MACY, Joanna. *Despair and Power in the Nuclear Age.* Filadélfia: New Society Publishers, 1983.

_____. Awakening to the Ecological Self. In: PLANT, Judith (org.). *Healing the Wounds.* Toronto: Between the Lines, 1989.

MACY, Joanna. *World as Lover, World as Self.* Berkeley, CA: Parallax Press, 1991.

MAITREYA. *The Gospel of Peace.* Toronto: Universal Way Publications, 1988.

MANDER, Jerry. *In the Absence of the Sacred: The Failure of Technology and the Survival of Indian Nations.* San Francisco: Sierra Club Books, 1991.

MANDER, Jerry; GOLDSMITH, Edward. *The Case Against The Global Economy.* San Francisco: Sierra Club Books, 1996.

MARGULIS, Lynn. *Microcosmos: Four Billion Years of Evolution from Our Microbial Ancestors.* Londres: George Allen and Unwin, 1987.

MARGULIS, Lynn; SCHWARTZ, Karlene. *Five Kingdoms: An Illustrated Guide to the Phyla of Life on Earth.* San Francisco: Freeman, 1982.

MASON, Mike. *Development and Disorder: A History of the Third World Since 1945.* Toronto: Between the Lines, 1997.

MAX-NEEF, Manfred E. A.; HOPENHAYEN, Martin. Another Development: Human Scale Development. *Development Dialogue*, n. 1, p. 17-61, 1989.

MEIZEROW, Jack. Transformation Theory of Adult Learning. In: WELTON, Michael (org.). *Defense of Life World: Critical Perspectives on Adult Learning.* Albany, NY: SUNY Press, 1995.

MENZIES, Heather. *Fast Forward: How Technology is Changing Your Life.* Toronto: Macmillan of Canada, 1989.

MERCHANT, Carolyn. *The Death of Nature: Women, Ecology, and the Scientific Revolution.* Nova York: Harper and Row, 1980.

_____. *Earthcare.* Nova York: Routledge, 1995.

MERTON, Thomas. *Mystics and Zen Masters.* Nova York: Delta Books, 1967.

_____. *The Asian Journals of Thomas Merton.* Nova York: New Directions Publication, 1973.

METZNER, Ralph. The Split Between Spirit and Nature in European Consciousness. *Trumpeter*, v. 10, n. 1, 1993.

MIES, Maria. *Patriarchy and Accumulation on a World Scale: Women in the International Division of Labor.* Londres: Zed Books, 1986.

MIES, Maria; SHIVA, Vandana. *Ecofeminism.* Halifax, Nova Escócia: Fernwood, 1993.

MILBRATH, Lester W. *Envisioning a Sustainable Society: Learning Our Way Out.* Albany, NY: State University of New York Press, 1989.

MILES, Angela. *Integrative Feminisms: Building Global Visions.* Nova York: Routledge, 1996.

MILLER, John. *The Contemplative Practitioner.* Toronto: OISE Press, 1994.

_____. *The Holistic Curriculum: Revised and Expanded Edition.* Toronto: OISE Press, 1996.

MILLER, R. (org.). *The Renewal of Meaning in Education.* Brandon, VT: Holistic Education Press, 1993.

MITTER, Swasti. *Common Fate Common Bond: Women in teh Global Economy.* Londres: Pluto Press, 1986.

MISCHE, Patricia. Ecological Security in an Interdependent World. *Breakthrough: A Publication of Global Education Associates*, v. 1, n. 4, verão-outono, 1989.
MOFFETT. J. *The Universal Schoolhouse*. San Francisco: Josey-Bass, 1994.
MONTESSORI, Maria. *The Education of the Human Potential*. Madras, Índia: Kalakshetra Publications, 1973.
MOORE, Thomas. *Care of the Soul*. Nova York: Harper Collins, 1992.
_____. *Soul Mates: Honoring the Mysteries of Love and Relationship*. Nova York: Harper Collins, 1994.
MUMFORD, Lewis. *The City in History: Its Origins, Its Transformations, and Its Prospects*. Nova York: Harcourt, Brace, and World, 1961.
MYERS, Norman (org.). *Gaia: An Atlas of Planet Management*. Garden City, NY: Anchor/Doubleday, 1984.
NEIHARDT, John G. *Black Elk Speaks: Being the Life Story of a Holy Man of the Ogala Sioux*. Nova York: Washington Square Press, 1972.
NEISSER, Ulric. *Cognitive Psychology*. Nova York: Appleton Century Crofts, 1967.
NELSON, Joyce. *Sultans of Sleaze*. Toronto: Between the Lines, 1989.
New Internationalist. The Poor Step Up Trade Wars, n. 294, fev. 1990.
_____. Test Tube Coup: Biotechs Global Takeover, n. 217 mar. 1991.
_____. n. 230, abr. 1992.
_____. Gene dream, n. 293, ago. 1997.
NOBLE, David. *America by Design: Science, Technology, and the Rise of Corporate Capitalism*. Nova York: Oxford University Press, 1977.
_____. *A World Without Women: The Christian Clerical Culture of Western Science*. Nova York: Oxford University Press, 1992
NOZICK, Marcia. *No Place Like Home*. Ottawa: Canadian Council of Social Development, 1992.
OLIVER, Donald W.; GERSHMAN, Kathleen Waldron. *Education, Modernity and Fractured Meaning: Toward a Process Theory of Teaching and Learning*. Albany, NY: State University of New York Press, 1989.
OLIVER, Mary. *New and Selected Poems*. Boston: Beacon Press, 1992.
O'NEILL, Eimear. From Global Economies to Local Cuts: Globalization and Structural Change in Our Own Backyard. In: RICCIUTELLI, L.; LARKIN, J. & O'NEILL, E. (orgs.). *Confronting the Cuts: A Sourcebook for Women in Ontario*. Toronto: Inanna Publications and Education Inc., 1998, p. 3-11.
ORNSTEIN, Robert; EHRLICH, Paul. *New World New Mind*. Nova York: Simon and Schuster, 1989.
ORT, David W. *Ecological Literacy: Education and the Transition to a Postmodern World*. Albany, NY: State University of New York Press, 1992.
ORTEGA Y GASSET, José. *The Revolt of the Masses*. Nova York: W. W. Norton, 1957.
O'SULLIVAN, Edmund. Can Values Be Taught? In: TURIEL, E. (org.). *Moral Development and Socialization*. Boston: Allyn and Bacon, 1980.

O'SULLIVAN, Edmund. Computers, Culture and Educational Futures: A Critical Appraisal. *Interchange*, v. 4, n. 3, inverno, 1983, p. 17-26.

_____. *Critical Psychology: An Interpretation of the Personal World*. Nova York: Plenum Press, 1984.

_____. Computers, Culture and Educational Futures: A Meditation on Mindstorms. *Interchange*, v, 16, n. 3, outono, 1985, p. 1-18.

_____. *Critical Psychology and Critical Pedagogy*. Nova York: Bergin and Garvey, 1990.

OTTO, Rudolph. *The Ideal of the Holy*. Nova York: Oxford University Press, 1969.

PALMER, Parker. *To Know as We ar Known*. San Francisco: Harper and Row, 1993.

PAZ, Octavio. *The Double Flame: Love and Erotism*. Nova York: Harcourt Brace and Co., 1995.

PETERSON, Scott. *Native American Prophesies: Examining the History, Wisdom nad Startling Predictions of Visionary Native Americans*. Nova York: Paragon House, 1990.

PHILLIPS, Charles. *The Development of Education in Canada*. Toronto: W. J. Gage and Co., 1957.

PIERCE, Carol Wagner. *A Male/Female Continuum: Paths to Colleagueship*. Lacona, NH: New Dynamics Publications, 1994.

PIKE, Graham; SELBY, David. *Global Teacher, Global Learner*. Toronto: Hodder and Stoughton, 1988.

PLANT, Judith (org.). *Healing the Wounds*. Toronto: Between the Lines, 1989.

POSTEL, Sandra. "Denial in a Decisive Decade." In: BROWN, Lester R. et al. (orgs.). *State of the World, 1992: A Worldwatch Institute Report on Progress Toward a Sustainable Society*, Nova York: W. W. Norton, 1992.

PRIGOGINE, Ilya; STENGERS, Isabelle. *Order Out of Chaos: Man's New Dialogue with Nature*. Nova York: Bantam, 1984.

The Progress of Nations. Nova York: UNICEF, 1997.

PURPEL, David. *The Moral and Spiritual Crisis in Education: A Curriculum for Justice and Compassion in Education*. Grangy, MA: Bergin and Garvey, 1989.

QUARTER, Jack. *Canada's Social Economy*. Toronto: James Lorimer and Co., 1992.

QUARTER, Jack; MATTHEWS, Fred. Back to the Basics. In: LIVINGSTONE, David (org.). *Critical Pedagogy and Cultural Power*. Massachusetts: Bergin and Garvey, 1987, p. 99-119.

RANSOM, David. Green Justice. *New Internationalist*, n. 30, abr. 1992.

REED, Carole Ann. The Omission of Anti-Semitism in Anti-Racism. *Canadian Woman Studies/les cahiers de la femme*, v. 14, n. 2, primavera, 1994, p. 68-71.

REGEHR, E. Weapons and war: Arms trade control as conflict resolution. *Project Ploughshares Monitor*, set. 1996.

RENNER, Michael. Assessing the Military's War on the Environment. In: BROWN, Lester R. (org.). *State of the World, 1991. A Worldwatch Institute Report on Progress Toward a Sustainable Society*. Nova York: W. W. Norton, 1991.

RIFKIN, Jeremy. *Entropy.* Nova York: Viking, 1981.
_____. *Biosphere Politics: A New Consciousness for a New Century.* Nova York: Crown, 1991.
_____. *The End of Work.* Nova York: Jeremy Tarcher/Putnam Books, 1995.
RIFKIN, Jeremy; PERLAS, Nicanor. *Algeny.* Nova York: Viking, 1983.
ROBERT, W. Bacher. *Get a Life: A Green Cure For Canada's Economic Blues.* Toronto: Get A Life Publishing House, 1993.
ROMAN, Leslie; EYRE, Linda (orgs.). *Dangerous Territories: Struggles for Difference and Equality.* Londres: Routledge, 1997.
ROSEN, Edward. Cosmology from Antiquity to 1850. In: WIENER, Philip (org.). *Dictionary of the History of Ideas.* Nova York: Charles Scribner and Sons, 1973.
ROSS, Rupert. *Returning to the Teachings.* Toronto: Penguin Books, 1996.
ROSZAK, T. *Person/Plant: The Creative Disintegration of Industrial Society.* Garden City, NY: Doubleday, 1978.
ROWLEDGE, D.; KEETH, L. We've Gotta Have It: Economic Growth as an Addiction. *Environment network News*, 1991, p. 3-5.
RUNES, D. *The Dictionary of Philosphy.* Nova Jersey: Littlefield Adams, 1955.
RUSSELL, Peter. *The Global Brain.* Los Angeles: J. P. Tarcher, 1983.
RYAN, J. C. Conserving Biological Diversity. In: BROWN, Lester R. (org.). *State of the World, 1992. A Worldwatch Institute Report on Progress Toward a Sustainable Society.* Nova York: W. W. Norton, 1992.
SACHS, Wolfgang. Development. *New Internationalist* 202, 1992.
SAGAN, Carl. *Cosmos.* Nova York: Random House, 1980.
SAHTOURIS, Elisabet. *Gaia: The Human Journey from Chaos to Cosmos.* Nova York: Pocket Books Collophon, 1989.
SAID, Edward. *Orientalism.* Nova York: Vintage Books, 1979.
_____. *Culture and Imperialism.* Nova York: Alfred A. Knopf, 1993.
SALE, Kirkpatrick. *Human Scale.* Nova York: Coward McCann and Geohegan, 1980.
_____. *Dwellers in the Land: The Biorregional Vision.* San Francisco: Sierra Club Books, 1985.
SARDELLO, Robert. *Facing the World with Soul: The Reimagination of Modern Life.* Nova York: HarperCollins, 1994.
_____. *Love and the Soul: Creating a Future for Earth.* Nova York: Harper Collins, 1995.
SCHAEF, A. *When Society Becomes Addict.* San Francisco: Harper and Row, 1987.
SCHORER, Mark. *William Blake: The Politics of Vision.* Nova York: Vintage Books, 1946.
SCHILLER, Herbert. *The World Crisis and the New Information Technologies.* San Diego: Paper, 1983.
SCHWEICKART, Russell. Prefácio. In: KELLEY, Kevin (org.). *The Home Planet.* Don Mills, Ontário: Addison-Wesley, 1988.

SEAGER, Joni. *Earth Follies: Coming to Feminist Terms with the Global Environmental Crisis*. Nova York: Routledge, 1993.

_____. *The New State of the Earth Atlas*. 2. ed. Nova York: Touchstone, 1995.

SEED, John; Joanna Macy. *Thinking Like a Mountain: Towards a Council of All Beings*. Filadélfia: New Society Publishers, 1988.

SELBY, D. *Earthkind: A Teacher's Handbook on Humane Education*. Stoke-on Trent: Trentum, 1995.

SHELDRAKE, Rupert. *The Presence of the Past: Morphic Resonance and the Habits of Nature*. Nova York: Times Books, 1988.

_____. *The Rebirth of Nature and God*. Rochester, VT: Park Street Press, 1994.

SHIVA, Vandana. *Staying Alive: Women, Ecology and Development*. Londres: Zed Books, 1989.

_____. Global Bullies: Tread Gently on the Earth. *New Internationalist*, abr. 1992.

_____. *Monocultures of the Mind: Perspectives on Biodiversity and Biotechnology*. Londres: Zed Books, 1995.

SIOUI, George. *Amerindian Autohistory: An Essay on the Foundation of a Social Ethic*. Montreal: McGill University Press, 1992.

SMART, N. *Dimensions of the Sacred*. Londres: Fontana, 1997.

SMITH, Huston. *Forgotten Truth: The Common Vision of the World's Religions*. Nova York: Harper, 1992.

SMITH, James. Foreword. *New Internationalist*, n. 308, 1993.

SPRETNAK, Charlene. *The Spiritual Dimension of Green Politics*. Santa Fé: Bear and Co., 1978.

_____. *States of Grace: The Recovery of Meaning in the Postmodern Age*. San Francisco: Harper and Row, 1991.

STARHAWK. *The Spiral Dance: A Rebirth of the Ancient Religion of the Great Goddess*. San Francisco: Harper and Row, 1979.

_____. *The Pagan Book of Living and Dying*. San Francisco: Harper San Francisco, 1997.

STONE, Merlin. *When God Was a Woman*. Nova York: Harvest, 1976.

STORM, Hiemeyohsts. *Seven Arrows*. Nova York: Ballantine, 1972.

STORR, Anthony. *Solitude*. Londres: Fontana, 1988.

SUZUKI, David; KNUDSTON, Peter. *Genethics: The Ethics of Engineering Life*. Toronto: Stoddart, 1988.

SWIMME, Brian. *The Universe is a Green Dragon: A Cosmic Creation Story*. Santa Fé, NM: Bear and Co., 1984.

_____. *The Hidden Heart of the Cosmos*. Marynoll, Nova York: Orbis Books, 1996.

SWIMME, Brian; BERRY, Thomas. *The Universe Story: An Autobiography from Planet Earth*. San Francisco: Harper and Row, 1992.

TAYLOR, Charles. *The Malaise of Modernity*. Toronto: Anansi, 1991.

TEST TUBE COUP: Biotech's Global Takeover. *New Internationalist*, n. 217, mar. 1991.

THICH NHAT HANH. *Touching Peace: Practicing the Art of Mindful Living.* Berkeley, CA: Parallax Press, 1992.

_____. *A Joyful Path: Commnunity Transformation and Peace.* Berkeley, CA: Parallax Press, 1994.

_____. *Breathe! You Are Alive.* Berkeley, CA: Parallax Press, 1995.

THOMAS, Lewis. *The Lives of a Cell: Notes of a Biology Watcher.* Nova York: Bantam, 1975.

_____. *The Medusa and the Snail: More Notes of a Biology Watcher.* Nova York: Bantam, 1980.

_____. *Late Night Thoughts on Listening to Mahler's Nint Symphony.* Nova York: Bantam, 1984.

THOMPSON, William Irvin. *Gaia: A Way of Knowing.* Barrington, NA: Lindisfarne Press, 1987.

TOUGH, Alan. *Learning Without a Teacher.* Toronto: OISE Press, 1981.

TOULMIN, Stephen. *The Return to Cosmology.* Berkeley: CA: University of California Press, 1985.

TURK, Jim. Training is the Answer. In: JACKSON, Nancy (org.). *Training for What? Labour Perspectives on Job Training.* Toronto: Our Schools/Ourselves Foundation, 1992.

TURNER, Frederick. *Beyond Geography: The Western Spirit Against the Wilderness.* Nova York: Viking Press, 1980.

UNGER, Roberto Mangabeira. *Knowledge and Politics.* Nova York: Free Press, 1975.

WACKERNAGEL, M.; REES, W. *Our Ecological Footprint: Reducing Human Impact on the Earth.* Gabriola Island, CB: New Society Publishers, 1996.

WALKER, Alice. *Anything We Love Can be Saved: A Writer's Activism.* Nova York: Random House, 1997.

WANGOOLA, Paul; Youngman, FRANK. *Towards A Transformative Political Economy of Adult Education.* De Kalb, IL: Northern Illinois Press, 1996.

WARING, Marilyn. *If Women Counted: A New Feminist Economics.* San Francisco: Harper and Row, 1988.

WEBER, Max. *The Spirit of Capitalism and the Protestant Ethic.* Nova York: Charles Scribner and Sons, 1958.

WEIL, Andrew. *8 Weeks to Optimum Health.* Nova York: Alfred A. Knopf, 1997.

WELTON, M. In Defense of the Lifeworld. In: WELTON, Michael (org.). *Defense of the Life World: Critical Perspectives on Adult Learning.* Albany, NT: SUNY Press, 1995.

WEXLER, Philip. *Holy Sparks: Social Theory, Education and Religion.* Toronto: Canadian Scholar Press, 1996.

WIENER, Philip (org.). *Dictionary of the History of Ideas.* Nova York: Charles Scribner and Sons, 1973.

WILBER, Ken. *Sex, Ecology, Spirituality: The Spirit of Evolution*. Boston: Shambhala, 1995.

_____. *A Brief History of Everything*. Boston: Shambhala, 1996.

_____. *The Eye of the Spirit: An Integral Vision for a World Gone Slightly Mad*. Boston: Shambhala, 1997.

WILLIAMS, Raymond. *Key Words: A Vocabulary of Culture and Society*. Londres: Fontana, 1976.

WILLOYA, William. *Warriors of the Rainbow: Strange and Prophetic Dreams of the Indian Peoples*. Happy Camp, CA: Naturegraph Publishers, 1962.

WISHIK, Heather; PIERCE, Carol. *Sexual Orientation and Identity*. Lacona, NH: New Dynamics, 1995.

WOLF, E. C. Avoiding a Mass Extinction of Species. In: BROWN, Lester R. et al. (orgs.). *State of the World, 1988: A Worldwatch Institute Report on Progress Toward a Sustainable Society*. Nova York: W. W. Norton, 1988.

WOLF, Sandra. *Engendering Equity: Transforming Curriculum*. Toronto: Ministry of Education of Ontario, 1994.

WORLD GUIDE 1997/1998: Alternative Reference to Countries of the Planet. World of Women, Instituto del Tercer Mundo, 1997.

WORSTER, Donald. *Nature's Economy: A History of Ecological Ideas*. Cambridge: Cambridge University Press, 1977.

WYNNE, Edward. Managing Effective Schools: The Moral Element. In: HOLMES, Mark (org.). *Educational Policy for Effective Schools*. Toronto: OISE Press, 1987.

YEATS, William Butler. The Second Coming. In: MACK, Maynard (org.). *Modern Poetry*, Nova York: New American Library, 1983.

YOUNG, Louise. *The Blue Planet: A Celebration of the Earth*. Nova York: New American Library, 1983.

ZARATE, José. Racism and Indigeneous Education. *Orbit*, v. 25, n. 2, 1994.

Índice remissivo

Abbey, Edward 291
Abram, David, *The Spell of the Sensuous* 29
Adams, Henry: The Dynamo and the Virgin 40; *The Education of Henry Adams* 97
Adelson, Ann 387
adultos, educação de 88-89, 108
África: imposição de fronteiras à 229; pobreza da 229; como o Ocidente trata a 229
afropessimismo 53
água: e doença 47; recursos 47; uso da, no Ocidente 194
alfabetização 296; ecológica 49
alienação 240, 284, 342
Ambiente, exclusão do sistema de contas da ONU 218
Amundsen, Roald 74
angelologia 126-127
anti-racismo 223, 240-243; integrador 243
antropocentrismo 104, 106, 201, 250, 275, 284, 372, 373
Aristóteles 126, 127, 139, 245
armas nucleares 204, 211, 212, 213-214
armas, comércio de 54, 141, 171, 212, 215, 255
Aronowitz, Stanley e Henry Giroux, *Education Still Under Siege* 31; *Postmodern Education* 62, 169
autogestão 299
autopoiesis 307, 311, 312, 377

Banco Mundial 52, 55, 72, 169, 170, 172
Barnet, Richard 249; e John Cavanagh, *Global Dreams...* 117, 182

Bateson, Gregory: *Mind in Nature* 94; *Steps in an Ecology of Mind* 94
bell hooks 105, 246
Berman, Morris 110, 128, 144-145
Bernanos, George, *The Diary of a Country Priest* 132
Berry Thomas 35, 43, 63, 79, 280, 330-331; *Befriending the Earth...* 387; *The Dream of the Earth* 27, 28, 43, 45, 120, 148, 160-161, 115, 267, 270, 292, 297, 299, 346, 371, 379, 390; Twelve Principles for the Understanding of the Universe 154-157, 272, 281, 307, 308, 312, 319, 321, 344, 375; *Universe Story* 258; *ver também* Swimme e Berry
Berry, Wendell 100, 354
Bertell, Rosalie, *No Immediate Danger* 212
biológica, recordação 325
biorregiões 296-300
biosfera, política da 286, 294
Blake, William 96, 108, 132, 302
Bloom, Alan, *The Closing of the American Mind* 99, 154
Bohm, David 109, 110, 117, 277
Bowers, C. A. 95, 96, 100, 231, 239
Brenes, Abelardo 256
Brown, Lester R. 42, 46
Brown, Tom 381
Brundtland Report, *Our Common Future...* 172
budismo 160, 387
Burger, Julian; *State of Peoples* 52
Bush, George 151

Campbell, Joseph 115
campos de concentração 332

Canadá 56-57, 71, 294; desenvolvimento da educação no 80, 87, 242; assédio sexual e educação no 260; crise social no 355
Capra, Fritjof 134, 135
Carnegie, Andrew 80, 162
Carson, Rachel 291
cartesiana, visão de mundo 94, 133
celebração 404-405
cenozóico, período 49, 124, 151; terminal 44-60, 76, 82, 84, 86, 91, 95, 105, 124, 128, 159, 161, 174, 180, 184, 196, 238, 312, 324, 343, 380
Cernan, Eugene 391
Chardin, Teilhard de 282, 385
Cherry-Garrard, Apsley 75
Chomsky, Noam 177, 309
Churchill, Winston 214
ciberespaço 402
ciência 28, 60, 64, 80, 83, 94, 97, 131, 136, 140, 146, 152, 173, 267, 271, 274, 293, 322, 336, 371; e o sistema dominador 207-208; enquanto fator de desintegração 322; cognitiva 94; fragmentação da 140; na educação 95; nativa 153; pós-moderna 148; relação com o patriarcado 136-141; ocidental 310
"ciência cognitiva" 93, 95
círculo da vida 119, 296
civilizações clássicas 319-321
classe 231-238; no contexto da globalização 245-250
Clay, Jason 51
"clero nuclear" 213
Cobb, Edith, *The Ecology of the Imagination...* 301
Cockburn, Alexander 54
Cody, Moses 88
Cohn, Carol 213, 215
Collins, Michael 89, 106
colonialismo 51, 54, 226-227, 229, 238, 268, 357-358, 360, 361; britânico 225, 360; eletrônico 177
competição 182-184, 191
computadores 248; nas escolas 295; obsolescência dos 43; sistemas de 93
Comte, Auguste 162

comunhão 273, 281, 284, 309, 333, 335, 358, 362
comunidade 335, 353-356, 362, 380, 396, 400; enquanto imperativo ético 327; erosão da participação 258; orientação rumo à 90, 91
comunidade humana, invenção da 315-318
conflito, visão do 93, 119-121
conhecimento; burocratização do 140; integração do 140
consciência 68, 69, 330; evolução da 155
Conselho de Todos os Seres 339-340
consumismo 160, 184-193, 236, 366, 378
consumo 39, 50, 81, 342, 355; ostentatório 196; no Ocidente 194
contexto cosmológico: para a educação 82-85, 265-304; necessidade de 268-271
Copérnico 129, 130, 131
corrente ecozóica transformadora 85, 100, 105-122, 155, 305, 341-373; na educação 29, 32, 43, 295, 376
corrente tecnozóica progressista 85, 86-93
Correymeela, Projeto (Irlanda do Norte) 257-260
cosmologia 28, 29, 32, 64, 82-85, 108, 109, 110, 120, 174, 271, 304, 325, 328; funcional 155; origens da 126; uso do termo 154
cosmologias: moderna 128, 141; pré-moderna 124, 125, 128
cosmológica, identificação 335-338, 395
cosmológico, senso 61-62, 116, 289, 291; perda do 32, 42, 123-157, 285, 324-325
Craig, Colin 257
Cremin, Lawrence 81; *The Transformation of The School* 87
crescimento, conceito de 164-176
crianças 300; desenvolvimento das 300; violência contra 56, 57, 244, 260
criatividade 120, 121, 149, 151, 152, 188, 307-310; contexto planetário da 265-304
cristianismo 28, 60, 126, 141, 160, 162, 380, 387, 398, 399
crítica 76, 93
Csikszentmihalyi, Mihaly 344
cultura branca, predominância da 241
cultura da permanência 353

cultura cívica 365-371
Cultura da Paz, programa 257
culturas dominantes 31, 205-207, 212, 226, 238
Cushman, Phillip 184

Dag Hammarskjold Foundation 171
Dalai Lama 388; *The Good Heart...* 388
Dallas 188, 189
Darwin, Charles 138, 141-142, 143; teoria da evolução 141-142, 143, 162, 183
darwinismo social 80, 143, 176, 183
Davey, Ray 257
Davies, Paul, *God and the New Physics* 384
Dei, George 171, 241-243, 388
derrubada das florestas 231; na África Ocidental 54
Descartes, René 109, 133, 135, 139, 283
desconstrução 61, 62, 64
desemprego 50, 68, 188, 234, 236-237, 240, 248, 353, 355
desencantamento 133, 284-285; em relação à natureza 145, 146, 154, 290-291, 371
desenvolvimento 39, 50, 87, 195, 236-237, 324, 348; alternativo 72; conceito de 164-176; em escala humana 348-353; integral 305-340, 378; centrado no povo 172; sustentável 172
desespero: enquanto resposta natural 70; como lidar com o 64-70; na modalidade sobrevivência 70-72
desmatamento 53, 67, 230, 234, 252
Devall, Bill 115, 288
Devereux, Paul, *Revisioning the Earth...* 392
Dewey, John 87, 88
diferença 221, 239, 242, 269; celebração da 256; na educação 239-245
diferenciação 273, 282, 309, 333, 336, 357-358, 362, 373
Dillard, Annie 291
direito natural 345-348
direitos civis, privação dos 193, 366
direitos humanos 53, 55, 67, 369; violação dos 210, 236, 362
dissipativos, sistemas 306, 307, 311

diversidade 72, 149, 174, 252-261, 284, 297, 356-365, 369, 377; biocêntrica 371-373; educação para a 201-261; dos mitos 383; dos povos 221; sexual 364
dívida 55, 170, 171, 237; lógica da 72; pagamento da 55; transferência da 56
domesticação 318; época da 274
dominação do homem branco 99, 104, 198 *ver também* dominação masculina
dominação masculina 57, 99, 104, 205-206, 209, 212-213, 214-215, 243-244, 363-364, 401
Durning, Alan 196
Dyson, Freeman 74, 75

ecofeminismo 291, 304, 384
ecologia 400; profunda 287, 288, 304; etimologia da palavra 124
ecológica: degradação 46, 50, 96, 99, 104, 109, 145, 195, 208-211, 219, 253, 254, 323
ecológicas, questões 34, 69, 105, 173, 196, 203, 337, 340
ecozóico, ponto de vista 27, 32, 44-60, 64, 79-122, 155, 290
educação: ambiental 72; princípios da 368-370; e diversidade biocêntrica 371-373; e cultura cívica 365-371; e os dilemas do modernismo 79-122; e a manutenção do *status quo* 67; anti-racista 240-243; como um direito de todos 369; de resistência crítica 192, 193-194, 195-198, 198-199; cortes na 72-73; relacionada com a Terra 122; elite privada 103, 104; para comunidades da diversidade 356-365; para a comunidade 353-356; para a consciência crítica 76; para o desenvolvimento integral 305-340; para a paz, a justiça social e a diversidade 201; forma futura da 39; global 107; holística 106; num período de decadência histórica 39-76; no contexto da globalização 245-250; no contexto cosmológico 296, 300; na paz 250-261; na qualidade de vida 341-373; liberal 98; não-sexista 243-245; pós-moderna 60-64; privatização da 294; pública 294; com base na qualidade 72; secundária 294; reforma da 32; relacionada ao universo 122; *veja também* educação de adultos
educação de resistência crítica 192, 193-195, 195-198, 197-198

ego, morte do 39
Ehrlich, Paul 292
Einstein, Albert 272
Eisely, Loren 291
Eisler, Riane 401-402; e David Loye, *The Partnership Way* 245; *The Chalice and the Blade* 203, 206, 320, 385, 400
Eliade, Mircea 161
Eliot, T. S. Quatro Quartetos 375
Elkins, Paul 170
Ellul, Jacques 98
empresas transnacionais 40, 52, 54, 57, 65, 160, 176, 180, 181, 184
encantamento do mundo natural 148-157
energia; consumo de, no Ocidente 129; controle da 323
Engels, Friedrich 143
engenharia genética 110, 170, 173, 174, 318, 402
Epp-Tiessen, Ester 170, 171
era ecozóica 27, 49, 82, 84, 150, 151, 268, 275, 289, 293, 312, 347
eros 397-403
erótico, a função do 399
escravidão 223, 229, 360-361
espaço, visões do 91-92, 101, 115-119
espécies *ver* extinção de espécies
espiritualidade 376, 380-381; diversidades da 381-389
Estado-nação 32, 45, 181, 221
Estados Unidos da América (EUA) 72, 86, 166, 169, 197, 294; ascendência dos 179
estresse pós-traumático, síndrome de 332
estudo biorregional 297, 356
estupro 57, 217, 401
ética 325, 337, 338, 344, 345; questões de biotecnologia 174
eu ecológico 330, 333-338, 339, 341
eu: vazio 184; mínimo 327, 328, 333 *ver também* eu ecológico
eurocentrismo 43, 99, 228, 236, 289-290
evolução 118, 298, 306, 307, 324; *ver também* Darwin, teoria da evolução 183
evolutiva, recordação 339

Ewen, Stuart 160
extinção de espécies 33, 46, 115, 211, 253, 338, 339

feminismo 194, 207, 209; liberal 25
Flemming, Pat 384
florestas tropicais 253; destruição das 67, 210
Foley, Griff 247
Fórum Mundial 368
Fox, Matthew 382, 387
Fox, Warwick 334
Freire, Paulo 105, 246
Frye, Marilyn 202, 203, 238
fundamentalismo religioso 59-60, 357, 358, 377

Gaia 119, 181; hipótese 113, 283, 310
Galileu 129, 134
Gare, Arran 270
Gayton, Don, *Landscapes of the Interior* 391
gênero 34, 105, 238, 243, 257, 261
genético; código 357; complexidade do 346; conhecimento do 266
genocídio 357, 360
Gerbner, George 220
Giddens, Anthony 26, 344-345
Gimbutas, Marija 205, 219
Gioseffi, Daniela, *On Prejudice: A Global Perspective* 357
Glendinning, Chellis 329, 332
globalização 26, 44, 46, 47, 51, 53, 54, 61, 65, 66, 68, 69, 71, 73, 82, 193, 245-250, 254, 286, 293, 294, 365, 366, 367, 387; como mantra 176-182; como religião 376; impacto da 51
Gourevitch, Phillip 224
Grã-Bretanha 72
Gramsci, Antonio 105; *Prison Notebooks* 191
grande narrativa 62, 269; crítica da 62, 268; nova 271
Grant, George 98
Griffin, David 60, 62, 109, 269
Griffin, Susan 34, 384-385; *The Eros of Everyday Life* 291, 400
Grissom, Gus 113, 285

Grof, Stanislav 330
Groves, general 214
guerra 203, 208-211

hábitat e diversidade 252-261
Hall, Budd 107, 367
Handa, Madan 387
Haraway, Donna 268-269
Harman, Willis 130
Hart, Mechhthild 106
Haudanosaunee, textos, *Apelo Básico à Consciência* 386
Herman, Edward 177
heterossexualidade 364
Heyward, Carter 401
hierarquia 102, 103, 358; tipologias da 206
Hillman, James, *The Soul's Code* 376
hinduísmo 160, 387
história do universo 295, 300, 335-336, 379
Hobbes, Thomas 138, 147, 285
Hofstadter, Richard 143
holística, abordagem 122-123, 148, 306, 369
homens; enquanto assassinos 218; socialização violenta dos 261
homofobia 202, 261, 357
homossexualidade 202, 364; medo da 34
Hopenhayn, Martin 348-353
Hopkins, Gerard Manley 282, 302
Horton, Myles 88
Hutchins, Robert Maynard 98
Hutchinson, David 304
Huxley, T. H. 183

Igreja católica 97, 103, 130
Iluminismo 25, 62, 96, 128, 138, 161, 163
imperialismo 165, 226-227, 268; dos Estados Unidos 179
indígenas, povos 51-53, 111, 187, 228, 230, 290, 296, 304, 330, 358, 372, 378, 380; na Austrália e na Nova Zelândia 230; tradições orais dos 291; expulsos da terra 51; espiritualidade dos 385
individualismo 31, 33, 284-285, 328

indivíduo 191, 328; definição de 284-285; desenvolvimento do 280, 282; noção de 138; violação do 338
indústria nuclear e "omnicídio" 212
industrialismo 33, 43, 81, 84, 159, 274, 323
infância e educação 300-304
integral, desenvolvimento 325-328; e criatividade 307-310; e surgimento dos seres humanos 314-325
inter-relações 64
intimidade: com a natureza 373; com o universo 288
Irlanda do Norte 224, 256, 357, 360, 361
Isla, Ana 55

Jantsch, 1984, 335
Jeffers, Robinson 288
Jensen, "Listening to the Land" 392
Jung, Carl 28
justiça social 400; educação para 201-261

Kaplan, Robert D. 41; "The Coming of Anarchy" 53-54
Kaufman, Michael 261
Keen, Sam 400; "The Passionate Life" 397
Kennedy, Paul, *Preparing for the Twenty-First Century* 41
Kepler, Johann 129, 134
Knowles, Malcolm 89
Knudston, Peter 153
Korten, David 172
Kothari, Rahni 65
Kropotkin, Peter, *Mutual Aid* 183

La Chapelle, Deloris 291
lakota, povo; percepção do universo do 382-383
Lasch, Christopher 163, 327
Latouche, Serge 50, 53, 54, 236
Leech, Robin, *Lifestyles of the Rich and Famous* 196
Leonov, Aleksei 113
Leopoldi, Aldo 291

Lerner, Michael: *Jewish Renewal: A Path to Healing*... 185, 342, 343, 344, 387; *The Politics of Meaning* 387
Lewy, Guenter, *Religion and Revolution* 386
liberalismo 146, 163, 233, 343
Lifton, Robert Jay 59
lixo nuclear 204, 211, 212, 213-214
Locke, John 138, 147, 285
Lopez, Barry 291
Lorde, Audre 222, 227; *The Uses of the Erotic*... 397, 398
Lovelock, James E. 113, 310; *The Ages of Gaia* 384
Luce, Clare Booth 179
luto 70; na modalidade sobrevivência 73
Lyons, Thomas 107

MacMurray, John 328-329
Macy, Joanna 70, 384, 388
Mães do Mar Aral 255
Marcel, Gabriel 389
Margulis, Lynn, *Microcosmos* 384
Marx, Karl 141, 142, 143, 162, 182; e o "modo de produção asiático" 232
marxismo 81, 162, 163, 232
matriz primordial 328-331, 378; desintegração da 332-333
Max-Neef, Manfred 348-353
McKibben, Bill, *The End of Nature* 41
mecanicismo, metáfora do 92, 93, 137, 142
mecanicista, visão da natureza 92, 119, 134, 135, 175, 207-208, 322, 327
meio ambiente, exclusão do Sistema de Contabilidade da ONU 218
meios de comunicação de massa 58, 178, 192, 235-236, 366; e violência 219-221; democratização dos 370
Meizerow, Jack 106
Menzies, Heather 174
mercado global competitivo 26, 28, 31, 40, 47, 90, 93, 106, 160, 180, 183, 194, 216, 234, 236, 269, 272, 304, 341; como "país das maravilhas" 91
Merchant, Carolyn 207; *The Death of Nature* 136; *Earthcare* 137
Metzner, Ralph 397

Mies, Maria 208
Milbrath, Lester 165, 207
Miles, Angela 218
militarização 170; no Terceiro Mundo 171; complexo militar-industrial 112, 121, 173, 204, 221
Miller, John: *The Contemplative Practitioner* 392; *The Holitic Curriculum* 106
minorias nativas enquanto "Quarto Mundo" 237
mistério, dimensão do 280, 371, 375, 389-396
Mitter, Swasti 50
modernidade 26, 27, 50, 57, 289, 321, 371
modernismo 116, 123-157, 268, 276; enquanto desencantamento do mundo 132; dilemas do 79-122; oposição ao 96, 97
modo de vida americano 179, 188-189, 197
Moffett, James, *The Universal Schoolhouse* 304
monocultura 222, 338, 362, 365
Montessori, Maria 300-301
Moore, Thomas 376
moradores de rua, sem-teto, desamparados, sem lar 49, 50, 56, 186, 332, 342, 355
mulheres 50, 188, 207; e a mídia 256; e sexismo 243; enquanto consciência crítica 254; contribuição marginalizada 363; aviltamento das 213; dominação das 136-137 *ver também* dominação masculina; escravização das 219; exclusão do Sistema de Contas da ONU 218; invasão do corpo das 401; exibição do corpo das 363; espiritualidade das 385; visão do papel das 190; violência contra as 56-57, 244, 260, 363
Mumford, Lewis 128
Muroney, Brian 162
Murray, Thomas 211
Myers, Norman 254, 338

Naess, Arne 384
não-violência 204, 220, 240, 256-257
nativos americanos 272, 385, 390, 392, 405
natureza: desencantamento da 154, 290-291, 371; exploração da 146; nas cosmologias pré-modernas 128; nos mitos ocidentais 251; insensibilidade em relação à 280; guerra militar contra 212; unidade da 395; reencantamento da 148-154; tratada como entidade feminina 208

necessidades humanas 345-348; modelo de 348-353
negação 197; como enfrentar a 65-70
Neisser, Ulric 94
neoliberalismo 294, 343
neolítico 321; invenção no 317-319
Nestlé, boicote ao leite da 367
Newton, Isaac 133, 138; crítica a 109
Nietscmann, Bernard 221
"Nova Dinâmica", *workshop* sobre a 245
nova ordem mundial 42, 151, 160, 177
Nova Zelândia 72, 230, 294
Nozick, Marcia 180; *No Place Like Home* 355

O'Neill, Eimear 72
O'Sullivan, Edmund: *Critical Psychology and Critical Pedagogy* 105; *Critical Psychology: An Interpretation of the Personal World* 105
obsolescência planejada 42-43
Ocidente: arrogância cultural do 359; "missão civilizadora" do 227; visão de mundo do 43, 227-228, 380, 398
Odisséia, projeto (Irlanda do Norte) 258
olho humano 278; o mistério do 378
Oliver, Mary 341
opressão, indignação diante da 396
Oração Omaha 331
organicidade 63, 148, 153
Organização das Nações Unidas (ONU): Comissão de Especialistas em Ruanda 224; esboço da Declaração dos Direitos Humanos... 53; Reunião de Cúpula da Terra 235, 368; Sistema de Contabilidade (UNSNA) 218-219
Organização Mundial de Saúde 210
organizações não-governamentais 367-368
Ornstein, Robert 292
Orr, David 296, 354
Otto, Rudolf 389
ozônio, camada de; esgotamento da 45, 47-48

"papo-furado da globalização" 179, 182
paradigma, noção de 35
partidos de direita 154, 343

patriarcado 61, 194, 201, 203, 206, 208-211, 212, 216-221, 238, 244, 245, 255, 257, 260, 362, 363, 400-401; e relação com a ciência moderna 60, 89, 136-141; interpretações do 205
paz, educação para a; 201-261 na Irlanda do Norte 257-260
Paz, Octavio 398, 400
perda, como enfrentar a 65-70
Perlas, Nicanor 142, 173, 175
Piaget, Jean 88, 309
Pierce, Carole 245
Pike, Graham 107
planetária 48, 266, 268-271, 286, 295, 296, 304, 370; educação para consciência 333-337
Plant, Judith 385
Platão 127, 267, 398; *The Republic* 126
pobreza 49, 50, 55, 99, 168, 182, 211, 236, 240, 253, 323; complexidade da 352; definição da 168
políticas de ajuste estrutural 55, 72, 169, 170
poluição 46, 235, 281, 324; pelas forças armadas 210, 211
pós-moderna, educação 60-64
pós-modernidade 25, 28, 60, 82, 109, 154, 268, 290, 324; reconstrutiva 269
Postel, Sandra 45, 197
Prigogine, Ilya 267, 306, 335
privilégio 201, 202; emancipação do 197; global 193, 197, 234; posição de 201-203; masculino 243, 245; do Norte 185, 195; branco 241
progresso 76, 86, 87, 91, 164; nação do 161-164; simbolismo do 190
propaganda 160, 177, 179, 185, 192
Ptolomeu: cosmologia de 128, 129, 136; teoria dos epiciclos 127
Purpel, David, *The Moral and Spiritual Crisis of Education* 393-396

qualidade de vida, educação para *ver* educação, na qualidade de vida
Quarto Mundo 237, 239

raça 68, 72, 238; hierarquias de 34
racionalidade 60, 89; descontextualizada 215
racionalismo, crítica ao 97, 107, 215

racismo 133, 202, 221-231, 240, 242, 357, 360, 364; ambiental 228-231; do colonialismo britânico 225-226; estereótipos 226; sistêmico 223-226

Ransom, David 235

Reagan, Ronald 91, 162, 214

Reed, Carole Ann 223-224

relações, estabelecer 327, 378

religião 150, 324, 327, 376, 386; ódio religioso 361

Renner, Michael 211

represas, construção de 52, 230

reverência, a dimensão da 389, 396

Rifkin, Jeremy; e Nicanor Perlas, *Algeny* 142, 173, 174, 175; *Biosphere Politics* 180, 286-287; *The End of Work* 248-249

ritual do *koan zen* 160

romantismo 96, 97, 108

Russell, Peter, *The Global Brain* 311

Ryan, John 253

sabedoria tradicional 271, 290

saber: burocratização do; integração do

Sachs, Wolfgang 166-197

sacralidade: a Terra enquanto entidade sagrada 112; localização da 101

Sagan, Carl, *Cosmos* 117, 277, 279, 384

sagrada, dimensão 53, 379, 382, 389, 396, 400, 401, 405

Sahtouris, Elisabet, *Gaia: The Human Journey from Chaos to Cosmos* 118-119, 272, 384, 390

Said, Edward 34, 165, 227, 242

Said, Homi Bhabha 227

santuário 403-404

Sardello, Robert: *Facing the World with Soul* 376; *Love and the Soul* 376

Schaef, A. 165

Schiller, Herbert 178

Schon, David 392

Schumacher, Edward 100

Schwieckart, Russell: *The Home Planet* 111-112

Scott, Robert 74-75

Seager, Joni 254

Seed, John e Joanna Macy, *Thinking Like a Mountain...* 339, 384

Selby, David 107

sensação de ter um lugar no mundo 353-356; perda da 355

seres humanos: desenvolvimento integral dos 325-328; enquanto espécie sem nenhuma restrição 316; desenvolvimento da domesticação 318; origens dos 281; presença dos na Terra 149, 325; surgimento dos 314-325; vistos no contexto dos sistemas dissipativos 311-312; no contexto natural 294

Session, George 115

sexismo 201, 202, 226, 243-245, 357

sexual, assédio 244, 260

sexual, tendência 364

Shatalov, Vladimir 391

Sheldrake, Rupert, *The Rebirth of Natuer and God* 347, 384

Shiva, Vandana 170, 171, 208, 235

silêncio 403-404

síntese newtoniana-cartesiana 133-136, 137

Sioui, Georges, *Amerindian Autohistory* 272

Smith, Adam 182

Smith, Huston 123

Snyder, Gary 100

sobrevivência 196, 259; práxis educacional para a 65-73; humana 49-57; de sistemas vitais da Terra 195; pessoal 57-60; planetária 44-48

social-democracia, fracasso da 342

sonho 28; estruturas da cultura ocidental 159-199

Spencer, Herbert 162, 183

Spencer, William 80

Spretnak, Charlene 63-64, 303, 363, 373, 385

Sri Aurobindo 388

Starhawk 385

Stengers, Isabelle 267, 306, 335

Stimson, Henry 214

subdesenvolvimento 195, 234; conceito de 166

subjetividade 273, 281, 282, 308, 309, 325-326, 333, 358, 359, 362, 373

sustentabilidade 82, 90, 172, 372-373

Swimme, Brian 270; e Thomas Berry, *The Universe Story* 45, 49, 116, 118, 251, 270-271, 275, 277, 278, 280, 281, 283, 284, 337,

379, 383, 390, 404; *The Hidden Heart of the Cosmos* 265, 271, 384, 390

tecnologia 60, 80, 93, 98, 173, 236-237, 248, 266, 274, 293, 323, 328, 333; e tecnologias da Terra 297; enquanto agente cultural 190

teia da vida 115, 118, 119, 175, 340, 373, 386

televisão 58, 186, 188, 189; e violência 220; enquanto meio de comunicação privatizado 57; comercial 178; patrocínio de programas 191

Teller, Edward 213

tempo: na cultura popular 41; visões do 91-92, 101, 115-116

Terceiro Mundo 50, 194, 198; conceito de 234; consumo no 194; existência do, negação 236; militarização do 171; 255; uso do termo 46

Terra 321, 322, 336, 341, 348, 405; enquanto mercado global 180; como mãe 219, 379; como entidade que educa a si mesma 312; como entidade que governa a si mesma 312; como entidade que cura a si mesma 312; como unidade que regula a si mesma 279; como símbolo 115, 181; enquanto sistema 273; consciência da posição da 266; criação da vida 358; posição da 314; vista como mãe 111; como entidade auto-reguladora 310-313; sobrevivência dos sistemas vivos 195; sistemas da 298; compreensão da 113-114; vista do espaço 149, 285, 390; capacidade de se auto-alimentar 312

terra devastada 46, 91, 191

Thatcher, Margaret 162

The Other Economic Summit (TOES) 368

Thich Nhat Hanh 388

Thomas, Lewis 291

Thompson, William Irwin, *Gaia: A Way of Knowing* 94

Thorndike, Edward 87, 88

Tomás de Aquino 127, 135

Tough, Alan 89

Toulmin, *The Return to Cosmology* 116, 123, 124, 139, 276

tóxico 194, 211, 231, 324, 355; lixo; depósitos 45, 237; (na África 230; no Canadá 231; no Sul 235); organização em torno do 255

transpessoal 330, 334

Tratado sobre Educação Ambiental para Sociedades Sustentáveis e Responsabilidade Global 368, 370

trauma: original 332; psicológico 332

Truman, Harry 166, 167

Turk, Jim 246

Turner, Frederick 251

Ulam, Stanley 213

Unger, Roberto Mangabeira, *Knowledge and Politics* 345-346

União das Repúblicas Socialistas Soviéticas (URSS) (antiga) 163, 230

universidade, etimologia de 125

universo 322, 325; enquanto celebração 404; enquanto comunhão 156; enquanto grande máquina 135, 136, 142; enquanto grande narrativa 157; enquanto comunidade que interage e se relaciona geneticamente 117, 276, 277-278; enquanto texto sem contexto 270, 379; enquanto unidade 117, 266, 273, 277, 288, 338; enquanto entidade sem voz 372; coerência do 280; comunhão do 327; evolução do 310; intimidade com 251; realidade psicoespiritual do 336; visão de desenvolvimento temporal do 287; variedade infinita do 282; compreensão do 322

utopia 189, 191

Vietnã, Guerra do; devastação ecológica 209

violência 34, 121, 208, 215, 216, 256-257, 357; contra as mulheres 56-57; e os meios de comunicação de massa 219-221; cultural 205; mediada culturalmente 219-221; como enfrentar a 250-261; institucionalização da 203; íntima 244-260 (na América do Norte 217-218); masculina 245, 260, 363; ecologia da 216-221; do colonialismo 360; origens da 250; doméstica 217; no contexto cultural humano 204-216

visão conservadora da educação 96-105

visão mecanicista da natureza 92, 119, 134, 135, 175, 207-208, 322, 327

Wackernagel e Rees, *Our Ecological Footprint* 27

Walker, Alice 399
Wangoola, Paul, *Towards a Transformative Political Economy...* 105-106
Weber, Max 133, 140
Welton, Michael, *In Defence of the Life World...* 105
Wexler, Philip 387
Whitehead, Alfred North 389
Whitman, Walt 291
Wilber, Ken, *A Brief History of Everything* 26, 32; *The Eye of the Spirit* 377
Williams, Raymond 88, 138

Wordsworth, William, Intimations of Immortality... 302
Worldwatch Institute 45, 46; relatório 42, 46, 197, 253
Worldwide Fund for Nature 367
Wynne, Edward 100, 102, 104

Yeats, William Butler, The Second Coming 132-140
Young, Louise, *The Blue Planet* 114, 133, 391
Youngman, Frank, *Towards a Transformative Political Economy...* 105